As políticas do urbano em São Paulo

Eduardo Marques (Org.)

As políticas do urbano em São Paulo

centro de estudos da metrópole

editora unesp

Fundação Editora da Unesp (FEU)
Praça da Sé, 108
01001-900 – São Paulo – SP
Tel.: (0xx11) 3242-7171
Fax: (0xx11) 3242-7172
www.editoraunesp.com.br
www.livrariaunesp.com.br
feu@editora.unesp.br

Centro de Estudos da Metrópole (CEM)
Av. Prof. Luciano Gualberto, 315 (*USP*) Salas
116B (1º andar) e 2 (2º andar)
05508-900 – São Paulo – SP
R. Morgado de Mateus, 615 (*Cebrap*)
04015-902 – São Paulo – SP
Fone (Cebrap): (0xx11) 5574-0399
Fone (USP): (0xx11) 3091-2097
contato@centrodametropole.org.br
www.centrodametropole.org.br

Dados Internacionais de Catalogação na Publicação (CIP) de acordo com ISBD
Elaborado por Vagner Rodolfo da Silva - CRB-8/9410

P769

As políticas do urbano em São Paulo / organizado por Eduardo Marques. – São Paulo: Editora Unesp; Centro de Estudos da Metrópole, 2018.

ISBN 978-85-393-0750-0

1. Ciência política. 2. Urbanismo. 3. Administração pública. 4. Serviços públicos. 5. São Paulo (cidade). I. Marques, Eduardo. II. Título.

2018-1012 CDD: 320.6
CDU: 351

O Centro de Estudos da Metrópole (CEM) é um dos Centros de Pesquisa, Inovação e Difusão (Cepid) da Fapesp e um dos Institutos Nacionais de Ciência e Tecnologia do CNPq, com sede na Universidade de São Paulo e no Cebrap. Fundado em 2001, reúne pesquisadores de diferentes áreas das ciências sociais voltados ao estudo das desigualdades sociais e espaciais em contextos urbanos e metropolitanos.

Esta coedição foi viabilizada por recursos da Fapesp/Cepid associados ao processo nº 2013/07616-7

Editora afiliada:

Asociación de Editoriales Universitarias de América Latina y el Caribe

Associação Brasileira de Editoras Universitárias

Sumário

Introduzindo as políticas do urbano

Eduardo Marques

No dia 2 de junho de 2017, o então novo prefeito de São Paulo, João Doria, informou que mudaria a forma como as empresas privadas que prestam os serviços de ônibus na cidade seriam remuneradas, pagando não mais por passageiro transportado, mas sim ressarcindo os custos, mudança apoiada pela representação empresarial do setor.[1] O novo edital de licitação para a concessão dos serviços por vinte anos foi finalmente lançado em 24 de abril de 2018, mas em 8 de junho foi paralisado por questionamentos do Tribunal de Contas do Município (TCM).[2] A questão, na verdade, vem de longa data. Os contratos vigentes venceram em 2013, mas a gestão de Gilberto Kassab, encerrada em 2012, não elaborou uma nova licitação para as concessões que estavam por expirar. A gestão de Fernando Haddad, iniciada em 2013, estendeu os contratos a

1 Disponível em: <www1.folha.uol.com.br/cotidiano/2017/06/1889575-doria-propoe-nova-forma-de-pagar-servico-de-onibus-e-viacoes-apoiam.shtml>; <http://www1.folha.uol.com.br/cotidiano/2017/12/1945053-doria-mudara-regras-de-pagamento-de-empresas-de-onibus-em-2018.shtml>.

2 Disponível em: <http://www.spurbanuss.com.br/comunicacao/visualizar/clipping/tcm-ve-irregularidades-e-suspende-novo-edital-de-licitacao-dos-onibus-de-sp>.

partir daquele ano e preparou uma nova licitação, lançada em outubro de 2015. Essas novas concessões foram pensadas no interior de um ousado plano de mobilidade baseado no transporte público com a construção de corredores exclusivos de ônibus e ciclovias e restrições ao automóvel nos instrumentos de planejamento e nas velocidades máximas veiculares. O processo de licitação, entretanto, foi suspenso pela primeira vez em novembro de 2015 pelo TCM, razão pela qual os serviços continuaram a ser prestados com a extensão dos contratos existentes, forma em que se encontrarão até o término da nova licitação.

O atual sistema movimenta R$ 7,4 bilhões ao ano, um terço deles de subsídio municipal, proporção que cresceu a quase metade do custo do sistema com a promessa do novo prefeito, um dia após as eleições de 2016, de não reajustar a tarifa ao longo de 2017. As formas de remuneração influenciam centralmente a tarifa, a periodicidade e a qualidade dos ônibus à disposição do cidadão. O atual sistema foi iniciado no princípio dos anos 2000 com a introdução do Bilhete Único pela gestão Marta Suplicy, enquanto o novo modelo proposto em 2017 retoma a forma de remuneração adotada nos anos 1990 na gestão Paulo Maluf. O assunto esteve no epicentro de conflitos urbanos significativos, desde quando a administração Erundina propôs a extinção da tarifa de ônibus, depois na privatização da Companhia Municipal de Transportes Coletivos (CMTC) na gestão Maluf e novamente nas intensas mobilizações de rua de junho de 2013, quando o tema da tarifa zero retornou ao debate local.

Entender o que leva políticas centrais para o funcionamento da cidade e para a vida dos cidadãos a trajetórias como essa é o tema deste livro. Por que modificações como essas no formato das políticas são feitas, como e por quem? Com a participação de quais atores – internos e externos ao Estado – e com que debate público e conhecimento dos cidadãos? De que forma essas mudanças seguem racionalidades técnicas e/ou interesses específicos e particularistas? De que forma esse tipo de mudança expressa elementos internos a um setor de política específico e o quanto se associa a dinâmicas compartilhadas por vários setores, similarmente influenciados por alterações de preferências partidárias, ciclos políticos ou trajetórias de ideias e soluções de políticas? Afinal, e em sentido mais amplo, quais elementos, atores e processos influenciam a produção das políticas nas cidades em uma direção ou em outra? Este livro persegue respostas a perguntas como essas, analisando as políticas públicas responsáveis pela construção, pela manutenção e pelo funcionamento da maior metrópole brasileira e sul-americana – São Paulo – desde a redemocratização.

Considerando a íntima relação entre as políticas desenvolvidas e as próprias condições e características da metrópole, este livro dialoga diretamente com livro anterior do mesmo grupo de pesquisa, publicado pela Editora Unesp em 2015, intitulado *A metrópole de São Paulo no século XXI – Espaços, heterogeneidades e desigualdades*, tendo as duas obras sido pensadas como um par associado.

A escala e a complexidade da metrópole paulistana são por demais conhecidas para precisar de maior elaboração, mas vale apresentar aqui alguns dados gerais para situar o leitor. São Paulo é o maior município do país, com 11,2 milhões de habitantes em 2010 (cerca de 6% da população brasileira), bem distante do segundo maior, o Rio de Janeiro, que tinha 6,3 milhões de habitantes na mesma data (Marques, 2015). Em nível metropolitano, rivaliza pela liderança na América Latina com a Cidade do México, com pouco mais de 20 milhões de habitantes em 2010 (cerca de 10% do país). Economicamente, é uma das mais importantes metrópoles do Sul Global e, apesar da desconcentração produtiva recente, sediava 5,1 milhões de empregos formais em 2015 (Seade, 2017), com um produto interno bruto de R$ 628 milhões (34% do estado e 11% do país) em 2014.[3]

Essa pujança econômica se refletia também no orçamento municipal, o maior das cidades brasileiras – R$ 54 bilhões em 2016 –, 50% mais alto do que o do Rio de Janeiro, quase cinco vezes o de Belo Horizonte ou oito vezes o de Salvador.[4] O tecido urbano incluía 317 milhões de metros quadrados de construções residenciais formais, levando a uma arrecadação em torno de R$ 7,3 bilhões em 2016 apenas com o imposto territorial urbano. Sua máquina administrativa contava com uma folha de pagamento de aproximadamente 122.000 funcionários ativos na administração direta em março de 2017, superior à de vários estados brasileiros.[5]

3 Disponível em: <www.imp.seade.gov.br/frontend/#/tabelas>.

4 Disponível em: <www.camara.sp.gov.br/orcamento2016/>.

5 Disponível em: <dados.prefeitura.sp.gov.br/pt_PT/dataset/servidores-prefeitura-de-sao-paulo/resource/e8d94958-0e39-400a-bbbf-657084869b47?inner_span=True>.

Os desafios de produção e gestão dos serviços e políticas apresentam escala e complexidade correspondentes a esses números. Aproximadamente 3 milhões de pessoas que vivem em favelas e loteamentos clandestinos e irregulares precisam de infraestrutura, e se estima o déficit habitacional na região metropolitana em mais de 600 mil moradias.[6] Ao mesmo tempo, a prefeitura regula a produção de algo como 2,1 milhões de metros quadrados de construções verticais privadas, no valor de R$ 9,9 bilhões anuais.[7] Em termos de serviços, trata-se de coletar 20.100 toneladas de resíduos sólidos por dia (sendo metade residenciais), varrer 7 mil quilômetros de vias, realizar 9,4 milhões de viagens em quase 15 mil ônibus e regular outras 8,6 milhões de viagens em automóveis, gerenciando uma média de engarrafamentos diários de 80 quilômetros pela manhã e 110 quilômetros à tarde.[8]

Se o leitor se cansou só de ler esses números, imagine enfrentá-los na gestão diária das políticas. Desde a redemocratização, essas políticas contaram com diversos formatos administrativos, arranjos financeiros e de governança com participação de diferentes agências estatais, atores privados e associativos. Apesar da óbvia importância social e política do tema, assim como a grande complexidade dessas políticas, sabemos bem pouco sobre como funcionam, sobre o que (e quem) as influencia e de que forma variam setorialmente.

Denomino essas ações do Estado de políticas do urbano, incluindo especificamente as principais políticas públicas responsáveis pela construção da própria cidade e seus espaços, assim como de seu funcionamento cotidiano, abarcando transportes públicos de vários tipos, trânsito, licenciamento, orçamento público, habitação, limpeza urbana e grandes projetos urbanos. Para além de analisar as políticas em si, contudo, pretendemos contribuir para um melhor entendimento dos principais elementos e processos envolvidos com a ação do Estado nas cidades, provavelmente pela primeira vez de forma concentrada no Brasil. Para tal, articulamos argumentos e contribuições da ciência política e dos estudos urbanos.

---

6 Disponível em: <www.fjp.mg.gov.br/index.php/produtos-e-servicos1/2742-deficit-habitacional-no-brasil-3>.

7 Dados relativos a 2016. Ver: <www.fflch.usp.br/centrodametropole/1288>.

8 Dados relativos a 2016. Ver: <infocidade.prefeitura.sp.gov.br>.

Uma nota de cautela me obriga a destacar que (como sempre) o conjunto de elementos investigados depende da escala de análise adotada, impondo escolhas necessárias entre a generalidade dos processos a observar e a investigação de dinâmicas específicas. Como o tema foi muito pouco estudado até o momento, escolhemos priorizar uma escala de análise mais agregada, situando a maior parte do livro numa perspectiva mais ampla de produção e implementação das políticas em nível municipal. Essa escolha nos leva a tratar muito mais de processos decisórios, de insulamento e da construção de políticas e instrumentos do que de processos observáveis apenas em escala de detalhe, como a entrega de políticas por burocracias implementadoras, o clientelismo nas relações entre eleitores e políticos ou a pequena corrupção de nível de rua envolvida com a legalização de comércio e vendedores ambulantes, entre outros.

O ineditismo da investigação sistemática e comparativa das políticas do urbano em uma grande cidade encerra uma certa contradição, pois apesar de o Brasil ser um país eminentemente urbano – cerca de 84% da população em 2010, segundo o IBGE –, nunca desenvolvemos um debate intenso e sistemático sobre a política e as políticas de nossas cidades. Essa lacuna é ainda mais grave no que diz respeito às metrópoles, as quais concentram problemas de grande escala e severidade, mas também dispõem de estruturas públicas de complexidade similar, além de serem atravessadas por interesses de porte e impactadas por conflitos políticos significativos. Estranhamente, entretanto, embora uma grande parte do que aconteça nas cidades tenha relação, direta ou indireta, com os governos municipais e com as dinâmicas políticas que os cercam, é relativamente escasso o conhecimento que acumulamos sobre o Estado e as instituições políticas em nível local em nosso país.

Sustentar esse ineditismo pode surpreender alguns, pela densidade da tradição de estudos sobre cidades no Brasil. Contudo, não me refiro genericamente à cidade como objeto empírico, mas às instituições políticas, à política e às políticas públicas típicas das cidades. É claro que acumulamos muito conhecimento com estudos sobre inúmeras facetas de nossas cidades ao longo das últimas décadas, como por exemplo os processos de produção das periferias, as inúmeras formas de precariedade habitacional e urbana, o lugar do planejamento e da informalidade, os movimentos sociais e outras formas de organização e expressão coletivas, a violência urbana e a criminalidade, a segregação residencial, os enclaves de riqueza, entre muitas outras. Ademais, essa tradição sempre incluiu dinâmicas políticas no centro de suas preocupações, desde os estudos pioneiros da sociologia urbana dos anos 1970 e da antropologia e da geografia urbanas nos anos 1980. Porém, esses estudos focavam dinâmicas políticas na sociedade e consideravam quase unicamente atores e processos igualmente societais (inclusive os efeitos das políticas sobre eles). Outro conjunto de trabalhos, mais próximo da ciência política do que dos estudos urbanos, transportou explicações nacionais para o local, como se essa escala, sua política e suas políticas não tivessem especificidade. Esse tipo de problema, na verdade, também se faz presente na literatura internacional, embora os debates nacionais não tenham nem mesmo incorporado de forma refletida os modelos de análise desenvolvidos no estrangeiro para estudar a política nas cidades. Por razões que desenvolveremos detalhadamente no primeiro capítulo, no entanto, mesmo tais modelos internacionais pouco analisaram as instituições políticas da cidade, suas dinâmicas e seus conflitos internos. O resultado geral é um pequeno acúmulo de conhecimento sobre as políticas públicas do urbano e seus processos de produção.

O exercício desenvolvido aqui impõe o desafio de definir e incorporar as especificidades da política e das políticas do urbano, as quais ainda não foram devidamente compreendidas pela literatura. Em parte, isso se deve às particularidades do Estado no urbano, das instituições políticas das cidades e de seus atores, elementos pouco considerados pelos estudos urbanos. Nessa direção, trata-se de melhor compreender a influência de conjunturas econômicas mais gerais, do federalismo e dos legados de políticas de outros níveis de governo, assim como destacar o lugar de processos, decisões e preferências políticas locais, além de especificar os principais atores locais envolvidos, levando em conta ainda como todos esses elementos se combinam e como variam entre diferentes setores de políticas.

Essas especificidades, entretanto, têm também como origem as relações desses atores e processos com o espaço urbano, elemento praticamente desconsiderado pela ciência política. Nesse sentido, a influência do espaço diz respeito aos inúmeros efeitos das localizações, dos fluxos, das distâncias e das vizinhanças, além da própria percepção que os atores urbanos têm sobre interesses, conflitos e estratégias. É importante acrescentar que a relevância de tais dimensões espaciais fica ainda maior quando se adotam escalas de análise de detalhe, mais próximas da entrega das políticas, dos moradores da cidade e da espacialização de suas ações, como veremos mais adiante.

A análise das políticas do urbano em São Paulo impõe duas tarefas simultâneas a este livro. Primeiramente, os capítulos criam um panorama das principais políticas do urbano em São Paulo ao longo das últimas três décadas a partir de descrições analíticas densas e detalhadas sobre cada uma delas. Para que possamos acumular conhecimento sobre o tema para além dos estudos de caso, porém, necessitamos de um arcabouço analítico de médio alcance que seja ao mesmo tempo informado teoricamente e embasado empiricamente. Essa tarefa é iniciada no primeiro capítulo, segue sendo desenvolvida nos estudos de políticas ao longo de todo o volume e é retomada na conclusão, consolidando um conjunto de elementos e processos a considerar em estudos sobre a política e as políticas do urbano. Embora não tenhamos a pretensão de construir uma teoria unificada da política do urbano (ou do urbano como um todo), inclusive pela complexidade das combinações entre os elementos em diferentes políticas e cidades, é possível acumular conhecimento caminhando de forma parcimoniosa na direção de generalizações sobre o tema. Essa é a ambição central deste livro.

Essas dimensões se colocam com especial complexidade em cidades de grande porte e marcadas por intensa heterogeneidade espacial e social. Há, é claro, especificidades do caso paulistano. A principal delas diz respeito à sua relação com a escala nacional. Considerando o tamanho da cidade, seu orçamento e sua importância econômica, quem ocupa a prefeitura de São Paulo ganha necessariamente projeção política nacional, habilitando-se para voos políticos mais amplos. Não há nada de específico nisso e o mesmo tipo de situação ocorre em muitas outras grandes cidades, como Paris, Londres, Buenos Aires e Cidade do México. Entretanto, à diferença dessas outras cidades, São Paulo não é capital da República, mas a cidade primaz em termos econômicos e populacionais de uma rede urbana nacional de baixa concentração relativa. Como consequência, as políticas de São Paulo são em grande parte objeto de preocupação apenas local, inclusive pelo volume de recursos concentrados na cidade por conta de suas atividades econômicas. Portanto, a política de São Paulo é nacional – em termos de status, poder político, mas também de atenção por parte dos adversários do prefeito –, ao mesmo tempo que as políticas de São Paulo são entendidas como locais, e não contam com particular interesse ou atenção do governo federal, ao contrário do que acontece com cidades primazes que são também capitais.

Também por isso, não temos a pretensão de que as políticas de São Paulo sejam representativas das cidades brasileiras, embora os processos que as cercam e produzem sejam comuns a outros lugares. Por essa razão, uma metrópole de grande complexidade como a paulistana representa ao mesmo tempo um caso peculiar e um ponto de partida privilegiado para a observação de tais processos. Isso especifica a relação entre os casos estudados aqui e os aprendizados gerais que pretendemos alcançar. Embora os resultados não sejam generalizáveis em sentido estrito, certamente jogam luz sobre a política e as políticas do urbano em outros contextos, assim como pretendem alimentar a produção de comparações nacionais e internacionais.

Este livro está organizado em duas partes. A primeira contém quatro capítulos e discute temas mais abertos, de natureza transversal, enquanto a segunda analisa políticas específicas em seus oito capítulos. Ao final, o último ensaio compara os resultados alcançados pelas análises por políticas e revisa os principais modelos de estudo do urbano, com o objetivo de derivar aprendizados teóricos mais gerais. Observemos rapidamente o conteúdo de cada capítulo.

No primeiro, Eduardo Marques constrói o arcabouço analítico utilizado ao longo do livro. Partindo da disjuntiva entre os debates dos estudos urbanos e da ciência política a partir dos anos 1970, o artigo resenha criticamente as principais explicações sobre a política urbana, conceitualiza a política e as políticas do urbano a partir de suas especificidades considerando o espaço urbano, e sugere um conjunto de processos e atores a serem considerados para o estudo do tema.

O segundo capítulo, de autoria de Eduardo Marques e Telma Hoyler, discute política em nível municipal a partir de resultados eleitorais e de informações de entrevistas. Com o objetivo de construir o pano de fundo político-partidário para os estudos de políticas subsequentes, os autores apresentam os resultados eleitorais majoritários e proporcionais do período, especificam a formação dos governos e coalizões políticas de apoio, caracterizam os padrões gerais de relação entre Executivo e Legislativo no tempo e sumarizam as características das várias administrações do período.

O terceiro capítulo, de Eduardo Marques, se debruça sobre uma dimensão bem pouco considerada nos estudos sobre governo – a existência de uma rede de gestores que migra entre cargos do alto escalão, produzindo potencialmente coordenação de políticas e coerência intertemporal. O texto tem como base um banco de dados inédito sobre os ocupantes dos três mais altos níveis da administração municipal entre 1985 e 2012. Os resultados mostram que essa rede efetivamente costura as agências da administração municipal dentro de campos ideológicos, internamente aos governos e no tempo, mas com diferentes densidades e centralidades. Em geral, governos de direita, sobretudo, guardam forte conexão entre si, e as áreas de política, gestão e políticas urbanas ocupam regiões centrais da rede, enquanto a área social é a mais isolada. As agências relativas à integração política e de coordenação e políticas (finanças, assuntos jurídicos) são muito centrais, o que é absolutamente esperado, mas o planejamento urbano também se encontra no centro da rede.

O capítulo 4, de Ursula Peres, encerra a primeira parte do livro estudando as finanças municipais nos últimos anos. O texto mostra como a arrecadação e o orçamento das cidades têm características intrinsecamente políticas, já que estão diretamente associados a quem ganha e a quem perde na gestão da cidade. A análise das receitas e dos gastos demonstra uma grande inércia (e incrementalismo em mudanças), o que aumenta ainda mais a potencialidade dos conflitos, considerando o tamanho bastante reduzido dos gastos sob deliberação e decisão para investimento e para a produção de políticas.

O quinto capítulo, de Eduardo Marques, Magaly Pulhez e Stefano Pagin, inicia a segunda parte discutindo as políticas de habitação no município de São Paulo entre os governos de Luiza Erundina e Fernando Haddad. Partindo de informações administrativas sobre programas, assim como de estudos existentes, os autores mostram a diversificação no tempo dos tipos de programas implantados, com a consolidação de programas alternativos à produção de unidades habitacionais novas, como urbanização de favelas e regularização de loteamentos. Por outro lado, entretanto, permanecem importantes distinções de ênfase entre governos, especialmente na promoção de habitação na área central e na integração com o planejamento, muito mais fortes em governos de esquerda.

O capítulo seguinte, de Telma Hoyler, analisa o licenciamento de empreendimentos imobiliários privados. Embora em diálogo com os modelos explicativos da economia política da incorporação, a autora escapa da visão corrente de que os interesses da incorporação podem ser considerados suficientes para a existência de captura do Estado, investigando as formas concretas de regulação da atividade no município de São Paulo em período recente. Isso envolve processos nos interiores de estruturas administrativas e arenas decisórias, assim como a construção e a operação de artefatos de regulação cuja materialidade dá concretude ao controle das atividades privadas e às estratégias empregadas pelo setor privado para se desvencilhar dessas restrições e exercer captura.

No capítulo 7, Samuel Ralize inicia a análise das políticas ligadas à prestação de serviços urbanos, acompanhando o setor de limpeza urbana recentemente. Nesse caso, trata-se da provisão de um serviço baseado em fluxos cotidianos crescentemente contratados com a iniciativa privada, diferentemente da construção de equipamentos como nas obras públicas ou da regulação privada como no capítulo anterior. O autor apresenta a construção histórica do setor, muito pouco analisada, assim como as configurações de atores e instituições, incluindo os capitais do urbano envolvidos na atividade.

A regulação do trânsito é o tema do capítulo 8 de Carolina Requena. Trata-se de um dos casos mais graves de fragmentação e ausência de integração horizontal, visto que, enquanto o trânsito foi regulado historicamente por uma instituição, os transportes públicos foram providos por outra, de modo desarticulado. O capítulo recupera essa trajetória desde os anos 1970 e 1980, com a construção da agência responsável pelo trânsito de forma insulada e capacitada, assim como a sua subordinação em período recente a uma única lógica organizada em torno de um novo paradigma de política relacionado com a mobilidade. A exemplo de outros casos, essa transformação está longe de se consolidar e depende em grande parte da continuidade da política no futuro próximo.

O tema da mobilidade é estendido no capítulo 9, de Marcos Campos, com o estudo da política de transporte público por ônibus. Tal qual nos casos da regulação da incorporação analisada por Hoyler, o campo dos estudos sobre ônibus é povoado por interpretações sobre a captura, embora pouco embasadas empiricamente. O autor mostra como as formas de influência privada, assim como de controle público sobre o privado, são mediadas por relações entre os agentes e artefatos/instrumentos, plenos de argumentos técnicos, mas também repletos de conflitos políticos. A história recente do setor pode ser interpretada como uma passagem de uma governança analógica dos serviços nos anos 1980 e 1990 para uma governança eletrônica, mediada por instrumentos de política pública de aparência técnica, mas com profundos efeitos políticos.

Daniela Costanzo complementa a análise das políticas de mobilidade no capítulo 10 ao estudar a expansão das linhas do metrô paulistano. A autora revela como as decisões de construção das quatro mais importantes linhas desde os anos 1970, com profundos efeitos urbanos, foram produto de processos com vários atores em múltiplas escalas. Considerando os elevadíssimos custos da política, merecem destaque as condições de financiamento federal e internacional, assim como as dinâmicas macroeconômicas mais gerais do país. A autora divide o período em quatro momentos, acompanhando o crescimento inicial da capacitação técnica e gerencial da Companhia do Metrô e o seu declínio, suplementado crescentemente por contratações privadas, em princípio restritas à construção, mas depois expandidas para a gestão e o financiamento.

O capítulo 11, de Betina Sarue e Stefano Pagin, analisa as Operações Urbanas, em São Paulo, cidade que foi pioneira na utilização e no desenvolvimento desses instrumentos de renovação urbana, sobretudo a partir dos anos 1990. Essas experiências já foram intensamente analisadas, mas com abordagens urbanísticas ou focadas principalmente nos seus efeitos urbanos e sociais. O capítulo explora as dimensões institucionais e políticas, em especial nas Operações Urbanas Faria Lima e Água Branca, levando em conta os interesses por elas mobilizados e os formatos institucionais construídos para a sua operação, envolvendo um claro aprendizado na conformação de novos instrumentos de políticas no caso de São Paulo.

O capítulo seguinte, de Betina Sarue, continua a análise da renovação urbana, investigando os principais elementos institucionais do Porto Maravilha no Rio de Janeiro. Trata-se do único artigo focado em um objeto externo à cidade paulistana, cuja inclusão se justifica por ser o primeiro no país com clara escala de grande projeto, envolvendo a renovação urbana de toda a região portuária do Rio de Janeiro, além de incluir a demolição e a construção de infraestruturas, bem como a realização de serviços mediante concessão por quinze anos a uma parceria público-privada entre um consórcio de empreiteiras e uma empresa pública constituída para o projeto. O arranjo institucional do projeto, ainda (e por muitos anos) em andamento, é peculiar e certamente influenciará outras experiências, financiando as obras e os serviços da PPP diretamente da venda de uma enorme quantidade de potencial adicional a construir, adquiridos de uma só vez por um fundo imobiliário controlado por um banco público.

O último capítulo, de Eduardo Marques, por fim, compara as políticas e retira aprendizados para análises futuras da política e das políticas do urbano. Mais do que resumir os resultados apresentados ao longo do livro, algo de amplitude impossível e interesse duvidoso, o autor revisita o arcabouço desenvolvido no primeiro capítulo a partir das análises individuais das políticas, problematizando o papel dos contextos políticos e econômicos, do federalismo, da classe política, das burocracias, dos capitais e das instituições envolvidas, assim como dos processos de produção de políticas que marcam a política e as políticas do urbano. Como fechamento do livro, a ambição do capítulo é auxiliar estudos futuros sobre o tema, ainda carente de análises que possam integrar devidamente as pesquisas do urbano e do espaço com as análises das instituições políticas e do Estado.

1
Como estudar as políticas do urbano?

Eduardo Marques

O objetivo do presente capítulo é discutir os principais elementos teóricos associados à análise das políticas públicas em grandes cidades, a fim de subsidiar os capítulos que se seguem. Em seu conjunto, a discussão sugere um quadro analítico para a definição das políticas do urbano no Brasil e dos principais processos, atores e dimensões a se considerar no seu estudo. Ao menos uma parte dos argumentos pode se aplicar igualmente a cidades de outros portes, mas o tamanho e a complexidade dos tecidos social e urbano de nossas metrópoles lhes trazem fortes especificidades, razão pela qual a presente discussão não ambiciona outros núcleos urbanos.

Políticas públicas são entendidas aqui como o Estado em ação (Jobert; Muller, 1987). Muitas ações do Estado atingem as cidades, mas nem todas podem ser chamadas de políticas do urbano. As políticas macroeconômicas, previdenciárias ou ainda de emprego e renda, por exemplo, têm importantes efeitos sobre as cidades e os níveis de vida de seus habitantes. Entretanto, afetam dinâmicas ocorridas nas cidades mais do que processos das cidades. Podemos definir as políticas do urbano como o conjunto de ações do Estado que agem prioritariamente sobre o tecido urbano – o espaço social da cidade e seus territórios –, mesmo que por vezes incidam principalmente sobre os seus moradores. Estão aí incluídas evidentemente as políticas de produção do próprio espaço urbano construído, tanto em sua dimensão de intervenção direta, como as políticas de transportes, infraestrutura urbana e habitação popular, quanto as de regulação estatal das ações privadas de produção do ambiente construído, como as políticas de licenciamento de empreendimentos habitacionais privados, por exemplo (todas analisadas em capítulos subsequentes).

No caso de todas essas políticas, a delimitação é simples, pois a cidade é o próprio objeto das políticas. Também se incluem entre as políticas do urbano, no entanto, ações do Estado que, embora não construam diretamente ambiente construído, contribuem para as espacialidades da cidade ao influenciar a sociabilidade, em especial pela sua implementação. Nesses casos, mesmo que o objeto da política não seja o espaço, ela cria, altera ou desenha o espaço urbano ao influenciar a forma como os habitantes da cidade a vivenciam, a percorrem e a reconstroem cotidianamente em suas atividades. Embora as políticas de assistência social ou de educação básica, por exemplo, não digam respeito à produção da cidade, a sua implementação gera fluxos espaciais de agentes dos programas e de usuários e se apoia em estratégias espaciais com a localização de equipamentos e programas. Isso caracteriza, constitui e altera os diversos espaços da cidade.

A definição das políticas do urbano, portanto, não está apenas nos seus objetos, mas em sua relação com o espaço. O efeito guarda similaridade com o que argumentei no caso da política (*politics*) do urbano em Marques (2017). Em termos amplos, seus processos e ações apresentam facetas espaciais, de modo similar às facetas temporais associadas a seus momentos de ocorrência e à ordem, ao ritmo e à coexistência com outros processos, influenciando resultados, estratégias e preferências (Pierson, 2004). São três as relações entre as políticas e o espaço que conformam a especificidade do urbano. Em primeiro lugar, os processos sociais envolvidos nas políticas, tanto na formulação quanto na implementação, apresentam espacialidades intrínsecas e constitutivas, visto que contêm em si e são definidos por localizações, fluxos e percursos. Na verdade, o próprio exercício da política (*politics*) apresenta uma dimensão fortemente territorial que tem que ser operada continuamente pelos políticos de base e gestores locais, tanto em termos de mobilização política (cooperação, coordenação e aceitação, mas também mobilização organizativa e eleitoral) quanto em termos de construção de legitimidade. Além disso, as ações dos mais variados agentes políticos são forjadas a partir de percepções do espaço, as quais são socialmente construídas e implicam relações de poder que, por sua vez, são também geográficas – isso explica por que diferentes grupos sociais e culturas interpretam o espaço de maneira diversa (Massey, 2005). Em terceiro lugar, as ações, os equipamentos e as organizações do Estado se localizam no que John (2005) denominou propinquidade. Os programas e políticas do Estado (na verdade, as mais variadas instituições políticas) sempre partem de configurações espaciais prévias e as transformam continuamente. Os efeitos dessas três facetas espaciais sobre as políticas são discutidos de forma mais concreta no restante deste capítulo, dialogando com as tradições explicativas das políticas públicas.

Vale dizer que as políticas do urbano não dizem respeito meramente a uma questão de escala, podendo ser produzidas e/ou influenciadas por diferentes níveis de governo, e não apenas pelo governo local. Ocorre claramente no caso dessas políticas o efeito que Orren e Skowronek (2004) denominaram de intercorrência – a superposição e a operação de várias ordens políticas atuando simultaneamente em lugares diferentes do sistema político e do aparelho estatal (*multiple-orders-in-action*, p.113). A intercorrência de múltiplas escalas na política do urbano (Lucas, 2017) é ainda mais forte em países federativos (Sellers, 2005) como o Brasil. Esse argumento já está bem estabelecido para as políticas sociais, nas quais o federalismo foi uma dimensão central das reformas setoriais realizadas nos últimos trinta anos (Arretche, 2012), mas é usualmente menos considerado nas políticas do urbano. Entretanto, mesmo que a titularidade institucional seja municipal na maior parte dessas – exclusiva nos casos de planejamento e uso do solo, transportes públicos sobre pneus, limpeza e saneamento, e concorrente nos casos das políticas de habitação e transportes sobre trilhos, por exemplo –, a interpenetração das ações dos vários níveis de governo torna imprescindível analisar em simultâneo as várias escalas, dependendo do objeto.

Mas que elementos e processos devemos considerar para o estudo das políticas do urbano? Classicamente, as literaturas brasileiras de estudos urbanos e de ciência política não consideraram as especificidades inerentes ao tema, assim como também não consideram as da política do urbano (Marques, 2017). As investigações urbanas brasileiras desenvolveram uma grande quantidade de estudos monográficos sobre políticas e cidades específicas, mas pouco dialogaram com a pesquisa de políticas públicas, dificultando a geração de acúmulo teórico. Além disso, a maioria desses esforços centrou a sua atenção em processos e atores societais, desconsiderando as instituições políticas locais e as agências responsáveis pelas políticas em si. Por outro lado, quando a ciência política se debruçou sobre políticas urbanas, quase sempre aplicou diretamente a elas modelos desenvolvidos para outras escalas de poder, sem considerar as especificidades trazidas pelas relações entre políticas e espaço. Acredito que seja possível avançar de forma mais sistemática se incorporarmos as dimensões espacial e urbana às teorias e aos modelos analíticos das políticas públicas.

Políticas públicas são produtos de ações (ou, por vezes, inações, mas deliberadas no sentido de Bachrach e Baratz, 1963) de agentes e agências públicos, ou de terceiros com poder delegado por eles para fazê-lo. Os debates das várias disciplinas que se debruçaram sobre as políticas ao longo do tempo acumularam um substancial conhecimento sobre o tema. No início, ainda nos anos 1940, as explicações sobre políticas defendiam uma visão tecnicista e baseada na centralidade de processos autocráticos e racionais de decisão. Porém, como consequência de décadas de debates em várias disciplinas (Marques; Faria, 2013), a literatura passou a considerar contemporaneamente que as políticas são produzidas por processos complexos com fases interpenetradas e superpostas no ciclo de políticas, envolvendo conjuntos interconectados de atores estatais e não estatais em disputa e negociação, cercados de instituições e informados por ideias de (e sobre) políticas.

Na trajetória dessa literatura, aprendemos que as políticas são influenciadas fortemente pelos legados de políticas prévias, tanto em termos dos atores políticos e das estruturas estatais e de políticas preexistentes quanto pelos legados (e enquadramentos) dos problemas sobre os quais as políticas devem incidir. Esses legados conformam os campos em que se desenrolam as disputas entre atores específicos em cada setor ou comunidade, mobilizados pelos seus interesses e informados por suas visões e ideias sobre si e seus objetos. Tudo isso ocorre no interior de quadros institucionais específicos, assim como em ambientes relacionais cujas características e estruturas emolduram estratégias, percepções, ideias e preferências dos atores, ao mesmo tempo que são continuamente transformados pelas políticas (e sua política). Assim, as seções que se seguem discutem esses três elementos-chave, em diálogo com as especificidades brasileiras – instituições, agências e processos de produção de políticas; atores e padrões de relação e governança; e vários legados históricos que cercam as políticas.

1. Instituições, agências e processos de produção de políticas

O elemento teórico mais geral trazido pela literatura neoinstitucionalista desde os anos 1980 diz respeito à influência das instituições sobre a produção de políticas. Os argumentos são por demais conhecidos para necessitar de desenvolvimento detalhado aqui, mas se relacionam à consideração: i. de agentes do Estado como atores políticos potenciais e ii. ao enquadramento que as instituições produzem sobre a política (ou ao caráter tocquevilliano das instituições, como denominado por Skocpol, 1985). O primeiro elemento será detalhado na próxima seção ao discutir os diversos atores políticos presentes na política do urbano, mas vale aqui comentar o segundo. Como também mostrou a literatura, as instituições que produzem o enquadramento da política envolvem não apenas regras do direito positivo, mas também desenhos organizacionais e formatos de políticas (conhecidos desde a década de 1960 com o trabalho pioneiro de Lowi, 1964), com efeitos sobre dinâmicas políticas, assim como sobre o encaixe (*fit*) destas com agentes e suas estruturas de mobilização na sociedade (Skocpol, 1992). Esses desenhos também apresentam facetas espaciais, tanto pela sua localização – propinquidade – quanto pela espacialização dos processos associados a eles. Como consequência, uma parte dos efeitos das instituições é espacial.

Curiosamente, apesar da grande expansão nas últimas décadas de argumentos associados ao efeito das instituições, a incorporação do neoinstitucionalismo na análise urbana é relativamente baixa e recente (Lowndes, 2001; Lucas, 2017). Sob o ponto de vista das regras e dos enquadramentos legais, essa situação se deve ao fato de que muitas instituições que emolduram as políticas nas cidades têm amplitude nacional, sem especificidade propriamente urbana. Ao menos três ordens de elementos devem ser ressaltadas – as escalas de governo e o federalismo, os desenhos organizacionais, as capacidades estatais e os instrumentos.

Sobre uma mesma política incidem regras institucionais e organizações de níveis diferentes de governo, em variados desenhos federativos. O federalismo é a principal instituição para compreendermos como divisões de papéis formais e ações promovidas por várias escalas do Estado influenciam a produção de políticas localmente. A capacidade de influência e a indução das esferas superiores da federação brasileira já foram demonstradas amplamente, em especial nas políticas sociais (Arretche, 2012), mas não com muita clareza no caso das políticas do urbano. Entretanto, essa importância também se faz sentir para as ações públicas urbanas, como por exemplo no efeito de esvaziamento que o programa federal Minha Casa Minha Vida teve sobre as políticas locais de habitação recentemente (Marques, Pulhez e Pagin, capítulo 5), ou na importância do financiamento federal para os serviços do metrô (Costanzo, capítulo 10) e em grandes projetos urbanos (Sarue, capítulo 12). Indo mais além, mesmo políticas com titularidade municipal exclusiva são influenciadas por ações, programas e políticas de outras escalas, como, por exemplo, os efeitos da mudança da regulação federal sobre resíduos sólidos em relação às políticas municipais (Ralize, capítulo 7). Nesses casos, o desenho do Estado brasileiro e as dinâmicas políticas nacionais fazem com que iniciativas federais tenham enorme poder de influência sobre as políticas do urbano, seja pelas capacidades de indução de programas e financiamento, seja pelo desenvolvimento de regulação propriamente dita.

Não é de hoje que é reconhecida a importância dos desenhos das agências, das organizações e das próprias políticas. Diferentes formatos criam condições de insulamento e capacidades diversas (Sikkink, 1993; Nunes, 1997). De um lado, desenhos de políticas influenciam os tipos de conflito político que elas podem albergar (Lowi, 1964). De outro, mobilização estratégica de certos tipos de arena circunscreve os atores envolvidos nos processos de produção das várias políticas, influenciando as chances relativas das várias alternativas existentes (Arretche, 2002).

No caso das políticas do urbano, um elemento adicional se coloca, já que seus desenhos institucionais e organizacionais se associam de alguma forma com o espaço, em especial na entrega de serviços e políticas. Isso impacta não apenas a efetividade e a definição dos atingidos pelas políticas, mas também as relações entre agências e atores dispersos territorialmente. Como veremos nos capítulos seguintes, a construção de condições de insulamento e de capacidades foi elemento central na transformação de diversas políticas do urbano em São Paulo recentemente.

Isso me leva a destacar a literatura neoinstitucionalista sobre capacidades estatais (Skocpol, 1985; Sikkink, 1993). Essas dizem respeito às burocracias técnicas, às estruturas operacionais, aos conhecimentos e aos apoios políticos necessários para a realização de políticas públicas. O conceito aponta para elementos evidentemente centrais para a produção de estratégias bem-sucedidas, associados a dimensões tanto técnicas quanto políticas (Pires; Gomide, 2014). No caso das políticas do urbano, essas capacidades muitas vezes envolvem dimensões bastante operacionais e especializadas, que sejam capazes de alcançar os vários espaços da cidade e seus habitantes. Contudo, parece também evidente que o conceito apresenta uma certa endogenia, pois a ideia de capacidade deveria designar certas condições (presentes ou ausentes), mas já sugere um certo resultado (positivo). Talvez seja mais apropriado, portanto, nomear e analisar os próprios elementos que as compõem e discutir como eles podem se fazer presentes ou não. Outro elemento a destacar diz respeito ao fato de essas capacidades não deverem ser entendidas de forma substantivada, mas como elementos relativos e relacionais. Trata-se de capacidades para a realização de certas atividades ou capacidades de um ator em relação a algum outro, em vez de conjuntos de ferramentas estáticas (Bichir, 2015). Adicionalmente, capacidades técnicas e operacionais podem se apoiar em conhecimentos, procedimentos e pessoal gerados por diferentes combinações de agências/burocracias públicas e empresas privadas. Os vários capítulos, nesse particular, vão mostrar que algumas políticas se expandiram utilizando capacidades geradas pelo fortalecimento das agências públicas (trânsito, licenciamento e limpeza urbana), outras o fizeram com a crescente contratação de serviços privados de gestão (habitação e metrô).

A discussão das capacidades aponta também para a importância nas políticas do urbano da existência de microinstituições ou elementos aparentemente técnicos e mesmo operacionais de políticas, os quais tornam algumas políticas possíveis, induzem certos resultados, fazem iniciativas alcançarem seu alvo ou mesmo automatizam ações do Estado, reduzindo substancialmente os seus custos. A literatura recente tem dedicado um interesse cada vez maior aos chamados instrumentos de políticas públicas, presentes em todos os tipos de políticas (Lascoumes; Le Galès, 2007) – "dispositivos ao mesmo tempo técnicos e sociais que organizam as relações sociais específicas entre o poder público e seus destinatários em função de representações e significados dos quais são portadoras".

Esses instrumentos são "ferramentas" – técnicas, de meios de operação, de dispositivos – que estruturam estratégias de produção de políticas, mas não o fazem de forma neutra, e sim informados por visões, teorias e técnicas de intervenção. Ao fazê-lo, estruturam elegibilidades, beneficiam ou desmobilizam atores e, sobretudo, influenciam resultados, de maneira similar às técnicas de quantificação e aos modelos teóricos ou explicativos dos fenômenos sociais (Desrosières, 2014; MacKenzie, 2006). Os instrumentos, portanto, são intrinsecamente sociais e políticos (Lascoumes; Le Galès, 2007). Os instrumentos de políticas estão presentes em todos os tipos de políticas, mas considerando a proximidade das políticas do urbano da operacionalização das ações do Estado, ocupam nelas um papel de destaque. Nesse caso, apresentam usualmente desenhos especializados e ligados a localizações e a fluxos espaciais.

Como veremos ao longo dos vários capítulos deste livro, a estruturação e as transformações das políticas do urbano em São Paulo nas últimas décadas lançaram mão e/ou criaram muitos desses instrumentos (de vários tipos e escalas), influenciando inclusive a produção de políticas similares em outras cidades por meio de processos de mobilidade de políticas. Dentre estes, podemos citar como exemplo formatos legais e arquiteturas financeiras – câmaras de compensação de tarifas, fórmulas de remuneração, formatos contratuais, certificados de potencial adicional de construir –, equipamentos físicos mobilizados de determinadas formas

– GPSs, câmeras eletrônicas, sistemas informatizados – e mesmo novos formatos institucionais – as Operações Urbanas, por exemplo.[1]

Uma última especificidade institucional a destacar das políticas do urbano tange às peculiaridades do ciclo de políticas, e em especial da implementação nesse tipo de políticas. As cidades são comumente o palco da entrega final de políticas. No caso específico da política do urbano, a cadeia de produção das políticas é relativamente curta e as atividades de decisão e implementação são ainda mais interpenetradas com outras fases do ciclo do que em políticas de produção mais longa. Como sabemos, a implementação começou a ser valorizada nas explicações sobre políticas no início dos anos 1970 pelas chamadas análises *top-down*, nas quais a implementação era entendida como uma fase da produção de políticas importante por alterar o que havia sido decidido e definido no topo das cadeias de produção de políticas (Pressman; Wildavsky, 1973). A implementação seria algo que corromperia o que havia sido definido antes (e acima), sem particular caráter criativo. No início dos anos 1980 se estabeleceram argumentos a favor de uma visão *bottom-up* dos efeitos da implementação, sustentando que as fases finais de entrega das políticas não apenas executariam o que havia sido decidido antes, mas criariam elementos novos, inclusive nos escalões mais baixos da cadeia de produção das políticas (Lipsky, 1980), nos quais as formas de interação na entrega das políticas produzem grandes efeitos (Pires, 2016).

No caso das políticas do urbano isso é especialmente verdadeiro, considerando a proximidade dos escalões formalmente responsáveis pelas decisões com os agentes incumbidos da entrega final. Nesse caso, as fases da decisão e da implementação são muito próximas, em uma estrutura com poucas camadas administrativas, mesmo em grandes cidades (quando comparadas com o governo nacional, por exemplo). Essa proximidade faz com que as decisões e a implementação muitas vezes apresentem um caráter interativo, influenciando-se mutuamente ao longo de processos de produção das políticas marcados por tentativas e erros e pela recuperação de partes de políticas passadas, de forma próxima ao descrito pelo modelo da lata do lixo de Cohen, March e Olsen (1972). Dado que

1 Cf. os capítulos 6, 7, 9 e 12, neste volume.

uma parte importante das agências responsáveis pela entrega das políticas tem estrutura descentralizada e espacializada, essa interpenetração entre fases se desdobra simultaneamente em várias escalas do espaço urbano. No caso da política nacional é por vezes possível circunscrever o processo decisório ou elementos da implementação, mas o estudo da política do urbano leva à consideração simultânea das várias escalas e fases.

É preciso também ressaltar as múltiplas associações entre a implementação das políticas do urbano e o espaço. Como destacado no início deste capítulo, as políticas do urbano são intrinsecamente espaciais ou então se espacializam. Isso quer dizer que equipamentos, fluxos, procedimentos e mesmo rotinas consideram o espaço construído (embora de formas diferenciadas, dependendo da área) e incidem sobre ele. Políticas do urbano, assim como a política do urbano, se localizam, o que é denominado por alguns autores de propinquidade. Ademais, as políticas do urbano (e os modelos e teorias que as informam) apresentam espacialidades em seus desenhos e execução, mesmo que implícitas. Em alguns casos, isso gera um diálogo com a segregação social no espaço, visto que a definição dos problemas a enfrentar, assim como os beneficiários, passa diretamente pela incidência espacial da política. Isso pode viabilizar melhores estratégias de entrega de políticas se o espaço for incorporado como uma dimensão das políticas (Torres, 2005). Por outro lado, a desconsideração dessa faceta espacial em cidades fortemente segregadas pode reforçar desigualdades ao concentrar mais recursos e benefícios em áreas já beneficiadas.

Por fim, outra dimensão central que tem sido uma das fronteiras das discussões recentes é o papel das ideias na produção de políticas públicas. É mais do que estabelecido que atores buscam seus interesses, mas diversas vertentes recentes construíram a convicção de que os atores são também informados por ideias e tentam alcançar ativamente suas preferências substantivas de política. De modo complementar, quando atores se encontram no interior de comunidades setoriais (Jobert; Muller, 1987) e/ou redes de políticas (Knoke et al., 1996), ideias e soluções também se encontram e se transformam (Kingdon, 1984), levando em alguns casos até à construção de comunidades epistêmicas (Haas, 1992). Esse é um dos principais elementos levantados hoje na explicação do surgimento de novas ideias, agendas e soluções (Kingdon, 1984; Sabatier; Jenkins-Smith, 1993), assim como na transformação dessas ideias e políticas a partir dos diálogos criados por sua difusão (Ward, 2006). Em alguns casos, as novas ideias e sua transformação em políticas e instrumentos geram impactos não apenas em dimensões operacionais das políticas ou na sua conformação, mas até crenças profundas (Sabatier; Jenkins-Smith, 1993), levando mesmo a mudanças de paradigma de política.

Como veremos nos capítulos que se seguem, diversas ideias de políticas foram produzidas e introduzidas em São Paulo nas últimas décadas. Em alguns poucos casos, produziram alterações nas agendas pública e governamental, nas próprias políticas e na política que as cercava, considerando a sua defesa por certos atores (como na mobilidade urbana). Em outros casos, porém, novas ideias de políticas apareceram e foram defendidas por certos atores, mas não chegaram a modificar o cerne das políticas locais (como as políticas de urbanização de favelas), sendo em alguns casos descartadas e, em outros, permanecendo marginalizadas (como a reciclagem de resíduos e as reformas de cortiços).[2]

2. Atores políticos e padrões de governança

Na trajetória da literatura de políticas públicas, o destaque a atores e a incorporação da agência social são talvez os elementos mais importantes e estruturantes, centrais desde as matrizes pluralistas do campo já nos anos 1930 e 1940 (Marques, 2012). Como entender a articulação de tal agência com as condições institucionais destacadas na seção anterior?

Contribuições do neoinstitucionalismo permitem equacionar a permanência dos ambientes e dimensões institucionais com a agência trazida pela incorporação de diversos atores por meio do conceito de "mudanças duradouras de autoridade governamental" (Skowronek, 1993; Orren e Skowronek, 2004). Autoridade nesse caso não se refere apenas ao poder advindo da ocupação de cargos de comando, mas também às expectativas que se faz de quem exerce o poder, incorporando o

2 Cf. os capítulos 5, 8 e 9, neste volume.

exercício (e o reconhecimento) de liderança dos ocupantes de cargos. As mudanças duradouras de autoridade governamental configuram períodos relativamente estáveis de controle político cercados de instituições e condições históricas herdadas, mas iniciados com certos resultados eleitorais ou intervenções públicas de destaque, quando certas lideranças políticas portadoras de poder institucional e associadas a políticas específicas ganham autoridade. Com o tempo, porém, as condições, os arranjos entre atores e o apoio político às lideranças começam a mudar, levando a um enfraquecimento e, eventualmente, à constituição de uma nova mudança duradoura de autoridade política (Lucas, 2017). Embora tenha sido elaborado para o nível nacional (originalmente em Skowronek, 1993, para os presidentes norte-americanos), esse conceito é importante por permitir delimitar os ciclos de controle político considerando ao mesmo tempo instituições e atores variados, sem predeterminar os conteúdos de política a desenvolver (como acontece com os regimes urbanos e as máquinas políticas, conforme veremos mais adiante). As mudanças duráveis não correspondem necessariamente a períodos de controle de um certo partido sobre o Executivo, e é possível que haja chefes do Executivo contrários à autoridade política vigente. Flanagan (2004) explora essa ideia para prefeitos, sugerindo que esses sejam classificados pela combinação de duas dimensões – se são contra ou a favor da autoridade vigente (que denomina regime, uma palavra complicada por ter vários outros sentidos correntes na literatura) e se essa autoridade é resiliente ou vulnerável. A combinação dessas dimensões resulta em quatro tipos de exercício de liderança – reconstrutivo (que se opõe a regimes vulneráveis), articulador (a favor de regimes resilientes), disjuntivo (a favor de regimes vulneráveis) e resistente (contrário a regimes resilientes, no original *preemptive*). Para o autor, os tipos de problemas políticos enfrentados pelos prefeitos têm relação com o tipo de liderança adotado, considerando a situação (Flanagan, 2004).

Mas que tipos de atores são relevantes e que características gerais eles têm especificamente no urbano? Embora cada setor de política em cada cidade conte com configurações de atores distintos, cuja mobilização pode ocorrer de forma diferenciada dependendo das dinâmicas da política local, os debates acumularam argumentos ao longo do tempo para destacar ao menos quatro grupos de atores, todos com estratégias e ações em forte diálogo com o espaço urbano – políticos, agências/burocracias, capitais do urbano e organizações da sociedade civil.

Em primeiro lugar, devem ser citados os atores destacados desde os debates pluralistas e elitistas sobre poder nas comunidades nos Estados Unidos dos anos 1950 – os políticos e outros que, em regimes democráticos, ocupam postos do Executivo e do Legislativo por ser oriundos dos partidos políticos vencedores de eleições. Isso lhes imprime certa lógica e cálculo políticos associados ao chamado nexo eleitoral – estão sempre atentos e tentando maximizar suas chances de reeleição (Fiorina, 1989). É certo que os políticos e seus partidos também têm preferências por políticas e por estratégias políticas, mas a escolha destas está sempre associada (e subordinada) à maximização das suas chances de reeleição (Trounstine, 2009).

Vale dizer que o tema é pouco explorado no Brasil, em especial no urbano, sendo pequeno o conhecimento acumulado empiricamente sobre o comportamento dos políticos locais e suas relações com os eleitores e as burocracias. Sabemos, entretanto, que os cálculos dos políticos locais apresentam peculiaridades. Os padrões de votação dos eleitos em eleições municipais mostram feições espaciais claras e estáveis (Limongi; Mesquita, 2011; Terron; Ribeiro; Lucas, 2012), indicando redutos com parcelas delimitadas do eleitorado. Isso envolve mesmo uma parte expressiva dos eleitos em eleições legislativas locais em sistemas eleitorais com distritos de grande magnitude (como o nosso), no que Kinzo, Borin e Martins Jr. (2003) e Terron, Ribeiro e Lucas (2012) discutem como possível distritalização informal. A espacialização dos votos e das políticas aumenta a possibilidade de identificação de beneficiários de políticas singulares. Por essa razão, a imbricação entre Legislativo e Executivo é ainda maior do que nacionalmente, sendo a busca de controle sobre áreas do Executivo um dos elementos mais centrais para a construção e a manutenção das carreiras de uma parte expressiva dos políticos locais (Kuschnir, 2000). Inversamente aos triângulos de ferro norte-americanos (Fiorina, 1989), entretanto, são os membros do Legislativo, no caso brasileiro, que precisam de apoio das burocracias e agências do Executivo, pois estes controlam os recursos de poder que permitem aumentar suas chances de reeleição. Por esse motivo, realizam indicações de obras e serviços, assim como mantêm operadores políticos de sua confiança no Executivo para controlar políticas (D'Ávila Filho; Lima; Jorge, 2014; Lopez, 2004; Rocha; Silva, 2017). A contrapartida é que os prefeitos e gestores precisam desses políticos locais para mobilizar territorialmente os atores localizados nas várias áreas da cidade, não apenas nos períodos eleitorais, mas também para a produção diuturna de governo (construindo coordenação e legitimidade) e para a operação das políticas (permitindo alcançar beneficiários e deles obter adesão). Nesse sentido, enquanto o Legislativo nacional apresenta importância na produção legislativa e na construção de políticas, o local tem essas atribuições (embora diminuídas), mas também exerce uma capacidade de mobilização política dos territórios, de especial importância em cidades de grande porte. Essa dimensão é absolutamente central para os políticos e as administrações locais e é desconhecida quase que por completo da literatura da ciência política, representando uma importante especificidade da política do urbano.

Além dos políticos, vale acrescentar aqui a importância das dinâmicas próprias às instituições políticas locais. Como já destacado antes, as instituições, entendidas como regras formais e como organizações, importam. A literatura nacional sobre o funcionamento do Executivo, mas também do Legislativo e do Judiciário em nível federal, tem mostrado a relevância dos detalhes institucionais para os processos políticos ocorridos nessas instituições. No caso das políticas do urbano, as instituições políticas locais também têm papel expressivo, mas conhecemos pouco sobre suas especificidades. Em particular, quase nada sabemos sobre as particularidades do Legislativo local (Silva, 2014), para não falar dos papéis dos tribunais de contas, do Ministério Público e do Judiciário, crescentemente importantes nas últimas décadas pela judicialização de diversos elementos de políticas (Bucci; Duarte, 2017). Similarmente, é preciso citar ainda um conjunto de atores de grande influência e que recebeu pouquíssima atenção até o momento – os vários órgãos de imprensa, com forte efeito sobre a política (*politics*) e a reeleição, mas também sobre a definição das agendas de políticas. A realização de estudos teoricamente embasados e empiricamente informados sobre esses objetos é mais do que bem-vinda.

Como também discutimos na seção anterior, as agências responsáveis pela produção de políticas urbanas e os indivíduos e grupos que nelas operam são portadores de interesses próprios, irredutíveis a grupos da sociedade, além de dispor de recursos de poder próprios (inclusive por se posicionar diretamente na cadeia de produção de políticas). Em termos históricos, as burocracias locais tendem a ser insuladas e pouco capacitadas no Brasil, mas ao longo do período democrático recente a capacitação dos governos locais tem aumentado (Arretche, 2012). A dimensão espacial também marca as agências estatais locais, visto que necessitam de estruturas descentralizadas para a entrega de políticas. No caso de São Paulo, como veremos, a tendência geral foi de estruturação das burocracias e agências locais (transportes, trânsito, licenciamento e limpeza urbana), embora no caso de alguns setores seja observável o enfraquecimento de burocracias e o declínio de ferramentas e instrumentos disponíveis para as políticas – de habitação, sobretudo (cf. Campos, Requena, Hoyler, Ralize e Marques, Pulhêz e Pagin, em diversos capítulos deste livro).

Um terceiro conjunto de atores diz respeito aos capitais do urbano. Com essa expressão tento denominar não genericamente as empresas privadas que operam na cidade, mas as que têm a produção da cidade e as políticas do urbano no centro dos seus processos de valorização – empresas concessionárias de serviços de transportes e limpeza, incorporadoras, construtoras de obras públicas, empresas consultoras etc. O uso do termo capitais chama a atenção para a importância de certas economias políticas de tais empresas, para além de suas estratégias empresariais, assim como para circuitos de valorização que associam dimensões econômicas e políticas. Entretanto, como detalhado em Marques (2016b), não está presente aqui nenhuma premissa de captura estrutural do Estado, como usualmente mobilizado por análises marxistas. Momentos de captura da política local por grupos econômicos podem acontecer, mas estes são produto do desenrolar da política do urbano e não de qualquer estrutura social definida previamente. Os capitais do urbano, porém, são diversos, considerando exatamente suas economias políticas, guardando relações diferentes com o Estado e com o espaço em suas estratégias e em seus ciclos de valorização. Ao se discutir a estruturação da cidade, pode fazer sentido enfatizar a valorização da terra e a influência dos incorporadores (como faz a literatura urbana classicamente), mas se pretendemos entender as influências sobre as políticas do urbano, essa ênfase é excessiva. Isso porque a variedade desses ciclos sugere que a existência de contratos públicos e o acesso ao fundo público são amplamente predominantes nas estratégias e nos ciclos de valorização da maior parte dos capitais do urbano. Essa variedade é analisada em detalhes no caso paulistano nos artigos contidos em Marques (2016b).

Vale apontar ainda que as conexões entre contratos públicos, financiamento eleitoral e produção de políticas públicas são por demais conhecidas, mas curiosamente não têm sido consideradas como um grande mecanismo de influência sobre políticas. É provável também que essas conexões sejam decisivas para se entender as escalas e redes internas aos partidos, veiculando recursos e conectando eleições e políticos locais com os circuitos e a formulação de políticas nacionais.

Como veremos, a participação desses capitais nas políticas urbanas em São Paulo tem aumentado e se diversificado. Isso não é particular no caso paulistano. Para alguns, denota a presença cada vez maior de modelos neoliberais de políticas (Brenner; Theodore, 2002). Entretanto, tendo a concordar com Le Galès (2016a) de que esse tipo de rótulo mais oculta do que ilumina. A adoção de definições demasiadamente amplas e pouco precisas quanto ao significado permite enquadrar quaisquer políticas na chamada onda neoliberal, ao mesmo tempo que as esvazia de suas especificidades.

Parece-me mais profícua a conceituação de Levi-Faur (2005) de que o momento presente corresponde à consolidação de uma nova divisão de tarefas entre Estado e setor privado na provisão de serviços e políticas. Para o autor, desde os anos 1970 as políticas mais variadas passaram a ser crescentemente executadas por empresas privadas de forma direta (atividade capturada pela metáfora do *row*, remar), enquanto os Estados desenvolveram cada vez mais capacidades regulatórias de forma a guiar os setores de políticas (atividades de *steer*, manejar o leme), mas sem necessariamente se envolverem na produção direta dessas políticas. Isso não representou uma redução do Estado e de seus gastos como sustentado pelas ideias neoliberais, mas a presença de um Estado diferente (e em geral mais caro, relativamente). Esse modelo também coexiste e se superpõe à continuidade da prestação direta de políticas pelos Estados, dependendo do setor de política. O estudo das várias formas de contratação e os detalhes de cada formato de provisão de serviços e políticas teriam então se tornado cruciais para entendermos as elegibilidades, a maior ou a menor responsabilização dos decisores e prestadores e o caráter mais ou menos distributivo das mesmas. Esse modelo é especialmente visível nas cidades com a implantação de grandes projetos urbanos, como os Jogos Olímpicos de Londres (Raco, 2014) e o Porto Maravilha no Rio de Janeiro (Sarue, capítulo 12), mas se faz presente de forma mais geral em arranjos institucionais como as operações urbanas consorciadas (Sarue e Pagin, capítulo 11).

Por fim, diversas políticas são influenciadas por atores coletivos da sociedade civil. No caso brasileiro, esses atores tiveram um papel direto e ativo muito importante durante o período da redemocratização e ao longo de todos os anos 1980, em mobilizações que influenciaram sobremaneira a Constituição de 1988 e as reformas setoriais das políticas públicas herdadas do período militar. A partir dos 1990, os movimentos de corte mais tradicional reduziram a sua visibilidade na cena pública. Na verdade, passaram a participar de forma intensa nas diversas novas institucionalidades participativas então criadas pelas reformas dos sistemas de políticas, deslocando a sua centralidade para o que Lavalle, Castello e Bichir (2008) chamaram de centralidade passiva. Nos últimos anos, movimentos de base de corte diverso, menos organicamente associados ao sistema político, de estrutura de mobilização mais fluida e perfil mais interclassista, têm marcado presença na cena política, em especial urbana, como movimentos identitários e associados a diversas condições minoritárias, além de outros com pautas tipicamente urbanas, caso do Movimento Passe Livre (MPL), em São Paulo (Mendonça; Fuks, 2015). Como veremos ao longo dos capítulos, a importância de tais atores tende a ser menor e mais localizada do que se imagina na produção das políticas do urbano.

Um último elemento associado a atores em políticas públicas diz respeito ao fato de esses não poderem ser pensados de forma automonizada e isolada. Devemos evitar qualquer ideia de isolamento e tentar compreender as múltiplas formas de relação e conexão que eles têm entre si e com as instituições políticas. Essas conexões se desdobram em dois elementos que devem ser destacados. Em primeiro lugar, os atores se encontram sempre intensamente conectados entre si em redes de relações que tecem vínculos em (mas não exclusivamente) comunidades de políticas, cruzando as fronteiras entre Estado e sociedade civil (Marques, 2012). Além disso, como o neoinstitucionalismo também mostrou vastamente, são múltiplas as formas de encaixe (o chamado *fit*) entre as estruturas de mobilização de atores sociais e o desenho das instituições políticas (Skocpol, 1992), gerando efeitos para as mobilizações coletivas (mais ou menos reforçadas pelos encaixes), assim como para as políticas (mais ou menos participativas, efetivas e eficazes dependendo desses mesmos encaixes). No caso brasileiro, o desenvolvimento de um conjunto de trabalhos sobre os múltiplos encaixes entre sociedade civil (incluindo organizações da sociedade civil e movimentos sociais variados) e estruturas de entrega de políticas tem renovado a agenda de estudos sobre associativismo e mobilizações em políticas públicas (Lavalle; Castello; Bichir, 2008; Abers; Serafim; Tatagiba, 2014; Tatagiba, 2011).

Adicionalmente, as configurações dessas relações entre atores criam situações muito distintas em termos da sua influência sobre políticas. Foram vários os enquadramentos desenvolvidos pela literatura sobre o tema. O conceito mais geral é o de intermediação de interesses – os diferentes padrões de acesso de atores societais aos processos de decisão, de forma a fazer valer os seus interesses. Classicamente se considera a existência de duas estruturas de intermediação típicas (e quase ideal típicas) e opostas – o lobby, vigente principalmente nos Estado Unidos, e o corporatismo, característicos dos países europeus. No lobby, o processo de pressão se faz de maneira individualizada e pontual por empresas privadas ou grupos de pressão e defesa de interesses específicos, canalizado tipicamente nos EUA para representantes legislativos ou em alguns casos para agências governamentais, mas sempre sob alguma forma de "interesse especial" (McKenna, 1976). O corporatismo, diferentemente, diz respeito aos grandes acordos de nível societal entre capitais, trabalho e Estado celebrados em vários países, com a participação orgânica de partidos e sindicatos pactuando por períodos relativamente longos as linhas gerais das políticas macroeconômicas, os padrões de desenvolvimento e as políticas sociais. Esses padrões poderiam ser construídos a partir de mobilizações e atores da sociedade ou incentivados pelo Estado (Schmitter, 1989). Essas formas de intermediação organizada e coletiva também seriam típicas das cidades europeias (Le Galès, 2000). Outros autores posteriormente mobilizaram a ideia de redes sociais para explorar analiticamente esses dois tipos de padrões (Knoke et al., 1996; Heinz et al., 1997)

Cardoso (1970), em contribuição clássica, defendeu que, no caso brasileiro, a intermediação de interesses ocorreria de outra forma, se distanciando do lobby pelo pequeno protagonismo do empresariado e das instituições legislativas nacionais, e do corporatismo pela fragilidade de nossos partidos políticos e sindicatos. Para ele, a intermediação ocorreria através de "anéis burocráticos de poder" que ligariam atores (ou círculos de interessados na formulação do autor) de forma transversal entre Estado e sociedade no interior de setores políticos. Já sugeri em trabalhos anteriores (Marques, 2003 e 2012), sob influência da teoria das elites e da sociologia relacional, que a intermediação acontece de forma mais duradoura e baseada em vínculos menos intencionais do que descritos pelos "anéis". A intermediação aconteceria, na verdade, no interior de uma estrutura de médio alcance, mais estável e ampla, que denominei de tecido relacional do Estado – as redes de vários tipos de vínculos, formais e informais (inclusive pessoais) e motivações (intencionais e não intencionais) construídas ao longo das trajetórias históricas dos setores e das vidas dos atores, conectando agentes nas (e das) organizações estatais com outros de seus entornos imediatos, e mobilizadas topicamente por eles no desenrolar da política.

Os debates sobre política do urbano em perspectiva internacional sugeriram ao menos duas contribuições a respeito da interação de atores políticos. Já nos anos 1970, Moloch (1976) sustentou que, graças à estrutura fiscal norte-americana, que deixaria os municípios sem fontes de recursos, prefeitos dependeriam da mobilização de recursos privados para a promoção de políticas. Essa situação criaria uma armadilha, tornando as lideranças políticas locais reféns de alianças com o empresariado local, especialmente os incorporadores imobiliários, levando à constituição do que o autor denominou de máquinas de crescimento.

Elkin (1985) e Stone (1993), posteriormente, sustentaram que a ideia das máquinas não explicaria a variabilidade das situações encontradas.

Sobretudo para Stone (1993), essa ideia desconsiderou as diferenças dos eleitorados e das configurações de atores locais, assim como das burocracias públicas disponíveis para a produção de políticas, apesar de concordar com a concentração de recursos nas mãos dos empresários privados. Em seu lugar, o autor propôs a ideia de regimes urbanos – configurações de atores construídos em torno de lideranças políticas que conseguem mobilizar os recursos existentes (com destaque, mas sem exclusividade para os privados) para a realização de políticas. Ao menos quatro tipos de regimes seriam encontrados nas cidades norte-americanas. A discussão europeia caminhou em outra direção, rejeitando a existência de máquinas de crescimento e de regimes urbanos, pela menor centralidade da terra nas mãos do setor privado, pela maior importância dos Executivos locais, assim como pelo protagonismo muito mais destacado de outros níveis de governo (nacionais e supranacionais – a União Europeia) no financiamento e na proposição de políticas (Harding, 1997; Davies, 2003). Em certo sentido, tanto máquinas de crescimento quanto regimes urbanos denominam casos específicos de mudança durável de autoridade governamental (Orren; Skowronek, 2004). Em ambos os casos, entretanto, os conceitos predefinem os conteúdos de políticas em torno das quais se organiza a autoridade – crescimento no primeiro caso e capacidade de liderar coalizões no segundo. Infelizmente, cidades contam com inúmeras situações de mudanças duráveis sem a presença de agendas substantivas, ou tendo o controle político local em si como única agenda.

Todos esses debates tiveram influência recente das discussões a respeito da governança. Essa categoria tem recebido inúmeras denominações no exterior (Stoker, 1998) e nos debates nacionais (Marques, 2013). Apesar da polissemia, as várias correntes dessa literatura têm tentado denominar (às vezes positivamente, às vezes negativamente) as transformações nas atividades de governo produzidas pelo seu descentramento das agências governamentais, sugerindo uma presença muito maior do setor privado contratado pelo Estado, de organizações da sociedade civil, de organismos multilaterais e de outros níveis de governo. A potencialidade do conceito me parece residir exatamente em permitir estudar as políticas sem predeterminar quais atores estatais e não estatais estão envolvidos e de que forma se fazem presentes, além de abrir espaço para dimensões informais (e mesmo ilegais) na produção das políticas.

Em um sentido bem geral, permite destacar quem governa o que e quem governa o que o Estado não governa (Le Galès, 2016b), constituindo padrões de governança. Esses seriam os conjuntos de atores estatais e não estatais conectados por diversos tipos de vínculos (formais e informais, legais e ilegais), cercados de instituições que estariam por trás dos processos de produção de políticas (Marques, 2013). Esses atores seriam movidos por seus interesses, mas também portariam projetos de políticas e ideais. Esse conceito tenta conectar estruturas formais de governo e representação com as dinâmicas políticas que se desenrolam nelas, deixando em aberto a possível coexistência de vários padrões de governança distintos (e por vezes contraditórios) em um mesmo lugar e por vezes no interior de um mesmo setor de políticas.

Vale dizer que uma parte desses debates recentes destaca as redes como uma forma específica de relacionamento de atores ou mesmo de composição de governança (Rhodes, 2006). Parece-me indiscutível que as redes fazem parte do conjunto de elementos que caracteriza os padrões de governança, mas esses de forma alguma se restringem a elas, como gostaria parte da literatura. Ademais, as redes não representam uma forma de organização dos campos de políticas alternativa a mercados e hierarquias, visto que mercados incluem redes (como nos tem mostrado intensamente a sociologia econômica) e redes são plenas de hierarquias em termos de centralidades, volumes de fluxos e posições estruturais. Na verdade, as redes são uma forma de reproduzir analiticamente o tecido relacional que estrutura a sociedade como um todo, e que, próximo às instituições estatais, pode ser retratado com a ideia de tecido relacional do Estado (Marques, 2012).

No caso de São Paulo, são ao menos cinco os padrões de governança presentes nas políticas urbanas em período recente (Marques, 2013). Nas políticas sociais, vige um padrão com razoável abertura decisória, fóruns institucionalizados de participação e um papel destacado para organizações da sociedade civil e para o Legislativo local. As grandes obras de infraestrutura, por outro lado, são decididas e implementadas no interior de agências estatais com razoável insulamento, embora permeáveis aos capitais do urbano associados à sua produção e interessadas em contratos de obras e serviços. O padrão de governança dos serviços urbanos guarda similaridades com as grandes obras de infraestrutura, pois é marcado por insulamento no interior de suas burocracias técnicas (mas menos insuladas), também conectadas com empresas privadas nas redes da comunidade de política. Nesse caso, entretanto, trata-se de compra e regulação de um serviço aplicado por empresas privadas ao longo do tempo, o que confere fortes especificidades com relação aos fluxos de informação, à regulação do dia a dia da política e aos instrumentos desenvolvidos para tal. O quarto padrão de governança envolve os grandes projetos urbanos que incluem alterações importantes de legislação urbanística. Nesse caso, o processo decisório tende a ser um pouco mais aberto, pois envolve o Legislativo local e certas formas de participação institucionalizada, como audiências públicas. Embora estas não representem grandes oportunidades de participação, podem ser mobilizadas por atores societais para resistir à implantação de projetos. Por fim, temos a aplicação diuturna da legislação urbanística e edilícia, envolvendo tipicamente fiscais, políticos de base local (e eleitorados distritalizados) e cidadãos ou empresas que sejam objeto da aplicação dessas regras. Esses padrões coexistem e por vezes se articulam entre si, mas é o desenrolar da política em cada setor específico que leva ao desenrolar das políticas concretas, como veremos nos capítulos que se seguem.

3. Legados do Estado, dos atores e das cidades

Em uma perspectiva mais geral, políticas acontecem nos ambientes formados pela construção histórica dos Estados, das "suas sociedades" (no sentido dos conjuntos de atores presentes e seus recursos de poder), das relações (e gramáticas políticas, no sentido de Nunes, 1997) que os conectam e da conformação de seus objetos de intervenção. No caso das políticas do urbano, os legados dizem respeito às estruturas estatais e institucionais responsáveis pelas políticas, aos atores nelas atuantes e às próprias cidades, suas estruturas e características. Processos históricos diferentes geram grandes divergências nos elementos presentes em cidades em diversos países, como, por exemplo, o grau de centralização política nos governos nacionais, a presença, a força e a organização de burocracias e de atores empresariais e as suas estruturas de representação de interesses. De forma mais específica, legados explicam a capacidade de intervenção direta ou de regulação de atores estatais sobre agentes privados, ou mesmo as estruturas fundiárias das cidades. Isso explica as grandes diferenças entre cidades europeias e norte-americanas, por exemplo, e confirma as dificuldades de transpor modelos analíticos (Harding, 1997; Davies, 2003), sem que as devidas especificidades históricas sejam levadas em conta para a construção de teorias (Robinson, 2011).

No caso brasileiro, a intervenção pública nos ambientes urbanos antecedeu a construção de capacidades estatais inaugurada nos anos 1930 após o fim da primeira República. Já nas últimas décadas do século XIX, as maiores aglomerações urbanas brasileiras, como Rio de Janeiro e São Paulo (as maiores cidades em termos populacionais desde 1900), começaram a implantar políticas de infraestrutura urbana, como sistemas de transportes com bondes (inicialmente de tração animal e depois elétrica), abastecimento de água e esgotamento sanitário, iluminação pública (primeiro a gás e depois elétrica) e coleta de resíduos sólidos. Quase na totalidade dos casos, esses serviços pioneiros foram implantados por empresas privadas brasileiras, mas após alguns anos foram repassados para empresas privadas estrangeiras (Telles, 1994; Marques, 1995). Essas transferências foram causadas pela fragilidade técnica das empresas e das comunidades profissionais nacionais, mas também pelas agressivas estratégias de expansão de empresas de infraestrutura constituídas nos países centrais no período. A fragilidade ainda maior das estruturas estatais explica a escolha generalizada de contratos e concessões, em vez de prestação direta dos serviços. Apenas para exemplificar a fragilidade dessas estruturas, o conjunto de todos os órgãos federais brasileiros em 1935 contava com apenas 518 engenheiros (Dias, 1994).

A partir da segunda década do século XX, essa situação começou a se inverter, externamente pelas dificuldades crescentes de circulação de materiais, pessoas e capitais com a Primeira Guerra Mundial e, mais adiante, com a Grande Depressão (Rangel, 1987), mas também domesticamente pela presença cada vez mais expressiva de comunidades nacionais de engenheiros e empresas de construção e de produção de materiais e equipamentos que pressionavam por maior protagonismo. Como consequência, a partir do final dos anos 1920, a prestação de diversas políticas urbanas passou a estar sob responsabilidade direta dos governos locais (administração direta, em autarquias, departamentos e secretarias), mas com a contratação de empresas privadas nacionais para a execução de obras e o fornecimento de serviços. As primeiras iniciativas de planejamento de conjunto em cidades brasileiras também datam dessa época, sucedendo os planos de embelezamento característicos da *Belle Époque*, inclusive internacionalmente. A eles se seguiram legislações sobre zoneamento, assim como a revisão e o aprofundamento das legislações edilícias, estabelecendo pela primeira vez no país a regulação de construções e projetos privados de forma ampla.

Portanto, embora o aparato estatal varguista tenha estruturado nacionalmente as primeiras políticas de previdência, assistência médica, habitação, saneamento e assistência social a partir de 1930 (submetidas à lógica da cidadania regulada, conforme Santos, 1979), as políticas e os serviços urbanos as precedem nas maiores cidades, prestados por governos locais, mesmo que de forma incompleta e seletiva social e espacialmente. Durante o período, o setor de construção civil foi beneficiado sobremaneira pela contratação pública para a expansão de infraestruturas e a constituição de um setor de bens intermediários no país – estradas, hidroelétricas, portos, extração de minérios, petróleo e gás, refinarias, siderúrgicas e cimenteiras (Camargos, 1993), tornando-se um dos mais importantes da economia brasileira. Assim, o mercado de obras e serviços públicos – absolutamente central em termos políticos e econômicos desde então – foi em grande parte uma produção do Estado. Por outro lado, estruturas estatais foram criadas e se constituíram capacidades em várias escalas e setores (Nunes, 1997), sendo esse um momento privilegiado de construção institucional também na cidade de São Paulo, com a constituição de autarquias, secretarias e planos nas áreas de transportes, planejamento e obras públicas (Marques, 2003; cf. também o capítulo 8, neste volume).

O próximo momento significativo de mudança na prestação dos serviços urbanos correspondeu ao início da década de 1960, em alguns casos antecedendo o modelo que seria implantado pelo regime militar para a prestação de serviços de infraestrutura: agências públicas organizadas em moldes empresariais, baseadas em carreiras técnicas próprias, realidade tarifária e financiamento por fundos públicos com recursos de empréstimos, inclusive internacionais. A partir do final dos anos 1960, esse modelo massificou e nacionalizou as políticas de habitação, saneamento e transportes de massa sobre trilhos (trens e metrô). As duas primeiras envolveram a construção de sistemas nacionais de financiamento e uma rede de fundos e agências públicas incluindo o próprio Banco Nacional de Habitação (BNH), mas também fundos estaduais, Cohabs e companhias estaduais de saneamento (Maricato, 1987). Em todos os casos, as comunidades de políticas foram reforçadas ou mesmo constituídas em torno de agências estatais com protagonismo técnico e capacitação, embora fortemente dependentes de empresas privadas contratistas de obras e serviços variados, ainda mais fortalecidas no período. Tanto essas comunidades quanto essas empresas se revelaram importantes legados para o funcionamento da política do urbano, influenciando-as decisivamente até hoje.

O regime militar também representou um momento especial de produção de capacidades institucionais municipais em São Paulo. Data desse período a constituição de agências importantíssimas, como a Companhia do Metrô (então com grande participação municipal), a Companhia de Engenharia de Tráfego e as primeiras subprefeituras, assim como a Empresa Paulista de Planejamento Metropolitano – a Emplasa. De maneira similar ao período varguista, o regime militar representou um momento de reforço concentrado das estruturas estatais, ao mesmo tempo que também reforçava e empoderava os capitais do urbano pela contratação direta no mercado de diversas atividades.

A redemocratização trouxe a desmontagem formal da lógica da cidadania regulada no desenho dos sistemas de políticas sociais. Isso não significou a universalização do acesso com boa qualidade, mas tem representado a redução das desigualdades de acesso, ao menos quantitativas, na maioria das políticas (Arretche, 2015). No caso das políticas do urbano, a dinâmica desde a Constituição de 1988 foi variada, em especial pela ausência de financiamento e regulação federal até meados da década de 2000. As coberturas de infraestrutura e serviços – abastecimento de água, esgotamento sanitário, energia elétrica e limpeza urbana – apontaram para a universalização, embora com desigualdades regionais e sociais, sobretudo na qualidade dos serviços prestados (Marques, 2015). Após a criação do Ministério das Cidades, em 2002, as políticas do urbano passaram a ser objeto de crescente regulação federal, embora ainda de forma subfinanciada. A grande maioria dos recursos disponibilizados no período se concentrou na produção de novas habitações para venda financiada em conjuntos de periferia pelo Programa Minha Casa Minha Vida, embora agora com subsídios federais que solvabilizaram uma parte da demanda de renda muito baixa, até então completamente desconsiderada pelas políticas de habitação. A produção de capacidades técnicas foi incentivada pelo governo federal, assim como a disseminação de instrumentos e políticas inovadoras, mas as iniciativas permaneceram à discricionariedade dos governos locais. Mais recentemente, a participação privada na prestação de políticas urbanas cresceu e se diversificou, como veremos em vários capítulos deste livro para o caso de São Paulo.

Portanto, os legados que cercam as políticas do urbano nas cidades brasileiras, inclusive São Paulo, são de forte presença estatal, embora com capacitação relativamente baixa, associada à alta presença de capitais do urbano, dependentes de contratos estatais. Desde a redemocratização, a competição político-eleitoral tem se mostrado mais intensa, ao mesmo tempo que os governos locais se tornaram mais capacitados, empoderando simultaneamente políticos e burocratas. A prestação de serviços e políticas tem aumentado e se diversificado, embora com desigualdades na qualidade. Em período recente, tanto as políticas e a regulação federal quanto as formas de participação privada têm crescido, ampliando o leque de atores envolvidos na produção de políticas e complexificando os padrões de governança que as produzem.

Referências bibliográficas

ABERS, Rebecca; SERAFIM, Lizandra; TATAGIBA, Luciana. Repertórios de interação Estado-sociedade em um Estado heterogêneo: A experiência na era Lula. *Dados*, Rio de Janeiro, v.57, n.2, p.325-357, 2014.

ARRETCHE, Marta. Federalismo e relações intergovernamentais no Brasil: a reforma dos programas sociais. *Dados*, Rio de Janeiro, v.45, n.3, p.431-458, 2002.

______. Democracia, federalismo e centralização no Brasil. Rio de Janeiro: Fiocruz/FGV, 2012.

______. (org.). *Trajetórias da desigualdade*. São Paulo: Editora Unesp/CEM, 2015.

BACHRACH, Peter; BARATZ, Morton. Decisions and Non-Decisions: an Analytical Framework. *American Political Science Review*, v.57, n.3, set. 1963.

BICHIR, Renata. Capacidades estatais para a implementação de programas de transferência de renda: os casos de Brasil, Argentina e África do Sul. *Texto para Discussão Ipea*, Rio de Janeiro, n.2032, jan. 2015.

BRENNER, Neil; THEODORE, Nik (orgs.). *Spaces of Neoliberalism*. Oxford: Blackwell Pub, 2002.

BUCCI, Maria Paula Dallari; DUARTE, Clarice (coords.). *Judicialização da saúde*: a visão do poder Executivo. São Paulo: Saraiva Jur, 2017.

CAMARGOS, Regina. *Estado e empreiteiros no Brasil*: uma análise setorial. Campinas, 1993. Dissertação (Mestrado em Ciência Política) – IFCH-Unicamp.

CARDOSO, Fernando Henrique. Planejamento e política: os anéis burocráticos. In: LAFER, Betty. *Planejamento no Brasil*. São Paulo: Perspectiva, 1970.

COHEN, Michael; MARCH, James; OLSEN, Johan. A Garbage Can Model of Organizational Choice. *Administrative Science Quarterly*, v.17, n.1, p.1-25, mar. 1972.

DAVIES, Jonathan. Partnerships Versus Regimes: Why Regime Theory Cannot Explain Urban Coalitions in the UK. *Journal of Urban Affairs*, v.25, n.3, p.253-270, 2003.

D'ÁVILA FILHO, Paulo; LIMA, Paulo; JORGE, Vinícius. Indicação e intermediação de interesses: uma análise da conexão eleitoral na cidade do Rio de Janeiro, 2001-2004. *Revista de Sociologia e Política*, Curitiba, v.22, n.49, p.39-60, jan./mar. 2014.

DESROSIÈRES, Alain. *Prouver et governer*: une analyse politique des statistiques publiques. Paris: La Découverte, 2014.

DIAS, José. Os engenheiros do Brasil. In: GOMES, Ângela de Castro (coord.). *Engenheiros e economistas*: novas elites burocráticas. Rio de Janeiro: FGV, 1994.

DILWORTH, Richardson (org.). The City in American Political Development. Nova York: Routledge, 2009.

ELKIN, Stephen. Twentieth Century Urban Regimes. *Journal of Urban Affairs*, v.7, n.2, mar. 1985.

FIORINA, Morris. *Congress*: Keystone of the Washington Establishment. New Haven: Yale University Press, 1989.

FLANAGAN, Richard. Opportunities and Constraints on Mayoral Behavior: a Historical-Institutional Approach. *Journal of Urban Affairs*, v.26, n.1, p.43-65, fev. 2004.

HAAS, Peter. Introduction: Epistemic Communities and International Policy Coordination. *International Organization*, v.46, n.1, 1992.

HARDING, Alan. Urban Regimes in a Europe of the Cities? *European Urban and Regional Studies*, v.4, n.4, p.291-314, out. 1997.

HEINZ, John et al. *Hollow Core: Private Interests in National Policy Making*. Cambridge: Harvard University Press, 1997.

JOBERT, Bruno; MULLER, Pierre. *L'État en action: politiques publiques et corporatismes*. Paris: PUF, 1987.

JOHN, Peter. Why Study Urban Politics? In: DAVIES, Jonhatan; IMBROSCIO, David (orgs.). *Theories of Urban Politics*. Nova York: Sage, 2005.

KINGDON, John. *Agendas, Alternatives, and Public Policies*. Nova York: Little, Brown and Company, 1984.

KINZO, Maria; BORIN, Ivan; MARTINS JR., José. Padrões de competição eleitoral na disputa para a Câmara paulistana, 1992-2000. *Novos Estudos Cebrap*, São Paulo, n.65, p.45-56, mar. 2003.

KNOKE, David et al. *Comparing Policy Networks*: Labor Politics in the U.S., Germany, and Japan. Cambridge: Cambridge University Press, 1996.

KUSCHNIR, Karina. *O cotidiano da política*. Rio de Janeiro: Zahar, 2000.

LASCOUMES, Pierre; LE GALÈS, Patrick. Introduction: Understanding Public Policy Through its Instruments. *Governance: An International Journal of Policy, Administration and Institutions*, v.20 (1), p.1-21, jan. 2007.

LAVALLE, Adrián Gurza; CASTELLO, Graziela; BICHIR, Renata. The Backstage of Civil Society: Protagonisms, Networks, and Affinities Between Civil Organizations in São Paulo. *Working Paper*, Brighton, IDS, n.299, mar. 2008.

LE GALÈS, Patrick. Regulations and Governance in European Cities. *International Journal of Urban and Regional Research*, v.22, n.3, p.482-506, set. 1998.

______. Private-Sector Interests and Urban Governance. In: BAGNASCO, Arnaldo; LE GALÈS, Patrick (orgs.). *Cities in Contemporary Europe*. Cambridge: Cambridge University Press, 2000.

______. Neoliberalism and Urban Change: Stretching a Good Idea Too Far? *Territory, Politics, Governance*, v.4, n.2, p.154-172, 2016a.

______. Urban Policies in Europe: What Is Governed? In: BRIDGE, Gary; WATSON, Sophie (eds.). *The New Blackwell Companion to the City*. Oxford: Wiley Blackwell, 2016b.

LEVI-FAUR, David. The Global Diffusion of Regulatory Capitalism. *The Annals of the American Academy of Political and Social Science*, n.598, p.12-32, 1 mar. 2005.

LIMONGI, Fernando; MESQUITA, Lara. Estratégia partidária e clivagens eleitorais: as eleições municipais pós redemocratização. In: KOWARICK, Lúcio; MARQUES, Eduardo (orgs.). *São Paulo*: novos percursos e atores (sociedade, cultura e política). São Paulo: Editora 34/CEM, 2011.

LIPSKY, Michael. *Street-Level Bureaucracy*: Dilemmas of the Individual in Public Services. Nova York: Russell Sage Foundation, 1980.

LOPEZ, Felix. A política cotidiana dos vereadores e as relações entre Executivo e Legislativo em âmbito municipal: o caso do município de Araruama. *Revista de Sociologia e Política*, Curitiba, n.22, p.153-177, 2004.

LOWI, Theodore. American Business, Public Policy Case-Studies and Political Theory. *World Politics*, v.16, n.4, jul. 1964.

LOWNDES, Vivien. Rescuing Aunt Sally: Taking Institutional Theory Seriously in Urban Politics. *Urban Studies*, v.38, n.11, p.1953-1971, out. 2001.

LUCAS, Jack. Urban Governance and the American Political Development Approach. *Urban Affairs Review*, v.53 (2), p.338-361, 2017.

MACKENZIE, David. *An Engine, Not a Camera*: How Financial Models Shape Markets. Cambridge: MIT Press, 2006.

MARICATO, Erminia. *Política habitacional no regime militar*. Petrópolis: Vozes, 1987.

MARQUES, Eduardo. Da higiene à construção da cidade: a constituição do setor saneamento no Rio de Janeiro. *História, Ciências, Saúde-Manguinhos*, Rio de Janeiro, v.2, n.2, 1995.

______. *Redes sociais, Instituições e Atores Políticos no governo da cidade de São Paulo*. São Paulo: Annablume, 2003.

______. Public Policies, Power and Social Networks in Brazilian Urban Policies. *Latin American Research Review*, v.47 (2), 2012.

______. Government, Political Actors and Governance in Urban Policies in Brazil and São Paulo: Concepts for a Future Research Agenda. *Brazilian Political Science Review*, v.7, 2013.

______. Condições urbanas. In: ARRETCHE, Marta (org.) *Trajetórias da desigualdade*. São Paulo: Editora Unesp/CEM, 2015.

______. Notas sobre a política e as políticas do urbano. *Texto para Discussão/CEM*, São Paulo, n.18, 2016a.

______. De volta aos capitais para melhor entender as políticas urbanas. *Novos Estudos Cebrap*, São Paulo, v.35, n.2, p.15-33, jul. 2016b.

______. Em busca de um objeto esquecido: a política e as políticas do urbano no Brasil. *Revista Brasileira de Ciências Sociais*, São Paulo, v.32, n.95, p.1-18, 2017.

MARQUES, Eduardo; FARIA, Carlos (eds.). *A política pública como campo multidisciplinar*. São Paulo: Editora Unesp/CEM, 2013.

MASSEY, Doreen. *For Space*. Nova York: Sage, 2005.

MCKENNA, George. *American Politics: Ideals and Realities*. Nova York: McGraw-Hill, 1976.

MENDONÇA, Clarice; FUKS, Mario. Privação relativa e ativismo em protestos no Brasil: uma investigação sobre o horizonte do possível. *Opinião Pública*, Campinas, v.21, n.3, p.626-642, 2015.

MOLOCH, Harvey. The City as a Growth Machine: Toward a Political Economy of Place. *The American Journal of Sociology*, v.82, n.2, p.309-332, 1976.

NUNES, Edson. *A gramática política do Brasil*. Rio de Janeiro: Jorge Zahar, 1997.

ORREN, Karen; SKOWRONEK, Stephen. *The Search for American Political Development*. Cambridge: Cambridge University Press, 2004.

PECK, Jamie; THEODORE, Nik. Mobilizing Policy: Models, Methods and Mutations. *Geoforum*, v.41, n.2, p.169-174, 2010.

PIERRE, Jon. *The Politics of Urban Governance*. Londres: Palgrave Macmillan, 2011. caps. 3-6.

PIERSON, Paul. *Politics in Time: History, Institutions, and Social Analysis*. Princeton: Princeton University Press, 2004.

PIRES, Roberto. Sociologia do guichê. Paper apresentado na mesa "Burocracias implementadoras e desigualdades sociais" no encontro da Anpocs, 2016.

PIRES, Roberto; GOMIDE, Alexandre. *Capacidades estatais e democracia*: arranjos institucionais de políticas públicas. Brasília: Ipea, 2014.

PRESSMAN, Jeffrey L.; WILDAVSKY, Aaron. *Implementation*: The Oakland Project. Los Angeles: University of California Press, 1973.

RACO, Mike. Delivering Flagship Projects in an Era of Regulatory Capitalism: State-led Privatization and the London Olympics 2012. *International Journal of Urban and Regional Research*, v.38 (1), 2014, p.176-197.

RANGEL, I. O papel dos serviços de utilidade pública. In: CCJE/UFRJ, *Crise urbana e privatização dos serviços públicos*. Rio de Janeiro: UFRJ, 1987.

RHODES, Ron. Policy Network Analysis. In: MORAN, Michael; REIN, Martin; GOODIN, Robert. (eds.). *The Oxford Handbook of Public Policy*. Oxford: Oxford University Press, 2006. p.425-447.

ROBINSON, Jennifer. Cities in a World of Cities: the Comparative Gesture. *International Journal of Urban and Regional Research*, v.35, n.1, p.1-23, jan. 2011.

ROCHA, Marta Mendes da Rocha; SILVA, Bruno Souza da. O poder de indicar: preferências legislativas de vereadores mineiros. *Cadernos Adenauer XVIII*, Rio de Janeiro, n.2, 2017.

SABATIER, Paul; JENKINS-SMITH, Hank C. *Policy Change and Learning: An Advocacy Coalition Approach*. Boulder: Westview Press, 1993.

SANTOS, Wanderley. *Cidadania e justiça*. Rio de Janeiro: Campus, 1979.

______. Gênese e apocalipse: elementos para uma teoria da crise institucional latino-americana. *Novos Estudos Cebrap*, São Paulo, n.20, mar. 1988.

SCHMITTER, Philip. The Corporatism Is Dead? Long Live the Corporatism! *Governmment and Opposition*, v.24, n.1, 1989.

SELLERS, Jeffrey. Re-Placing the Nation: an Agenda for Comparative Urban Politics. *Urban Affairs Review*, v.40, p.419-445, 2005.

SIKKINK, Katerine. Las capacidades y la autonomía del Estado en Brasil y la Argentina. Un enfoque neoinstitucionalista. *Desarrollo Económico*, v.32, n.128, 1993.

SILVA, Patrick. *O poder Legislativo municipal*: estrutura, composição e produção. São Paulo, 2014. Dissertação (Mestrado em Ciência Política) – FFLCH-USP.

SKOCPOL, Theda. Bringing the State Back in: Strategies of Analysis in Current Research. In: EVANS, Peter; RUESCHEMEYER, Dietrich; SKOCPOL, Theda (eds.). *Bringing the State Back in*. Cambridge: Cambridge University Press, 1985.

______. *Protecting Soldiers and Mothers*: the Political Origins of Social Policy in the United States. Cambridge: Belknap Press, 1992.

SKOWRONEK, Stephen. The Politics Presidents Make: Leadership from Johan Adams to George Bush. Cambridge: Belkap Harvard, 1993.

STOKER, Gerry. Governance as Theory: Five Propositions. *International Social Science Journal*, v.50, n.155, p.17-28, mar. 1998.

STONE, Clarence. Urban Regimes and the Capacity to Govern: a Political Economy Approach. *Journal of Urban Affairs*, v.15, n.1, p.1-28, mar. 1993.

TATAGIBA, Luciana. Relação entre movimentos sociais e instituições políticas na cidade de São Paulo. O caso do movimento de moradia. In: KOWARICK, Lúcio; MARQUES, Eduardo (orgs.). *São Paulo*: novos percursos e atores (sociedade, cultura e política). São Paulo: Editora 34/CEM, 2011.

TELLES, Pedro. *História da engenharia no Brasil*. Rio de Janeiro: Clube de Engenharia/Clavero, 1994. 2v.

TERRON, Sônia; RIBEIRO, Andrezza; LUCAS, Joyce. Há padrões espaciais de representatividade na Câmara Municipal do Rio de Janeiro? Análise dos territórios eleitorais dos eleitos em 2008. *Teoria & Pesquisa – Revista de Ciência Política*, São Carlos, v.21, p.28-47, 2012.

TORRES, Haroldo. Políticas sociais e espaço: uma abordagem metropolitana. In: MARQUES, Eduardo; TORRES, Haroldo (orgs.). *São Paulo*: segregação, pobreza e desigualdades sociais. São Paulo: Senac, 2005.

TROUNSTINE, Jessica. Challenging the Machine-Reform Dichotomy: Two Threats to Urban Democracy. In: DILWORTH, Richardson (ed.). *The City in American Political Development*. Nova York: Routledge, 2009.

WARD, Kevin. "Policies in Motion", Urban Management and State Restructuring: the Trans-Local Expansion of Business Improvement Districts. *International Journal of Urban and Regional Research*, v.30, n.1, p.54-75, mar. 2006.

WOLFINGER, Raymond. Why Political Machines Have Not Withered Away and Other Revisionist Thoughts. *The Journal of Politics*, v.34, n.2, p.365-398, 1972.

2
Política e coalizões de governo

Eduardo Marques e Telma Hoyler

A relação entre Executivo e Legislativo tem sido predominantemente abordada pelos estudos legislativos, que se concentram em observar os efeitos da legislação eleitoral e dos processos decisórios das casas legislativas sobre o comportamento de parlamentares e partidos e em verificar se o chefe do Executivo conta com instrumentos que potencialmente lhe conferem capacidade de governar, mas padece da ausência de um referencial analítico próprio para as cidades. Ao analisar o debate norte-americano, Flanagan (2004) afirma que os prefeitos não têm sido tema relevante dos estudos urbanos, que têm predominantemente se voltado para a microeconomia comportamental ou para o poder de grupos de interesse na cidade. Fica à margem das análises a forma pela qual os compromissos dos prefeitos se encaixam ou não no quadro mais abrangente do sistema político da cidade.

Estudos de política pública, governos e governança, por sua vez, têm analisado a construção de capacidades das burocracias executivas, a atuação dos variados agentes formuladores e implementadores, os conflitos em torno das instituições políticas, mas muitas vezes deixam de fora uma parte importante do processo político, que são as negociações com os agentes do Legislativo nos processos de formulação e implementação das políticas.

Como um esforço inicial de aproximar ambas as correntes analíticas, este capítulo apresenta o quadro político dos governos paulistanos nas últimas duas décadas, fornecendo um pano de fundo para a discussão de políticas desenvolvida nos capítulos que se seguem. Considerando esse objetivo, o capítulo aborda a política na escala de análise do município e das relações entre Executivo e Legislativo, mas em contrapartida, por insuficiência de espaço, não se atém aos detalhes da operação da política do urbano nos territórios ou dos processos eleitorais, como as dinâmicas internas aos partidos ou o financiamento de campanhas. Também na escala de análise da cidade, mencionamos de forma rápida a relação dos diversos governos com grupos e redes de interesses, mas sem detalhar informação, considerando o espaço de que dispomos para o tema.

A construção desse pano de fundo depende ao menos de dois exercícios combinados. Em primeiro lugar, apresentar os resultados eleitorais, a formação de governo e a composição da Câmara de Vereadores. Em seguida, caracterizar os governos em termos de suas principais agendas, suas coalizões políticas e suas relações com o Legislativo.

1. Dinâmicas eleitorais e composição das bancadas na Câmara

Diferentemente do que considera o senso comum, a cidade de São Paulo caracteriza-se por um comportamento eleitoral estável, volatilidade relativamente baixa e padrões sociais e espaciais de voto pouco variados, apesar de dinâmicos no tempo (Limongi; Mesquita, 2011). Tampouco se observou no período estudado um crescimento da direita, como sugerido por analistas no início da redemocratização (Pierucci; Lima, 1993). O voto de direita sempre esteve onde esteve e foi, na verdade, capturado pela centro-direita a partir dos anos 2000. O conjunto do eleitorado paulistano tem, de uma forma geral, um perfil majoritariamente de centro-direita, embora também estejam presentes parcelas expressivas de eleitores tendentes à esquerda e à direita. As vitórias eleitorais nos pleitos do período envolveram a mobilização desses três grandes campos e, mesmo que reconfigurações possam ocorrer no longo prazo, os resultados expressam bem mais a conjuntura e as dinâmicas eleitorais, incluindo a oferta de candidatos pelos partidos.

A Tabela 1 a seguir apresenta os percentuais de votos no primeiro e no segundo turno das eleições para o Executivo municipal desde 1989.

Tabela 1 – Resultados eleitorais dos principais candidatos a prefeito em São Paulo

Ano	Eleição	Candidatos	Partidos	% Votos válidos
1985	Turno único	Jânio Quadros	PTB	37,53%
		Fernando Henrique Cardoso	PMDB	34,16%
1988	Turno único	Luiza Erundina	PT	29,84%
		Paulo Maluf	PDS	24,45%
1992	1º turno	Paulo Maluf	PDS	48,85%
		Eduardo Suplicy	PT	30,68%
	2º turno	Paulo Maluf	PDS	58,08%
		Eduardo Suplicy	PT	41,92%
1996	1º turno	Celso Pitta	PPB	48,24%
		Luiza Erundina	PT	24,50%
	2º turno	Celso Pitta	PPB	62,28%
		Luiza Erundina	PT	37,72%
2000	1º turno	Marta Suplicy	PT	38,01%
		Paulo Maluf	PPB	17,35%
	2º turno	Marta Suplicy	PT	58,51%
		Paulo Maluf	PPB	41,49%
2004	1º turno	José Serra	PSDB	43,56%
		Marta Suplicy	PT	35,82%
	2º turno	José Serra	PSDB	54,86%
		Marta Suplicy	PT	45,14%
2008	1º turno	Gilberto Kassab	DEM	33,61%
		Marta Suplicy	PT	32,79%
	2º turno	Gilberto Kassab	DEM	60,72%
		Marta Suplicy	PT	39,28%
2012	1º turno	José Serra	PSDB	30,75%
		Fernando Haddad	PT	28,98%
	2º turno	José Serra	PSDB	44,43%
		Fernando Haddad	PT	55,56%
2016	1º turno	João Doria	PSDB	53,29%
		Fernando Haddad	PT	16,70%

Fonte: Elaboração dos autores com base nos dados do TSE.

O padrão mais geral a destacar nos dados é o de polarização política nos primeiros turnos, sendo constante a presença do PT entre os dois candidatos mais votados em quase todos os primeiros turnos e em todas as disputas de segundo turno realizadas. A exceção ficou com a primeira eleição, decidida em turno único entre o PTB e o PMDB, mas tendo já o PT em terceiro lugar com cerca de 20% dos votos. O principal adversário do PT foi o PDS/PPB entre 1988 e 2000, sendo substituído pelo PSDB e pelo DEM (em coligação com o PSDB) a partir de 2004. Os votos no primeiro turno demonstram de forma mais direta as preferências eleitorais sinceras dos eleitores. Observando os resultados dos candidatos mais votados nos primeiros turnos, o PT teve entre 25% e 38% dos votos (20% na primeira eleição em que não figurou entre os dois primeiros), exceto pela eleição de 2016 (quando Fernando Haddad teve apenas 16,7% dos votos). Os candidatos adversários tiveram entre 25% e 53% dos votos nos primeiros turnos, com exceção de Paulo Maluf em 2000 (com apenas 18%).

O PT venceu três disputas (uma delas em turno único), enquanto o PDS/PPB ganhou duas, o PSDB/DEM, outras três, e o PTB, uma. A soma dos dois candidatos mais votados nos primeiros turnos varia entre 53% (em 2000) e 79% (em 2004). Exceto pela eleição de 2012, o candidato mais votado no primeiro turno confirmou a liderança na vitória final no segundo turno. Em quatro eleições – 1992, 1996, 2004 e 2016 –, verificou-se uma polarização precoce, com os dois principais candidatos mais votados obtendo mais de 70% dos votos já no primeiro turno. Em todos esses casos o PT perdeu, sugerindo que esse partido se torna competitivo apenas quando não se configura uma clara coalizão contrária ao seu candidato. Efetivamente, as três vitórias do PT correspondem às menores proporções de votos concentrados pelos primeiros colocados do primeiro turno (55% em 1988, 53% em 2000 e 59% em 2012). Como veremos mais adiante, as vitórias do PT estiveram associadas a efeitos específicos – a invasão da CSN e o turno único em 1988 (Couto, 1994); os inúmeros escândalos do governo Pitta, em especial da máfia dos fiscais logo antes de 2000 (Chaia et al., 2002); e o ápice do prestígio do governo Lula em 2012.

Exceto pela primeira eleição, quando o PT ficou em terceiro lugar (com 20% dos votos) e os dois primeiros corresponderam à direita e ao centro, é possível sintetizar o cenário como um eleitorado relativamente estável e polarizado entre o PT (com cerca de um terço do eleitorado) e a força que se viabiliza contra o PT (com pouco mais de outro terço do eleitorado). No início do período, esse polo adversário ao PT correspondia a partidos da direita (PDS/PPB), já vitoriosa em 1985 com o PTB contra o PMDB, mas a partir de 2004 se deslocou para a centro-direita (PSDB/DEM). As vitórias nas eleições majoritárias envolveram principalmente a mobilização do terceiro terço do eleitorado não representado nas duas candidaturas mais votadas. Esse eleitorado aparentemente se encontra mais próximo ideologicamente da direita do que da esquerda, já que o PT perde mais vezes do que ganha, visto que disputou todos os turnos finais.

Os resultados eleitorais também mostram uma elevada estabilidade geográfica, com o PT majoritário nas periferias e o polo oposto predominante nas áreas centrais e no primeiro anel em torno destas (Figueiredo et al., 2002; Novaes, 1996). Embora essa evidência reforce a ideia de permanência, os patamares regionais dos partidos podem alterar completamente os resultados. A análise dos resultados eleitorais usando técnicas de inferência estatística para pequenas áreas por grau de escolaridade média, entretanto, reforça essa interpretação (Limongi; Mesquita, 2011), indicando uma penetração maior do PT entre os mais pobres, enquanto grupos mais escolarizados tendem a votar mais no PDS/PPB (até 2000, inclusive) e no PSDB/DEM (desde então).

A predominância dos votos de centro e de direita no eleitorado é confirmada pelas eleições proporcionais, com fortes impactos sobre a formação dos governos. Antes de observarmos a composição das bancadas por governo, porém, é importante esclarecer o papel do Legislativo. Embora o Executivo municipal disponha de poderes legislativos como a prerrogativa exclusiva sobre matérias, vetos total ou parcial e ainda a solicitação de urgência, ele precisa de maioria no Legislativo para garantir governabilidade. Em relação ao governo federal, essa necessidade é ainda mais premente, pela inexistência do instrumento das medidas provisórias. Assim, para a aprovação de projetos importantes, o Executivo depende da composição da Mesa Diretora e das comissões temáticas e de inquérito.

A presidência da Mesa Diretora controla a pauta e o ritmo das sessões, podendo acelerar ou obstruir as matérias, e as comissões temáticas têm a prerrogativa de segurar propostas que distem dos interesses da maioria de seus integrantes, razão pela qual o Executivo tenta influir na disputa pela presidência da Câmara e na composição das comissões. Outro espaço essencial são as Comissões Parlamentares de Inquérito (CPI) para a apuração de irregularidades ou desvios públicos. Se o governo está fragilizado na sua relação com o Parlamento, terá mais dificuldade em barrar a instauração de CPIs.

Ocupar esses espaços e aprovar seus projetos impõem ao governo a necessidade de constituir uma ampla base para legislar. O Executivo pode também optar pela negociação projeto a projeto de maneira individual ou partidária. Andrade (1998) organizou analiticamente essas estratégias em dois polos. De um lado, o autor localizou a negociação pontual e, de outro, a construção de coalizões de governo, que podem ser mais fisiológicas ou mais programáticas. No caso da coalizão de governo, são negociados cargos e outros recursos em troca de um apoio estável, o que a princípio aumentaria a previsibilidade do governo, requereria menor habilidade de negociação continuada e encurtaria o tempo de votação dos projetos. Como veremos, contudo, cooperação e conflito estão sempre presentes, a despeito da estratégia e dos resultados eleitorais. O elemento central na negociação com a Câmara parece ser o fornecimento de espaços e instrumentos políticos advindos do controle do Executivo, podendo esses serem distribuídos a seus aliados diretos e fiéis, a seus aliados de ocasião ou a seus adversários (para reduzir resistências). Um elemento adicional que especifica as estratégias diz respeito à forma de controlar as reciprocidades envolvidas, punindo defecções ou premiando lealdades. Evidentemente, cada uma dessas escolhas tem efeitos sobre a capacidade de produzir e entregar políticas públicas, tanto na legislação quanto na implementação de ações pelo Executivo.[1]

---

1 As informações apresentadas são oriundas de um conjunto de nove entrevistas realizadas entre o fim de 2016 e o início de 2017. Foram entrevistados dois ex-vereadores pelo PT e um vereador pelo PSD. Procuramos vereadores que ocuparam o assento por mais de uma legislatura, desempenharam uma vereança ativa em termos de proposição de leis, disputa pela ocupação de espaços de poder na Câmara e debate estratégico intrapartidário. Também foram entrevistados burocratas da Câmara Municipal, que ocupam função na liderança de governo e/ou já estiveram lotados em gabinetes de vereadores. No Executivo, entrevistamos um ex-prefeito e os responsáveis por fazerem a operação política da distribuição de cargos e a operacionalização das emendas. A informação das coalizões tem como origem

Como nenhum governo paulistano elegeu maioria no Parlamento com seu partido ou coligação eleitoral, sempre foi preciso desenvolver estratégias para construir uma base de apoio, embora os termos dessas negociações sejam evidentemente influenciados pelo tamanho relativo das bancadas. A Tabela 2 a seguir apresenta as bancadas eleitas por partido e legislatura, assim como os partidos que apoiaram os incumbentes (células hachuradas). A tabela considera a filiação à época da eleição do parlamentar. Vale ressaltar que a informação oferece uma ideia geral dos alinhamentos partidários, mas certos partidos não fecham posição quanto ao apoio ao governo, deixando parlamentares agirem individualmente.

Tabela 2 – Bancadas dos partidos por legislaturas e coalizões por governo

	Ano do início da legislatura							
	1986	1989	1993	1997	2001	2005	2009	2013
PCdoB		1	2	1	3	1	2	1
PDS	6	8	14					
PDT		1		3	2	2	1	
PFL/DEM		4		2	1	2	7	2
PHS								1
PMDB	15	9	12	4	6	4	2	4
PP (PPB/PP/PPR/PRP)				19	6	4	2	1
PPS		1			2	2	2	2
PR (PL/Prona)		3	4	5	5	3	5	3
PRB							1	2
PSB			2		2	1	2	3
PSC							1	
PSD					1			7
PSDB		5	6	8	8	13	13	9
PSOL								1

entrevistas, análise dos ocupantes de cargos no Executivo, notícias de jornal, Fiorilo (2006) e Caetano (2005), sendo estes dois últimos trabalhos acadêmicos de envolvidos diretamente com a política. Uma análise mais precisa deveria partir das votações nominais dos vereadores ao longo do tempo, mas no momento há dados disponíveis apenas a partir de 2012. Essa análise será objeto de trabalhos futuros.

	Ano do início da legislatura							
	1986	1989	1993	1997	2001	2005	2009	2013
PT	5	16	11	10	16	13	11	11
PTB	7	5	4	3	3	7	3	4
PV						3	3	4
Partido do(a) prefeito(a)	PTB	PT	PDS	PPB	PT	PSDB/ DEM	DEM/ PSD	PT
Partidos na Câmara	4	10	8	9	12	12	14	15
Soma de vereadores em bancadas menores do que 5%		3	4	3	8	8	13	10
Número de partidos na coalizão	3	2	5	5	6	6	8	9
Total da situação	28 (84%)	17 (32%)	36 (65%)	36 (65%)	34 (62%)	34 (62%)	40 (72%)	34 (62%)
Total vereadores	33	53	55	55	55	55	55	55

Fonte: Dados da Câmara Municipal de São Paulo.

Portanto, os partidos dos prefeitos sempre foram minoritários (situação mais extrema do governo Haddad, com 20% dos assentos), mas quase sempre tinham as maiores bancadas, embora estivessem mesmo assim longe das maiorias simples e qualificada. A maior bancada partidária ocorreu na gestão Pitta com 35% da Câmara, o que salvou o prefeito de vários afastamentos e cassações. Entretanto, exceto pelo governo Erundina (que contava com uma coalizão de apenas 32% da Câmara e tinha contra si uma maioria qualificada), todos os demais governos contavam com coalizões majoritárias de ao menos 62% (na maior parte do período, 34 em 55 vereadores), muito próximas ou superiores à maioria qualificada requerida para aprovação dos projetos de votação mais difícil. Essas maiorias foram construídas através de negociações similares às do presidencialismo de coalizão federal (Figueiredo; Limongi, 1999) com cessão de cargos e execução de emendas pelo Executivo e influência sobre a Mesa Diretora e as comissões no Legislativo, como veremos a seguir.

No âmago dessas negociações esteve sempre presente o núcleo mais forte do chamado centrão, um conjunto de partidos de centro e centro-direita. Dentro desse grupo, o PMDB, participou de todas as coalizões de governo exceto uma (gestão Erundina), enquanto o PR e o PTB participaram de todas menos duas. Se considerarmos PDS e PP juntos como um único partido (visto que representam uma clara continuidade em São Paulo), também participam de todos os governos exceto dois (Erundina e Marta). Em seu conjunto, as bancadas desses partidos tiveram entre 25 e 32 vereadores nas quatro primeiras legislaturas, e entre doze e vinte nas quatro últimas, representando uma das chaves para a construção de maiorias na Câmara em São Paulo.

Observa-se também o aumento da fragmentação partidária, sobretudo a partir dos anos 2000. O número médio de partidos representados no Parlamento local das quatro primeiras legislaturas foi de oito partidos, enquanto nas últimas quatro foi de treze partidos. Adicionalmente, a soma dos vereadores em bancadas muito pequenas (com menos de 5% da Câmara) passou de no máximo quatro para entre oito e treze, agregando nos anos 2000 mais do que 15% do Legislativo local. Essa maior fragmentação certamente aumentou os custos e as dificuldades da construção e da coordenação das coalizões, que passaram da composição de dois ou três partidos nos primeiros governos para cinco ou seis nos anos 1990 e 2000, e para oito ou nove partidos nos anos 2010.[2] Portanto, a queda relativa dos partidos que participam de quase todas as coalizões foi compensada com a ascensão de um conjunto de partidos de pequeno porte do mesmo campo político-ideológico, que a eles se somaram no chamado centrão, mas com claro crescimento da complexidade de coordenação da coalizão.

2. Governos – composição, ambiente político e relação com a Câmara

Façamos então uma recuperação dos processos políticos envolvidos em cada eleição, na formação dos governos e na relação com a Câmara.

2 Na eleição de 2016, para a composição da legislatura que se inicia em 2017 e não é coberta nesta pesquisa, o número de partidos com microbancadas aumentou ainda mais para doze partidos, totalizando dezenove vereadores (34% das cadeiras).

Esse quadro geral especifica a constituição de governos e coalizões de apoio, com efeitos sobre suas políticas.

O início do período analisado foi marcado pela conjuntura única de retorno das eleições aos Executivos locais em meados dos anos 1980. Durante o regime militar, os Executivos municipais de capitais e de municípios classificados como de segurança nacional eram indicados diretamente pelos governadores dos estados. Esses, por sua vez, eram nomeados e ratificados pelas assembleias estaduais, compostas por deputados eleitos diretamente, apesar dos inúmeros casuísmos criados ao longo do tempo para estender o controle do partido do regime – a Arena – e impedir o avanço da oposição. Vivia-se uma situação híbrida, portanto, e embora o sufrágio direto não fizesse muita diferença na escolha final dos governantes, era central para a construção de carreiras políticas e nunca deixou de ser considerado pela elite política, inclusive internamente ao regime. Com vitórias da oposição no primeiro pleito direto para governador, em 1982, diversas capitais tiveram prefeitos indicados pelo campo oposicionista.

No caso de São Paulo, o governador Franco Montoro do PMDB indicou o seu secretário de transportes, Mário Covas, como prefeito da capital[3] para o período de maio de 1983 a dezembro de 1985. Essa indicação representava uma vitória do grupo do governador contra o do seu vice, Orestes Quércia, que pretendia confirmar no cargo o vereador e presidente da Câmara, Altino Lima, que chegou a ocupar interinamente o cargo por um curto período.

3 Covas era engenheiro formado pela Poli/USP em 1955 (curiosamente no mesmo ano do também prefeito Reynaldo de Barros e um ano depois de Paulo Maluf) e havia sido deputado federal cassado com o AI-5 em 1968, depois presidente do PMDB a partir de 1979 e deputado federal em 1982. Era o candidato a vice-governador preferido do candidato Franco Montoro em 1982, mas este foi derrotado pelo grupo do interior de São Paulo que se consolidava em torno do ex-prefeito de Campinas Orestes Quércia, sendo este o indicado. Após a passagem pela prefeitura, Covas foi candidato derrotado a presidente da República em 1989 e a governador de São Paulo em 1990, elegendo-se senador em 1986 e governador em 1994 e 1998. Morreu em 1998 pela reincidência de um câncer na bexiga. Exceto quando expressamente indicado, as informações biográficas dos prefeitos incluídas aqui foram retiradas de diversos sites da internet relativos à ocupação de cargos nos três níveis de governo, resultados eleitorais e biografias pessoais.

Jânio Quadros

Em 1985 foi realizada a primeira eleição direta para as prefeituras das capitais, e o PMDB tinha como certa a vitória de seu candidato, o então senador Fernando Henrique Cardoso, que havia sido apontado como provável vencedor por todos os institutos de pesquisa. Para surpresa dos analistas (Lamounier, 1985), o ex-prefeito Jânio Quadros[4] foi eleito pelo PTB com 39,3% dos votos válidos, contra 35,5% de Fernando Henrique e 20,7% do deputado federal do PT Eduardo Suplicy, o que já indicava os três grandes polos em torno dos quais a política local se organizaria nas próximas décadas. Jânio governaria por um mandato de três anos, entre 1986 e 1988.

Embora tenha sido o primeiro prefeito democraticamente eleito, Jânio Quadros ainda governou com instituições do regime autoritário, influenciando a correlação de forças com a Câmara. Permanecia vigente, por exemplo, o decurso de prazo, segundo o qual projetos do Executivo não apreciados por quarenta dias de tramitação eram incluídos na ordem do dia das votações durante dez sessões e aprovados após esse prazo.[5] Antônio Sampaio (PDS), presidente da Câmara, agiu durante toda a legislatura buscando diminuir o efeito desse dispositivo. Embora fosse aliado do Executivo, operava "criando dificuldades para vender facilidades", como definiram Couto e Abrucio (1995): absorvia parte das demandas da oposição e levava ao prefeito a necessidade de maiores concessões com os situacionistas para garantir seu apoio. Na Câmara, tais negociações eram vistas como resultado de sua capacidade de articulação junto ao prefeito, reforçando simultaneamente o poder desse parlamentar e do Parlamento.

Jânio contou com amplo apoio na bancada na Câmara (84% dos parlamentares, como vimos). Favoreceu esse amplo apoio o reduzido número de partidos com os quais precisava negociar – apenas quatro. Em troca de apoio parlamentar, os parlamentares controlavam Administrações

4 Quadros havia sido vereador (1948/53), deputado estadual por São Paulo (1951/53), prefeito da capital (1953/55), governador de São Paulo (1955/59) e deputado federal pelo Paraná (1959/61), apesar de obviamente ter entrado para a história como o presidente da República que abdicou em 1961 após sete meses de mandato, no conturbado processo que levaria ao golpe de 1964 (FGV, 2001). Morreu em 1992.

5 A Constituição de 1988 extinguiu essa regra em um reforço à autonomia do Parlamento.

Regionais (ARs), inaugurando um padrão de negociação política que estrutura a relação Executivo-Legislativo em São Paulo até hoje. A oposição ficou a cargo do PT, tendo como expoente a então vereadora e futura prefeita Luiza Erundina. Sua gestão deixou poucas marcas, mas entre elas se inclui o início de um conjunto de grandes obras viárias que influenciariam as políticas da cidade (e debilitariam as suas finanças) nas próximas gestões, incluindo os túneis sob o Vale do Anhangabaú, do Rio Pinheiros, do Parque do Ibirapuera, assim com as Avenidas Água Espraiada, Juscelino Kubitschek e Jacú-Pessego (Marques, 2003).

Luiza Erundina

A eleição seguinte em 1988 marcaria outra surpresa, tendo como pano de fundo um conjunto importante de eventos nacionais. Paulo Maluf, do PDS,[6] permaneceu à frente das pesquisas a maior parte do tempo. A eleição contou com nada menos do que quinze candidatos, vários deles com plataformas à direita (incluindo João Mellão e Mario Antônio Mastrobuono, respectivamente secretário de Imprensa e secretário de Planejamento, além de genro de Jânio Quadros). Porém, a candidatura de Maluf acabou se consolidando como a que representava o campo da direita. O centro seria representado pelo candidato (quercista) do PMDB, João Leiva, e por José Serra do PSDB (substituindo o ex-governador Franco Montoro, que

6 Maluf é engenheiro pela Poli/USP (1954), de família de empresários de origem libanesa. Muito próximo dos governos militares desde o golpe de 1964, quando era vice-presidente da Associação Comercial de São Paulo, foi indicado presidente da Caixa Econômica Federal (1967/69), prefeito da capital (1969/71), secretário estadual de Transportes (1971/75) e governador de São Paulo (1979/82). Elegeu-se deputado federal (1983/86), foi o candidato do regime derrotado na eleição presidencial indireta em 1985 e foi novamente derrotado para governador em 1986 e em 1990. Depois de sua passagem pela prefeitura, se elegeu deputado federal em 2006, 2010 e 2014 e se candidatou, sem sucesso, à prefeitura em 2000, 2004 e 2008 e ao governo do estado em 1998 e 2002. Em termos partidários, foi eleito prefeito em 1992 pelo PDS, coligado com PTB e PL. Em 1993, articulou a fusão do PDS ao PDC, formando o PPR. Em 1995, articulou a fusão do PPR com o PP formando o PPB, partido pelo qual apoiou Celso Pitta. Em 2003, participou da mudança de nome do PPB para PP. É possível sustentar que, exceto pelo breve retorno de Jânio à política paulistana em 1985, controlou inteiramente a oferta de candidatos no campo da direita em São Paulo, sendo talvez o mais importante responsável pelo declínio desse campo, como veremos mais adiante comparando resultados eleitorais.

adoeceu durante a campanha). O PSDB havia sido criado alguns meses antes – junho de 1988 – a partir do PMDB, fragmentando os dois grupos que disputavam internamente o partido desde o final dos anos 1970.

A vencedora foi Luiza Erundina do PT, com 29,8%, contra 24,5% de Paulo Maluf e 14,2% de João Leiva. Erundina havia sido a candidata a vice-prefeita na eleição anterior em que Eduardo Suplicy ficou em terceiro lugar.[7] A eleição seria marcada pela atmosfera política nacional de mobilização e produção da nova Constituição e, em especial, pela morte de três operários (e ferimentos graves em outros nove) em greve na Companhia Siderúrgica Nacional (CSN) pelo exército a mando do governo federal, cinco dias antes das eleições. A coalizão vencedora tinha forte conteúdo de esquerda (PT, PCdoB e PCB), sendo a prefeita uma vereadora com origem trotskista e intensas conexões com movimentos sociais, em especial de habitação.

Erundina assumiu a prefeitura em cenário caracterizado por déficit orçamentário sem precedentes, fornecedores sem receber que se recusavam a continuar prestando serviços para a prefeitura, equipamentos públicos degradados, tarifa de ônibus defasada pela inflação, entre outros problemas. Como consequência, a agenda da campanha foi suavizada, e militantes que antes atuavam reivindicando do Estado, precisaram operar a máquina pública e priorizar demandas de vários tipos.

Apesar disso e dos conflitos com a Câmara, seu governo introduziu temas e políticas bastante progressistas. Entre as inovações se incluem políticas que permaneceriam na agenda local e em gestões seguintes, como os mutirões, a urbanização de favelas e a recuperação ambiental integrada de mananciais (Marques, Pulhez e Pagin, capítulo 5), instrumentos de captura de valorizações fundiárias para produção de habitação social (Sarue e Pagin, capítulo 11), mudanças na forma de remuneração das empresas de ônibus e nos arranjos para planejamento das linhas (Campos, capítulo 9),

7 Erundina é assistente social da prefeitura de São Paulo com intensa conexão com os movimentos de habitação (há, inclusive, uma favela com seu nome). Foi vereadora entre 1983 e 1986 e deputada estadual entre 1986 e 1989. Lançou-se nas prévias internas do PT de 1988 para escolha da candidatura a prefeito contra Plínio de Arruda Sampaio, mais moderado e preferido pelas elites partidárias, derrotando-o. Depois de ser prefeita, se elegeu como deputada federal (1998, 2002, 2006, 2010 e 2014) e se candidatou, sem sucesso, ao cargo de prefeita diversas vezes (1996, 2000, 2004, 2016), além de ter ocupado um cargo ministerial no governo Itamar Franco. Saiu e retornou ao PT em mais de uma ocasião.

coleta seletiva de lixo (Ralize, capítulo 7), atendimento a moradores de rua, combate à poluição visual e diversos formatos participativos.

Esse governo pode ser enquadrado no que Skowronek (1986) descreveu como *preemptive politics*, praticado quando o chefe do Executivo precisa travar uma guerra para alcançar resultados modestos, uma vez que ele é de oposição em um regime resiliente. Erundina viveu constantes conflitos com a Câmara Municipal, onde detinha a maior bancada, mas era amplamente minoritária (33% ou dezessete vereadores, sendo dezesseis do PT e um do PCdoB, no total de 55). Teve a maior parte das suas propostas rejeitada pelo Legislativo, como o Plano Diretor e a Tarifa Zero para o transporte público (que seria financiado com uma recomposição progressiva do IPTU). A prefeita encontrou forte oposição mesmo dentro seu partido, em parte por participar de corrente política interna minoritária, mas também por discordar da adoção de qualquer estratégia que passasse por compromissos com grupos de interesse que não movimentos sociais (Couto, 1994).

Sua opção em não construir uma maioria parlamentar negociando com outros partidos contava com a mobilização popular de modo a pressionar a aprovação das políticas do governo. Apesar da abertura do governo e da sua vinculação orgânica com os movimentos sociais, entretanto, esses também pressionaram o Executivo intensamente, desgastando ainda mais a gestão (Couto, 1994). O governo guardou uma grande distância (e sofre oposição) dos interesses organizados de empresários e dos diversos capitais do urbano que vendiam produtos e serviços para a municipalidade. Uma parte substancial das grandes obras viárias contratadas na gestão anterior foi interrompida, gerando forte mobilização contrária dos capitais do urbano (Marques, 2003). Por outro lado, a proposição de políticas fortemente redistributivas, como o imposto territorial progressivo, recebeu intensa oposição da mídia e entre as classes médias.

A polarização com a Câmara foi tal que o governo se viu forçado a uma paulatina migração da estratégia conflitiva para negociações pontuais, o que permitiu a aprovação da Lei Orçamentária e da política tributária. Durante aquele governo, o PT considerava todo tipo de reivindicação parlamentar como fisiológica e qualquer negociação como espúria, rejeitando-as por princípio, como pontuou Couto (1994). Assim, as

ARs foram ocupadas principalmente por quadros ligados às instâncias locais do partido, em uma clara estratégia política de crescimento local. Nos primeiros anos do governo, o PT não quis buscar apoio do PSDB, o mais próximo ideologicamente naquele momento. No penúltimo ano de governo, quando decidiu fazê-lo, as alianças oposicionistas já estavam cristalizadas com os tucanos e vereadores opositores liderados por Antônio Sampaio. Ao menos em parte, a radicalidade da oposição foi provocada pelo forte combate à corrupção implementado quando Eduardo Suplicy foi presidente da Câmara, resultando no indiciamento de quatro parlamentares – Antônio Sampaio, Brasil Vita, Jamil Achoa e Almir Guimarães (principais componentes da Mesa Diretora em 1987 e 1988). O processo policial resultante, no entanto, acabou arquivado e a cassação dos envolvidos foi rejeitada em plenário. Na segunda metade da legislatura, o PT não mais controlou a presidência e nem mesmo estava representado na mesa, ocupada a partir de uma aliança entre PMDB (depois PSDB) e PDS, com Arnaldo Madeira e Paulo Kobayashi (PMDB/PSDB) como presidentes, e o PMDB e o PDS controlando a vice-presidência e a primeira secretaria.[8]

Paulo Maluf

Desde o final da década de 1980, assistiu-se à diminuição dos votos peemedebistas e à consolidação do "malufismo" pela direita. Assim, na eleição seguinte, a primeira em dois turnos, as mesmas forças políticas se repetiram, polarizadas entre Paulo Maluf (contando com o PTB e o PL em sua coligação), com 37,3%, e o candidato do PT, agora senador Eduardo Suplicy (coligado com o PSB, o PCdoB e do PCB), com 23,4%. Aluísio Nunes, pelo PMDB, teve pouco menos de 10%, e Fabio Feldman, pelo PSDB, 4,5% dos votos válidos. Paulo Maluf saiu vitorioso no segundo turno com 58,1%, contra 41,9% de Suplicy. Apesar de essa eleição representar o embate de dois projetos de gestão com ênfases muito diferentes, o discurso da candidatura de direita incorporou temas como urbanização de favelas e assistência social, absolutamente ausentes nesse espectro ideológico até

8 Ver: <www.camara.sp.gov.br/biblioteca/arquivo-vereadores/>.

então. Um exemplo disso foi o projeto Prover/Cingapura de produção de habitações novas verticalizadas em favelas, apresentado como urbanização de favelas. Por outro lado, iniciativas da gestão anterior, como os mutirões e a urbanização de favelas propriamente dita, foram paralisadas. Na saúde, a gestão criou um sistema próprio – o PAS (Plano de Atendimento à Saúde), baseado em cooperativas e alvo de críticas e denúncias (Cohn; Elias, 1998), o que deixou São Paulo como o único município fora do Sistema Único de Saúde (SUS) até o governo Marta Suplicy.

Porém, a ênfase das políticas desse governo recaiu mesmo sobre a construção de estruturas viárias de grande porte, denotando a grande proximidade da administração com capitais do urbano, em especial construtoras de obras públicas. A proximidade do governo com grupos de interesses ligados à incorporação imobiliária também foi importante (Ferreira, 2003), embora talvez assessória às empresas de construção propriamente dita, inclusive com a ocupação de secretarias-chave, como a de Planejamento e Habitação por empresários do setor (Marques, Pulhez e Pagin, capítulo 5).

Foram retomadas as obras paralisadas na gestão anterior, principalmente na região sudoeste da cidade – os túneis sob o Parque Ibirapuera, sob o Rio Pinheiros, as Avenidas Juscelino Kubitschek, Berrini, Água Espraiada e Faria Lima –, mas também outras grandes obras em localizações como a Avenida Jacu-Pêssego e o minianel viário Maria Maluf (Marques, 2003). O artifício encontrado para o financiamento de tais intervenções foi a emissão irregular de um grande volume de precatórios que geraria processos judiciais e condenação contra o seu secretário de Finanças (e posteriormente sucessor), além de praticamente inviabilizar a administração seguinte. A gestão acabou com R$ 1 bilhão de dívida a descoberto e com o ex-prefeito colecionando processos nas justiças brasileira e estrangeira nas décadas seguintes. Maluf se mantém em liberdade pelo foro privilegiado e pela "extinção de punibilidade" pela sua idade.[9]

A coligação malufista (PDS/PTB/PL) elegeu 22 vereadores, o correspondente a 40% do Parlamento. Maluf organizou o governo para ter

9 Ver: <politica.estadao.com.br/noticias/geral,veja-os-processos-judiciais-que-envolvem-o-deputado-paulo-maluf,1093390>; <g1.globo.com/bom-dia-brasil/noticia/2016/03/justica-francesa-condena-paulo-maluf-por-lavagem-de-dinheiro.html>; <www.stf.jus.br/portal/cms/listarNoticiaSTF.asp>.

maioria na Câmara, tendo como principal moeda de troca as ARs que, como na gestão Jânio, foram o principal instrumento para garantir previsibilidade ao governo. Embora não haja unanimidade entre os analistas sobre a distritalização informal do voto, sabemos que grande parte dos vereadores se elege a partir de votos concentrados em territórios específicos (Kinzo; Borin; Martins Jr.; Terron; Ribeiro; Lucas, 2012). Assim, controlar as ARs, máquina que fornece os principais serviços de zeladoria a esses territórios, é fundamental para garantir o que Kuschnir (2000) conceituou como "acesso". Para aumentar sua base, Maluf entregou uma subprefeitura ao PSB e cinco ao PMDB, chegando a uma maioria qualificada de 36 parlamentares (65%), conforme sistematizaram Couto e Abrucio (1995). A oposição ao governo ficou por conta do PT (onze vereadores), PCdoB (dois vereadores) e PSDB (cinco vereadores).

Ainda que usufruísse de maioria, Maluf enfrentou no começo de sua gestão a tática de Sampaio, que foi mais uma vez eleito presidente da Câmara, com o apoio oposicionista. Sampaio venceu Miguel Colasuonno,[10] parceiro político e forte aliado de Maluf. Colasuonno se tornaria presidente mais tarde com a morte de Sampaio, sendo sucedido pelo também malufista Brasil Vita (PPB). Houve, portanto, intenso alinhamento da Câmara ao Executivo e, embora a oposição exercesse papel fiscalizador, não encontrou na mídia e na opinião pública a mesma receptividade que a oposição no governo anterior.

Celso Pitta

Embora a gestão anterior tenha sido um desastre em termos financeiros, administrativos e urbanos, essa realidade não se apresentou de forma imediata e transparente aos eleitores. Além disso, o governo contava com a adesão de grupos que viam na construção de pontes e viadutos soluções para a mobilidade na cidade. Como consequência, Maluf construiu e reforçou uma fama de realizador, levando à continuidade do seu grupo político em 1996. A reeleição para os cargos executivos, inclusive

10 Colasuonno havia sido prefeito indicado em 1973, pela Arena, sucedendo Maluf, indicado em 1969.

os de prefeitos, foi aprovada apenas em junho de 1997, de modo que o próprio Maluf não podia concorrer à reeleição. O seu candidato foi o seu secretário de Finanças, Celso Pitta, concorrendo pelo PPB.[11] Pitta venceu o primeiro turno por 44,9% contra 22,8% de Erundina do PT, 15,6% de José Serra do PSDB, e 7,0% de Francisco Rossi do PDT. Por menos de 2% a eleição não se decidiu já no primeiro turno, e no segundo turno Pitta alcançou 62,3% contra 37,7% da candidata do PT.

A gestão foi marcada por diversos escândalos e uma gravíssima crise financeira, causada pelos elevadíssimos gastos do governo anterior atrelados em especial a obras viárias. Mesmo serviços básicos, como coleta de lixo, sofreram cortes profundos e foram descontinuados em certos períodos, certamente influenciando o apoio político do prefeito junto aos interesses organizados (e individuais) dos capitais do urbano que davam suporte à sua coalizão, herdada da gestão anterior. Entre as poucas áreas de políticas bem avaliadas se incluem a continuidade do Programa Guarapiranga (criado na gestão Erundina e praticamente suspenso do governo Maluf) e a regularização de loteamentos, ambas financiadas pelo Banco Interamericano de Desenvolvimento. Entre os escândalos da gestão constam (ao menos): o dos precatórios, o do PAS, o da coleta de lixo, o da compra dos frangos da merenda escolar e o da máfia dos fiscais. O escândalo da máfia dos fiscais, sobretudo, se arrastou por meses com grande exposição pública. Mais tarde, o ex-prefeito chegou a ser preso pelo não pagamento de pensão alimentícia a sua ex-mulher e principal denunciante nos processos de corrupção, e também por evasão de divisas e corrupção em um outro processo. Ao final do mandato, seu governo era avaliado como ruim ou péssimo por 74% da população.

Assim como seu padrinho, Pitta contou com o apoio de 36 parlamentares (65%), mas os inúmeros escândalos de corrupção levaram a fortes embates entre os poderes. Esses embates tinham pouco a ver com projetos de lei a serem aprovados e se concentravam na atividade fiscalizatória

11 Pitta era economista, foi secretário de Finanças de Maluf e, antes disso, diretor financeiro em empresas da família Maluf do ramo de madeira processada – o grupo Eucatex. Foi o segundo negro a ocupar a cadeira de prefeito de São Paulo (o primeiro havia sido o jurista Paulo Lauro em 1947 e 1948, nomeado pelo governador Adhemar de Barros). Morreu em 2009, decorrente de complicações de um câncer no intestino.

do Legislativo. O clima de oposição a Pitta foi intensificado com a ruptura imposta por Maluf durante as eleições estaduais de 1998, em que procurou distanciar-se de seu indicado. A troca de acusações públicas entre ambos só foi encerrada com um acordo que pôs fim à CPI da Máfia dos Fiscais iniciada na gestão Maluf, recompondo a base governista. Essa CPI, presidida por José Eduardo Cardoso (PT), resultou na cassação do mandato e dos direitos políticos de três parlamentares do PPB.

Pitta teve, portanto, um governo bastante instável, considerando as cassações a parlamentares e os três pedidos de impeachment apreciados pelo Legislativo, que o acusavam de desvio de recursos públicos, não cumprimento da destinação legal de recursos à educação, omissão na apuração de irregularidades (Fiorilo, 2006). A sete meses do término do mandato, o Executivo paulistano chegou a ser comandado pelo vice-prefeito Régis de Oliveira, mas novamente Pitta reverteu a decisão judicial e retornou à prefeitura. A Câmara permaneceu durante toda a legislatura sob comando do grupo do prefeito com o PPB na presidência (Nello Rodolfo e Armando Mellão) em associação com o PMDB, sendo o governo amplamente majoritário na mesa. O desgaste foi cada vez mais se consolidando e influenciaria fortemente a campanha eleitoral em 2000.

Marta Suplicy

Foi com essa forte rejeição ao Executivo municipal que se processou a eleição de 2000, vencida por Marta Suplicy do PT.[12] O primeiro turno foi muito fragmentado entre dezesseis candidatos, incluindo o ex-presidente Collor (cuja candidatura foi impugnada), a ex-prefeita Luiza Erundina (concorrendo pelo PSB em coligação com o PMDB, tendo Michel Temer como vice), o senador Romeu Tuma (pelo PFL) e o então vice-governador

12 Marta Suplicy é uma psicóloga de família abastada e tradicional que se tornou conhecida como apresentadora de programa de televisão para mulheres sobre comportamento com conteúdo progressista e feminista nos anos 1980. Foi casada com Eduardo Suplicy, se elegendo pela primeira vez para um cargo eletivo como deputada federal em 1994. Em 1998, foi candidata a governadora pelo PT, não passando para o segundo turno por 0,45% (a menos do que Mário Covas do PSDB) contra Paulo Maluf. Em 2006, perdeu a indicação nas prévias do partido a governador, mas em 2010 se elegeu senadora. Em 2016, se candidatou novamente à prefeitura, dessa vez pelo PMDB, sem sucesso.

do estado, Geraldo Alckmin, pelo PSDB. Marta venceu o primeiro turno por 38,1%, contra 17,4% de Maluf, 17,3% de Alckmin, 11,5% de Tuma e cerca de 10% de Erundina. Maluf foi ao segundo turno por uma diferença de apenas 0,1% sobre Alckmin, já sinalizando a substituição do polo da direita pela centro-direita entre as principais forças nas eleições seguintes. A eleição foi decidida no segundo turno entre Marta Suplicy (58,5%) e Paulo Maluf (41,5%).

Pode-se dizer que a administração Suplicy avançou nas finanças (dado o descalabro da gestão anterior), na educação (com creches e a criação de 21 Centros Educacionais Unificados – CEUs), nos transportes (com corredores de ônibus e a criação do sistema interligado – Bilhete Único, regulamentação das vans e do transporte clandestino), no novo modelo de concessão de limpeza urbana com alteração no cálculo da remuneração (ver Ralize, capítulo 7), na locação social e na promoção de habitação no centro e atendimento inovador a moradores de rua (Projeto Boraceia). A estratégia de reestruturação de certas áreas da cidade através de Operações Urbanas, contando com intensa participação dos interesses da incorporação imobiliária, teve continuidade. A gestão foi amplamente criticada pela oposição, por outro lado, pela proposição de novas taxas – do lixo e de iluminação pública –, assim como pelos avanços tímidos na saúde, integrada ao SUS pela primeira vez.

Em termos de relação com o Legislativo e grupos de interesse, a gestão Marta foi marcada pela preocupação de não repetir o isolamento da administração Erundina. As articulações políticas do governo ficaram a cargo do secretário de Governo, que havia sido o principal adversário da prefeita Erundina dentro de seu próprio partido. Isso passou por uma forte composição com vereadores na Câmara, mas também por acordos com empresários que levaram a acusações de cartelização de contratos públicos.

Na Câmara, o governo dispunha de apenas dois parlamentares a mais do que na gestão Erundina (dezesseis do PT e três do PCdoB). Além desses, também o PSB (dois parlamentares) aderiu ao governo desde o início, recebendo o controle da Secretaria de Família e Bem-Estar Social. Temendo desempenho semelhante ao que ocorrera na gestão Erundina, esse governo logo buscou e angariou apoio do PMDB (seis vereadores), PL (três), PTB (três), PPS (dois), PDT (dois) e parlamentares independentes de sigla partidária. Os vereadores com quem a gestão negociou eram, à época, de pouca expressividade política, tendo crescido justamente sob a estratégia adotada pelo governo. É o caso de Milton Leite (DEM), que logo pôs a família na política, lançando filhos a deputados estadual e federal, tornando-se presidente da casa em 2017, e de Antônio Carlos Rodrigues (PR), posteriormente suplente de Marta Suplicy no Senado, chegando a exercer o cargo de senador. A estratégia era controlar o chamado *centrão*, formado por vereadores que não fechavam posição. Ao evitar as negociações individuais com parlamentares, esperava-se alcançar tramitação e aprovação mais favoráveis. Embora a estratégia tenha tido êxito, criou elevados custos, pois o centrão se fortaleceu e "chantageou o governo do começou ao fim", como apontou um vereador petista do período.[13]

Durante essa legislatura, o Legislativo foi conduzido por petistas – José Eduardo Cardoso e Arselino Tatto foram presidentes –, com participação do PTB e do PSB na Mesa Diretora, não obstante o embate travado com a oposição e também com vereadores da base aliada. A composição da Mesa, na verdade, não expressava apenas a composição da coalizão, tendo o PFL, aliado ao PSDB desde o início na oposição ao governo, em um cargo importante, como estratégia de neutralizá-lo. O PSDB, por outro lado, ficou isolado e fora da Mesa Diretora, marcando forte oposição ao governo.

Considerando os tempos de tramitação e as taxas de aprovação, essa política de alianças parece ter tido efeito positivo sobre a governabilidade (Fiorilo, 2006), viabilizando a aprovação de projetos como o Plano Diretor, a Lei de Zoneamento, as Subprefeituras e as várias Operações Urbanas, entre outros. Na tramitação do Plano Diretor e da Lei de Zoneamento, o governo sofreu forte oposição de movimentos de bairro de classe média alta e de elite de corte conservador, sobretudo o Defenda São Paulo, interessados em preservar o caráter exclusivamente residencial de suas áreas, em linha com o que internacionalmente se refere como movimentos Nimby.[14] Por outro lado, a realização das Operações Urbanas rendeu ao

---

13 O entrevistado foi vereador pelo PT na 13ª legislatura, durante o governo de Marta Suplicy.

14 Nimby é um acrônimo para "Not in my backyard" (ou "Não no meu quintal" em tradução livre), denotando movimentos que resistem à produção de mudanças em suas localidades que, de alguma forma, provoquem perda de qualidade de vida ou de preços da terra. Se por

governo apoio, ou pelo menos neutralidade, dos grupos de interesse associados à incorporação imobiliária, diferentemente do governo Erundina.

A construção da base de apoio ao governo utilizou novamente a concessão de controle territorial a vereadores com a criação e a implantação das subprefeituras em substituição às ARs. O tamanho dos territórios, a autonomia orçamentária e as atribuições das futuras subprefeituras foram assuntos bastante debatidos, mas prevaleceu a ideia de que a cidade deveria ser dividida em áreas menores com ampla autonomia orçamentária. Durante o governo Marta, as subprefeituras chegaram a receber quase um quarto do orçamento, equiparando-se a áreas como educação, mas isso foi drasticamente reduzido nas gestões seguintes.[15]

O PT controlou inicialmente o primeiro escalão da maioria das subprefeituras (23, ou 74% do total) segundo Grin (2011), sendo as oito restantes divididas entre sete partidos. Entretanto, já no final do primeiro ano de governo, outros partidos passaram a participar do controle das subprefeituras, embora majoritariamente do segundo escalão. Entre esses partidos, destacam-se o PTB (três subprefeituras) e o PMDB (sete subprefeituras). Ainda assim, no final da gestão havia ainda 23 subprefeitos petistas ou próximos do partido (Grin, 2011).

Ao mesmo tempo que abria cargos para indicações de vereadores, o governo buscava impedir que territórios se tornassem redutos de parlamentares. Para tanto, muitas vezes a indicação acontecia em território em que os vereadores não tinham maioria eleitoral, imaginando com isso minorar o risco da influência local. Lá instalados, entretanto, eles trabalhavam para impedir que a população vinculada ao político mais votado na região fosse atendida, criando obstáculos adicionais à prestação de serviços e ao atendimento aos cidadãos.[16]

A estratégia também sofreu oposição interna de parte dos vereadores petistas,[17] que se posicionou contra a concessão de poder político a partidos

---

um lado incluem ações de resistência à degradação local, por outro incorporam mobilizações de manutenção de privilégios.

15 Informação obtida nos orçamentos públicos municipais entre 2001 e 2016.

16 A mesma situação foi narrada por quatro entrevistados, ligados a partidos distintos.

17 Faziam parte desse grupo os vereadores José Eduardo Cardoso, Carlos Neder, Nabil Bonduki, Vicente Cândido, Flávia Pereira, Lucila Guimarães, Carlos Giannazi e Beto Custódio.

e parlamentares da base que haviam apoiado Maluf e Pitta. Os movimentos sociais ligados ao PT também tiveram pouco espaço e viram seu atendimento prejudicado, aumentando o desgaste interno ao próprio partido.

José Serra e Gilberto Kassab

Em 2004, a prefeita tinha níveis de popularidade regulares,[18] mas perdeu a eleição para o ex-ministro José Serra (PSDB).[19] O primeiro turno terminou com os três primeiros candidatos somando mais de 91% dos votos válidos – José Serra com 43,6%, Marta Suplicy com 35,8% e Paulo Maluf com 11,9%, além de Luiza Erundina (PSB), Francisco Rossi (PHS) e Paulinho da Força (PDT) com votações muito baixas. José Serra venceu o segundo turno com 54,9% dos votos, contra 45,1% de Marta Suplicy.

Serra permaneceria na prefeitura de São Paulo apenas por um ano e três meses, renunciando para se candidatar a governador de São Paulo em 2006. Sua curta administração foi marcada por preocupações de equilíbrio financeiro, embora as taxas criadas na gestão anterior tenham sido abandonadas. Outras ações importantes incluíram a integração do Bilhete Único com o metrô, a Virada Cultural, a distribuição de remédios na rede de saúde e o polêmico projeto de revitalização da área central Nova Luz. Esse permaneceu como herança não implementada para o seu sucessor e, apesar de várias mudanças, nunca chegou a sair do papel (Hoyler; Sarue, 2015). Ainda na área central, a locação social foi suspensa e substituída por parceria com a CDHU, a companhia habitacional estadual (Marques, Pulhez e Pagin, capítulo 5).

No que diz respeito à relação com o Legislativo, "Serra não entrou com a garra de quem vai ficar", confidenciou uma alta burocrata da Câmara. Durante sua permanência, a presidência da Câmara ficou com Ricardo

18 Disponível em: <http://datafolha.folha.uol.com.br/opiniaopublica/2005/01/1223736-marta-suplicy-encerra-mandato-com-49-de-aprovacao.shtml>.

19 José Serra é economista pela Universidade do Chile (quando estava exilado) e, antes de ser prefeito, foi deputado federal (1986 e 1990) e senador (1994), além de secretário estadual de Planejamento (1983/1984), ministro do Planejamento (1995/1996) e da Saúde (1998/2002). Havia também se candidatado, sem sucesso, à prefeitura em 1989 e 1996, e a presidente em 2002. Após sair da prefeitura, se elegeu governador em 2006 e senador em 2014, e perdeu novamente para presidente em 2010.

Tripoli do PSDB, que não era a escolha do grupo do prefeito, mas mesmo o PT se fazia representar na Mesa com os primeiros secretários Arselino Tatto e José Américo.[20] A relação do prefeito com o Parlamento esteve voltada para sua eleição ao governo do Estado, em 2006. Para conseguir apoio no interior paulista, nomeou para subprefeituras candidatos a prefeitos que haviam perdido a eleição. Argumentava principalmente que eram competentes, experientes e técnicos, portanto os melhores indicados para coordenar as subprefeituras.[21]

Foi sucedido por seu vice, Gilberto Kassab (DEM),[22] que concluiu o mandato e se reelegeu na eleição de 2008. Essa eleição teve onze candidatos, com Gilberto Kassab alcançando 33,6% dos votos válidos, contra 32,8% de Marta Suplicy do PT, 22,5% de Geraldo Alckmin do PSDB e 5,9% de Paulo Maluf do PP. Os votos de centro e direita se combinaram no segundo turno e Kassab alcançou 60,7%, contra 39,3% de Marta Suplicy. Esse resultado é um pouco contraintuitivo por ter ocorrido no auge da popularidade do então presidente Lula, reeleito em 2006 e capaz de eleger sua sucessora, Dilma Rousseff, em 2010. Note-se, entretanto, que nessas duas eleições federais os candidatos do PSDB ganharam no município de São Paulo em ambos os turnos.

Kassab deu continuidade aos projetos de sua gestão anterior. Entre suas políticas mais marcantes estão a instauração de uma inspeção obrigatória de veículos, a criação de ciclovias e o Projeto Cidade Limpa, uma importante regulamentação de anúncios que reduziu sobremaneira a poluição visual na cidade. O programa dos Centro Educacionais Unificados da gestão anterior foi continuado, com 24 unidades nas duas gestões, embora com importantes alterações nos projetos físico e pedagógico

---

20 Disponível em: <http://www2.senado.leg.br/bdsf/bitstream/handle/id/314834/noticia.htm?sequence=1>.

21 Informação obtida em entrevistas e veiculada pela grande mídia. Disponível em: <http://www1.folha.uol.com.br/folha/dimenstein/so_sp/gd180105.htm>.

22 Kassab é engenheiro e economista, mas teve sua origem política ligada à Associação Comercial de São Paulo (vinculada a Guilherme Afif Domingos), ao Sindicato dos Corretores de Imóveis e ao Sindicato dos Incorporadores Imobiliários nos anos 1980. Foi vereador pelo PL em 1992, secretário de Planejamento do governo Pitta, quando era responsável pela articulação política (1997/2000) e deputado federal em 1998 e 2002 (PFL). Posteriormente à prefeitura, foi filiado ao DEM e ao PSD e ocupou os Ministérios das Cidades (governo Dilma) e da Ciência, Tecnologia, Inovação e Comunicações (governo Temer).

(Spira, 2017). Decisões polêmicas envolveram aumentos das passagens de ônibus acima da inflação, alterações no cálculo do IPTU (redistributivas e posteriormente suspensas), uma tentativa de revisão do Plano Diretor (que beneficiaria a incorporação imobiliária) e operações de repressão na Cracolândia. Estas últimas, junto com restrições aos albergues, a distribuição de sopas a moradores de rua e a implementação do projeto Nova Luz, lhe renderam acusações de praticar higienismo social.[23]

Kassab assumiu a prefeitura deixada por Serra a princípio mantendo sua aliança com o PSDB, quase sem alterar a alocação de cargos anterior. Essa situação mudou após as eleições municipais de 2008, quando Kassab saiu candidato apoiado por uma ala do PSDB liderada por José Serra, impondo uma derrota a Alckmin também do PSDB, de maneira que não seria possível manter a composição de governo controlada por tucanos. Em ambos os governos, empresários do setor de incorporação imobiliária voltaram a ocupar cargos-chave de gestão na área habitacional e no planejamento, denotando a proximidade das gestões com os grupos de interesse respectivos (Marques, Pulhez e Pagin, capítulo 5).

Nas subprefeituras, a estratégia foi nomear coronéis aposentados do Exército como subprefeitos com a justificativa de que seriam incorruptíveis, aptos a desempenhar um papel moralizador e de fiscalização. O segundo escalão e todos os demais cargos continuaram indicados por vereadores, que assim controlavam as subprefeituras e operavam a política como desejavam. As subprefeituras foram ocupadas por amplo espectro de partidos: PR, PSD, PSDB, PSB, PPS, PV, PTN, PSD, PTN, PDT, PTB, Pros.[24]

A ação fiscalizatória nas subprefeituras foi reforçada por meio da Operação Delegada, um convênio entre a prefeitura e a Polícia Militar, que estimula policiais a trabalharem para a administração municipal em seus horários de folga, de farda e equipamentos da corporação para fiscalizar o comércio ambulante nas ruas. Inicialmente essa ação trouxe forte aprovação ao governo Kassab, mas posteriormente o apoio se desfez.[25]

---

23 Disponível em: <http://www1.folha.uol.com.br/fsp/cotidian/ff0212200712.htm> e <http://www1.folha.uol.com.br/fsp/cotidian/ff2601200713.htm>.

24 Informação obtida junto a um vereador filiado ao partido do prefeito.

25 Em 2014, após um triste episódio em que três policiais da Operação Delegada imobilizaram e mataram com um tiro na cabeça um ambulante e ofereceram risco de vida à população

Para conquistar apoio parlamentar, Kassab recorreu adicionalmente a emendas parlamentares. Ao contrário de Marta Suplicy, que lidava com resistências do PT para negociar com outros partidos, Kassab negociava com quaisquer parlamentar e partido. As emendas eram aprovadas de maneira relativamente equilibrada, embora a oposição se ressentisse que seus projetos não chegavam próximo ao teto estipulado anualmente. Seu governo foi o primeiro a evidenciar o pedido de aprovação de execução de emendas como estratégia para desorganizar possível oposição.[26] Se fosse preciso, negociava pontualmente com cada parlamentar: "O contato com o prefeito era muito próximo e frequente"; "Kassab fazia política de interior" – relatam vereadores do período.[27] Assim, por meio de negociações pontuais, Kassab adotou estratégia oposta à da Marta e acabou por dissolver o centrão, do qual seu partido fazia parte. Em 2011, fundou o Partido Social Democrático (PSD), ao lado de dissidentes de DEM, PSDB e PPS. Para assegurar governabilidade, articulou a eleição de Police Neto (que também migrou para seu partido) como presidente da Câmara em 2011 e 2012, substituindo Antônio Carlos Rodrigues (PR). Embora o DEM tivesse eleito apenas sete vereadores, Kassab governou com ampla maioria na Câmara, contando inclusive em votações pontuais com apoio do PT, que ocupou a primeira secretaria durante toda a legislatura (com Francisco Chagas, Chico Macena e Ítalo Cardoso).

Fernando Haddad

A eleição de 2012 teve doze candidatos e opôs novamente o PT e o PSDB (coligado com o PSD de Kassab), mas tendo pela primeira vez a ausência de Paulo Maluf e a presença de Celso Russomanno do PRB.[28]

---

que assistia à cena, a Operação Delegada foi esvaziada, embora o convênio nunca tenha sido encerrado. Ver: <g1.globo.com/sao-paulo/noticia/2014/09/morte-de-camelo-com-tiro-na-cabeca-faz-pm-mudar-regra-de-abordagem.html>.

26 Disponível em: <http://www.prefeitura.sp.gov.br/cidade/secretarias/desestatizacao/emendas/index.php?p=538>.

27 Informação obtida por meio de entrevistas com vereadores de PT e PSD.

28 Russomanno havia sido derrotado por Maluf nas prévias para a escolha do candidato para a eleição anterior. Foi apresentador de televisão e se elegeu quatro vezes como deputado federal (em 1994 pelo PSDB, em 1998 e 2002 pelo PPB, em 2006 pelo PP. Fora filiado antes ao PFL). Foi candidato à prefeitura de Santo André em 2000, perdeu a convenção do PP em

Não é equivocado afirmar que Russomanno vem gradativamente ocupando o espaço político deixado por Maluf à direita, em especial pela idade avançada deste último (nascido em 1931), tornando-se um ator importante no cenário eleitoral local para os próximos anos. A eleição foi vencida por Fernando Haddad do PT no segundo turno, com 55,6%, contra 44,4% de José Serra do PSDB. O primeiro turno havia terminado com Serra na frente com 30,8%, contra 29,0% de Haddad e 21,6% de Russomanno.

A gestão Haddad marcou, portanto, um novo retorno do PT à prefeitura paulistana. O governo inovou fortemente com a prioridade no transporte público – um novo paradigma de controle do trânsito (Requena, capítulo 8), corredores e faixas exclusivas de ônibus e a reorganização do sistema (Campos, capítulo 9), construção de ciclovias, planejamento –, com novos Plano Diretor, Lei de Zoneamento e Planos Regionais – e resgate do uso dos espaços públicos, com o fechamento de ruas para pedestres e a construção de *parklets* em vagas de estacionamento, além da redução de velocidade de automóveis. Foram criados e implementados programas inovadores também em áreas novas, como sexualidade e identidade de gênero, e atendimento a viciados em crack no centro da cidade (Braços Abertos). Um projeto de desenvolvimento anunciado com grande alarde como Arco do Futuro (ao longo das duas marginais), e depois de forma mais restrita como Arco Tietê (Silva, 2016), não chegou a ser implementado. A crise econômica e o declínio da administração Dilma Rousseff frustraram expectativas com relação a investimentos federais, sobretudo em infraestrutura e equipamentos (CEUs, creches e hospitais) e no Programa Minha Casa Minha Vida.

No que diz respeito à relação com a Câmara, o PT novamente detinha a maior bancada, com 11 em 55 vereadores, seguido do PSDB com nove e o PSD com sete vereadores. Seu governo optou por intensificar as coalizões em relação à experiência do governo Marta Suplicy, decisão dessa vez pouco questionada pelo partido. Apesar da disposição inicial do governo em alinhar perfis e visões de políticas dos ocupantes de cargos pela base de apoio com as secretarias a eles destinada, essa estratégia

2008, elegeu-se deputado novamente em 2014 pelo PRB e acabou mais uma vez derrotado para prefeito de São Paulo em 2016.

cobrou seu preço em termos de ineficiência, como a habitação nos três primeiros anos do governo (Marques, Pulhez e Pagin, capítulo 5). Haddad compôs seu governo tendo no primeiro escalão, em pastas bastante centrais, nomes indicados pelo PMDB (Educação, Assistência Social, Segurança Urbana, Controladoria Geral), PSB (Desenvolvimento Econômico e do Trabalho), PP (Habitação), PTB (Esportes) e PV (Coordenação de Subprefeituras).[29] O governo também tentou se equilibrar em posição intermediária entre as gestões Erundina e Marta Suplicy em termos da sua relação com grupos de interesse.

Quanto às subprefeituras, optou-se em um primeiro momento por designar engenheiros e servidores de carreira para ocuparem o cargo de subprefeito, deixando a critério dos vereadores a indicação do segundo escalão. Novamente a eleição de subprefeitos foi aventada, mas não chegou a entrar na agenda governamental pelos desafios de governabilidade e de coordenação. A partir do segundo ano, os vereadores voltaram a indicar o primeiro escalão das subprefeituras, com atribuições ainda mais esvaziadas. Na verdade, a gestão das subprefeituras enfrentou um compartilhamento excessivo, com até cinco partidos diferentes, mas em diversos casos Haddad manteve a divisão da gestão Kassab por partido ou vereador. As subprefeituras com um histórico mais longo de ocupação, mantidas no governo Haddad, foram Butantã (PR), Lapa (PTB), Mooca (PTB e Pros), Penha (PR), Santo Amaro (PMDB), M'Boi Mirim (PMDB/DEM) e Vila Maria (PDT).[30]

O perfil de negociação do prefeito com os vereadores foi bastante distinto daquele empreendido por Kassab, o que não inviabilizou a aprovação dos projetos pretendidos pelo governo, mas tornou mais difíceis as negociações. Diferentemente do governo Marta, o de Haddad não operou por meio de um filtro aos projetos dos vereadores, que deveriam restringir suas prioridades a serem votadas, mas adotou sobretudo a estratégia de "voto sem compromisso de sanção", em que um projeto segue para votação sem a certeza de que o Executivo o sancionará. A primeira estratégia

29 Análise da filiação e das relações pessoais dos ocupantes dos cargos.

30 Informação de entrevistas com técnicos responsáveis por operacionalizar a coalizão no Executivo.

tende a aprovar mais projetos do Executivo, mas depende de base ampla. Na segunda, o vereador desloca o custo político do veto para o Executivo frente ao seu eleitorado, ao passo que o Executivo consegue barganhar apoio tendo em vista o projeto que os vereadores desejam ver sancionados. Durante os quatro anos de governo, o PT ocupou a presidência da Câmara e logrou aprovar importantes e polêmicos projetos como o novo Plano Diretor, a nova Lei de Zoneamento, o novo código de obras, a criação de novo quadro de carreiras e formas de remuneração. A exemplo do ocorrido na administração Marta Suplicy, a aprovação do Plano Diretor e da Lei de Zoneamento enfrentou fortes pressões de associações de moradores de bairros de classe alta e de grupos de interesses da incorporação.

Apesar de as políticas da gestão serem apoiadas pela maior parte da população e dos especialistas, Haddad terminou seu mandato com popularidade bastante baixa.[31] A eleição de 2012 contou novamente com onze candidatos, sendo teoricamente uma das mais concorridas, já que incluía duas ex-prefeitas (pelo PT originalmente) – Luiza Erundina pelo PSOL e Marta Suplicy pelo PMDB –, Celso Russomanno pelo PRB e João Doria Jr.[32] pelo PSDB, além de Fernando Haddad. A eleição ocorreu sob efeito da profunda crise econômica vivida no país desde 2015 e da gravíssima crise nacional do PT que levou ao impeachment da presidenta Dilma Rousseff e a diversas condenações por corrupção. Nessa conjuntura, em todo o país foram rejeitados os candidatos reconhecidos como políticos, em especial do PT, resultando na maior derrota da história do partido.[33]

Assim, a eleição de 2016 foi a primeira vencida em São Paulo em primeiro turno (embora Celso Pitta tenha chegado bem perto em 1996), com João Doria do PSDB alcançando 53,3%, contra apenas 16,7% de Haddad, 13,4% de Russomanno, 10,1% de Marta e 3,1% de Erundina. O PSDB

31 Disponível em: <http://www1.folha.uol.com.br/cotidiano/2016/07/1793074-haddad-atribui-baixa-popularidade-da-gestao-a-confusao-das-pessoas.shtml>.

32 João Doria é um empresário, publicitário, apresentador de televisão e autor de livros de autoajuda. Havia sido secretário de Turismo e presidente da Paulistur no governo Covas nos anos 1980, e presidente da Embratur no governo Sarney entre 1986 e 1988. Nunca havia concorrido a um cargo eletivo e venceu as prévias do PSDB contra nomes tradicionais locais graças ao apoio do governador Geraldo Alckmin e talvez a práticas ilegais. Ver Duailibi (2016).

33 Disponível em: <oglobo.globo.com/brasil/declinio-do-pt-partido-perde-poder-em-374-cidades-20222813>.

elegeu a maior bancada, com onze vereadores, seguida do PT com nove, mas construiu uma ampla base de apoio com vários partidos de centro e centro-direita.[34]

Considerações finais

Conforme vimos, as eleições paulistanas são muito competitivas e apresentam resultados relativamente estáveis e previsíveis, considerando o contexto político e as candidaturas oferecidas pelos partidos. No período, as eleições foram polarizadas sobretudo pelo PT, pela esquerda ou centro-esquerda e pelo polo que se viabiliza contra ele, ocupado pela direita até 2000 e pela centro-direita desde então. Cada um desses três polos mobiliza aproximadamente um terço do eleitorado, mas o eleitor médio se localiza mais à direita, sendo mais facilmente mobilizável pelos partidos de centro e de direita. Este último campo também se apresenta mais próximo e mais capaz de organizar a maior parte dos grupos de interesse, sobretudo empresários e associações de moradores de elite, facilitando a construção de bases sociais de suporte.

As eleições proporcionais sempre geraram bancadas minoritárias para os prefeitos, de modo similar ao já descrito nacionalmente como presidencialismo de coalizão. As estratégias de construção de maiorias na Câmara de Vereadores, portanto, foram fundamentais em todos os governos. Apenas uma gestão abdicou da construção de uma maioria com partilha de poder com o Legislativo, inviabilizando uma parte dos seus projetos (Erundina). Nas demais, optou-se por construir coalizões e negociações pontuais conforme o caso, gerando situações de cooperação e conflito. A construção dessas coalizões envolveu a cessão de cargos, secretarias inteiras e ARs/subprefeituras, assim como a execução de emendas. Como em nível federal as unidades básicas de negociação são os partidos políticos, embora localmente não sejam raros os casos em que a bancada conte com apenas um ou dois parlamentares, o efeito partidário se dissolve ou se

34 Disponível em: <www1.folha.uol.com.br/cotidiano/2016/12/1844521-apos-apoio-a-haddad-maioria-dos-partidos-migra-para-base-de-doria.shtml>.

concentra apenas nas quatro ou cinco maiores bancadas. Os interesses políticos dos vereadores também apresentam dimensão muito mais concreta (e, em grande parte, localizada), o que facilita a adoção de estratégias de *logrolling*. A fragmentação partidária, entretanto, tendeu a crescer no tempo de forma similar ao nível nacional, e as bancadas muito pequenas passaram a fazer diferença na composição das coalizões governamentais, aumentando os desafios de coordenação.

Com dificuldades diferentes, a depender das estratégias e dos objetos específicos de interesse dos vereadores, assim como dos conteúdos das políticas em discussão, a opção por partilha de poder com o Legislativo na construção de suas coalizões de governo quase sempre viabilizou a implantação das agendas dos prefeitos, embora isso tenha resultado em evidentes *trade offs* entre eficácia das ações do Executivo e taxas de sucesso no Legislativo. É razoável imaginar, adicionalmente, que quanto mais distantes estiverem as políticas das preferências da maioria dos vereadores e de seus apoiadores, mais alto é o custo da sua aprovação.

Portanto, o Legislativo não parece ser um impeditivo à promoção de políticas para administrações dispostas a construir as bases de seu apoio. Isso ocorreu mesmo quando implementando agendas com caráter redistributivo urbano como os Planos Diretores e as Leis de Zoneamento, embora certamente nesses casos os custos possam se mostrar contraproducentes para o funcionamento de certas áreas do governo. O conteúdo dessas legislações também tende a ser intensamente negociado, o que o aproxima dos interesses dos vereadores e de grupos de interesse específicos, em sua maioria associados ou próximos dos interesses imobiliários. Como resultado, esse tipo de projeto tende a ser aprovado com seus conteúdos redistributivos atenuados.

Referências bibliográficas

ANDRADE, Regis. *Processo de governo no município e no estado*. Uma análise a partir de São Paulo. São Paulo: Edusp, 1998.

CAETANO, Bruno. Executivo e Legislativo na esfera local: agenda e construção de maiorias na Câmara Municipal de São Paulo. *Novos Estudos Cebrap*, São Paulo, n.71, mar. 2005.

CHAIA, Vera et al. São Paulo: embate partidário, mídia e comportamento eleitoral. In: SILVEIRA, Flavio (org.). *Estratégia, mídia e voto*. Porto Alegre: EdiPucRGS, 2002.

COHN, Amélia; ELIAS, Pedro. O plano de assistência à saúde do município de São Paulo: uma modalidade alternativa de gestão? *Revista de Administração Pública*, Rio de Janeiro, v.33, n.1, jan./mar. 1998.

COUTO, Cláudio. Mudança e crise: o PT no governo em São Paulo. *Lua Nova*, São Paulo, n.33, ago. 1994.

COUTO, Cláudio; ABRUCIO, Fernando. Governando a cidade: a força e a fraqueza da Câmara Municipal. *São Paulo em Perspectiva*, São Paulo, v.9, n.2, 1995.

DUAILIBI, Julia. A guerra do cashmere – como João Doria Júnior se tornou candidato a prefeito e implodiu o PSDB de São Paulo. *Piauí*, Rio de Janeiro, Alvinegra, ano 10, n.119, ago. 2016. Disponível em: <https://piaui.folha.uol.com.br/materia/guerra-do-cashmere/>.

FGV (Fundação Getúlio Vargas). *Dicionário histórico biográfico brasileiro pós-1930*. Rio de Janeiro: FGV, 2001.

FIGUEIREDO, Argelina et al. Partidos e distribuição espacial dos votos em São Paulo nos anos 1990. *Novos Estudos Cebrap*, São Paulo, n.64, nov. 2002.

FIGUEIREDO, Argelina; LIMONGI, Fernando. *Executivo e Legislativo na nova ordem constitucional*. Rio de Janeiro: FGV, 1999.

FIORILO, Paulo. *A relação entre Executivo e Legislativo no governo petista de Marta Suplicy*: 2001-2004. São Paulo, 2006. Dissertação (Mestrado em Ciências Sociais) – PUC-SP.

FLANAGAN, Richard. Opportunities and constraints on mayoral behavior: a historical institutional approach. *Journal of Urban Affairs*, v.26, n.1, 2004, p.43-65.

GRIN, Eduardo. *Caminhos e descaminhos das subprefeituras na cidade de São Paulo no governo Marta Suplicy (2001-2004)*. São Paulo, 2011. Dissertação (Mestrado em Ciência Política) – FFLCH-USP.

HOYLER, Telma; SARUE, Betina. Variables with an Impact on Great Urban Projects in Brazil. Paper for the 2015 Congress of the Latin American Studies Association, San Juan, 27-30 maio 2015.

KINZO, Maria; BORIN, Ivan; MARTINS JR., José. Padrões de competição eleitoral na disputa para a Câmara paulistana 1992-2000. *Novos Estudos Cebrap*, São Paulo, n.65, mar. 2003, p.45-56.

KUSCHNIR, Karina. *O cotidiano da política*. Rio de Janeiro: Zahar, 2000.

LAMOUNIER, Bolivar (org.). *O voto em São Paulo*. São Paulo: Idesp, 1985.

LIMONGI, Fernando; MESQUITA, Lara. Estratégia partidária e clivagens eleitorais: as eleições municipais pós-redemocratização. In: KOWARICK, Lúcio; MARQUES, Eduardo (orgs.). *São Paulo*: novos percursos e atores (sociedade, cultura e política). São Paulo: Editora 34/CEM, 2011. p.207-232.

MARQUES, Eduardo. *Redes sociais, instituições e atores políticos no governo da cidade de São Paulo*. São Paulo: Annablume, 2003. 248p.

NOVAES, Carlos. A geografia do voto em São Paulo e contornos sociais das preferências do eleitor. *Novos Estudos Cebrap*, São Paulo, n.45, 1996.

PIERUCCI, Flávio; LIMA, Marcelo. São Paulo 92, a vitória da direita. *Novos Estudos Cebrap*, São Paulo, n.35, v.1, mar. 1993.

SILVA, Fernanda. Arco Tietê: um território estratégico nos contornos entre o Estado e o mercado. *Geousp – Espaço e Tempo*, São Paulo, v.20, n.1, p.97-114, 2016.

SKOWRONEK, Stephen. Notes on the presidency in the political order. *Studies in American Political Development*, 1(1), 1986, p.286-302.

SPIRA, Vinícius. *Imaginação arquitetônica e experiência social*: projeto, construção e apropriação dos Centros Educacionais Unificados (CEUs). São Paulo, 2012. Tese (Doutorado em Antropologia Social) – FFLCH-USP.

TERRON, Sônia; RIBEIRO, Andrezza; LUCAS, Joyce. Há padrões espaciais de representatividade na Câmara Municipal do Rio de Janeiro? Análise dos territórios eleitorais dos eleitos em 2008. *Teoria & Pesquisa – Revista de Ciência Política*, v.21, n.1, p.28-47, jan./jun. 2012.

3
A rede dos gestores locais

Eduardo Marques

A constituição das capacidades de governo envolve dimensões de natureza administrativa, técnica e financeira, assim como de construção de apoio político. Além disso, também depende da existência de um amplo conjunto de gestores aptos a ocupar os cargos de comando nas mais variadas agências, gerando potencialmente coesão, coordenação e disseminação de informações internamente ao Estado, e inserção em campos da sociedade civil, assim como articulação com outros níveis de governo.

Parto da premissa analítica de que as pessoas se relacionam com outras ao coabitar uma mesma agência em um dado momento do tempo. A migração de pessoas entre cargos em agências produz, portanto, uma teia entre organizações similar ao tecido relacional do mundo dos negócios estudado classicamente pela literatura de *interlocking directorates* (Mintz e Schwartz, 1981, e, para o caso brasileiro, Lazzarini, 2011). A estrutura e a composição desse tecido relacional geram importantes consequências para a coordenação e a estabilidade de políticas e para a disseminação de informações. A premissa principal é evidentemente derivada da sociologia relacional (Emirbayer, 1997) e de meus estudos anteriores (Marques, 2000; 2003; 2012), que sugeriram que as relações de diversas naturezas (pessoais, políticas, institucionais etc.) entre os mais variados atores estatais e não estatais estruturam o interior das comunidades de políticas públicas, centradas no Estado, mas também no ambiente que o cerca. Denominei essa rede de tecido relacional do Estado, explorando as suas consequências para as políticas e a política em torno delas (Marques, 2000; 2003; 2012), incluindo a sua coordenação e estabilidade, de uma forma ao mesmo tempo dinâmica e *path dependent*.

Estudo neste capítulo uma dimensão desse tecido no governo local em São Paulo – a rede construída pela migração de ocupantes de cargos de alto escalão (principalmente do Executivo) em secretarias e outros órgãos da prefeitura de São Paulo entre 1985 e 2012.[1] A rede foi (re)montada a partir das informações sobre a ocupação de cargos em várias agências pelos mesmos indivíduos em diversas administrações, associando organizações, setores de políticas e governos entre si. O tecido relacional resultante, portanto, representa as agências em cada governo como pontos ou nós, e as pessoas que ocuparam cargos em mais de uma agência como vínculos entre elas.

O estudo parte de um banco de dados inédito organizado no Centro de Estudos da Metrópole (CEM) com os ocupantes de cargos em 34 secretarias nos quatro mais altos níveis hierárquicos ao longo do período estudado, incluindo 5.037 pessoas em 111 diferentes tipos de cargos. Vale adiantar que a maioria da rede não é composta pela ocupação de múltiplos cargos do topo da hierarquia pelos mesmos indivíduos, mas, ao contrário, é tecida principalmente pela migração de ocupantes de cargos mais baixos ao longo de suas trajetórias. Apenas para dar ideia da escala da máquina administrativa da prefeitura, eram cerca de 220.000 pessoas na folha de pagamentos, sendo 122.000 da ativa. As secretarias com mais funcionários eram as da Educação (81.800), da Saúde (19.200) e da Segurança Urbana, em especial pelas suas burocracias de nível de rua.[2] Em 2016, eram cerca de 10 mil cargos de Direção e Assessoramento Superior (DAS), sendo 4

1 Esse número é variável por governo, já que cargos e agências deixam de existir e novos são criados. O número total, na verdade, é de 84 secretarias, mas que se reduzem a 34 ao compatibilizarmos denominações, recomposições e subdivisões ao longo do tempo. A segunda seção discute o assunto em detalhes.

2 Dados obtidos no portal de transparência da PMSP (cf. http://dados.prefeitura.sp.gov.br).

mil (37%) de livre provimento e outros 7 mil para servidores municipais (da ativa e aposentados) e servidores públicos em geral. A grande maioria das pessoas incluídas na rede apresentada a seguir ocupa cargos de DAS mais elevados, embora não tenhamos condições de cruzar as duas informações. Em 2016, 629 indivíduos ocupavam os quatro últimos cargos de DAS (treze a dezesseis).[3]

Várias perguntas de pesquisa orientam a investigação: será que existe uma rede de burocratas de alto escalão em nível local que associa gestões de matizes ideológicos e setores de políticas distintos? Em caso positivo, o que a estrutura – critérios de especialização ou de afinidade política (ideologia, setor, coalizões de governo similares, contiguidade temporal)? Há gestões, agências ou setores mais centrais e o que explica as suas centralidades?

O capítulo está organizado em três seções além desta introdução e da conclusão. Na primeira, discuto a literatura sobre burocracia e ocupação de cargos no Brasil. Embora inexistam trabalhos investigando as redes a respeito em diversos governos, os debates realizados na última década sobre construção de burocracias, formação de gabinetes e ocupação de cargos auxiliam a delimitação das questões a serem abordadas. A segunda seção apresenta as informações utilizadas e as principais decisões envolvidas na sua análise. A parte seguinte se debruça sobre a rede dos ocupantes de cargos, investigando as conexões entre governos, as ligações produzidas pela migração dos ocupantes dos cargos mais importantes, assim como a rede entre agências em cada governo construída pela migração de todos os ocupantes de cargos. O capítulo explora de forma detalhada a estrutura dessa rede, analisando a presença de elementos políticos e técnicos associados à construção de vínculos entre agências.

1. A literatura recente sobre burocracia no Brasil

As investigações no Brasil sobre os padrões de indicações para posições de chefia no Poder Executivo têm explorado apenas os atributos de

3 Dados obtidos em tabela do Sigpec obtida em entrevista na PMSP.

cargos e seus ocupantes, sempre no nível federal. A produção existente pode ser dividida em três grandes grupos.

Um primeiro conjunto se preocupou com a construção das burocracias e das carreiras de Estado. Abrucio, Pedroti e Pó (2010), por exemplo, realizam uma extensa análise histórica da formação da burocracia com o modelo do Departamento Administrativo do Serviço Público (Dasp) a partir de 1938 e o Decreto-Lei 200/1967 no regime militar, até o período democrático recente. Gouvêa (1994) percorreu trajetória similar, mas focando a construção das burocracias da área econômica no Brasil e a formação de suas capacidades de intervenção, dos anos 1930 até a Nova República. Também em registro histórico, Gomes (1994) discutiu a formação das elites burocráticas – engenheiros e economistas – nos momentos cruciais de formação do Estado brasileiro na primeira metade do século XX. Em registro similar, Nunes (1997) sustentou a presença de gramáticas imbricadas da relação entre Estado e sociedade no Brasil na construção das agências e do corpo do Estado. Em análise focada nos modelos de desenvolvimento econômico, Bresser-Pereira (2007) analisou as relações entre classes dirigentes, elites burocráticas e econômicas.

Uma segunda grande questão de pesquisa endereçou a ocupação de cargos no Executivo e suas transformações recentes. Apesar do ingresso no serviço público estar associado a concurso público a partir da Constituição de 1988, ainda são muitos os cargos de livre provimento. Portanto, entender o que explica as nomeações – se critérios técnicos ou políticos – continua sendo central. Nessa direção, Abrucio (2007) discutiu a trajetória desde a Nova República, com destaque para o projeto de reforma do Estado no período Bresser e o primeiro governo Lula. Caminhando na mesma direção, Guedes (2013) analisou os impactos da criação da Escola Nacional de Administração Pública (Enap) em 1988 e da carreira de gestor governamental. Machado (2013) também discutiu a carreira de gestor, embora com menor otimismo sobre seus efeitos. Monteiro (2013), por fim, sustentou que essa inovação restringiu o espaço para patronagem, mesmo que na prática a incorporação dos gestores tenha tido impacto menor do que o imaginado originalmente.

Além da carreira de gestor público, as burocracias federais da área econômica foram as mais analisadas até o momento. Loureiro, Abrucio e Rosa (1998) e Loureiro e Abrucio (1999), por exemplo, investigaram cargos de alto escalão no Ministério da Fazenda, demonstrando um perfil bastante aberto com grande trânsito entre agências. Essas variam, entretanto, em um contínuo dos ministérios militares (mais fechados e com baixa migração), passando pelo Itamaraty e pelo Ministério da Fazenda, para chegar aos demais ministérios (mais abertos e com alta migração). Como veremos, em São Paulo também é possível perceber áreas temáticas mais fechadas do que outras. Olivieri (2007), por fim, explorou os padrões de indicação, mas introduzindo elementos relacionais às motivações técnicas e políticas nas indicações dos diretores do Banco Central.

Em um registro mais geral, Cruz (2009) analisou as mudanças no funcionalismo federal recente, demonstrando sinais de profissionalização, com expansão de concursos, criação do núcleo estratégico de carreiras do Estado e certa equalização salarial. D'Araújo e Lameirão (2011) investigaram a trajetória dos cargos de alto escalão (DAS 6 e 5) no governo Lula, quanto à quantidade, à formação/especialização e à remuneração de seus ocupantes. As autoras concluem que, mesmo havendo indicações políticas, as qualificações dos profissionais são condizentes com as funções. Vieira (2013), por seu turno, analisou as indicações no controle dos ministérios pelo presidente, em diferentes condições de coalizão. Essa linha de análise é complementada por Lopez e Praça (2015), que procuraram entender as condicionantes e as escolhas dos ocupantes de cargos e a sua contribuição para a governabilidade e a coordenação na gestão federal. Praça, Freitas e Hoepers (2012) abordam a permanência de cargos comissionados no governo federal, demonstrando que mudanças partidárias não influenciam as trocas de cargos, mas que essas se concentram mais na formulação de políticas do que na sua implementação (mais dependentes de experiência técnica).

Em registro mais teórico, Azevedo e Loureiro (2003) discutem os modelos burocrático-weberiano clássico e gerencialista recente em dimensões como legalidade, impessoalidade, regras formais e universais, sustentando a contínua relevância de elementos do primeiro, como a forma republicana de organização do Estado em regimes democráticos. Perseguindo um conjunto similar de interrogações, Loureiro, Olivieri e Martes (2010) se questionam quanto às consequências das superposições entre políticos e burocratas como decisores e implementadores, observando as políticas econômicas. As autoras sugerem a continuada importância de burocratas e técnicos com alta formação, em grande parte pelo histórico insulamento das agências econômicas brasileiras.

Uma agenda associada a essa explora as consequências dessas dimensões nas capacidades do/no Estado. Pires e Gomide (2014) analisaram as diferentes combinações em várias políticas recentes entre capacidades políticas e técnico-administrativas na formulação e na implementação recente de iniciativas federais. Perseguindo a mesma agenda, Bichir (2015) investigou como condições institucionais e escolhas políticas levaram à construção de capacidades estatais nos programas de transferência de renda comparativamente no Brasil, na África do Sul e na Argentina.

Cavalcante e Lotta (2015), por outro lado, focaram os burocratas de médio escalão. Oliveira e Abrucio (2011) também exploraram os mesmos perfis, mas nas áreas de educação e saúde em nível estadual. Eles assumiriam um lugar específico na produção de políticas – entre os decisores estratégicos (acima deles) e os supervisores da implementação (abaixo deles). Isso, entretanto, pode variar muito considerando a estrutura das agências e as suas funções formais e efetivas técnico-gerenciais e técnico-políticos (Pires, 2012), novamente considerando faixas de DAS do governo federal.

Um último conjunto de trabalhos explora as consequências das indicações na formação de governo. Como destaca Amorim Neto (1994), a importância dessa questão é óbvia em sistemas parlamentaristas, mas no presidencialismo não seria igual, considerando apenas as atribuições formais de governo. Contudo, como já discutido (Figueiredo; Limongi, 1999), a composição dos gabinetes é central para a construção das maiorias legislativas, criando assimetrias de informação e problemas de delegação de tipo principal-agente para a presidência. Caminhando na mesma direção, Vieira (2013) avaliou de que forma os cargos são usados para coordenação e controle da presidência. Nossos gabinetes são quase sempre de natureza partidária e de coalizão, também em nível local, como mostraram Santos (2001) e Andrade (1998).

Um dos únicos estudos a explorar as coalizões e a formação de governo local é de Praça e Garcia (2011) sobre os municípios em São

Paulo. Os autores analisaram as relações entre, de um lado, a formação de coalizões de governo e maiorias nos Legislativos locais, e, de outro, a composição dos secretariados. A classificação dos secretários por partido e campo ideológico indica a importância das coalizões eleitorais na distribuição de cargos de chefia, mas as secretarias da área social tendem a ficar concentradas no partido do prefeito. Antes deles, diversos artigos contidos em Andrade (1998) e, em especial, Couto (1998), analisaram as condições de construção de coalizões entre Executivo e Legislativo em nível local em São Paulo. Garcia (2013), por fim, levantou de forma pioneira a composição dos gabinetes paulistanos entre 1998 e 2012, discutindo o lugar das indicações na construção de maiorias na Câmara de Vereadores.

Sumarizando, a produção recente focou a ocupação de cargos em nível federal, mas sabemos pouco sobre níveis subnacionais. Além disso, em nenhum caso a mobilidade de cargos foi controlada por indivíduos, apenas pelos tipos de cargos e pelos atributos de seus ocupantes. Dessa forma, pouco se sabe sobre as conexões entre agências e governos produzidas pela migração dos indivíduos, conformando uma rede que pode contribuir para coordenação entre políticas e governos. A próxima seção explora o tema.

2. Os cargos em agências no município de São Paulo

A análise realizada aqui tem como fonte um banco de dados sobre os ocupantes de cargos em instituições públicas do município de São Paulo criado no CEM a partir das informações da base RNC – Relação de Nomes e Cargos do Governo do Estado de São Paulo, organizada pela Fundação Seade.[4] Essas informações indicam quem ocupou um determinado cargo em cada ano ou quais os cargos ocupados por um mesmo indivíduo ao longo do tempo. Essa fonte permite acessar dados sobre a estrutura administrativa dos Poderes Executivo (prefeito, vice-prefeito,

4 Os dados entre 1985 e 1994 foram acessados em relatórios em papel, mas os de 1995 a 2006 foram consultados relatório em formato magnético (1995 a 2001 em disquetes, e 2002 a 2006 em CD-ROM). A partir de 2007, os dados foram consultados diretamente no site da Fundação Seade. Os anos de 1988 e 2006 não puderam ser encontrados.

secretarias, autarquias, fundações e sociedades de economia mista) e Legislativo (apenas o Tribunal de Contas) na esfera municipal, entre 1985 e 2012, exceto os anos de 1988 e 2006 cujas informações foram perdidas na fonte original.

O banco foi montado com os nomes dos ocupantes dos setores de políticas mais importantes (84 secretarias e outros órgãos, principalmente do Executivo),[5] no primeiro escalão e em mais três níveis hierárquicos abaixo dele – incluindo prefeito/a, vice-prefeito/a, secretários e superiores hierárquicos das entidades, chefes de departamentos (e eventualmente divisões setoriais ou regionais – no caso de saúde, educação e cultura, que incluem hospitais, escolas e bibliotecas, por exemplo), bem como as assessorias técnicas, jurídicas e de comunicação dos gabinetes.[6]

A unidade de análise final é o cargo em uma dada agência em certo governo. Para chegar a isso, foram adotadas várias decisões metodológicas. Com relação às agências, cada órgão público, autarquia ou empresa pública foi considerado aqui como uma agência, assim como as secretarias (representadas pelo gabinete do/a secretário/a). No total, são 34 secretarias, 866 entidades de nível 2, 1.089 de nível 3 e 278 de nível 4. Neste capítulo, são analisados apenas indivíduos com cargos pertencentes às entidades de níveis 1 e 2, o que reduziu o número de indivíduos em cargos de 5.037 para 2.027.

---

5 Foram eles: gabinete, governo, finanças, assuntos jurídicos, orçamento, transportes, educação, saúde, habitação, assistência, infraestrutura e obras, subprefeituras, serviços, meio ambiente, cultura, esportes, desenvolvimento urbano, abastecimento, controle urbano, trabalho, defesa, segurança, comunicação, relações internacionais, negócios extraordinários, parcerias, modernização, deficiência, Copa do Mundo, grandes eventos, relações governamentais e incentivo ao microempreendedor.

6 É importante esclarecer que cada um desses três níveis corresponde a posições no organograma das agências hierarquicamente organizadas (variando, portanto, entre políticas), e não a cargos diretamente. Todos os cargos no gabinete de uma secretaria, por exemplo, são considerados como situados no nível 1, mesmo que alguns deles sejam superiores a outros – secretário, chefe de assessoria técnica e assistente jurídico, por exemplo. O nível 2 pode dizer respeito a uma escala hierárquica mais baixa nessa mesma secretaria – uma superintendência, por exemplo, mas também ao gabinete do presidente ou diretor de um órgão subordinado à secretaria, como a Superintendência de Habitação Popular no interior da Secretaria Municipal de Habitação. Não há, portanto, nenhuma relação entre níveis e os conceitos de burocracia de alto, médio e baixo escalão discutidos na literatura de políticas públicas.

Ademais, uma parte dos órgãos públicos mudou de nome, subdividiu-se ou foi extinta ao longo do tempo. Optou-se por padronizar os seus nomes associados à atividade-fim da política,[7] mantendo-se sempre o mais recente e adicionando novas secretarias, de acordo com a necessidade. Esse exercício resultou na redução das 84 secretarias originais em 34 secretarias por tema de política. Em casos de subdivisão de assuntos de política, classificou-se a agência na secretaria mais afim, ou as duas foram mantidas como duas secretarias separadas a partir de certo governo.[8] O caso mais relevante diz respeito à Secretaria de Planejamento, que, em diferentes governos, envolveu apenas planejamento urbano ou planejamento urbano e orçamento. Como discutirei mais adiante, isso tem significado importante para a condução das políticas e para a posição dessa secretaria na rede. De uma forma geral, a estrutura tendeu a se tornar mais complexa ao longo do tempo, pelo aumento tanto do número de agências por governo quanto pelo da quantidade de cargos por agência.[9]

Um último elemento refere-se a como modelar o tempo, que é sempre uma dimensão difícil de equacionar na análise de redes. No caso deste capítulo, o tempo está embutido nos próprios vínculos da rede, visto que é a ocupação de cargos entre duas agências (em dois momentos distintos) por um mesmo indivíduo que especifica uma relação entre agências e/ou governos. Para representar o tempo, portanto, criamos a figura das agências-governo, de modo que se alguém ocupou cargos no gabinete do secretário de Saúde nos governos Maluf e Pitta, por exemplo, é considerado como um vínculo na rede entre dois órgãos (agências-governo) – Saúde-Maluf e Saúde-Pitta.

7 Nesse sentido, os setores perderam a sua especificidade e, por exemplo, a "Divisão de Depósito de Materiais Inservíveis" virou divisão, assim como o "Departamento de Sistemas A" virou departamento.

8 São frequentes as renomeações, subdivisões e fusões de órgãos. A área de assistência, por exemplo, ficou a cargo no período das secretarias: Municipal da Família e Bem-Estar Social, Municipal do Bem-Estar Social, Municipal de Assistência e Desenvolvimento Social. Obras públicas foram produzidas pelas secretarias: Municipal de Vias Públicas, Municipal de Infraestrutura Urbana e Municipal de Serviços e Obras. Os órgãos foram renomeados e fundidos no banco, tentando ao máximo manter e seguir os objetos de política pública.

9 Os 111 cargos também foram padronizados, mas não são analisados neste capítulo.

O banco de dados construído a partir de tais padronizações foi então processado, de forma a produzir matrizes de filiação com a informação de cargos em agências nas colunas e pessoas nas linhas, para cada um dos oito governos do período. As administrações foram então agrupadas entre si usando o artifício já citado das agências-governo, resultando em uma única matriz de filiação com todas as informações (pessoas em agências-governo). Essa matriz deu origem a duas outras matrizes de filiação. A primeira inclui governos (com todas as agências colapsadas) como colunas contra pessoas nas linhas, endereçando a pergunta de como a coparticipação em governos os associa entre si. Essa matriz tem sentido muito geral e um tanto impreciso, pois imputa vínculos entre pessoas apenas por trabalharem em um mesmo governo, mas permite um primeiro olhar sobre proximidades entre governos. A segunda matriz, por outro lado, inclui agências-governo como colunas contra pessoas como linhas, endereçando a pergunta quem trabalhou em cada agência, em cada governo. Nesse caso, relações entre pessoas são imputadas quando trabalharam em uma mesma agência e um mesmo governo, o que é uma premissa bastante razoável. Por essa razão, a maior parte dos resultados a seguir tem origem nessa segunda matriz. Dada a construção analítica das agências-governo, a rede associa agências e governos em um único retrato intertemporal.

Apesar da riqueza da informação, há algumas restrições que precisam ser explicitadas. Em primeiro lugar, não temos detalhes sobre o momento da ocupação dos cargos dentro de um governo, não podendo consequentemente eliminar a ocupação de cargos por pequenos períodos. Além disso, não dispomos de informações para diferenciar quem é funcionário de carreira da prefeitura de São Paulo de quem veio de fora para ocupar cargos. Embora importante, essa informação não está disponível sistematicamente.

Tampouco dispomos de informações biográficas para testar sistematicamente atributos como formação universitária, ocupação de cargos em outros níveis de governo ou filiação partidária. Isso é especialmente problemático com relação à dimensão político-partidária. Embora possamos avançar um pouco na compreensão do fenômeno, há substanciais dificuldades para encontrarmos respostas mais conclusivas aqui por razões de operacionalização da pesquisa, mas também por problemas conceituais. Em primeiro lugar, como é amplamente sabido, as coalizões de governo envolvem inúmeros partidos em configurações mutantes. Em nível local, isso via de regra gera composições do tipo oposição X governo (Andrade, 1998) e, se é politicamente imprescindível fazer parte da coalizão para ocupar cargos importantes, essa dimensão em si se torna muito pouco relevante analiticamente. Além disso, seria impossível determinar a vinculação partidária de quase 2.100 indivíduos, não apenas pelo volume de informações, mas também porque estão aí envolvidos diversas formas de participação partidária e alinhamento ideológico. A filiação partidária é a única dessas vinculações formalizada e mensurável sistematicamente. Esse tipo de informação resolve a análise para cargos eletivos (em que é obrigatória) e em parte para o primeiro escalão (como realizado por Praça e Garcia, 2011, e Garcia, 2013), mas não para os demais cargos. Nestes, confiança partidária se mistura com confiança pessoal das chefias e com diversas formas de conhecimento técnico e liderança nas comunidades de políticas. Tentamos reduzir o problema explorando informações por governo, campo ideológico e sobre os ocupantes dos cargos mais importantes – secretários e chefes de gabinete.

3. A rede dos gestores

O tema pode ser investigado em duas escalas – no nível agregado de cada administração (testando as associações entre governos por terem pessoas comuns em cargos) e de forma desagregada por agências-governo (analisando como agências e setores de políticas se associam entre si). O primeiro nível sugere dimensões e padrões descritivos gerais, mas que devem ser aprofundados no nível mais desagregado para escaparmos dos problemas criados pela incorporação de padrões heterogêneos por agência em unidades ecológicas – os governos. Apesar dos problemas de agregação, porém, o primeiro nível já representa uma primeira aproximação aos padrões existentes. Como veremos, alguns desses são comprovados pela análise de maior detalhe, mas outros não. Observemos, portanto, primeiro o que nos dizem as evidências nesse nível.

Os governos

A análise dos governos parte de uma matriz de relações gerada colapsando os contatos de indivíduos que migram entre agências e entre governos. Esse procedimento gera uma matriz quadrada (de conectividade) com 64 casos entre os oito governos do período, agrupados em díades. A Tabela 1 a seguir apresenta a informação.

Sob o ponto político, o período analisado é marcado por grande variabilidade nas oito administrações de Mário Covas (PMDB), Jânio Quadros (PTB), Luiza Erundina (PT), Paulo Maluf (PDS/PPR/PPB), Celso Pitta (PR/PP), Marta Suplicy (PT), José Serra (PSDB) e Gilberto Kassab (DEM). Foram vários os momentos de alternância de grupos políticos no Executivo, com apenas as duplas Paulo Maluf/Celso Pitta e José Serra/Gilberto Kassab representando clara continuidade política entre governos contíguos. Por outro lado, estão representados partidos classificados pela literatura como de centro (PMDB e PSDB), de esquerda (PT) e de direita (PP/PPB/PP e DEM).

Como indicado pela literatura sobre dinâmica eleitoral, a política municipal em São Paulo passou por dois momentos, primeiro, uma estável oposição entre os partidos de direita e o PT entre o final dos anos 1980 e o início dos anos 2000, quando uma oposição do PT contra o PSDB passou a organizar as disputas locais (Limongi; Mesquita, 2011).[10] Na Câmara de Vereadores, os partidos vencedores na majoritária (prefeito e vice) quase sempre tiveram a maior bancada (*plurality*), mas nunca alcançaram maioria absoluta (*majority*). Isso se mantém com as coligações eleitorais – PT/PCdoB/PCB, com 43,4% (Erundina, 32% só o partido da prefeita), PDS/PL/PTB, com 40% (Maluf, 7,3% só o partido do prefeito); PPB/PFL, com 38,18% (Pitta, 34,6% do partido do prefeito); PT/PCdoB/PCB/PHS, com

10 A mesma dinâmica se verificou também nos 29 municípios da região metropolitana de São Paulo. Entre 1985 e 2008, o partido com mais prefeitos efeitos foi o PSDB (44), seguido do PT (37), do PTB (31), do PMDB (29), do PFL (26) e do PL (14). Mas, entre 1985 e 2000 (quatro eleições), o PSDB ganhou apenas treze mandatos, enquanto, entre 2000 e 2008 (três eleições), venceu 31 pleitos. A tendência do PT também foi crescente, passando de nove para 28 prefeitos, enquanto o PTB, o PMDB, o PFL e o PL decaíram (20 e 11; 23 e 6; 19 e 7 e 8 e 6, respectivamente). Isso é parcialmente explicado pela criação do PSDB a partir do PMDB em 1988, mas expressa também a substituição da direita pelo centro e a ascensão do PT desde 1988. Esses dados foram retirados do site da Fundação Seade.

34,5% (Marta, 29,1% do partido da prefeita); PSDB/PFL/PPS, com 30,1% (Serra, com 23,6% do partido do prefeito); e DEM/PMDB/PRP/PV/PR/PSC, com 32,7% (Kassab, 12,7% do partido do prefeito) (Garcia, 2013).

Portanto, os prefeitos governaram em todo o período com coalizões partidárias mais amplas do que as suas coligações eleitorais, sendo o secretariado um elemento central na costura das alianças (Couto, 1998). A exceção parcial é representada pelas administrações do PT, com proporções de secretários filiados ao partido do prefeito – 72% e 64% nos governos Erundina e Marta, respectivamente. O padrão geral, entretanto, foi de composição na formação do gabinete e, como mostrou Garcia (2013), exceto a gestão Erundina (na qual 28% dos secretários não eram filiados a partidos e 72% eram ao PT), os secretariados incorporaram proporções elevadas de indivíduos de partidos distintos ao do prefeito, de 19% no governo Marta a 53% no governo Serra.[11]

Entretanto, a análise das coalizões não se confunde com o estudo das conexões internas à rede dos gestores. A tabela a seguir apresenta as conexões entre governos – lembrando que conexões nesse caso se referem à participação em duas administrações de um mesmo indivíduo em cargos de comando. A parte superior da tabela apresenta a informação em números absolutos e a inferior, em proporções.

Como podemos ver, há 922 indivíduos comuns a agências em governos. Os números mais expressivos se localizam na diagonal, que representa a circulação interna de pessoas dentro de cada governo, de 112 na gestão Covas a 541 com Kassab. Assim, a maior parte dos ocupantes de cargos comuns é interna a cada governo, um possível indicador do papel da rede na construção de coordenação interna aos governos. Contudo, se observarmos a diagonal na parte inferior da tabela, veremos que a importância dos vínculos internos cai paulatinamente, sugerindo a construção gradual de uma rede de gestores entre governos.

11 Entre 1989 e 2012, pertenceram a outros partidos 25% dos secretários no governo Maluf (sendo 50% sem partido e 25% do partido do prefeito); 23% no governo Pitta (sendo 71% sem partido e 6% do partido do prefeito); 19% no governo Marta (sendo 17% sem partido e 64% do partido do prefeito); 53% no governo Serra (sendo 39% sem partido e 8% do partido do prefeito); 35% no governo Kassab (sendo 28% sem partido e 37% do partido do prefeito). Esses dados são oriundos de Garcia (2013).

Tabela 1 – Ocupantes de cargos comuns a governos, São Paulo, 1985-2012

	Mário Covas	Jânio Quadros	Luiza Erundina	Paulo Maluf	Celso Pitta	Marta Suplicy	José Serra	Gilberto Kassab
	Números absolutos							
Mário Covas	112	17	7	7	3	2	2	4
Jânio Quadros	17	194	13	23	9	1	2	4
Luiza Erundina	7	13	383	27	9	31	8	9
Paulo Maluf	7	23	27	420	115	22	11	19
Celso Pitta	3	9	9	115	308	34	13	25
Marta Suplicy	2	1	31	22	34	462	74	123
José Serra	2	2	8	11	13	74	244	197
Gilberto Kassab	4	4	9	19	25	123	197	541
Total	*154*	*263*	*487*	*644*	*516*	*749*	*551*	*922*
	Números relativos (% da coluna)							
Mário Covas	72,73	6,46	1,44	1,09	0,58	0,27	0,36	0,43
Jânio Quadros	11,04	73,76	2,67	3,57	1,74	0,13	0,36	0,43
Luiza Erundina	4,55	4,94	78,64	4,19	1,74	4,14	1,45	0,98
Paulo Maluf	4,55	8,75	5,54	65,22	22,29	2,94	2,00	2,06
Celso Pitta	1,95	3,42	1,85	17,86	59,69	4,54	2,36	2,71
Marta Suplicy	1,30	0,38	6,37	3,42	6,59	61,68	13,43	13,34
José Serra	1,30	0,76	1,64	1,71	2,52	9,88	44,28	21,37
Gilberto Kassab	2,60	1,52	1,85	2,95	4,84	16,42	35,75	58,68
Total	*100,00*	*100,00*	*100,00*	*100,00*	*100,00*	*100,00*	*100,00*	*100,00*

Fonte: Cálculos próprios a partir de banco de dados do CEM montado com informações de origem RNC (Relação de Nomes e Cargos) do governo do estado de São Paulo, organizada pela Fundação Seade.

O total de vínculos de cada governo indica uma segunda dimensão geral – um crescimento temporal quase monotônico dos totais de vínculos –, de 154 no governo Covas até 922 no governo Kassab.[12] Isso se deve parcialmente a um efeito metodológico – a informação dos bancos originais foi ficando mais confiável ao longo do tempo. Esse aumento expressa também a dinâmica da administração local, que se tornou mais complexa ao longo do tempo com aumentos significativos nos números de agências, níveis hierárquicos e cargos. De fato, os números de secretarias no banco passaram de catorze, dezesseis e dezoito nos três primeiros governos para 22, 22 e trinta nos três últimos. Os totais de cargos estudados, por outro lado, passaram de 470 e 968 nos governos Covas e Jânio, respectivamente, para 4278 no governo Kassab. Por fim, os tipos de cargos também aumentaram continuamente, passando de 41 no governo Covas para cinquenta na administração Kassab. Os governos com menores quantidades diferentes de cargos foram os Erundina e Maluf (com 33 e trinta tipos, respectivamente).

Além disso, há outras duas tendências nesse nível de análise. Em primeiro lugar, governos contíguos tendem a ter mais pessoas comuns. De fato, quando se retiram os vínculos internos a cada governo, a média das administrações contíguas é de 68 vínculos, contra apenas catorze dos não contíguos (significativo a 99%). Esse dado mistura duas dimensões – a manutenção de indivíduos nos cargos em que estavam, mesmo com a troca de gestão (um mero efeito de transição), mas também a inércia das próprias políticas em níveis mais técnicos. Não dispomos de informações sobre o tempo de permanência nos cargos, mas esse efeito desaparece quando se analisam as agências separadamente (ver a próxima seção).

Em segundo lugar, governos com afinidades político-partidárias tendem a ter mais conexões entre si.[13] De fato, se desconsiderarmos os vínculos internos a cada governo, a média dos vínculos entre administrações

12 De fato, a correlação entre uma variável ordinal referente a governo e os vínculos (sem considerar os vínculos internos) é de 0,33 (significativa a 99%).

13 Considerando que o governo do DEM representou continuidade administrativa com o do PSDB (Gilberto Kassab era o vice de José Serra, pertencendo ao PFL quando se elegeu. Em 2007, o PFL se transformou em Democratas e, em 2008, o então vice-prefeito se elegeu por este último partido), classificamos essa administração como de centro. A sua classificação como de direita, entretanto, não produziria mudanças nos resultados.

com afinidade (aos blocos de direita, centro e esquerda) é de 59 ligações, contra apenas dezessete em governos sem afinidade.[14] Isso fica ainda mais evidente ao observarmos as proporções na parte inferior da tabela. Porém, se desagregarmos a informação pelos três blocos ideológicos, a direita se mostra fortemente significativa (média de 38 contra 23 vínculos dos demais),[15] mas o centro e a esquerda não apresentam padrões significativamente diferentes. Portanto, o que podemos afirmar sob o ponto de vista político é que a rede de gestores apresenta coerência para governos de direita, de resto majoritários no período, mas não para governos de centro ou de esquerda. Esses dados corroboram resultados encontrados por Marques (2003) para o caso das políticas de engenharia urbana em São Paulo. Vale destacar a interpenetração do governo Marta com Serra e Kassab, o que pode denotar maior estabilidade na estrutura administrativa local em período recente, mas também traços ideológicos menos claros nas escolhas da gestão Marta, em comparação com os do governo Erundina. Esses resultados serão explorados a seguir.

A rede das agências-governo

Uma primeira interpretação sobre a rede constituída pelas migrações de indivíduos entre cargos poderia focar apenas os ocupantes dos cargos mais importantes das secretarias. Segundo essa hipótese, a rede destacada diria respeito à migração entre governos de indivíduos em posições-chave, como secretários e chefes de gabinete, em geral os principais operadores políticos das secretarias. Para analisar essa dimensão, inicio a investigação pelos ocupantes desses cargos, incluindo o levantamento de dados biográficos básicos.[16] Há uma conectividade relativamente baixa se observarmos apenas os ocupantes dos cargos mais importantes, sugerindo que, se a rede de fato tem relevância, ela é tecida sobretudo pelos ocupantes de cargos mais baixos na hierarquia.

---

14 Diferença significativa a 99%.

15 Novamente significativa a 99%.

16 É preciso dizer que a confiabilidade dessas informações é menor do que a relativa à ocupação de cargos. Como inexiste uma fonte oficial centralizada para os dados biográficos, as informações a seguir têm como origem pesquisa na internet com os nomes dos secretários e ocupantes de cargos.

O comando das 34 secretarias foi ocupado no período por 220 secretários e 214 chefes de gabinete. O tempo de permanência nesses cargos foi pequeno – 83% dos indivíduos ficaram como secretários no máximo dois anos (55% apenas um ano) e 90% dos chefes de gabinete ocuparam o cargo pelo mesmo período (63% apenas um ano), indicando alta rotatividade. Além disso, 80% dos indivíduos ocuparam apenas um cargo.

Quase 30% (66) dos secretários tiveram outros cargos municipais, aos quais se somam cinco vice-prefeitos que também foram secretários na mesma gestão e outros quatro prefeitos que foram secretários em outros. Apenas dez indivíduos ocuparam cargos de chefe de gabinete e depois de secretários, quase sempre na mesma política e no mesmo governo (com exceção de um único indivíduo entre os governos Serra e Kassab). A quase totalidade dos demais cargos de indivíduos que ocuparam secretarias envolve as mesmas políticas. Nesse sentido, o número de indivíduos como secretários em mais de um governo é relativamente alto – 34 (16% dos secretários), mas é fortemente concentrado em poucos governos com afinidades ideológicas e administrativas – dezessete secretários entre os governos Serra e Kassab e dez entre Maluf e Pitta, sendo os demais sete secretários completamente dispersos.

Dentre os indivíduos incluídos na rede, poucos passaram em algum momento de suas trajetórias por cargos em outros municípios, níveis da federação e no Legislativo. Apenas cinco secretários tiveram cargos em outros municípios, mas 28 secretários tiveram cargos no governo do estado e dezesseis no federal, demonstrando o caráter nacional da ocupação de cargos do primeiro escalão em São Paulo para a construção de carreiras políticas. Isso também é atestado pelo fato de dezessete secretários terem sido vereadores, dezessete deputados estaduais (oito deles também vereadores) e 23 deputados federais (doze deles também estaduais). Quatro secretários foram também vereadores, deputados estaduais e federais em algum momento de suas carreiras. No total, portanto, 45 secretários ocuparam cargos no Legislativo em algum nível (20% do total de secretários), sendo 36 em outros níveis de governo (16%). Isso atesta a grande importância da política local em São Paulo e sugere a existência de significativas conexões políticas produzidas por essas trajetórias para além do Executivo local.

Portanto, a migração de secretários e chefes de gabinete produz principalmente conexões externas e conexões entre governos com grande afinidade ideológica, não apresentando maior importância na construção de uma rede interna ao Executivo local. A observação do conjunto dos cargos, contudo, sugere uma conectividade interna bastante elevada, conformando o tecido relacional do Estado à parte mais expressiva do tecido relacional do Estado em nível local. Em termos gerais, este é construído e reconstruído paulatinamente pelas relações construídas no Estado (e com o seu entorno imediato) ao longo do tempo, de forma lenta e dependente da trajetória (Marques, 2012), incluindo as migrações entre cargos. A análise mais importante, portanto, diz respeito aos padrões de conexão entre agências, discriminando governos, ou o que chamo de agências-governo. A partir da segunda matriz de filiação citada na seção anterior (pessoas em agências-governo), foi gerada uma matriz de conectividade ligando agências-governo a agências-governo. Essa rede conecta 158 agências-governo ligadas entre si por terem tido pessoas comuns ocupando cargos, com quase 25.000 conexões potenciais. O sociograma a seguir apresenta a rede,[17] exibindo grau médio de 5,9 vínculos, densidade de 0,038, índice de centralização de 8,4%, diâmetro de apenas onze passos e distância média de apenas 3,4.[18] Apesar da baixa densidade, a rede apresenta conectividade e atividades bastante razoáveis.

---

17 A posição dos nós segue o procedimento do programa Unicet, *layout with node repulsion and equal edge length bias*, e tem objetivos meramente ilustrativos.

18 Grau (*degree*) diz respeito à quantidade de vínculos que um nó tem com outros nós. A densidade é a proporção dos vínculos reais divididos pelos teoricamente possíveis. Índice de centralização compara a centralização da rede em torno dos nós mais centrais com uma rede totalmente centralizada (como uma estrela em que todos os vínculos saem do centro). O diâmetro é a menor distância da rede, dentre os seus maiores caminhos. A distância média, por fim, é a média das distâncias de todos os caminhos na rede.

Sociograma 1 – Rede das agências-governo conectadas por indivíduos comuns, SP, 1985-2010 (tamanhos dos nós definem centralidades de grau ponderadas e larguras das linhas definem intensidade de vínculo)[19]

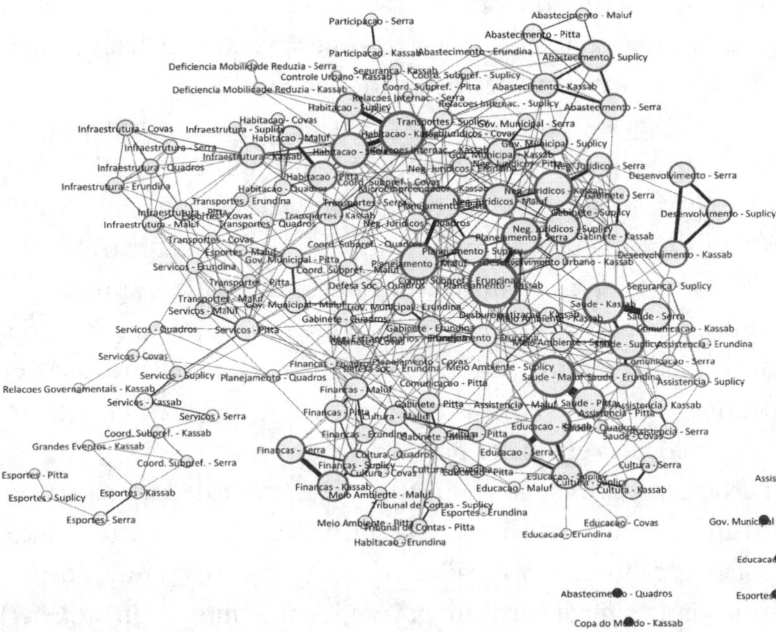

Fonte: Cálculos próprios a partir de banco de dados do CEM e informações da RNC – Relação de Nomes e Cargos do Governo do Estado de São Paulo, Fundação Seade.

Como se pode ver, a rede apresenta grande complexidade. O que a estrutura e como suas regiões se organizam – por governos, por setores de política, por grande área de política? Algumas pistas já aparecem na observação da figura. Em primeiro lugar, há agrupamentos e relações internos a setores de políticas entre governos, como entre abastecimento acima à direita, esportes à esquerda abaixo, transportes e infraestrutura acima à esquerda e educação, assistência, cultura e saúde abaixo à direita. A região central da rede parece estar mais associada às secretarias de Gestão, Planejamento e Governo. Por outro lado, secretarias de Engenharia

19 O sociograma foi gerado no software Gephi, utilizando as rotinas Fruchterman Reingold e depois Force Atlas 2 (www.gephi.org). Os demais sociogramas apresentam partes selecionadas desse software, conservando as posições dos nós. Os nomes das agências nos sociogramas seguem a codificação do banco de dados do tipo "Política - Gestão". Por razões operacionais do banco, as grafias excluem acentos e cedilhas.

Urbana e Sociais parecem se localizar mais nas periferias da rede, as primeiras, acima à esquerda, e as segundas, abaixo à direita. Um olhar geral do sociograma também sugere que as gestões em si não são a única agregação dos vínculos (internamente a cada governo), nem as afinidades ideológicas, sendo maior a tendência de conexão entre agências de uma mesma área de políticas ou mesmo política pública.

De fato, a figura confirma a existência de vários princípios estruturando a rede em simultâneo, superpondo padrões de especialização temática, trânsito de gestores internamente a cada governo e entre eles.[20] Esses padrões apontam para a importância de duas dimensões distintas: i.) especialização temática/formação de campos de políticas públicas. ii.) afinidade político-partidária e ideológica entre governos. Ambas produzem potencialmente coordenação, técnica/temática no primeiro caso e de apoio político, no segundo. Essas observações preliminares, entretanto, devem ser exploradas em maior profundidade.

Para começar a investigar a dimensão temática e de especialização, podemos analisar medidas básicas de centralidade de secretarias e setores de políticas de forma univariada. As secretarias mais centrais dentre as 34 estudadas, na média dos oito governos em termos de grau (*degree*) são, em ordem decrescente: Planejamento, Negócios Jurídicos, Gabinete do Prefeito, Habitação, de Governo, Infraestrutura, Serviços e Finanças. Os destaques negativos entre as políticas mais importantes são Saúde (12ª), Educação (15ª) e Assistência (16ª). A lista da medida de intermediação (*betweeness*) pouco altera a lista: Planejamento, Serviços, de Governo, Habitação, Negócios Jurídicos, Gabinete do Prefeito, Subprefeituras (novidade), Saúde e Transportes e Cultura (outra novidade).

A primeira conclusão, portanto, é que as secretarias da área social têm normalmente baixa centralidade na rede dos gestores locais, ao contrário daquelas ligadas à articulação política, à gestão, às finanças e às políticas

20 Essa hipótese é também apoiada preliminarmente pelas redes egocentradas. Uma rede egocentrada representa um subconjunto da rede total, mas considerando apenas os contatos diretos de um dado nó de referência (chamado ego) e seus vínculos entre si. As redes egocentradas das agências-governo incluem, em média, mais contatos internos aos setores de política e aos campos ideológicos, mas menor proporção de vínculos internos a governos. Isso quer dizer que os vínculos tecem uma rede que articula ao mesmo tempo setores de política internamente e governos entre si.

urbanas. É importante aqui comentar e destacar a Secretaria de Planejamento. Como já descrito, em alguns governos essa secretaria foi responsável pelos planejamentos urbano e orçamentário (com a Secretaria de Finanças sendo responsável pela arrecadação e pelo gasto), enquanto em outros governos o orçamento foi deslocado para a Secretaria de Finanças (que controlou todas as atividades ligadas a recursos). Nas primeiras análises desses dados, considerei que a fusão desses assuntos representava um problema metodológico, mas com o amadurecimento da análise passei a acreditar que o papel da Secretaria de Planejamento fazia substancial sentido em termos de políticas (representando um achado de pesquisa em si) e ajudava a explicar a centralidade e a intermediação dessa agência na rede.[21] Essas duas atividades – planejamento do uso e da ocupação do solo e planejamento da distribuição de recursos orçamentários – são ambas politicamente conflitivas, fortemente redistributivas e centrais para a construção da coalizão de apoio dos prefeitos, assim como para a sua operação cotidiana. Por essa razão, a Secretaria de Planejamento ocupa posições na estrutura da rede mais parecidas com as das secretarias das áreas de articulação política e gestão do que urbanas e sociais.

A construção da intersetorialidade e a formação de capacidades de gestão, já destacada por estudos monográficos recentes (Requena, 2015; Campos, 2016; Ralize, 2014), talvez expliquem o caráter menos nítido dos resultados a partir do governo Marta Suplicy. Essa interpretação é reforçada pela maior centralidade das áreas-meio, fundamentais politicamente, sobretudo gestão, finanças, planejamento e articulação política. Segundo a hipótese de Praça e Garcia (2011), as secretarias da área social deveriam ser ocupadas por indivíduos próximos ao prefeito e seu partido. Nesse caso, se esperariam maiores densidades entre as secretarias dessas áreas entre gestões com afinidades ideológicas, o que os dados aqui analisados não comprovam. Parece-me mais razoável considerar como hipótese que prefeitos tendem a querer controlar os cargos ligados a suas políticas prioritárias. Em consequência, a premissa dos autores faria sentido apenas em gestões que centram sua agenda da área social. Alternativamente,

21 Vale dizer que, no amadurecimento desse argumento, muito me ajudaram conversas com as colegas Renata Bichir e Ursula Peres, ambas da EACH/USP.

podemos argumentar que a menor centralidade das áreas sociais é causada pela concentração dos seus gestores em indivíduos mais técnicos e especialistas que tenderiam a permanecer internamente em cada setor.

Podemos explorar essas dimensões de forma mais aprofundada, classificando as agências em cinco grandes campos e observando-os em detalhes: articulação política; gestão/finanças; urbanas; políticas sociais; e outras.[22] Os resultados basicamente se repetem, e, em média, os tipos mais centrais considerando tanto grau como intermediação são engenharia/urbano, articulação política e gestão/finanças.

A interpretação anterior sobre profissionalização é reforçada pelas densidades internas e pelas redes egocentradas por setores de política. Os dados indicam uma enorme diferença entre os valores absolutos das densidades internas a cada tipo de políticas – 1,58 entre agências-governo de articulação, 1,29 internamente à gestão, 0,48 a urbanas e 0,62 a sociais –, mas baixas densidades entre os tipos de políticas entre si.[23] As redes egocentradas das agências-governo também apresentam, em média, muito mais conexões internas a cada tipo de política do que entre elas.[24] Entre os tipos, se destaca a relação entre articulação e gestão, reforçando a ideia de construção de coordenação no conjunto da prefeitura. Esses tipos de políticas são, ao mesmo tempo, conectados internamente e imbricados entre si.[25]

Portanto, as áreas mais centrais são ocupadas por secretarias de articulação e gestão e finanças, seguidas das de políticas urbanas (que incluem planejamento), ficando as da área social na periferia. Também sabemos

---

22 São eles: articulação política – gabinete, governo, relações governamentais; gestão/finanças – finanças, negócios jurídicos, orçamento, TCM; urbanas – transportes, habitação, infraestrutura e obras, subprefeituras, serviços, desenvolvimento urbano, controle urbano; sociais – educação, saúde, assistência, cultura, esportes; outras – verde, abastecimento, trabalho, defesa, segurança, comunicação, relações internacionais, negócios extraordinários, parcerias, modernização, deficiência, Copa do Mundo, grandes eventos e incentivo ao microempreendedor.

23 Em todos os casos foram calculadas densidades por grupo, incluindo os valores da diagonal, pois nos interessa considerar também as relações internas aos órgãos nos cálculos. Por essa razão, as densidades não variam apenas entre 0 e 1.

24 O indicador E-I médio das egocentradas para tipo de política é de -0.303, comparável e inverso ao entre governos de 0.328, indicando que as redes egocentradas tecem internamente os tipos de políticas ao mesmo tempo que conectam governos entre si.

25 Reforça essa interpretação ainda a existência de 28 agrupamentos de vínculos fortes, todos envolvendo agências-governo de secretarias iguais em governos distintos, nas mais variadas áreas.

que a maior parte dos vínculos ocorre dentro de tipos de políticas e de blocos de afinidade ideológica, em especial da direita e da esquerda. Mas qual é exatamente a estrutura do conjunto da rede? Podemos explorar a estrutura analisando as sub-redes por tipo de política. Trata-se de um artifício analítico, visto que toda a rede está conectada entre si, mas podemos selecionar os nós de forma que apareçam apenas aqueles de certa área temática, uma por uma. A figura a seguir apresenta a parcela da rede envolvendo apenas as agências da área social.

Sociograma 2 – Agências da área social, MSP, 1985-2012 (tamanhos dos nós definem centralidades de grau ponderadas)

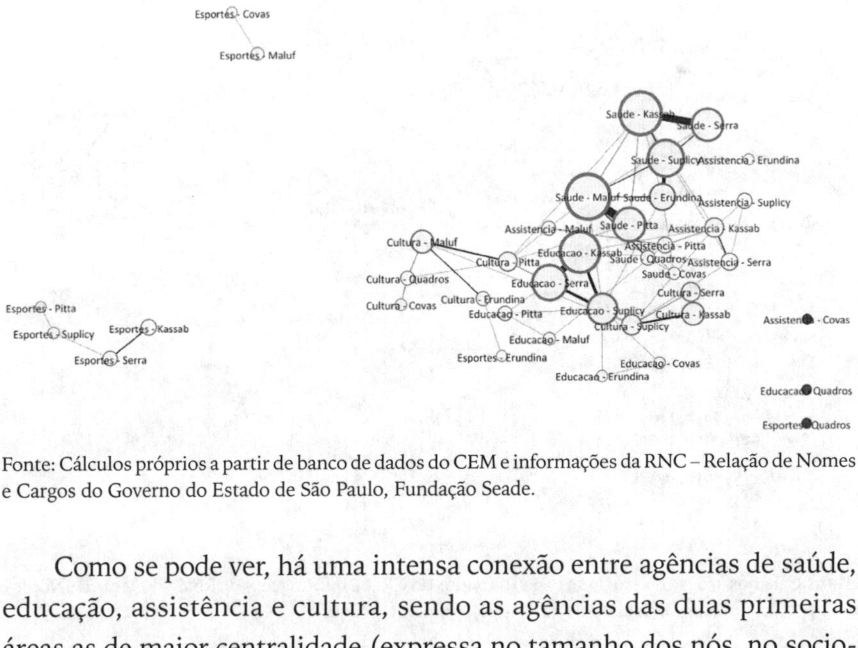

Fonte: Cálculos próprios a partir de banco de dados do CEM e informações da RNC – Relação de Nomes e Cargos do Governo do Estado de São Paulo, Fundação Seade.

Como se pode ver, há uma intensa conexão entre agências de saúde, educação, assistência e cultura, sendo as agências das duas primeiras áreas as de maior centralidade (expressa no tamanho dos nós, no sociograma). Algumas agências de esportes se conectam entre si à esquerda e em outro agrupamento, acima, mas de forma completamente isolada do restante da área social, com a exceção do governo Erundina. Esses tramos são conectados ao restante da rede, na verdade, por meio de conexões com secretarias da área urbana – Subprefeituras, Infraestrutura e Obras.[26]

26 Uma informação parecida pode ser obtida com as redes egocentradas das agências-governo de um tipo de política, nesse caso, sociais. Na área social (39 agências), o conjunto das

A conectividade interna da área de políticas urbanas é ainda maior, como podemos ver no sociograma a seguir.[27] Destaca-se o agrupamento das agências de infraestrutura, estudadas por mim em detalhes em Marques (2003). Também aparecem fortemente interconectadas agências de habitação acima, de planejamento ao centro e de transportes ao centro e à esquerda. Serviços e subprefeituras têm localização e posições mais periféricas acima e abaixo.

Sociograma 3 – Agências da área urbana, MSP, 1985-2012 (tamanhos dos nós definem centralidades de grau ponderadas)

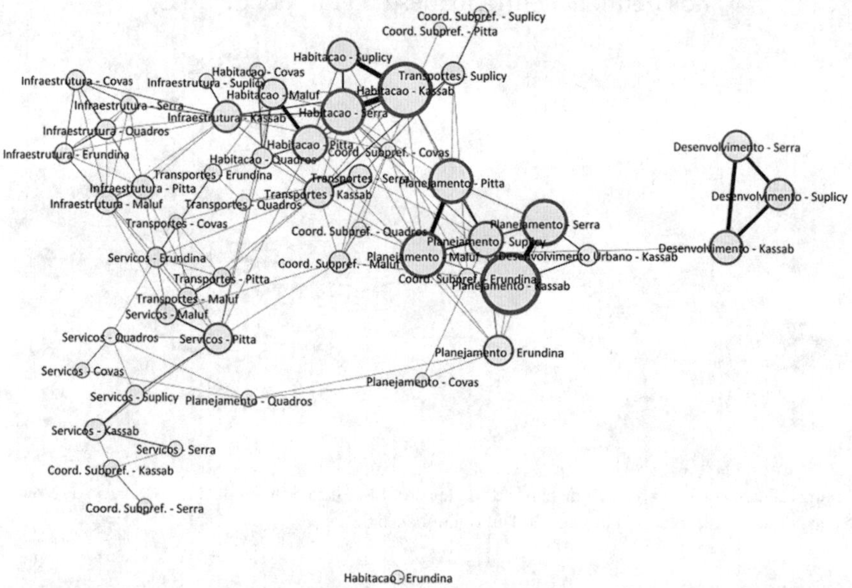

Fonte: Cálculos próprios a partir de banco de dados do CEM e informações da RNC – Relação de Nomes e Cargos do Governo do Estado de São Paulo, Fundação Seade.

---

egocentradas inclui 67 agências, resultando em uma média de 1,7 agência por agência "ego" desse tipo de política.

27 Nesse caso, as egocentradas conectam 110 agências a partir das 51 agências de temas urbanos, resultando em uma taxa de 2,2. As egocentradas destacam ainda as secretarias de planejamento conectando a área urbana à de articulação/gestão (sobretudo finanças, o que é esperado, pois programação orçamentária esteve incluída no planejamento em certos momentos).

O sociograma a seguir, por fim, apresenta as conexões entre as agências de articulação política e de gestão. As duas áreas temáticas são apresentadas juntas, pois os dados relacionais formam um único tecido contínuo.[28] As agências de finanças e negócios jurídicos formam dois argumentos muito densos internamente, mas sem conexões entre si. Quem os conecta são os gabinetes dos prefeitos e as secretarias de governo de quase todos os prefeitos (com exceção de Marta Suplicy, Serra e Pitta, que se localizam diretamente dentro do agrupamento dos negócios jurídicos). Como esses são as três últimas gestões analisadas, a posição relativa diferente talvez denote uma mudança no padrão geral de conexões da articulação de governo. Os gabinetes de Maluf e Pitta integram ainda os TCMs abaixo.

Por outro lado, a análise conjunta dos Sociogramas 3 e 4 permite uma observação importante: o espaço de baixa densidade e grande distância no centro do Sociograma 4 entre os agrupamentos de negócios jurídicos/gabinete e finanças/governo/gabinete (a seguir) é ocupado, no conjunto da rede, pelas secretarias de planejamento (visível no sociograma 3), demonstrando a sua centralidade na rede e a sua importância em termos da estrutura do tecido relacional local. Caso as áreas em que as agências foram classificadas fossem delimitadas por padrão de conexões, em vez de tema substantivo de política, as secretarias de planejamento estariam incluídas no mesmo tipo das agências de governo e gabinete do prefeito.

Portanto, os dados indicam agrupamentos muitos densos por tema de política, reforçando a tese da especialização, em particular internos a finanças, negócios jurídicos e infraestrutura, e em um patamar mais baixo saúde, transportes e habitação/planejamento e educação/assistência. Entre estes, merecem destaque as posições de planejamento e habitação mediando as conexões no interior das agências urbanas e os gabinetes e secretarias de governo conectando a área de gestão internamente. Além disso, as agências-governo de articulação e gestão em geral e as de planejamento em especial conectam áreas temáticas entre si. As demais secretarias participam de forma periférica da estrutura, embora em um ou outro

28 As egocentradas de articulação e gestão são as que articulam maiores quantidades de agências, em média, confirmando o seu papel central de estruturação da rede. São alcançadas 82 agências a partir das 34 originais, resultando em uma taxa de 2,4.

Sociograma 4 – Agências de articulação política e de gestão, MSP, 1985-2012 (tamanhos dos nós definem centralidades de grau ponderadas)

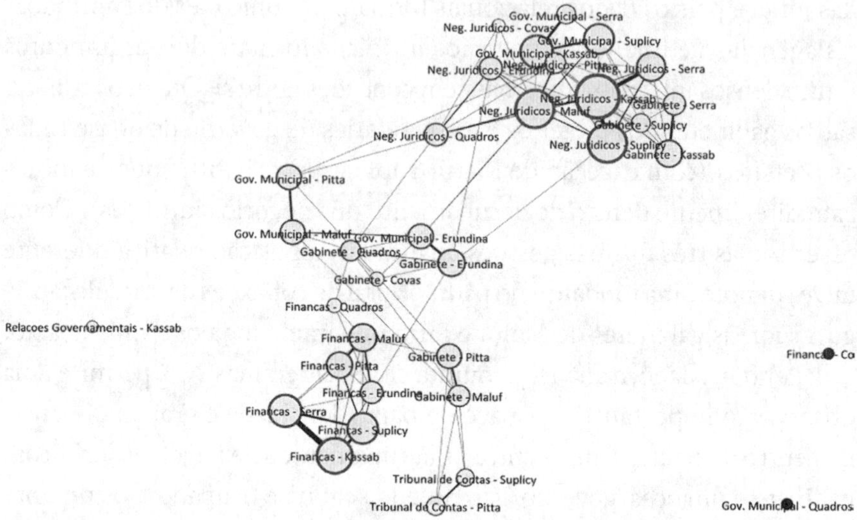

Fonte: Cálculos próprios a partir de banco de dados do CEM e informações da RNC – Relação de Nomes e Cargos do Governo do Estado de São Paulo, Fundação Seade.

governo possam estabelecer pontes entre áreas. Além disso, está confirmada a menor centralidade da área social, mas também a especialização como uma dimensão dos vínculos na rede.

Por fim, outra importante entrada de análise diz respeito ao lugar da dimensão político partidária/ideológica na ocupação dos cargos, que conecta com os temas centrais da formação de governo e da construção de maiorias legislativas. Os dados de centralidade medidos pelo grau e pela intermediação (*betweeness*) indicam que os governos com agências mais centrais (em médias, em ordem decrescente) foram os de Maluf, Jânio e Kassab, seguidos dos de Marta Suplicy e Luiza Erundina em um patamar mais baixo. Como consequência lógica, o campo ideológico com maior centralidade da rede é a direita, seguido da esquerda. O maior número de governos de direita e a centralidade desse campo no controle da política local em São Paulo (Marques, 2003) ajudam a explicar o resultado (ao mesmo tempo que são por ele explicados parcialmente). Isso é produto, é claro, das preferências eleitorais locais, que geraram uma hegemonia eleitoral da direita por muito tempo (Limongi; Mesquita, 2011), mas também diz respeito à conformação dos campos de política mais centrais, como a engenharia urbana, fortemente hegemonizada pela direita (Marques, 2003). Mais recentemente, essa hegemonia tem se transformado com um crescimento eleitoral do centro em substituição à direita (Limongi; Mesquita, 2011) e com uma maior estruturação de burocracias, como já indicado.

Em termos de agências-governo, os resultados anteriores se combinam. As agências mais centrais em termos de grau são (também em ordem decrescente): Planejamento-Maluf; Planejamento-Kassab; Planejamento-Pitta; Planejamento-Erundina; Negócios Jurídicos-Maluf; Serviços-Pitta, Secretaria de Governo-Marta; Habitação-Pitta; Secretaria de Governo-Kassab; Negócios Jurídicos-Kassab.

Por outro lado, os dados de densidade indicam de fato a existência de conexões mais intensas entre agências de governos com maior afinidade ideológica. As maiores densidades são, como seria de se esperar, entre cada campo, em ordem descrente: esquerda/esquerda (0,657); direita/direita (0,504) e centro/centro (0,353). Entre governos, por outro lado, as maiores densidades seguem os contatos da Tabela 1, sendo mais altas realmente entre os governos Maluf e Pitta (0,41); Serra e Kassab (0,35); Marta e Kassab (0,20); e Marta e Serra (0,16). Esse padrão confirma a importância dos governos de continuidade administrativa, independente do partido (nos dois primeiros casos), mas também indica a maior conectividade das últimas gestões entre si, como já destacado. No entanto, quando são consideradas apenas relações entre agências-governo com dois ou mais vínculos (dois ou mais gestores em comum), as densidades entre governos e entre blocos de afinidade caem dramaticamente,[29] sinalizando que governos e blocos tendem a ser conectados por poucos vínculos.

Vale acrescentar um elemento não explorado aqui pela ausência de dados sistemáticos – certos partidos políticos constroem estratégias para "fidelizar" áreas de política, de forma a aproveitar os rendimentos crescentes da especialização e das relações políticas com atores associados a elas (movimentos sociais, sindicatos, empresas etc.). São exemplos dessa prática na última década o PCdoB na área de esportes, o PTB na área de

29 Os valores mais altos, entretanto, continuam se localizando nos governos internamente, na esquerda internamente e nos mesmos pares de governos.

trabalho e o PP na área de habitação, apenas para citar alguns. Esse parece ser um elemento importante na construção dos gabinetes, mas que não pode ser explorado na análise da rede por falta de dados sobre participação partidária.

Conclusões

A análise mostrou que a migração dos indivíduos entre cargos costura com efetividade um tecido relacional denso e complexo na administração municipal em São Paulo. Essa rede produz efeitos em várias escalas distintas, associadas a dimensões políticas/ideológicas e técnicas de especialização. Se a migração dos ocupantes dos cargos mais importantes permite antecipar conectividade com outras escalas de governo e do Legislativo, mas não internamente ao Executivo de forma densa, a rede formada pela migração do conjunto dos ocupantes de cargos costura um tecido relacional do Estado em nível local. Em termos políticos, a rede conecta entre si governos com afinidades político-partidárias, em especial governos do campo ideológico da direita. Os de esquerda e de centro também são ligados entre si e aos demais, sem um claro padrão.

Por outro lado, a rede articula internamente cada governo, contribuindo de maneira potencial para a construção de coordenação entre órgãos e reforçando a especialização temática em vários casos. Além disso, ela associa setores e áreas de políticas públicas entre governos, tecendo uma dimensão importante dos padrões relacionais do Estado em nível local. A análise do impacto potencial desses padrões para a produção e a implementação de políticas depende da realização de estudos que cruzem tais padrões com as dinâmicas das políticas, como Marques (2000; 2003), embora fique aqui caracterizada outra dimensão do tecido relacional do Estado (Marques, 2012). Em termos temáticos, as agências de gestão e articulação política se encontram em posições mais centrais da rede, e as agências da área social na periferia. Em geral, a rede é pouco densa, embora ainda conformando regiões distintas por políticas, com as agências de planejamento operando a conexão entre agrupamentos densos internamente e escassamente conectados entre si.

Referências bibliográficas

ABRUCIO, Fernando. Trajetória recente da gestão pública brasileira: um balanço crítico e a renovação da agenda de reformas. *Revista Administração Pública*, Rio de Janeiro, v.41, p.67-86, 2007.

ABRUCIO, Fernando; PEDROTI, Paula; PÓ, Marcos. A formação da burocracia brasileira: a trajetória e o significado das reformas administrativas. In: LOUREIRO, Maria Rita; ABRUCIO, Fernando; PACHECO, Regina (orgs.). *Burocracia e política no Brasil*: desafios para a ordem democrática no século XXI. Rio de Janeiro: FGV, 2010. p.27-71.

AMORIM, Carlos. *Princípio republicano, cargo em comissão e clientelismo político nos municípios do estado do Rio de Janeiro*. Rio de Janeiro, 2008. Dissertação (Mestrado em Administração Pública) – FGV-RJ.

AMORIM NETO, Octavio. Formação de gabinetes presidenciais no Brasil: coalizão *versus* cooptação. *Nova Economia*, Belo Horizonte, v.4, n.1, 1994.

ANDRADE, Regis. *Processo de governo no município e no estado*. Uma análise a partir de São Paulo. São Paulo: Edusp, 1998.

AZEVEDO, Clovis; LOUREIRO, Maria Rita. Carreiras públicas em uma ordem democrática: entre os modelos burocrático e gerencial. *Revista do Serviço Público*, Brasília, v.54, n.1, p.45-61, 2003.

BICHIR, Renata. Capacidades estatais para a implementação de programas de transferência de renda: os casos de Brasil, Argentina e África do Sul. *Texto para Discussão/Ipea*, Rio de Janeiro, n.2032, jan. 2015.

BRESSER-PEREIRA, Luiz Carlos. Burocracia pública e classes dirigentes no Brasil. *Revista de Sociologia e Política*, Curitiba, n.28, p.9-30, 2007.

CAMPOS, M. *Ferramentas de governo*: instrumentação e governança urbana nos serviços de ônibus em São Paulo. São Paulo. Dissertação (Mestrado em Ciência Política) – FFLCH-USP, 2016.

CARVALHO, Eneuton (org.). *Burocracia e ocupação no setor público brasileiro*. Rio de Janeiro: Ipea, 2011.

CAVALCANTE, Pedro; LOTTA, Gabriela (orgs.). *Burocracia de médio escalão*: perfil, trajetória e atuação. Brasília: Enap, 2015. p.293-308.

COUTO, Cláudio. Negociação, decisão e governo: padrões interativos na relação Executivo-Legislativo e o caso paulistano. In: ANDRADE, Regis. *Processo de governo no município e no estado*: uma análise a partir de São Paulo. São Paulo: Edusp, 1998.

CRUZ, Rachel. *Carreiras burocráticas e meritocracia*. Trabalho apresentado no II Congresso Consad de gestão pública realizado em Brasília, 2009.

D'ARAÚJO, Celina; LAMEIRÃO, Camila. Dirigentes públicos federais de alto escalão no governo Lula. In: CARDOSO JÚNIOR, José Celso (org.). *Burocracia e ocupação no setor público brasileiro*. Rio de Janeiro: Ipea, 2011.

FIGUEIREDO, Argelina; LIMONGI, Fernando. *Executivo e Legislativo na nova ordem constitucional*. Rio de Janeiro: FGV, 1999.

GARCIA, Joice. *Executivo e Legislativo no âmbito municipal*: a formação de gabinetes no município de São Paulo (1989-2012). São Paulo, 2013. Dissertação (Mestrado em Administração Pública e Governo) – FGV-SP.

GODOY, Samuel Ralize de. *Muito além da lata de lixo*: a construção da política pública e a organização do mercado de limpeza urbana no município de São Paulo. São Paulo, Dissertação (Mestrado em Ciência Política) – FFLCH-USP, 2016.

GOMES, Angela. Novas elites burocráticas. In: *Engenheiros e economistas*: novas elites burocráticas. Rio de Janeiro: FGV, 1994.

GOUVÊA, Gilda. *Burocracia e elites burocráticas no Brasil*. São Paulo: Pauliceia, 1994.

GUEDES, André. *Elites estatais e reforma do Estado na Nova República*: o projeto Enap e a formação da carreira de gestor governamental no Brasil. Brasília, 2013. Tese (Doutorado em Sociologia) – UnB.

LAZZARINI, Sérgio. *Capitalismo de laços*. São Paulo: Campus, 2011.

LIMONGI, Fernando; MESQUITA, Lara. Estratégia partidária e clivagens eleitorais: as eleições municipais pós-redemocratização. In: KOWARICK, Lúcio; MARQUES, Eduardo (orgs.). *São Paulo*: novos percursos e atores (sociedade, cultura e política). São Paulo: Editora 34/CEM, 2011.

LOPEZ, Felix; PRAÇA, Sérgio. Critérios e lógicas de nomeação para o alto escalão da burocracia federal brasileira. In: LOPEZ, Felix (org.). *Cargos de confiança no presidencialismo de coalizão brasileiro*. Brasília: Ipea, 2015.

LOUREIRO, Maria Rita; ABRUCIO, Fernando. Política e burocracia no presidencialismo brasileiro: o papel do Ministério da Fazenda no primeiro governo Fernando Henrique Cardoso. *Revista Brasileira de Ciências Sociais*, São Paulo, v.14, n.41, p.69-89, out. 1999.

LOUREIRO, Maria Rita; ABRUCIO, Fernando; ROSA, Carlos. Radiografia da alta burocracia federal brasileira: o caso do Ministério da Fazenda. *Revista do Serviço Público*, Brasília, v.49, n.4, p.47-82, 1998.

LOUREIRO, Maria Rita; OLIVIERI, Cecília; MARTES, Ana Cristina. Burocratas, partidos e grupos de interesse. In: LOUREIRO, Maria Rita; ABRUCIO, Fernando; PACHECO, Regina (orgs.). *Burocracia e política*: desafios para a ordem democrática no século XXI. Rio de Janeiro: FGV, 2010.

MACHADO, Rosangela. *Burocracia e política no Brasil*: análise da inserção da carreira dos especialistas em políticas públicas e gestão governamental na máquina pública. Campinas, 2013. Tese (Doutorado em Ciências Sociais) – Unicamp.

MARQUES, Eduardo. *Estado e redes sociais*: Permeabilidade e coesão nas políticas urbanas no Rio de Janeiro. Rio de Janeiro: Revan/Fapesp, 2000.

MARQUES, Eduardo. Public policies, power and social networks in Brazilian urban policies. *Latin American Research Review*, v.47 (2), 2012, p.27-50.

MARQUES, Eduardo. *Redes sociais, instituições e atores políticos no governo da cidade de São Paulo*. São Paulo: Annablume/Fapesp, 2003.

MINTZ, Beth; SCHWARTZ, Michael. Interlocking Directorates and Interest Group Formation, *American Sociological Review*, v.46, n.6, dez. 1981.

MONTEIRO, Lorena. Reforma da administração pública e carreiras de Estado: o caso dos especialistas em políticas públicas e gestão governamental no Poder Executivo federal. *Revista de Administração Pública*, Rio de Janeiro, v.47, n.5, p.1117-1143, 2013.

NUNES, Edson. *A gramática política do Brasil*: Clientelismo e Insulamento burocrático. Rio de Janeiro: Jorge Zahar/Enap, 1997.

OLIVEIRA, Vanessa; ABRUCIO, Fernando. *Entre a política e a burocracia*: a importância dos burocratas de nível médio para a produção de políticas públicas em saúde e educação. Trabalho apresentado no 35º Encontro anual da Anpocs, 2011.

OLIVIERI, Cecília. Política, burocracia e redes sociais: as nomeações para o alto escalão do Banco Central do Brasil. *Revista de Sociologia e Política*, Curitiba, n.29, p.147-168, 2007.

PIRES, Roberto. Burocracias, gerentes e suas histórias de implementação. In: FARIA, Carlos Aurélio (org.). *Implementação de políticas públicas*: teoria e prática. Belo Horizonte: PUC Minas, 2012. p.182-220

PIRES, Roberto; GOMIDE, Alexandre. Burocracia, democracia e políticas públicas: arranjos institucionais de políticas de desenvolvimento. *Texto para Discussão/Ipea*, Rio de Janeiro, n.1940, mar. 2014.

PRAÇA, Sérgio; FREITAS, Andréa; HOEPERS, Bruno. A rotatividade dos servidores de confiança no governo federal brasileiro, 2010-2011. *Novos Estudos Cebrap*, São Paulo, n.94, nov. 2012.

PRAÇA, Sérgio; GARCIA, Joice. *Formação de governo no nível municipal*: o caso dos municípios paulistas. Trabalho apresentado no 35º Encontro da Anpocs, 2011.

REQUENA, Carolina. *O paradigma da fluidez do automóvel*: burocracias estatais e mobilidade em São Paulo. São Paulo. Dissertação (Mestrado em Ciência Política) – FFLCH-USP, 2015.

SANTOS, Fabiano. *O poder legislativo nos estados*: diversidade e convergência. Rio de Janeiro: FGV, 2001.

VIEIRA, Marcelo. *Controle político da burocracia no presidencialismo de coalizão*. Rio de Janeiro, 2013. Tese (Doutorado em Ciência Política) – Uerj/Iesp.

4 Análise da governança do orçamento público

Ursula Dias Peres

Durante o final da execução orçamentária de 2016, acompanhou-se pela imprensa e por diários oficiais que mais de uma dezena de estados[1] e municípios brasileiros haviam decidido usar o expediente de decretar calamidade pública[2] para administrar o exercício fiscal. Apesar de permitido por lei, esse fato mostra a grave situação de insustentabilidade financeira e dificuldade de ajuste por parte dos governos brasileiros.

O que aconteceu com os orçamentos municipais após uma década de elevação de recursos próprios e transferências, que permitiram avançar em programas de educação, saúde e assistência social? Que decisões orçamentárias podem ensejar que alguns municípios consigam administrar seus fundos de recursos de maneira sustentável e outros estejam simplesmente insolventes?

---

1 Disponível em: <m.folha.uol.com.br/mercado/2016/09/1813029-governadores-de-14-estados-ameacam-declarar-estado-de-calamidade.shtml>.

2 Esse decreto é autorizado pelo artigo 41 da Lei nº 4320/64, que rege os orçamentos no Brasil e que permite a abertura de créditos extraordinários quando configurada calamidade pública, isto é, situação de imprevisibilidade e urgência (Machado Jr.; Reis, 2002).

O orçamento público é por excelência uma arena política. Sua elaboração, negociação e implementação são processos nos quais a ponderação de interesses, a barganha sobre possibilidades alocativas e o balizamento de pesos e contrapesos de representações sociais e políticas são fundamentais para o encaminhamento do conflito distributivo.

Ainda que nas últimas décadas tenha havido enorme busca pela racionalização desse processo e enquadramento do orçamento apenas enquanto instrumento de gestão, este nunca deixará de ser um instrumento político de ajustes e escolhas entre fundos tributários, oferta de serviços e produtos para distintos setores da sociedade, em especial em uma democracia (Schneider, 2005).

Para Schick (2009), o orçamento é sobretudo relacionado a pessoas, ideias e objetivos.

> A palavra *orçamento*, para muitas pessoas, remete a imagens de volumosos documentos repletos de jargões e milhares de números, e de debates sobre convenções contábeis e indicadores de performance. São manifestações do orçamento, é claro. Mas isso não é tudo; orçamento diz respeito a conectar pessoas com suas ideias e seus objetivos.[3] (Schick, 2009, p.351)

Dessa maneira, como reforça Caiden (2010), orçamento público, isto é, a distribuição dos recursos financeiros dos governos e a *forma de apresentação* dessa distribuição, é o resultado do que as pessoas e os governos decidirem fazer com ele.

Para entender esse processo de ajustes e escolhas é necessário desvendar as características da governança do orçamento público, suas regras e seus atores relevantes. Este capítulo faz parte de uma agenda de pesquisa, que parte da abordagem institucional e de teóricos como Lindblom, Wildavsky, Caiden, Oliveira, Schneider e Rezende, que permitem entender elementos importantes da economia política do orçamento público,

---

3 Texto original: "The word 'budget' conjures up images in many people's minds of thick documents crammed with obscure jargon and thousands of numbers, and of debates over accounting conventions and performance indicators. These are manifestations of budgets, of course. But this is not what budgeting is all about; it is about the interplay of people and their ideas and goals".

para construção de modelo de análise da governança orçamentária em cidades brasileiras. O objetivo da pesquisa é destacar os elementos-chave para a compreensão dessa governança orçamentária, isto é, regras formais e informais, atores relevantes, níveis decisórios, limites e possibilidades de arranjos institucionais, no período recente, sobretudo após as mudanças normativas implementadas pelo governo federal nos anos 2000, para as finanças públicas brasileiras.

O objetivo do capítulo proposto aqui é analisar a economia política do orçamento do município de São Paulo a partir do início dos anos 2000 até o ano de 2015. Em vista disso, será utilizado o modelo analítico da governança orçamentária apresentado na seção 1 e um breve levantamento histórico das finanças públicas brasileiras, com foco em aspectos normativos e políticos que afetam orçamentos locais.

A metodologia utilizada para a pesquisa empírica partiu de uma abordagem que mescla informações qualitativas e quantitativas. Para pesquisa do município de São Paulo, foi realizada coleta de dados de distintas fontes, entre elas: i) dados documentais sobre legislação orçamentária do município e sobre a organização administrativa dos órgãos e unidades orçamentárias; ii) dados orçamentários e financeiros do período de 2003 a 2015, de receitas e despesas municipais, a partir dos balanços e demonstrativos oficiais do município; e, por fim, utilizou-se também da observação participante do orçamento do município de São Paulo, nos termos de Corbetta (2003).

O capítulo está estruturado em três seções, além desta introdução e das considerações finais. A primeira destina-se a posicionar o diálogo sobre o orçamento dentro da corrente de governança adotada por Le Galès em Hoyler e Requena (2015) e Marques (2013) e apresentar o quadro analítico proposto para compreensão da governança do orçamento público, baseado na abordagem institucional e no debate teórico da economia política do orçamento público, a partir de Lindblom (2014), Wildavsky (1969), Wildavisky e Caiden (2004), Schick (1976; 2004; 2009), Caiden (1994; 2010), Rubin (1989; 2010) e Schneider (2005).

A segunda seção contextualiza a evolução do processo orçamentário e da governança do orçamento no Brasil, com uma análise a partir de Rezende (2001), Machado Jr. (2012), Oliveira (2009), Guardia (1992),

Peres (1999; 2007) e outros. Em seguida, busca-se investigar as características da governança do orçamento paulistano, a partir do quadro analítico da governança do orçamento construído na primeira seção, que considera elementos macro e microinstitucionais. A análise empírica realizada está baseada no acompanhamento periódico das finanças globais do município[4] e de algumas políticas públicas específicas, a partir dos bancos de dados financeiros da prefeitura.

As considerações finais buscam apontar os principais entraves e desafios na construção da governança do orçamento público em São Paulo, bem como apontar possíveis e necessárias agendas de pesquisa no âmbito da economia política do orçamento público.

1. Conceitos de governança: posicionando o diálogo teórico

O conceito de governança como pontuado por Marques (2013) e por Le Galès (Hoyler; Requena, 2015) é bastante controverso e, dependendo de como utilizado e por quem, pode dizer respeito a questões bastante distintas. Segundo Marques (2013), seguindo Stoker (1998) e Le Galès (2011), a definição de governança é "de um conjunto de atores estatais e não estatais conectados por laços informais e formais operando dentro de um processo de formulação de políticas e envolvidos em um específico arranjo institucional"[5] (Marques, 2013, p.16-17).

Uma questão relevante para a compreensão da governança em políticas públicas é que existe uma complexidade intrínseca na relação entre diferentes níveis de regramentos que definem, influenciam, facilitam ou dificultam o relacionamento entre atores e a forma como fluem os processos e são utilizados os diferentes instrumentos das políticas. Autores da economia institucional, como North (1990), sustentam também

4 Neste texto, os dados orçamentário-financeiros utilizados evidenciam o período específico de 2003 a 2014.

5 Texto original: "as sets of State and non-State actors interconnected by formal and informal ties operating within the policy-making process and embedded in specific institutional settings".

a importância da compreensão de diferentes camadas institucionais – macro, permeadas pelas instituições e regras formais, e micro, na qual há um entrelaçamento de regras informais compactuadas pelos agentes. No setor público, uma característica importante da governança em diferentes organizações é a tendência à formação de hierarquias, tal qual acontece em organizações privadas complexas (Miller, 1993). Como apresentado em Peres (2007), as organizações públicas tendem à hierarquização de sua estrutura de governança, na qual o processo de tomada de decisão ocorre em camadas, que se sobrepõem e se entrelaçam, com diferentes níveis de disputa até o núcleo central. Além disso, essas organizações apresentam características como a multiplicidade de principais, de tarefas e resultados a cumprir, o que denota sua complexidade (Dixit, 2002).

Nas organizações responsáveis pela condução de políticas públicas, é possível relacionar, então, uma camada macroinstitucional de regramentos, na qual incidem as regras do jogo, formadas por um arcabouço legal-formal, que é mais perene e mais resistente a alterações cotidianas. De forma inter-relacionada, há outro nível de regramento microinstitucional, pautado por regras informais de menor amplitude, códigos de conduta (explícitos ou não), pactos culturais e relações interpessoais (Peres, 2007). Outros elementos fundamentais da governança são os atores envolvidos, bem como a multiplicidade de tarefas que realizam. Sobre esses atores e tarefas incidem os dois níveis de regramentos (macro e microinstitucionais).

A análise da governança do orçamento público neste trabalho parte desse modelo de governança pública determinante da estrutura de poder nos níveis macro e micro, e das peculiaridades da política orçamentária afetadas por elementos fundamentais como escassez, conflito distributivo e incrementalismo, ressaltando que esses elementos se tornam ainda mais complexos pelos diferentes níveis de conflito existentes em uma estrutura federativa como a brasileira.

Dessa forma, é importante compreender a complexidade da governança do orçamento público, na qual diferentes níveis institucionais se inter-relacionam, implicando um entrelaçamento de regras específicas que envolvem diversas políticas públicas e é conduzido por um mix de atores públicos, privados e organizações sociais.

A governança orçamentária é, então, um entrelaçamento de camadas de regras macro e micro institucionais, conforme apresentado na Tabela 1 a seguir. Essas camadas, apesar de apresentadas separadamente, são conectadas na prática; além disso, vale ressaltar que a compreensão de elementos microinstitucionais é dependente da análise daqueles macroinstitucionais.

Tabela 1 – Síntese analítica: elementos da governança orçamentária

Macroinstitucional	Regras formais: fiscais, accountability do processo orçamentário (Schick, 2004 e 2009; Rubin, 1989 e 2010; Caiden, 2010)
	Garantia de direitos civis e sociais (vinculações e regras de despesas); multiplicidade de canais de pressão (Rubin, 1989 e 2010; Schick, 2009; Caiden, 2010); Wildavsky e Caiden, 2004.
	Governança multinível (internacional/nacional/local) (Schick, 2009; Caiden, 2010)
	Escassez (em diferentes graus) (Schick, 1976)
Microinstitucional	Regras informais: incrementalismo, inércia, barganha e *muddling through* (Lindblom, 2014; Caiden e Wildavsky, 1980; Caiden, 2010; Schick, 2009)
	Estrutura organizacional que tende à hierarquia (Miller, 1993; Wildavsky, 1969)
	Multiplicidade e complexidade de tarefas a cumprir (Dixit, 2002; Rubin, 2010)
	Multiplicidade de atores envolvidos no processo orçamentário (Rubin, 2010; Le Galès, 2015 e Schick, 2009)

Fonte: Elaboração própria, a partir dos textos citados.

O quadro analítico acima revela regramentos da governança orçamentária originários de períodos e crenças distintos, baseados tanto na busca de racionalização do processo, transparência e *accountability* quanto no reconhecimento da forte influência de elementos incrementais e inerciais na formulação e na execução da política orçamentária. Elementos esses pautados por ajustes e barganhas políticas entre atores do orçamento. A enorme complexidade adquirida pelo fundo público ao longo das últimas décadas e nos governos locais brasileiros, em especial após os anos 2000, implicam reconhecer uma multiplicidade de atores, grupos de interesse e comunidades de políticas públicas envolvidos no processo orçamentário, dentro e fora do Estado, se organizando e pressionando o financiamento de tarefas cada vez mais numerosas e complexas.

A estrutura organizacional dessa governança orçamentária tende então a uma hierarquia na qual se busca, ao mesmo tempo, descentralizar processos de discussão setorial do orçamento e centralizar a tomada de decisão sobre o fundo público e uma cúpula empoderada e com grande assimetria de informação em relação aos demais órgãos responsáveis pela formulação e implementação de políticas públicas finais.

A orçamentação depende, assim, de questões históricas, políticas, institucionais, econômicas, como o tipo de escassez e da complexidade social. Na próxima seção, buscaremos apresentar a construção e o desenvolvimento de elementos da governança do orçamento brasileiro em nível macroinstitucional. A compreensão desses elementos é decisiva para a análise do orçamento paulistano, como será discutido na quinta seção.

2. Governança do orçamento público no Brasil

Após anos de discussão no Senado Federal, foi adotada a Lei nº 4.320/64, que permitiu que o modelo orçamentário brasileiro passasse a ser padronizado para as três esferas do governo e criasse o ambiente favorável para a implementação do orçamento-programa (OP) na década de 1970 no país. Esse modelo, porém, teve reflexos muito mais formalistas do que de análise de estratégia de decisão alocativa de recursos entre os programas. Assim como analisado por Wildavsky (1969) e corroborado para o caso brasileiro por Piscitelli (1988) e Brasil (1993), o OP brasileiro era uma ficção.

Desde a implementação do OP no Brasil, o país vivia sob a égide de uma ditadura militar, na qual as prerrogativas legislativas estavam restritas. Nesse período, a concentração de poder no Executivo foi brutal, fazendo com que não houvesse contraponto às decisões dos chefes de governo. Ao lado disso, o país viveu inicialmente um *boom* econômico nas décadas de 1960 e 1970, com um aumento expressivo dos gastos estatais, e depois uma crise econômica aguda, com processo inflacionário crescente. A concentração de poder e a desestruturação das finanças públicas brasileiras têm consequências no processo orçamentário até os dias de hoje e serão detalhadas adiante.

Na década de 1980, há o início da reabertura democrática no país e a aprovação da Constituição de 1988, que trouxe diversas mudanças para o processo orçamentário. Dentre elas, a garantia da obrigatoriedade de discussão e votação legislativa de três peças orçamentárias: Plano Plurianual de Ações (PPA), Lei de Diretrizes Orçamentárias (LDO) e Lei Orçamentária Anual (LOA), nas três esferas federativas. Essa tríade orçamentária, como é conhecida, define as receitas e despesas dos três entes federativos, tendo o PPA uma finalidade mais estratégica e de médio prazo, e a LOA, o intuito de operacionalizar as metas do PPA. Já a LDO é a lei que define as diretrizes e prioridades de cada ano orçamentário, servindo como ponte entre as metas do PPA e as ações específicas da LOA.

Além dessa alteração, que trouxe um ganho de poder político para o Legislativo, visto serem três momentos de aprovação legal de matéria orçamentária, houve também a determinação da obrigatoriedade de algumas despesas ficarem protegidas da arena da política, com o estabelecimento de vinculações de receitas, como a educação (Castro, 2011; Peres, 2007). Por fim, dentre as principais alterações com consequências orçamentárias, a CF 88 transformou os municípios em unidades federativas autônomas, isto é, com administração tributária e orçamentária próprias.

Ao longo desse período de reconstrução democrática brasileira para a nova Constituição, o país convivia com um processo inflacionário devastador (Guardia, 1992), e o desajuste econômico advindo da hiperinflação tinha sobre o orçamento público diferentes consequências nas esferas administrativas. A convivência perene da administração pública com a inflação levou à construção de um aparato de proteção das receitas públicas e de ajuste nas despesas. Como apresentado em Peres (1999), a inflação permitiu ao longo de anos ajustar despesas e receitas, balanceando o orçamento conforme a necessidade do Executivo, controlando o conflito entre fornecedores, funcionários, cidadãos, representantes do Legislativo, e mesmo tribunais de contas, um processo com baixa *accountability*.

No cenário internacional, os anos 1990 foram de reforma orçamentária em diversos países. Inserido nesse contexto internacional de ajuste e pressionado por sua instabilidade monetária, além de um crescente e elevado nível de endividamento externo e interno, o governo brasileiro também buscou se adequar aos novos regramentos fiscais internacionais, voltados principalmente ao controle do endividamento e à saúde financeira dos orçamentos públicos. No entanto, em função da situação de desajuste econômico/monetário, uma série de medidas foi adotada antes da propostas de alteração fiscal e orçamentária.

Durante o início da década de 1990, o governo federal brasileiro implementou um plano econômico com vistas ao ajuste monetário e controle da inflação, o Plano Real, com foco na indexação da economia. O esforço em buscar um perfil inercial da inflação mostrou-se exitoso ao reduzir a dois dígitos anuais uma inflação que chegou a atingir mais de 40% ao mês no início de 1994 (IBGE, 2016).

A partir do Plano Real, vários outros ajustes foram feitos visando estabilidade e equilíbrio fiscal. Entre as mudanças, havia regras de controle para déficit e dívidas públicas, em especial de estados e municípios. O controle do déficit se deu, principalmente, com a adoção de regras para a despesa de pessoal, que passou a ter o aumento administrado em relação à receita,[6] havendo também deferentes ajustes previdenciários. Quanto à dívida, várias medidas foram tomadas para controle das dívidas mobiliária,[7] flutuante[8] e originária de precatórios.[9] Os vários controles adotados nesse período (leis, resoluções, medidas provisórias e acordos bilaterais com diferentes unidades federativas) para conter déficits e dívidas foram posteriormente consolidados em uma legislação única: a Lei Complementar de Finanças Públicas – Lei nº 101/2000, conhecida como Lei de Responsabilidade Fiscal (LRF), que reproduziu no Brasil um marco regulatório de controle fiscal de outros países.

Após implementado esse regramento de controle, basicamente financeiro, das contas públicas, a União ensejou no início dos anos 2000 uma

---

6 A despesa de pessoal, por representar a principal base orçamentária nas três esferas, passou a ter limites predefinidos e a ser acompanhada pelos órgãos de controle desde o estabelecimento das Leis Rita Camata I e II, em 1995 e 1999, regras depois consagradas na Lei nº 101/2000.

7 Em relação às dívidas mobiliárias, a União concentrou esforços no final da década de 1990 até o início dos anos 2000 para estabelecer regras de controle da emissão e rolagem de títulos públicos pelos entes subnacionais, além da possibilidade de federalização das dívidas de estados e municípios, cuja administração beirava a insolvência (Giambiagi; Além, 2008).

8 Dívida controlada com art. 42 da LRF (Leite; Peres, 2010).

9 Já em relação aos precatórios, a Emenda nº 62/2009 obrigou o efetivo pagamento de aproximadamente 3% do estoque de precatórios desde 2009, o que antes não ocorria em grande volume.

guinada na estrutura de orçamentária formada por: PPA, LDO e LOA, em direção a um modelo de orçamento por desempenho.[10]

Essas alterações trouxeram um enorme ganho de *accountability* para o orçamento, aumentando o controle sobre as receitas e despesas e, consequentemente, permitindo maior pressão e cobrança sobre as realizações dos governos. Além disso, os Ministérios da Fazenda e Planejamento continuaram inovando nas alterações contábeis e criaram o controle de receitas e despesas por fonte,[11] o que tornou mais acurada e precisa a prestação de contas do uso de recursos, possibilitando maior controle da União sobre as transferências e os convênios federais com os municípios; por outro lado, reduziu-se o arbítrio do gestor local para decidir sobre o uso desses recursos. Esse ponto demonstra a importância política dos instrumentos contábeis no processo orçamentário (Lascoumes; Le Galès, 2012).

O ajuste da segunda metade dos anos 1990 conduzido pela União, consolidado na LRF, em 2000, implicou mais que uma mudança profunda nos estoques de dívida e na postura orçamentário-financeira dos municípios. Criou um novo balanceamento político na federação. O enrijecimento de regras para financiamento de estados e municípios aumentou a dependência destes últimos, principalmente os endividados, em relação às transferências federais, caso de São Paulo.

A União, durante a década de 1990, além das alterações nas regras institucionais de orçamento e endividamento, também desenvolveu regras constitucionais e infraconstitucionais para diferentes sistemas de políticas públicas, como educação, saúde e assistência.[12] Durante os anos 2000, mais especificamente a partir de 2003, o novo governo nacional inicia um processo de aumento de investimentos em infraestrutura, de forma descentralizada, ou seja, disponibilização de recursos federais, com execução a cargo de estados e municípios. Essa iniciativa, intitulada Programa de Aceleração do Crescimento (PAC), teve foco em áreas com pouco ou nenhum recurso por parte de municípios, como transportes, habitação,

---

10 Essa mudança ocorreu, principalmente com a reformulação do PPA e da LOA em direção ao modelo de orçamento por resultados com a adoção da Portaria 42 de 1999 (Core, 2004).

11 Classificação criada pela Portaria SOF nº 1 de 2001.

12 Para detalhes do regramento dessas áreas pela União, ver Castro (2011), Marques e Mendes (2005) e Sposati (2015).

saneamento, entre outras. A participação na agenda do PAC também traz uma série de ajustes mútuos entre União e cada unidade da federação, requerendo contrapartida, aprovação *ex-ante* de projeto específico, liberação de recursos em função da execução, execução financeira em conta específica, tipos específicos de prestação de contas, entre outros aspectos – o que aproximou, e de certa forma subordinou, a relação dos municípios com a União, em termos orçamentários e financeiros.

Já os estados, nas últimas duas décadas, tiveram sua relação com municípios bastante alterada, com o estabelecimento de um canal direto de financiamento e de regramento institucional com a União. Desde o final dos 1990, os estados viveram um controle grande de seu endividamento, a privatização dos bancos estaduais (responsáveis por boa parte do financiamento até início dos 1990), o acordo de refinanciamento da dívida mobiliária com a União e o aumento de regras de transparência e *accountability*, obrigando o uso estreito do recurso em suas finalidades, o que implicou a redução do investimento arbitrário, atenuando o poder de influência política desses entes com municípios, *vis-à-vis* ao poder da União (Arretche, 2012; Loureiro; Abrucio, 2004).

Em resumo, esta seção buscou mostrar que a trajetória do processo orçamentário brasileiro das últimas três décadas é fundamental para a compreensão dos elementos da governança macroinstitucional que afetam todas as unidades da federação, como o município de São Paulo. A crise fiscal dos anos 1980 aponta para um importante elemento de *escassez*, o qual ocorre juntamente com a reabertura democrática do país que, a partir da Constituinte, consagrará *novos direitos* e regras de despesa e receita. A possibilidade de maior enfrentamento político no ambiente democrático acirrará o *conflito*, levando à busca de encaminhamento deste. Os entes da federação, inclusive os municípios, tentaram nesse período mediar o conflito em parte com aumento de receita, mas como não foi suficiente, outros expedientes acabaram utilizados como variáveis de ajuste, como, por exemplo, o uso da inflação e o endividamento, que conduziriam a uma crise de financiamento futura. O resultado desse processo levou ao descontrole das contas públicas e a todo o *regramento fiscal* relatado anteriormente, que garantirá *accountability* ao processo, mas também maior *rigidez* de controle. Nesse ambiente, os municípios continuam a lidar com o conflito orçamentário, com menos variáveis de ajuste e mais *accountability*, em um novo pacto federativo, que tem *governança multinível* e importante coordenação vertical assumida pela União.

3. A governança do orçamento no município de São Paulo

A capital paulista é a maior cidade brasileira e da América do Sul, com um orçamento de porte estadual e população estimada de 11 milhões de habitantes. Apesar de toda sua pujança, o crescimento desordenado da cidade e decisões alocativas passadas resultaram em grandes déficits de atendimento em políticas fundamentais, como educação infantil, atendimento básico em saúde, mobilidade urbana e habitação.

Desde a reabertura democrática, a capital tem sido palco de acirrada disputa política em torno do Executivo municipal, com grande alternância de poder, variando entre centro-esquerda, centro e centro-direita. Se, por um lado, a existência de disputa política intensificou o conflito entre grupos de poder, obrigando o debate de verbas públicas (Schneider, 2005), por outro, durante o período inflacionário, o município também ficou sujeito às distorções possibilitadas pelo uso da inflação como variável de ajuste do conflito, assim como sofreu (e sofre) as consequências de um endividamento descontrolado.

Desde os anos 2000, São Paulo vive sob a égide de um maior controle de suas finanças. Nesse período, a responsabilidade fiscal e *accountability* tornam-se símbolos importantes para a sociedade brasileira e paulistana, assim como o uso eficiente e eficaz dos recursos. Com isso, há mais informação e cobrança sobre os dirigentes e também maior *rigidez* orçamentária para encaminhar as demandas, uma vez que não se permite gerar dívida, existindo rígido controle sobre o déficit público. Além do controle das possibilidades de financiamento, a rigidez foi elevada pela sistematização de políticas públicas e pelo refinanciamento da dívida mobiliária municipal com a União, entre outros aspectos, que serão explicados adiante. O aumento dessa rigidez acarretou uma redução do incremento passível de discussão alocativa, levando o município a uma síndrome de *escassez* de recursos, que poderíamos analisar como *crônica*, mesmo com crescimento de receitas, segundo Schick (1976).

Nesta seção, apresentaremos os elementos microinstitucionais da governança orçamentária, relacionados a: i) estrutura organizacional; ii) multiplicidade de atores envolvidos no processo; iii) tarefas a cargo da municipalidade e indicação de consequências das regras macroinstitucionais na governança local; iv) regras informais, como incrementalismo, inércia, barganha e o *muddling through* (improviso) na administração do conflito distributivo.

No que diz respeito aos elementos microinstitucionais, (i) a *estrutura organizacional* tem importante peso na governança do orçamento; para entendê-la, é preciso analisar também a (ii) *multiplicidade de atores* envolvidos no processo orçamentário. Isso porque essa estrutura sofreu mudanças ao longo do período recente, com uma tendência de mais abertura para decisões colegiadas, a partir da pressão de novos e *múltiplos principais*. As alterações não foram lineares, dada a alternância no poder de partidos mais ou menos propensos a debates abertos sobre orçamento. Ao acompanhar o processo em São Paulo, é possível perceber elementos da análise de Schneider (2005) sobre a importância do conflito para a *accountability* do processo orçamentário e, nesse sentido, podemos citar: a pressão de *movimentos* ligados a diferentes políticas públicas e a sua representação em *conselhos* de políticas específicas e também os regionais; a já comentada sistematização de alguns setores de políticas públicas, induzida pelo governo federal; o fortalecimento de novos atores responsáveis pelo controle, como os *promotores públicos*; os *representantes de grupos organizados* pelo aumento da transparência e gestão, como a Rede Nossa São Paulo.[13] Isso tudo sem abrir mão de outros tipos de grupos de interesse em torno do orçamento, sindicatos representantes do *funcionalismo* e também de *fornecedores*, com graus distintos de organização e poder de influência, além do empoderamento do Legislativo: Câmara dos Vereadores e Tribunal de Contas do Município (TCM), a partir da vigência da Lei

13 A Rede Nossa São Paulo é um ator de destaque na relação com a sociedade civil ao conseguir organizar e protagonizar um movimento pela emenda à Lei Orgânica Municipal nº 30/2008, que institui o Programa de Metas em São Paulo, que traz novos e importantes elementos de *accountability* para a gestão municipal (Marin, 2016).

de Responsabilidade Fiscal. Por fim, é necessário apontar a existência de três órgãos colegiados com interferência direta no processo orçamentário: Conselho do Programa de Metas de SP,[14] instituído em 2010; Conselho da Cidade, criado em 2013; e Conselho do Planejamento e Orçamento Participativo (CPOP), que data de 2014.

A presença de todos esses atores no processo orçamentário é bem maior nos últimos anos. Assim, se não é possível afirmar que a estrutura de governança do orçamento paulistano é toda colegiada, no sentido de Schneider (2005), é preciso reconhecer que há diferentes momentos de tomada de decisão colegiada. O núcleo decisório do orçamento, no entanto, ainda tende a uma estruturação mais hierárquica.

Esse núcleo, em geral, é formado pelo chefe do Executivo, em conjunto com as áreas financeiras (finanças e planejamento) e políticas (governo e/ou gabinete do prefeito).[15] O encaminhamento do conflito a partir desse núcleo pode ser mais fechado ou aberto – hierárquico ou democrático, conforme Schneider (2005). O ponto importante a mencionar é a existência permanente de assimetria de informações em diferentes níveis: entre esse núcleo e o restante do governo, e do governo como um todo para com a sociedade civil, Legislativo e órgãos de controle. Via de regra, as áreas-fim conhecem e discutem seus recursos específicos junto com seus fornecedores e representantes de sindicatos e conselhos, mas têm pouca informação do todo e, principalmente, das receitas. O domínio sobre a previsão real de receitas e, especificamente, seu fluxo financeiro costumam ser exclusivos do núcleo decisório do orçamento. Por outro lado, muitas informações sobre a real necessidade de atendimento são exclusivas das áreas-fim, podendo ser superestimadas ou subestimadas na negociação por créditos.

14 Esse Conselho foi criado com a aprovação da Emenda nº 30/2008, explicada na nota anterior.

15 Existe uma variação dos pesos relativos de Finanças e Planejamento, pois o orçamento, ao longo dos anos, esteve a cargo de uma e outra secretaria. No presente ano, está a cargo de Finanças, e o Planejamento foi extinto. As funções foram assumidas em parte pela Secretaria de Gestão e em parte pela Secretaria de Governo, além da própria Secretaria de Finanças, responsável pelo orçamento. Em 2013, foi criada a Junta Orçamentária Financeira (JOF), composta pelas secretarias de Finanças, Planejamento, Governo e Negócios Jurídicos, como um espaço decisório das diversas demandas das secretarias e com abertura privilegiada para encaminhamento do conflito junto ao prefeito. Em 2015, há a troca de Planejamento por Gestão na JOF.

A figura abaixo permite visualizar a estrutura organizacional mutinível no âmbito do orçamento municipal, que é descentralizada e conta com a participação de órgãos responsáveis por políticas específicas (terceiro nível) e conselhos setoriais (quarto nível). No entanto, há uma concentração de poder decisório na Junta Orçamentária, que juntamente com o chefe do Executivo, decide a alocação final do orçamento. Essa concentração de poder e os vários níveis descentralizados sugerem uma tendência à hierarquia decisória na governança orçamentária em São Paulo. A tomada de decisão dependerá de um mix de processos *top-down* e *bottom-up*, marcados pelas características normativas do orçamento e pelo poder de pressão de cada distinto setor da prefeitura e de grupos de pressão da sociedade civil. Percebe-se também na figura uma característica setorial da negociação. Porém, ressalte-se que, em última instância, a decisão final e a mediação de conflitos são centralizadas na figura do chefe do Executivo.

Figura 1 – Estrutura organizacional multinível do orçamento da PMSP[16]

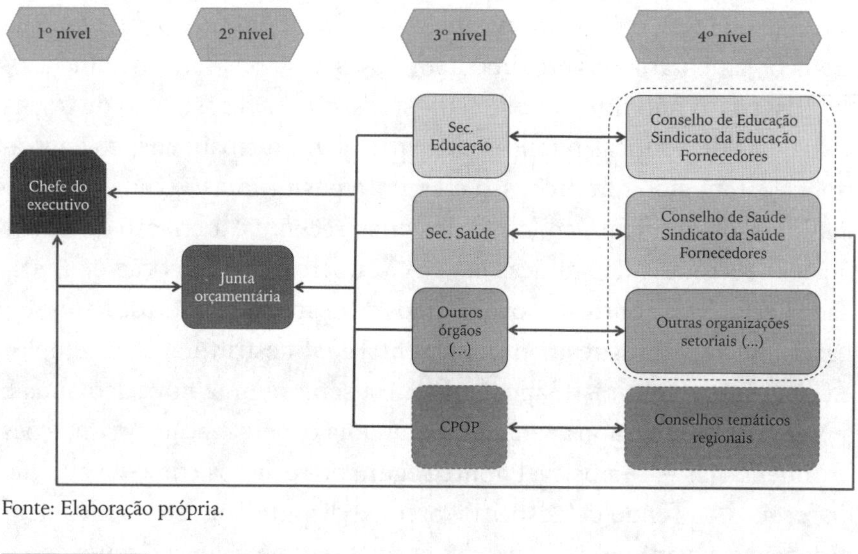

Fonte: Elaboração própria.

16 Os níveis de tomada de decisão na governança do orçamento se alteram durante as três fases da Lei Orçamentária Anual (LOA). São elas: a elaboração, a tramitação legislativa e a execução. Durante a elaboração do orçamento, é mais presente a negociação entre níveis no Executivo, como mostra o fluxo; já na tramitação legislativa, a Câmara Municipal terá proeminência, obrigando o Executivo a negociar emendas na tentativa de preservar sua proposta orçamentária. Na execução, por fim, volta a ter proeminência o Poder Executivo, e com maior concentração de força no núcleo orçamentário.

A tarefa de acertar receitas e despesas para a tomada de decisão dependerá, então, da postura do núcleo orçamentário, dos setores finalísticos e demais principais. Na avaliação de Schneider, a depender da força da coalizão no governo e do tamanho e da estratégia da base de apoio político desta, maior o conflito no processo orçamentário. Outros elementos também incidirão, como o grau de conhecimento de cada setor de políticas públicas sobre receitas e despesas públicas, *vis-à-vis* a suas demandas não atendidas e ao grau de liberdade do núcleo orçamentário para tomada de decisão alocativa.[17]

Quanto ao atendimento das demandas, é importante salientar a *multiplicidade de tarefas* a cumprir em um município como São Paulo. Sua estrutura administrativa no último período analisado, entre 2013 e 2015, estava composta por 27 secretarias, duas fundações, onze empresas públicas, dezessete fundos e 32 subprefeituras. Todos esses órgãos têm execução orçamentária. A maior parte do orçamento paulistano está alocada para pagamento de tarefas predefinidas, isto é, que têm respaldo constitucional ou legal, e dessa forma antecedem à elaboração e à discussão da arena orçamentária (no próximo item, essas despesas serão detalhadas).

Esse fato não impede que haja pressão para a assunção de novas demandas de políticas públicas por parte da municipalidade, ao contrário, esse tem sido um processo crescente nas últimas décadas em São Paulo. Isso significou, ao longo dos anos recentes, a criação de novos órgãos (Secretaria de Políticas para as Mulheres, de Promoção da Igualdade Racial, entre outros), novos fundos de despesas (Fundo de Esportes, Lazer e Recreação, Saneamento Ambiental e Infraestrutura, por exemplo) e novas subprefeituras (Sapopemba). Há sempre uma nova demanda e a organização de grupos para que esta tenha concretização em dotações orçamentárias e, se possível, fonte segura de recursos como vinculação de receitas ou fundo de despesa. Porém, a disputa por espaço orçamentário não é equânime, as demandas antigas têm prevalência, como apontado por Schick (1976) e Wildalvsky (1969). Se as antigas demandas foram pioneiras em arranjos institucionais/legais de proteção, haverá uma barreira orçamentária à consolidação de novos direitos em políticas

17 Esse espaço depende da proporção de despesas incomprimíveis e comprimíveis.

públicas ou a necessidade de rediscutir estruturas de receitas. São duas árduas tarefas, reformar estruturas tributárias e repensar direitos adquiridos. Novas comunidades, em geral, buscarão outros tipos de pressão e novas formas de financiamento para, assim, contornar o problema, visto que seu enfrentamento está na raiz do conflito distributivo.

Dessa maneira, a tendência à crescente multiplicidade de tarefas é característica das organizações do setor público, como já dito na primeira seção, nos momentos em que há recursos para atendê-las e, em especial, em anos de escassez, quando a tendência é aumentar a demanda por serviços e bens públicos, conforme Rezende (2015) e Schick (2009).

Destaque-se, a partir da análise de São Paulo, que não importa apenas a multiplicidade de principais e tarefas, mas antes, sim, suas características, como poder de organização e pressão política desses atores, normatização e grau de organização de cada subsistema de política pública. Elas são de vital importância para compreender os contornos do orçamento e o conflito consequente entre subsistemas de políticas públicas, na disputa por espaço orçamentário. Após os anos 2000, com um aumento de atores principais no processo orçamentário, incremento de tarefas a cumprir e, ao mesmo tempo, queda do patamar inflacionário, restrição ao endividamento e novas regras de transparência e *accountability* respaldadas pela LRF, a administração do conflito torna-se mais complexa. Para evidenciar esse quadro, vejamos a seguir a estrutura orçamentária e a divisão de recursos entre as áreas.

Quanto ao regramentro macroinstitucional das despesas e das regras informais na governança do orçamento a partir do quadro analítico apresentado na primeira seção e das características da estrutura organizacional do orçamento vistas anteriormente, vamos destacar a utilização das regras informais da governança orçamentária em São Paulo, tais como incrementalismo, barganha, inércia e o *muddling through* na administração da alocação dos escassos recursos discricionários do orçamento paulistano.

A divisão de recursos entre áreas é um procedimento orçamentário anual, uma vez que a previsão de receita tenha sido definida.[18] Como apon-

18 A decisão sobre a previsão de receitas do ano, em geral, é tomada pelo núcleo da Secretaria de Finanças e o prefeito, podendo ser compartilhada também com os membros da JOF.

tado por Dall'Acqua e Guardia (1995) e reforçado por Rezende (2015), consolidamos ao longo das últimas décadas regras de despesas e hoje as dividimos em incomprimíveis e comprimíveis. Isto é, as despesas incomprimíveis, que não podem ser cortadas sem alteração legal, têm um espaço cativo no orçamento público e podem ser, ainda, subdivididas em dois grupos: i) obrigatórias e de valor fixo, ii) constitucionais/legais, variáveis conforme a arrecadação. As despesas com pessoal ativo e inativo estão no primeiro bloco e as vinculações com saúde e educação, no segundo, assim como o pagamento do contrato da dívida com a União.[19] Além disso, ainda estão no segundo bloco as despesas do Poder Legislativo[20] e as despesas com pagamento de sentenças judiciais, conhecidas como precatórios.[21] Esse bloco de despesas tem um impacto que pode variar um pouco conforme a composição das receitas, mas, em geral, representa cerca de 80% das receitas correntes líquidas. O gráfico a seguir exemplifica o espaço ocupado para cada uma dessas despesas na LOA de 2014. O círculo da esquerda apresenta as despesas incomprimíveis e o espaço que sobra às comprimíveis, R$ 10 bilhões, está detalhado à direita.

Percebe-se que, dos R$ 50 bilhões previstos, R$ 40 bilhões estão comprometidos com despesas predeterminadas. Na área da pizza que abriga as despesas incomprimíveis, há aquela prevista com operação de crédito do PAC, esta considerada também como predeterminada, pois é dependente de transferência de receita federal e só pode ser usada no objeto específico do contrato, ou seja, não é comprimível para uso discricionário.

Especial atenção também deve ser dada aos valores relacionados ao outro tipo de despesa, chamado de comprimível por Rezende (2015). Nesse bloco estão as despesas com manutenção da máquina, investimentos, novas programações, para as quais não há respaldo legal ou constitucional que garanta sua permanência no orçamento, podendo, assim, ser renegociadas, contingenciadas e/ou cortadas.

19 O Acordo de Refinanciamento de Dívida com a União previa um pagamento de 13% das RCL do município para o serviço da dívida (Peres; Santos; Leite, 2015).

20 A Emenda Constitucional nº 25/2000 prevê que um município como São Paulo pode gastar no máximo 3,5% das receitas tributárias e transferências com vereadores.

21 A regra para pagamento de precatórios foi dada pela Emenda Constitucional nº 62/2009, modulada pelo STF em 2015.

Gráfico 1 – Alocação de recursos orçamentários por área governamental – PMSP, 2014

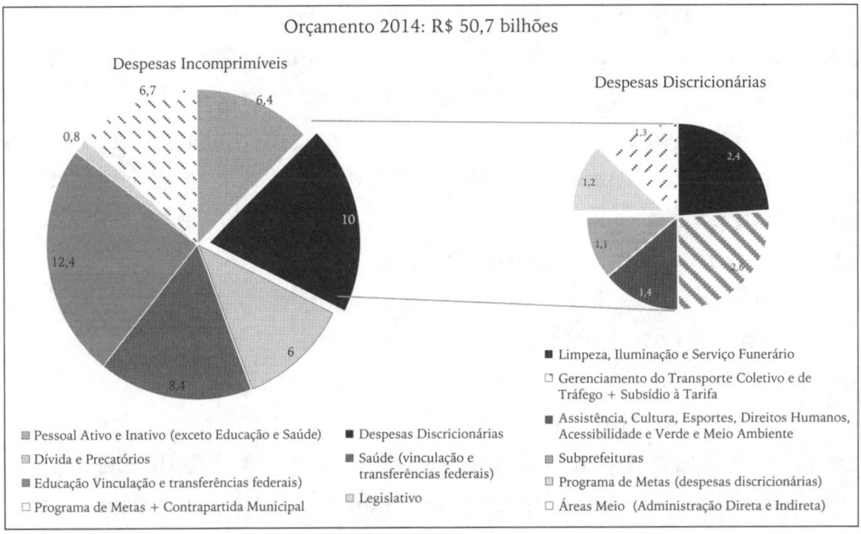

Fonte: Orçamento da prefeitura do município de São Paulo, em 2014.

Como se percebe pelo gráfico, no caso de São Paulo, em 2014, esse espaço representava R$ 10 bilhões, isto é, 20% do orçamento. A princípio, um espaço que poderia ser considerado razoável para arbítrio. No entanto, investigação mais detida esclarece que a situação é mais complexa e inflexível. A metade desse valor representa gastos com transporte coletivo (manutenção do sistema e subsídio à tarifa), limpeza da cidade (varrição de ruas, coleta de lixo e reciclagem) e iluminação pública. Esses serviços implicam um atendimento de primeira necessidade e, dessa forma, não podem ser dispensados.[22] O restante de R$ 5 bilhões está envolvido com uma miríade de gastos comprimíveis, mas que representam a manutenção de importantes serviços, como o funcionamento de áreas-fim não protegidas da política (sem respaldo de vinculação ou fundos com receita garantida), casos da programação de assistência social, direitos humanos, cultura, esportes e lazer, da manutenção de áreas-meio e da zeladoria da cidade, que é majoritariamente realizada pelas 32 subprefeituras.

22 Importante ressaltar que a redução de valores de contratos dos serviços de manutenção e transportes na cidade implica, em geral, a negociação com setores oligopolizados da economia, o que tensiona e dificulta essa relação.

As subprefeituras, que representam o primeiro nível de atendimento direto ao cidadão paulistano, executam em conjunto um orçamento de cerca de R$ 1 bilhão, o que significa cerca de R$ 30 milhões, em média, por subprefeitura. Vale dizer que os recursos alocados nessas áreas no Gráfico 2 são suficientes apenas para pagamento de contratos de manutenção, como aluguel, luz, telefone e serviços de atendimento básico nos equipamentos já existentes, ou seja, representam a base orçamentária das áreas, sem pessoal (alocado nas despesas incomprimíveis) e sem investimentos, que dependem da existência de incremento.

A análise dos dados permite perceber uma disponibilidade livre ou um incremento passível de debate de cerca de R$ 1 bilhão. Não é necessário pontuar que em uma estrutura organizacional de mais de setenta órgãos, a disputa por esse incremento é bastante acirrada, mesmo no caso dos órgãos que já têm recursos predefinidos. A continuidade das atividades ao longo dos anos sempre leva a uma pressão por mais recursos. Se a demanda por serviços é maior que a oferta, e há um déficit histórico de atendimento, como há na educação e na saúde municipal, é natural que sempre haja busca pelo incremento, além do já vinculado. Ponderando as discrepâncias entre as áreas, a estruturação histórica de equipamentos e de burocracia estatal, pode-se dizer que essa não é uma briga justa, como diriam Schick (2004), Wildavsky (1969) e Wildavsky e Caiden (2004).

Com isso, o resultado apresentado no gráfico leva a parâmetros de gastos que, com pequena variação, cristalizam-se durante os anos de forma proporcional, ou ainda crescem consideravelmente, para aqueles que já têm mais recursos, reduzindo o espaço dos demais. É fundamental ressaltar que essa situação ocorre independente da variação positiva da receita nos últimos anos. O gráfico, que traz as principais categorias de receita do município, responsáveis por mais de 80% da arrecadação, permite perceber que a receita municipal cresce em termos reais ao longo do período 2008-2015.

Gráfico 2 – Evolução das principais receitas da PMSP – 2008-2014

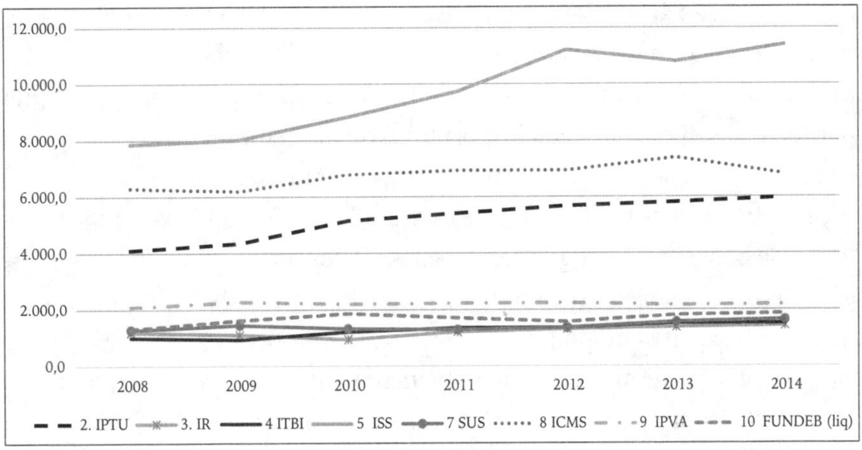

Fonte: Elaboração própria a partir dos dados extraídos dos balanços da prefeitura do município de São Paulo, do período citado, atualizados pelo IPCA/IBGE para 2012.

O crescimento das receitas foi bastante dependente de dois tributos, o Imposto sobre Serviços de Qualquer Natureza (ISS) e o Imposto Predial e Territorial Urbano (IPTU), como se pode ver. A receita de Imposto sobre a Circulação de Mercadorias e Serviços (ICMS) varia pouco no período, apresentando tendência de queda em 2013. Como esse item é bastante importante, e a recessão no país tem se aprofundado, a queda global da receita a partir de 2015 tende a acirrar o conflito, pois o parco incremento disponível diminuirá, levando ao que poderia caracterizar uma situação de *escassez aguda*, apontada por Schick (1976).

No período recente, o crescimento da receita garantiu uma acomodação difícil e precária para as áreas não protegidas, mas possível dentro dos parâmetros definidos. No processo de acomodação do conflito, algumas regras informais são determinantes e precisam ser pontuadas. A primeira delas, como já aventada por Wildavsky e apesar das críticas (Rubin, 1989), continua a ter seu significado no processo orçamentário: é o *incrementalismo*. A incerteza sobre o crescimento da receita, combinada com a rigidez estrutural do orçamento, leva grande parte dos órgãos a uma atitude de sobrevivência e acomodação: *barganhar* para garantir o orçamento do ano anterior, buscando sempre a renegociação de contratos e o maior incremento possível. Em muitas discussões orçamentárias colegiadas, um dos pontos de conflito é a comparação de ganhos e perdas em relação ao ano anterior. Nesse sentido, a assimetria informacional sobre custos e resultados, entre as áreas-fim e o núcleo do orçamento, muitas vezes leva a um ajuste ineficiente das despesas. Mas ninguém quer perder, e esse ponto é mais importante, quase sempre, do que o tipo de programação a ser feita. A existência de recursos garantidos na arena do orçamento reforça coalizões, une comunidades de políticas públicas em torno da construção programática, garante contratos, funcionários e cargos. Enfim, o espaço orçamentário estabelece relações de força política, delimita fronteiras de poder, então a meta é sempre crescer.

O Gráfico 3 permite perceber esse incrementalismo, uma vez que alguns itens de despesas aumentam de forma mais acelerada no período de 2008 a 2014, os de pessoal e de serviços de terceiros. Essas duas categorias de gastos cresceram em percentual inclusive superior ao da receita, o que significa que o espaço para outras categorias, como investimentos, ficou reduzido.[23]

Gráfico 3 – Evolução da despesa da PMSP por categoria econômica – 2003-2014

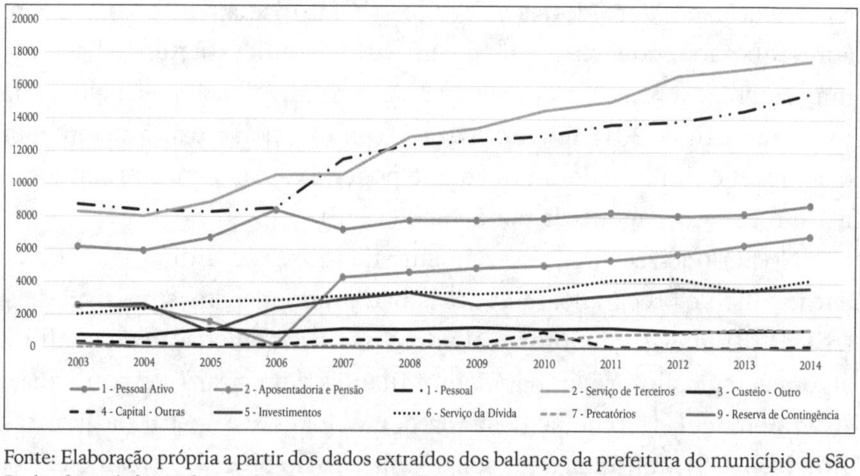

Fonte: Elaboração própria a partir dos dados extraídos dos balanços da prefeitura do município de São Paulo, do período citado, atualizados pelo IPCA/IBGE para 2012.

23 Importante ressaltar que esse tipo de gasto está na base orçamentária, pois, é relativo i) ao funcionalismo, principalmente inativos, cuja taxa de crescimento é o dobro dos ativos, e ii) à prestação de serviços terceirizados, presentes de forma expressiva na saúde, mas também em várias outras secretarias (assistência, esportes, educação infantil, entre outras). Dessa maneira, é mais difícil conter seu crescimento incremental, dado aumento contínuo da demanda.

Outro elemento importante que explica esse incrementalismo das despesas é a *inércia*. A existência da multiplicidade de tarefas a cumprir e de principais com os quais negociar, além da própria dificuldade técnica de orçar, induz à baixa propensão à revisão de contratos e de parâmetros de gastos. A despesa pública conta, assim, com uma regra informal da inércia que só é alterada, em geral, por força externa que obrigue à revisão ou à avaliação de resultados e mudança programática. A existência de inércia não significa que não haja corte de despesas, que pode acontecer, principalmente, em momentos de *escassez aguda*, mas é linear, em geral mantendo o mesmo o padrão de atendimento para menor número de beneficiários. Ou seja, é possível ter inércia sem incrementalismo, mas, normalmente, se há incrementalismo, há inércia.

Acomodação do conflito levará a uma busca constante por novas fontes de financiamento tanto por parte do núcleo de governo, em especial finanças, quanto também, fortemente, pelas áreas-fim. A partir do exemplo das áreas mais estruturadas em recursos, como saúde e educação, as desprotegidas buscarão receitas específicas para suas políticas públicas, como transferências voluntárias da União, convênios nacionais e internacionais com repasses específicos, criação de fundos para recepção de outras receitas diferentes de impostos.[24] Esse processo tende a aprofundar a setorização do orçamento, como forma de sobrevivência e demarcação de poder por parte dessas áreas.

Enquanto existirem possibilidades de receita e houver certo crescimento, a acomodação do conflito é possível. Nos momentos de *escassez aguda*, há um acirramento do conflito, e uma quarta regra informal do processo orçamentário pode ser observada, o *muddling through*. Ela implica uma combinação de acomodação de demandas na fase de elaboração orçamentária e tramitação legislativa, com uma intensa centralização do orçamento na execução orçamentária, a partir do congelamento e contingenciamento de dotações, que são liberadas em ordem de prioridade: as incomprimíveis primeiro e depois as comprimíveis, que tenham respaldo

24 Como a receita de impostos é vinculada para saúde, educação e dívida, as demais áreas sempre buscam outros tipos, como outorga onerosa (Fundo de Desenvolvimento Urbano), pagamento pela concessão dos serviços de água e esgoto (Fundo de Saneamento), multas de trânsito (Fundo de Desenvolvimento de Trânsito), entre outros.

político do chefe do Executivo. Esse processo implica longas e inúmeras barganhas ao longo do ano fiscal, sendo o principal objetivo das áreas financeiras segurar ao máximo as despesas e empurrá-las para o futuro. Na atualidade, a prevenção do déficit orçamentário e a regra da responsabilidade fiscal são usadas como fundamento para que esse ajuste do orçamento ocorra e acomode o conflito, na ausência da inflação. Porém, o aprofundamento da escassez tenderá a acirrar o conflito, podendo inclusive levar ao questionamento do regramento macroinstitucional.

Considerações finais e perspectivas de uma agenda de pesquisa

O presente capítulo buscou analisar a economia política do orçamento municipal de São Paulo. Para tanto, utilizou-se um modelo analítico que pressupõe que, para compreender a complexa política orçamentária, é necessário entender seu ordenamento macroinstitucional, caracterizado por regras legais, direitos constituídos e organizados pela evolução social e econômica de cada país em específico. Por outro lado, a análise das especificidades processuais do orçamento, em nível microinstitucional, é decisiva para entender como regras informais, características organizacionais e instrumentais, nas quais sobressaem hierarquia, tendência ao incrementalismo, inércia, barganha e *muddling through*, são utilizadas na busca de acomodação do conflito distributivo entre políticas públicas bastante setorializadas.

A utilização do modelo de análise para o orçamento municipal de São Paulo permite perceber elementos dos níveis macro e microinstitucionais. A governança multinível, na qual várias decisões dependem de regras e acordos federativos, tem um aprofundamento nesse município com negociações de recursos em diferentes escalas de tomada de decisão, marcadas por crescente setorização e inclusão de órgãos colegiados de controle.

O processo de execução orçamentária é revelador das possibilidades reais de financiamento das distintas políticas públicas. A escassez que combina limitações de receita e rigidez da despesa torna a implementação das políticas muitas vezes distante e diferente daquilo que foi previsto, implicando importante diferenciação entre setores protegidos da política que contam com processo de alocação incremental de recursos e aqueles desprotegidos que "brigam" na arena da política pelo mínimo incremento possível e, por vezes, pela mera manutenção de suas atividades.

Ao longo das últimas décadas, o esforço de regramento e sistematização de políticas levou à definição de diferentes fontes de financiamento. As fontes de educação, saúde e assistência social, por exemplo, são muito distintas entre si e revelam diferentes espaços de poder e níveis de conflito entre agrupamentos sociais. Este capítulo procurou mostrar que a existência de vinculações de impostos para algumas áreas de políticas públicas pioneiras garante um espaço privilegiado no orçamento que, sem alterações na receita, permite ao mesmo tempo a manutenção da base dessa política e seu crescimento incremental e, de certa forma, em função da rigidez do orçamento, reduz a possibilidade de estruturação de novos programas.

As regras macroinstitucionais do orçamento padronizam os momentos orçamentários e o formato de apresentação das despesas de todas as áreas. No entanto, cada subsistema de políticas públicas estabelece suas regras de gestão, participação e controle baseadas em regras gerais.

A partir dessas constatações e dos reflexos da governança do orçamento, várias questões afloram. Como compactuar prioridades transversais dentro desse processo de regramento vertical e setorial, entre subsistemas? Como incluir prioridades sociais que extrapolam núcleos pioneiros já garantidos e protegidos na arena da política por regras formais, sobretudo em cenários de escassez aguda?

É importante ressaltar que muitas das características apresentadas na governança orçamentária municipal provavelmente são encontradas em outras localidades brasileiras também. Porém, a rigidez de seu orçamento em função de dívidas, tanto do acordo com a União quanto de precatórios, e o nível de disputa entre grupos de atores políticos e o grau de organização da sociedade civil, que se refletem na estruturação dos diferentes subsistemas de políticas públicas, parecem características relevantes e mais peculiares da metrópole e com consequências específicas para seu orçamento.

A metrópole paulistana é caracterizada por diferentes níveis de inclusão e desigualdade. A governança orçamentária é, de certa forma, reflexo e explicação dessa heterogeneidade que se percebe na geografia da cidade, em sua estrutura urbanística, nos equipamentos públicos de diferentes setores e regiões. Perceber as mudanças setoriais das políticas públicas, a partir da discussão e da tomada de decisão orçamentária, é uma agenda de pesquisa fundamental para a compreensão da construção e da apropriação dos espaços, dos recursos e, inclusive, das ideias das políticas em São Paulo.

Não é possível deixar de salientar ainda a necessidade premente de analisar o processo de decisão sobre as receitas orçamentárias, sua constituição, formas de arrecadação, divisão federativa, progressividade ou regressividade social. Parte importante da rigidez das receitas depende das características das receitas públicas, e essa é uma área de baixa investigação no âmbito orçamentário e pouca discussão pública.

Há ainda a necessidade de continuar a análise de governança de São Paulo após alterações ocorridas a partir de 2016, nos cenários nacional, com queda acentuada de arrecadação e aprovações de Leis de Teto de Gasto, e local, com volume menor de recursos, mudança abrupta de projeto político a partir da eleição de um governo que inicia 2017 com prioridades muito diversas. A forma como esse novo governo lidará com ajustes de despesas já consolidadas no orçamento e com a negociação de novas demandas está atrelada à análise de como o acirramento da escassez pode alterar a negociação de recursos entre setores e suas consequências para as diferentes políticas públicas.

Assim, este estudo, que parte da abordagem institucional e é pautado por teorias da economia política do orçamento, precisa ser aprofundado, pelo lado das despesas das receitas, e, se possível, comparado a outras metrópoles, no sentido da melhor compreensão das disputas entre setores de políticas públicas, analisando seus subsistemas, atores, ideias, interesses e histórico nas disputas orçamentárias, bem como seus efeitos sobre o conflito distributivo e as possibilidades e regras para sua mediação.

Referências bibliográficas

ABRUCIO, Fernando Luiz; LOUREIRO, Maria Rita. Finanças púbicas, democracia e accountability. In: BIDERMAN, Ciro; ARVATE, Paulo. *Economia do setor público no Brasil*. Rio de Janeiro: Elsevier, 2004.

ARESTIS, Philip; DE PAULA, Luiz Fernando; FERRARI-FILHO, Fernando. A nova política monetária: uma análise do regime de metas de inflação no Brasil. *Economia e Sociedade*, Campinas, v.18, n.1, p.1-30, 2009.

ARRETCHE, M. Federalismo e políticas sociais no Brasil: problemas de coordenação e autonomia. *São Paulo em Perspectiva*, São Paulo, v.18, n.2, p.17-26, 2004.

______. Democracia, federalismo e centralização no Brasil. Rio de Janeiro: FGV/Fiocruz, 2012. 232p.

BRASIL, Haroldo G. Processo Decisório e a Questão Orçamentária: Uma Analogia. *Revista de Administração Pública*, Rio de Janeiro, v.27 (3), 1993, p.116-146.

CAIDEN, Naomi. Budgeting in Historical and Comparative Perspective. *Public Budgeting & Finance*, v.14, n.1, p.44-57, mar. 1994.

______. Challenges Confronting Contemporary Public Budgeting: Retrospectives/Prospectives from Allen Schick. *Public Administration Review*, v.70, n.2, p.203-210, mar./abr. 2010.

CAIDEN, Naomi; WILDAVSKY, Aaron B. *Planning and budgeting in poor countries*. Transaction Publishers, 1980.

CASTRO, Jorge Abrahão de. Financiamento da educação pública no Brasil: evolução dos gastos. In: GOUVEIA, Andréa Barbosa; PINTO, José Marcelino de Rezende; CORBUCCI, Paulo Roberto (orgs.). *Federalismo e políticas educacionais na efetivação do direito à educação no Brasil*. Brasília: Ipea, 2011.

CORBETTA, Piergiorgio. *Social research*: Theory, methods and techniques. Sage, 2003.

DALL'ACQUA, Fernando M.; GUARDIA, Eduardo R. *Análise do sistema orçamentário no Brasil*. São Paulo: FGV-SP, 1995.

DIXIT, Avinash. Incentives and Organizations in the Public Sector: An Interpretative Review. *The Journal of Human Resources*, v.37, n.4, p.696-727, 2002.

GIACOMONI, James. *Orçamento público*. 7.ed. São Paulo: Atlas, 1997.

GIAMBIAGI, F.; ALÉM, A. C. *Finanças públicas*: teoria e prática no Brasil. 2.ed. Rio de Janeiro: Elsevier Brasil, 2008.

GUARDIA, Eduardo Refineti. *Orçamento público e política fiscal*: aspectos institucionais e a experiência recente, 1985/1991. Campinas, 1992. Dissertação (Mestrado em Economia/Finanças Públicas) – Unicamp.

HAM, C.; HILL, M. *O processo de elaboração de políticas no Estado capitalista moderno*. Trad. Renato Amorim e Renato Dagnino. Mimeografado. Campinas, 1993.

HOYLER, Telma; REQUENA, Carolina. Entrevista com Patrick Le Galès. *Novos Estudos Cebrap*, São Paulo, v.2, p.27-40, jul. 2015.

IBGE (Instituto Brasileiro de Geografia e Estatística). Índice Nacional de Preços ao Consumidor Amplo – IPCA. 2016. Disponível em: <http://www.ibge.gov.br/home/estatistica/pesquisas/pesquisa_resultados.php?id_pesquisa=52>.

LASCOUMES, Pierre; LE GALÈS, Patrick. A ação pública abordada pelos seus instrumentos. *Revista Pós Ciências Sociais*, São Luís, v.9, n.18, 2012.

LE GALÈS, Patrick. Quem governa quando o Estado não governa? Uma abordagem sobre governo e governança nas cidades/Who Governs When the State Does Not? An Approach to Government and Governance in Cities. *Novos Estudos*, n.102, 2015, p.27.

LE GALÈS, Patrick. Urban policies in Europe: what is governed?. In: BRIDGE, Gary; WATSON, Sohie (Eds.). *The New Blackwell Companion to the City*. Oxford: Blackwell, 2011.

LEITE, Cristiane Kerches da Silva; PERES, Ursula Dias. Lei de Responsabilidade Fiscal, federalismo e políticas públicas: um balanço crítico dos impactos da LRF nos municípios brasileiros. In: CUNHA, Alexandre dos Santos; MEDEIROS, Bernardo Abreu de; AQUINO, Luseni Maria C. de (orgs.). *Estado, instituições e democracia*: República. 1.ed. Brasília: Ipea, 2010. v.1, p.213-248.

LINDBLOM, Charles. E. Muddling Through 2: a ubiquidade da decisão incremental. In: HEIDEMANN, Francisco G.; SALM, José Francisco (orgs.). *Políticas públicas e desenvolvimento*: bases epistemológicas e modelos de análise. Brasília: UnB, 2014.

LOUREIRO, Maria Rita; ABRUCIO, Fernando Luiz. Política e reformas fiscais no Brasil recente. *Revista de Economia Política*, São Paulo, v.24, n.1, p.50-72, 2004.

MACHADO JR., José Teixeira. A experiência brasileira em orçamento-programa: uma primeira visão. *Revista de Administração Pública*, Rio de Janeiro, v.46, n.4, 1157-1175, jul./ago. 2012.

MACHADO JR., J. Teixeira; REIS, Heraldo da Costa. A Lei 4.320 comentada e a Lei de Responsabilidade Fiscal. Rio de Janeiro: *IBAM*, v. 2003, 2002.

MARIN, Pedro de Lima. *Sistemas de gestão para resultados no setor público*: intersecções entre política, governança e desempenho nas prefeituras de Rio de Janeiro e São Paulo. São Paulo, 2016. 231p. Tese (Doutorado em Administração Pública e Governo) – Eaesp-FGV.

MARQUES, Eduardo. Government, Political Actors and Governance in Urban Policies in Brazil and São Paulo: Concepts for a Future Research Agenda. *Brazilian Political Science Review*, São Paulo, v.7, n.3, p.8-35, 2013.

MARQUES, Rosa Maria M.; MENDES, Áquilas. Os dilemas do financiamento do SUS no interior da seguridade social. *Economia e Sociedade*, Campinas, v.14, n.1, p.159-175, 2005.

_____. Atenção Básica e Programa de Saúde da Família (PSF): novos rumos para a política de saúde e seu financiamento. *Ciência & Saúde Coletiva*, Rio de Janeiro, v.8, n.2, p.403-415, 2003.

MILLER, Gary J. *Managerial Dilemmas*: The Political Economy of Hierarchy. Cambridge: Cambridge University Press, 1993.

NORTH, Douglass C. *Institutions, Institutional Change and Economic Performance*. Cambridge: Cambridge University Press, 1990.

OLIVEIRA, Fabrício Augusto de. *Economia e política das finanças públicas no Brasil*: um guia de leitura. São Paulo: Hucitec, 2009.

PERES, Ursula Dias. *A influência da inflação no processo orçamentário antes e após o Plano Real*. Estudo de caso: execução orçamentária do estado de São Paulo de 1991 a 1997. São Paulo, 1999. Dissertação (Mestrado em Economia de Empresas) – FGV-SP.

______. *Arranjo institucional do financiamento do ensino fundamental no Brasil*: considerações sobre os municípios brasileiros e estudo de caso do município de São Paulo no período de 1997 a 2006. São Paulo, 2007. 298f. Tese (Doutorado em Economia de Empresas) – Eaesp-FGV.

PERES Ursula Dias; SANTOS, Fabio Pereira. Orçamento-programa: incrementalismo, racionalismo e política. In: PIRES, Valdemir Aparecido (org.). *Gestão orçamentária inovadora*: desafios e perspectivas no Brasil, 2015. Versão preliminar (mimeo).

PERES, Ursula Dias; SANTOS, Fabio Pereira; LEITE, Cristiane Kerches da Silva. A Lei de Responsabilidade Fiscal e a dívida do município de São Paulo. In: COELHO, Marcus Vinícius Furtado; ALLEMAND, Luiz Claudio; ABRAHAM, Marcus (orgs.). *Responsabilidade fiscal: análise da Lei Complementar no. 101/2000*. 1.ed. Brasília: OAB/Conselho Federal, 2016. v.1, p.647-662.

PISCITELLI, Roberto Bocaccio. O processo de elaboração e execução orçamentária no Brasil: algumas de suas peculiaridades. *Revista de Economia Política*, São Paulo, v.8, n.3, p.88-100, 1988.

REZENDE, Fernando. *Finanças públicas*. 2.ed. São Paulo: Atlas, 2001.

______. *A política e a economia da despesa pública*. Escolhas orçamentárias, ajuste fiscal e gestão pública: elementos para o debate da reforma do processo orçamentário. Rio de Janeiro: FGV, 2015.

RUBIN, Irene S. Aaron Wildavsky and the Demise of Incrementalism. *Public Administration Review*, v.49, n.1, p.78-81, fev. 1989.

______. *The Politics of Public Budgeting*: Getting and Spending, Borrowing and Balancing. 6.ed. Washington: CQ Press, 2010.

SÃO PAULO (município). Lei Orgânica do Município de São Paulo (atualizada até a Emenda 39/15). Disponível em: <http://www.camara.sp.gov.br/wp-content/uploads/2015/12/Lei-Organica.pdf>. Acesso em: 4 mar. 2016.

SCHICK, Allen. O PPB e o orçamento incremental. *Revista de Administração Pública*, Rio de Janeiro, v.10, n.2, p.65, 1976.

______. Twenty-Five Years of Budgeting Reform. *OECD Journal on Budgeting*, v.4, n.1, p.81-102, 2004.

______. *Evolutions in Budgetary Practice*: Allen Schick and the OECD Senior Budget Officials. Paris: OECD, 2009.

SCHNEIDER, Aaron. Conflito político e instituições orçamentárias: aprofundando a democracia no Brasil. *Revista de Sociologia e Política*, Curitiba, v.24, p.87-103, 2005.

SPOSATI, Aldaíza. Sistema único: modo federativo ou subordinativo na gestão do SUAS. *Revista Katálysis*, Florianópolis, v.18, n.1, p.50-61, 2015.

STOKER, Gerry. Governance as theory: five propositions. *International Social Science Journal*. v.50 (155), 1998, p.17-28.

WILDAVSKY, Aaron. Rescuing Policy Analysis from PPBS. *Public Administration Review*, v.29, n.2, p.189-202, mar./abr. 1969.

______. *Budgeting*: A Comparative Theory of Budgetary Processes. 4.ed. Nova Jersey: Transaction Publishers, 2002.

______. *Speaking Truth to Power*: The Art and Craft of Policy Analysis. 9.ed. Londres: Macmillan, 2004.

WILDAVSKY, Aaron; CAIDEN, Naomi. *The New Politics of the Budgetary Process*. Nova York: Pearson/Longman, 2004.

5
Produção pública de habitação

Eduardo Marques, Magaly Pulhez e Stefano Pagin

Este capítulo analisa a política habitacional desenvolvida pela prefeitura municipal de São Paulo entre 1989 e 2016. O período inclui oito administrações que executaram políticas substancialmente diferentes entre si, incluindo em ordem cronológica: Luiza Erundina, Paulo Maluf, Celso Pitta, Marta Suplicy, José Serra, José Serra/Gilberto Kassab e Fernando Haddad. Considerando partidos políticos, o período encerra variabilidade e um certo equilíbrio, com três governos de partidos e coalizões tradicionalmente considerados como de esquerda (PT), dois de centro ou centro-direita (PSDB/DEM) e outros dois de direita (PDS/PPB).

Veremos que, apesar das importantes diferenças entre governos, é possível observar regularidades, como a expansão e a diversificação das alternativas de política habitacional executadas, em especial consolidando a incorporação de políticas de combate à precariedade. Essa expansão expressa deslocamentos similares ocorridos em outros municípios e, mais recentemente, no nível federal. Por outro lado, governos de diferentes matizes partidários diferiram sobretudo com relação à integração dos programas habitacionais ao planejamento urbano, à promoção de habitação na área central e de ações cogeridas pelos movimentos sociais, caso dos mutirões autogeridos.

Foram principalmente cinco os tipos de programas desenvolvidos: i. habitação nova construída por empreiteira (produto clássico das políticas brasileiras); ii. habitação nova construída por mutirão autogerido; iii. urbanização de favelas; iv. regularização de loteamentos; v. promoção de habitação de interesse social na área central. Vale dizer que as políticas desenvolvidas nunca chegaram a fazer frente à demanda existente, em especial graças ao grande estoque de problemas de precariedade habitacional acumulados e historicamente jamais enfrentados a contento.

Considerando a ênfase do capítulo na expansão e na diversificação dos programas no período, organizamos o texto por tipo de programa, em vez de estruturá-lo por governos. O capítulo inclui duas partes, além desta introdução e da conclusão. A primeira parte discute a trajetória das políticas nacionais que emolduraram e influenciaram as iniciativas locais no período. A segunda apresenta com algum detalhe os principais programas e iniciativas desenvolvidos. A conclusão, finalmente, sumariza permanências e transformações nas trajetórias de políticas e programas.

1. As políticas habitacionais brasileiras, entre o local e o federal

Antes de discutirmos as políticas locais em São Paulo, é central recuperarmos sucintamente as dinâmicas da política nacional no setor, considerando as capacidades de indução do governo federal, sobretudo pelo elevado custo das políticas habitacionais. Os anos estudados correspondem aproximadamente ao momento de consolidação da democracia recente no país, quando diversas políticas foram intensamente reformadas, quase sempre com a reconfiguração das atividades e responsabilidades dos vários níveis da federação. Em geral, as políticas federais apresentam grande capacidade de indução sobre as políticas locais, mas no caso da política habitacional esse efeito é ainda maior pelo seu elevado custo e pela longa depreciação financeira do bem habitação. Durante esse período, foram processados importantes deslocamentos nas agendas nacional e locais relativas à política habitacional. Desde os anos 1980, o Brasil vivenciou três momentos distintos no que diz respeito a esse tema: declínio das políticas do regime militar nos anos 1980; efervescência e disseminação de experiências inovadoras municipais nos anos 1990; e federalização dessas inovações nos anos 2000 e 2010. Observemos esses períodos rapidamente, pois emolduram o que foi produzido em São Paulo.

Como é amplamente sabido, diversos sistemas nacionais de políticas criados pelos governos militares declinaram ou mesmo ruíram ao longo dos anos 1980. O caso da habitação é emblemático. Essa política era financiada e regulada pelo sistema criado e controlado pelo Banco Nacional da Habitação (BNH) a partir de 1964. A implementação das políticas estava a cargo de agências estaduais ou municipais originadas por incentivo e regulação do próprio BNH, mas com baixa capacidade decisória. A política disponibilizava praticamente um único produto – unidades habitacionais novas para venda financiada em grandes conjuntos de periferia construídos por empreiteiras. No início dos anos 1980, o sistema perdeu sua capacidade de investimento e, consequentemente, de indução, sendo o próprio banco extinto em 1986 (Maricato, 1987; Azevedo, 1988). Seguiram-se anos caracterizados por intenso ativismo da sociedade civil e de movimentos de moradia, mas marcados por uma quase completa inação do poder público até o começo dos anos 1990 (Arretche, 1995).[1]

No estado de São Paulo, especificamente, as políticas habitacionais estiveram a cargo de várias agências estaduais com diferentes denominações e formatos desde o fim da década de 1940 – Caixa Estadual de Casas para o Povo (de 1949), Companhia Estadual de Casas Populares (Cecap, de 1967), Companhia de Desenvolvimento Habitacional do Estado de São Paulo (Codespaulo, de 1981), Companhia de Desenvolvimento Habitacional (CDH) e finalmente a CDHU a partir de 1989 (Royer, 2002). Durante o período de financiamento federal do BNH, a Cecap e suas sucessoras se associaram ao sistema, paralelamente à empresa municipal Companhia Metropolitana de Habitação de São Paulo (Cohab SP, criada em 1965).

1 Obviamente, um elemento importante nesse processo foi a mobilização e a elaboração da Constituição de 1988, mas não estamos interessados aqui nos marcos legais e na dinâmica dos direitos, exceto quando afetam diretamente a produção concreta de políticas habitacionais.

A produção das agências estaduais no município de São Paulo, entretanto, foi sempre muito pouco relevante (inclusive pela existência da Cohab SP, que também tinha participação estadual em seu início), embora programas específicos, como o de ação em cortiços nos anos 2000, mereçam destaque, como veremos mais adiante.

O segundo momento começou após o fim do BNH, sendo marcado pelo ativismo e pelas inovações de políticas habitacionais municipais. O processo comporta uma certa ironia, visto que foi exatamente a incapacidade de financiamento por parte do governo federal que liberou as administrações locais para decidir, construir e implementar políticas inovadoras. Esse deslocamento se deve também, parcialmente, a uma presença muito mais intensa dos movimentos de moradia em processos decisórios locais, ao mesmo tempo induzido pelo menor custo das novas soluções, quando comparadas com o tradicional produto de unidades novas em conjuntos de periferia para venda. Foi assim que surgiram e se multiplicaram programas de mutirão autogerido (Lopes, 2011), urbanização de favelas (Bueno, 2000; Denaldi, 2003), regularização de loteamentos (Mori, 2000), entre outros. Essas alternativas foram amplamente difundidas pela migração de ideias, exemplos, ativistas e técnicos entre administrações municipais, e depois estaduais, ao longo de diversos governos. No centro dessa disseminação estava a consolidação de um conjunto de políticas de habitação defendidas e disseminadas por profissionais e ativistas no interior da comunidade (Lopes, 2011). Se o período inclui o governo paulistano com características mais inovadoras – a administração Erundina –, várias outras gestões municipais estavam também produzindo políticas não convencionais de forma paralela (Denaldi, 2003; Lopes, 2011).

O terceiro momento se iniciou nos anos 2000, ou mais especificamente em 2003, com a criação do Ministério das Cidades. A agenda dessa nova pasta foi em grande parte a agenda das políticas inovadoras antes produzidas localmente. Para a nacionalização dessa agenda, buscou-se criar um sistema de financiamento que induzisse os governos locais à sua implementação (Klintowitz, 2015) de forma integrada às atividades locais de planejamento e incentivando o desenvolvimento, ainda que tímido, de capacidades técnicas locais (Arretche, 2012). Ao longo dos anos seguintes iniciou-se a estruturação de um sistema nacional de políticas urbanas, articulando planos, conselhos e fundos setoriais (Bonduki, 2008), embora com baixo insulamento do sistema político (Rolnik, 2009).

A partir de 2009, entretanto, o governo federal priorizaria uma outra linha de políticas de forma superposta a essa. Essa nova iniciativa representava, na verdade, parte de um conjunto mais amplo de políticas econômicas anticíclicas de combate à crise econômica internacional (Krause; Lima Neto; Balbim, 2013), sem muito foco em promover propriamente habitação. Essa linha de ação era baseada no Programa Minha Casa Minha Vida (MCMV) e no Programa de Aceleração do Crescimento (PAC) em sua vertente de urbanização de áreas degradadas (PAC Urbanização).[2]

O MCMV apresentou algumas inovações importantes com impacto direto sobre as políticas locais em São Paulo. Por um lado, trouxe de volta ao setor recursos significativos e estabeleceu um grande volume de subsídios explícitos e massivos, pela primeira vez na história do país tornando a população de renda muito baixa demanda para unidades habitacionais novas. Por outro, criou um arranjo de implementação baseado na contratação ou no financiamento direto às empresas construtoras, reduzindo substancialmente o papel dos governos locais e desconectando potencialmente a construção de unidades habitacionais do planejamento municipal (onde ele existia). O volume de produção chegou a 3,2 milhões de unidades habitacionais (sendo 1,7 milhão para famílias de até três salários mínimos de renda familiar) ao custo de mais de R$ 200 bilhões até 2014 (Vieira, 2015). O PAC Urbanização veiculou recursos para urbanização de favelas, alcançando cerca de 1.300 favelas e abrangendo 2,5 milhões e 7,6 milhões de domicílios e habitantes, respectivamente (Vieira, 2015).

Se esses programas trouxeram de volta grandes volumes de investimentos federais para o setor, ao mesmo tempo reduziram significativamente a inovação e as políticas decididas e formatadas em nível municipal, comprovando as capacidades federais de indução e invertendo a lógica do segundo período. Realizada essa rápida recuperação das políticas federais do período, podemos agora nos debruçar sobre as políticas locais em São Paulo.

2 Estudos como o de Dias (2012) defendem que essas políticas também representavam uma coalizão de apoio aos governos Lula de mais longo prazo e de caráter estratégico.

2. Programas habitacionais

As políticas do período estudado estiveram a cargo de três agências municipais – a Cohab SP, a Superintendência de Habitação Popular (Habi) e o Departamento de Regularização de Parcelamento do Solo (Resolo), todos órgãos subordinados à Secretaria de Habitação (Sehab) –, além de uma agência estadual, a Companhia de Desenvolvimento Habitacional e Urbano (CDHU).[3]

Vale assinalar que, para que as políticas pudessem ser produzidas e implementadas, essas agências passaram por um processo crescente e ininterrupto de terceirização de suas funções de gestão via contratação de empresas privadas de engenharia especializadas em gerenciamento e consultoria, de forma quase invariante entre governos. No caso da Sehab, tais contratações vêm claramente sendo efetuadas para suprir a falta de quadros próprios da burocracia, constituindo uma espécie de "arranjo alternativo", do qual depende a agência, para adquirir capacidades técnicas e administrativas de operação da política. De todo modo, essa condição de dependência tem tornado as empresas parte integrante e fundamental das políticas locais de habitação, com papéis por vezes muito confundidos com os das próprias agências (Pulhez, 2016).

Na maior parte das vezes, esses órgãos municipais foram controlados pelo partido do prefeito ou do vice-prefeito, embora com diferentes características. Os perfis dos ocupantes dos cargos mais importantes por governo guardam relação com os programas prioritários desenvolvidos

3 Essa estrutura passou por uma modificação recente. Habi e Resolo foram extintos num processo de reestruturação institucional ocorrido em 2013, que resultou na criação de quatro novas coordenadorias na Sehab: i. Coordenadoria de Gestão do Atendimento Social – CAS, responsável pela gestão do atendimento social dos programas da secretaria; ii. Coordenadoria de Gestão de Programas, Projetos e Obras – CPO, responsável pela elaboração e coordenação dos programas, projetos e obras, orientação e coordenação das ações necessárias para estudos de programas, projetos e obras, gestão e fiscalização dos contratos de obras; iii. Coordenadoria de Regularização Fundiária – CRF, responsável pela regularização urbanística e fundiária dos loteamentos irregulares. Paralelamente, essa reestruturação implicou ainda a criação da Secretaria Especial de Licenciamento – SEL, que passou a ser responsável por esse setor, não mais atribuído à Sehab, portanto. Sobre isso, ver o capítulo 6, de Telma Hoyler.

nas várias gestões e descritos na próxima seção. As informações são resumidas na tabela a seguir.

Tabela 1 – Perfil dos ocupantes dos cargos de comando na Sehab, Cohab e Habi

Administração	Resumo dos perfis
Luiza Erundina	Professores universitários e/ou quadros do PT próximos aos movimentos de habitação
Paulo Maluf	Empresários da incorporação e do imobiliário, quadros do PP e técnico-políticos
Celso Pitta	Anos 1 e 2: Empresários da incorporação e do imobiliário, quadros do PP e técnico-políticos Anos 3 e 4: Quadros do PP e técnico-políticos
Marta Suplicy	Quadros do PT em SP (incluindo um deputado e um vereador) e no ABC, próximos aos movimentos de habitação
José Serra	Empresário imobiliário, quadros do PSDB e técnico-políticos
Gilberto Kassab	Ano 1: Empresário imobiliário e quadros do PSDB/DEM Anos 2 a 4: quadros do PSDB/DEM e técnico-políticos
Fernando Haddad	Anos 1 a 3: quadros do PP Ano 4: Professor universitário e quadros do PT, próximos aos movimentos de habitação

Fonte: Banco de cargos CEM e pesquisa na internet.

Como se pode ver, governos do PT (Erundina, Suplicy e Haddad) tenderam a se apoiar em quadros partidários e professores universitários com relações com movimentos de habitação, exceção feita aos primeiros três anos da gestão Haddad. Nesses anos, a secretaria foi entregue ao PP, parte da base de sustentação do prefeito na Câmara (e do governo Dilma, naquele momento), e os cargos foram ocupados por indivíduos que já haviam passado pelo setor nas administrações Maluf e Pitta. As gestões do PP (Maluf e Pitta) se apoiaram principalmente em empresários da incorporação imobiliária e dos imóveis, assim como em quadros do próprio partido. E os governos da coligação PSDB/DEM tiveram em seus cargos mais importantes empresários do setor imobiliário e quadros técnico-políticos do PSDB e do DEM. Adicionalmente, é preciso destacar a presença nas gestões Maluf, Pitta, Serra e Kassab (todos os governos, exceto os do PT) de uma mesma pessoa circulando entre cargos do primeiro escalão, conectando as equipes dessas administrações.[4] Ao menos dois indivíduos com cargos de primeiro escalão nos governos Serra, Pitta e Maluf foram também presidentes ou diretores da CDHU. Por fim, vale lembrar que, como vimos no capítulo 3, quando se considera a migração entre cargos nos três primeiros escalões (e não apenas as secretarias, presidências e superintendências, como na Tabela 1), evidenciam-se fortes conexões entre várias gestões, especialmente entre Serra-Kassab, Maluf-Pitta e Marta Suplicy-Kassab, assim como com as secretarias de Planejamento dessas mesmas administrações. Como veremos, as afinidades eletivas das políticas seguem em geral esses padrões de conexão.

Em termos de conteúdos de política, ocorreu uma diversificação de programas no período, partindo da clássica promoção de unidades novas construídas por empreiteiras para venda financiada, mas com a entrada gradativa de variadas formas de combate à precariedade das soluções habitacionais existentes, tal como ressaltamos no item anterior. Em termos políticos, o tratamento das necessidades no início do período explicita uma oposição de propostas de governos de direita e de esquerda, com os primeiros advogando publicamente a remoção de assentamentos precários e os últimos a sua urbanização e regularização. Ao longo do tempo, no entanto, a agenda das urbanizações de favelas e regularizações de loteamentos introduzida por governos de esquerda tomou lugar também nas práticas encampadas por governos de direita. Esse fato está relacionado à influência do discurso em prol da "urbanização de baixos padrões" capitaneado e capilarizado pelas agências internacionais, como o Banco Mundial e o Banco Interamericano de Desenvolvimento (BID), em escala global (Arantes, 2004), mas também sugere, no nível doméstico, um possível aprendizado institucional entre governos de partidos adversários nesse período, produzindo certa convergência de agendas, embora com prioridades distintas em termos de investimento e realizações.

Importantes divergências entre governos ocorreram, contudo, no que diz respeito à incorporação de preocupações mais amplas de política

4 Esses cargos incluem coordenação do Programa Guarapiranga, superintendência de Habi, Secretaria Adjunta de Habitação e Secretaria de Habitação, além da direção da CDHU, posteriormente ao período estudado.

urbana e integração com o planejamento e, sobretudo, pela promoção ou não de habitação na área central. Isso porque, para além da construção propriamente dita e das condições urbanísticas e de infraestrutura, habitação também significa localização, viabilizando acessos diferenciados à cidade. Essa dimensão se expressa em combate à precariedade que mantenha a localização dos moradores, como urbanização de favelas, mas sobretudo na promoção de habitação bem localizada, em particular com programas de recuperação de cortiços e de locação social. De uma forma geral, governos de direita propuseram programas de revitalização desarticulados de iniciativas habitacionais, enquanto administrações de esquerda estruturam suas propostas para o centro, tendo a habitação de interesse social como principal eixo. Esse deslocamento nas ênfases dos governos aconteceu de forma paralela a (e em parte influenciadas por) um deslocamento dos movimentos sociais de moradia mais ativos no período, inicialmente localizados em áreas periféricas e ligados a favelas/mutirões, e mais tarde localizados nas regiões centrais e ligados a cortiços/sem-teto.

Observemos agora a trajetória das políticas em São Paulo. De forma a explicitar os aprendizados de políticas citados acima, organizamos a exposição por programa, em vez do formato mais convencional por administração.

Construção de unidades novas por empreiteira

A construção de unidades habitacionais novas por empreiteiras remonta, ao menos, às diretrizes de política habitacional do governo militar. No caso de São Paulo, especificamente, faz parte do que Barbosa (2008) denominou de tradicional política habitacional paulistana, centrada na construção de grandes conjuntos habitacionais periféricos e na remoção de assentamentos precários, sobretudo em áreas centrais.

Esse paradigma começa a mudar na gestão Luiza Erundina (PT). Nesse governo, as diretrizes da política foram divididas em duas frentes: ação em favelas e loteamentos; e construção de Habitação de Interesse Social (HIS) (Barbosa, 2008). A construção de HIS, por sua vez, se dividia em quatro eixos programáticos: i) unidades habitacionais novas via empreiteiras; ii) unidades habitacionais novas via mutirão (prioridade do governo); iii) aquisição de terrenos; iv) cortiços (Bonduki, 2000). Tratamos nesta seção da construção de HIS por empreiteira, uma alternativa não hegemônica naquele governo.

O programa priorizou o atendimento a famílias de baixa renda que se encontravam em áreas de alto risco e onde existiam associações de moradores organizadas. Ao fim dos quatro anos de governo, foram entregues pela Habi 3.749 unidades habitacionais e deixadas em andamento ao final da gestão 10.588, totalizando 14.337 unidades (Rodrigues, 2006; Amaral, 2002; Barbosa, 2008). Do total, aproximadamente 39% das unidades se situavam na zona leste e outros 29% na zona sul/sudeste (Rodrigues, 2006). A Cohab, por outro lado, repassou 25.800 unidades, a maior parte delas já em andamento no início da gestão (Marques; Saraiva, 2005).[5]

Os governos de Paulo Maluf (PPB), entre 1993 e 1996, e Celso Pitta (PPB), entre 1997 e 2000, representaram uma forte inflexão da política (Amaral, 2002). Maluf introduziu mudanças estruturais nos órgãos gestores da política habitacional no município, conferindo maior centralidade à Sehab no que tange à formulação, à coordenação e à execução da política habitacional municipal. Dessa forma, a Cohab passou a figurar como um agente implementador complementar, mas sem a autoridade de formulação de programas, sendo a Habi relegada a um papel ainda mais periférico (Barbosa, 2008). Se, por um lado, a gestão dos contratos pela Cohab agilizava os processos de contratação, por outro cresceu a contratação de pessoal terceirizado (gerenciadoras e construtoras), além de gerar menor transparência, uma vez que os dispêndios da Cohab não se submetem ao mesmo controle orçamentário da prefeitura (Rossetto, 2003).

A administração Maluf retomou a relação com as empreiteiras como principais executoras da política habitacional, não mais com a mesma lógica dos tempos de BNH e SFH. Houve a manutenção do ideal de fixação dos beneficiários no seu local de origem em vez da remoção total, em especial em áreas bastante visíveis, próximas a eixos viários de grande fluxo (Amaral, 2002). O principal programa das gestões Maluf e Pitta foi o

5 É importante assinalar que esse número incluído no Relatório de Gestão da Sehab é menor que o reportado por Amaral (2002, p.44) – 27.130 unidades, possivelmente pela quantidade de unidades deixadas em construção ao final da gestão.

Prover-Cingapura. Outras unidades foram produzidas no interior do Programa Guarapiranga, projeto multissetorial de recuperação da qualidade da água da represa criado na gestão Erundina. Tanto o Cingapura quanto o Guarapiranga, na verdade, foram programas de intervenção em favelas, razão pela qual serão detalhados mais adiante neste capítulo.

Ao fim da gestão Maluf, haviam sido construídas 5.468 unidades habitacionais pelo Cingapura (Amaral, 2002), além de 1.621 pelo Guarapiranga e outras 3.257 viabilizadas diretamente pela Cohab. No governo Pitta, foram construídas 7.827 unidades pelo Cingapura, além de outras 4.439 deixadas em obras, totalizando 12.266 unidades (Marques; Saraiva, 2005). Outras 528 foram construídas no âmbito do Guarapiranga, além de 2.474 unidades entregues pela Cohab, com mais 1.092 deixadas em obras ao final do governo (Marques; Saraiva, 2005). Considerando todos os programas nas duas gestões, foram entregues 21.175 unidades. O Programa Guarapiranga foi concluído por Pitta.

Com a volta do PT ao governo em 2000 após a eleição de Marta Suplicy, as diretrizes da política habitacional desenvolvida na gestão Erundina foram parcialmente retomadas. O diálogo com os movimentos populares de moradia voltou a ter papel importante, levando à retomada dos mutirões autogeridos. Todavia, não houve um completo rompimento com a política do governo anterior e o Programa Cingapura continuou a funcionar, embora agora como um projeto de urbanização e não de verticalização em favelas. Ao fim do Governo Marta Suplicy, haviam sido construídas 2.180 unidades habitacionais por empreiteiras pelo Cingapura. Além do Cingapura, também foram construídas novas unidades habitacionais no Programa de Arrendamento Residencial (PAR), viabilizado pela Caixa Econômica Federal (CEF). Esta última iniciativa, na gestão Suplicy, era dividida no PAR Centro, que fazia parte de um programa mais amplo, o Morar no Centro, e o PAR Periferias. Ao fim da gestão, foram construídas 464 unidades habitacionais pelo PAR Centro, além de outras 1.059 deixadas em obras. No PAR Periferia, os números são mais expressivos. Foram 4.605 unidades habitacionais entregues, além de outras 1.877 deixadas em obras (Barbosa, 2008, p.196).

Marta Suplicy foi sucedida em 2004 pelo primeiro governo do PSDB na capital paulista, sob o comando de José Serra. Entretanto, o prefeito se candidatou e venceu as eleições estaduais pouco mais de um ano após o início do seu mandato, entregando a prefeitura ao seu vice, Gilberto Kassab (DEM/PSD), que viria a ser reeleito para o mandato seguinte, iniciado em 2008. Além dos recursos derivados do orçamento municipal e do FMH, este último governo se beneficiou pela volta da atuação federal nas políticas habitacionais, em especial pelos programas Minha Casa Minha Vida e PAC. Além disso, parcerias e convênios com a CDHU viabilizaram a maior parte da produção.

Mas as informações quantitativas sobre os resultados dessas gestões são raras e, algumas vezes, contraditórias. De todo modo, segundo o que se pôde levantar, foram entregues, entre 2004 e 2010, 1.564 unidades habitacionais com financiamento da CDHU, 146 com recursos do FMH e 403 por meio de convênio Cohab/CDHU/CEF. Em 2012, 1.024 unidades financiadas pela CDHU se encontravam em obras e outras 7.842 estavam em fase de estudos ou projetos (São Paulo, 2012, p.129). Entre 2009 e 2012, as contratações via Minha Casa Minha Vida produzidas com recursos do Fundo de Arrendamento Residencial (FAR) para a modalidade MCMV – Faixa 1 por empresas totalizaram 4.226 unidades.[6]

Inicialmente, a gestão seguinte, de Fernando Haddad, apostou na parceria com o governo federal para a promoção de novas unidades habitacionais, por meio do mesmo Minha Casa Minha Vida. Entretanto, o número de unidades entregues ficou bem abaixo da meta planejada, em virtude da crise que se instalou no governo federal a partir de 2014. Como consequência, os investimentos no programa foram bruscamente reduzidos, levando o governo municipal a reorientar sua política habitacional, inclusive via aporte de recursos municipais para a conclusão de algumas das obras iniciadas por meio do MCMV. Ao fim do mandato, foram viabilizadas 36.559 novas unidades habitacionais, entre entregues (14.951) e em obras (21.608), principalmente na Faixa 1 do MCMV, o segmento do programa que contempla os beneficiários de menor renda. Outras 19.068 unidades foram licenciadas, mas não avançaram devido à incapacidade de financiamento (PMSP, 2016). Entre aquelas produzidas com recursos

6 Para efeito de comparação, nesse mesmo período, o total de unidades financiadas com recursos do FGTS para empresas para as faixas 2 e 3 foi de 25.296.

do FAR (Faixa 1, por empresas), entre 2013 e 2016, o balanço da gestão indica 5.894 unidades. Além disso, aponta também que foram disponibilizados 38 terrenos exclusivamente para a modalidade MCMV-Empresas em oito chamamentos públicos, com potencial de construção de até 15.567 novas unidades (Sehab; Cohab, 2016).

Urbanização de favelas

No caso da urbanização de favelas, não se trata da produção de um bem habitacional, como a construção de unidades, mas da realização de intervenções que promovam boas condições urbanísticas e ambientais, e que garantam a localização dos moradores de forma estável e segura. Diferentemente de outras cidades brasileiras, essa solução habitacional precária começou a ser expressiva na cidade de São Paulo apenas nas últimas décadas. Enquanto em 1971 o primeiro Censo de Favelas da Prefeitura de São Paulo indicou apenas 163 favelas com aproximadamente 41.000 habitantes (0,75% da população paulistana), estima-se que em 2010 cerca de 1,3 milhão de pessoas (11,6% do município) habitavam tais núcleos em 360.000 domicílios (10% do total) (CEM; Sehab, 2016).

O primeiro embrião dos programas de urbanização de favelas em São Paulo apareceu em 1979 no governo Olavo Setúbal, com a criação do Fundo de Apoio à População Moradora em Habitação Subnormal (Funaps), que visava o atendimento à população com renda inferior a quatro salários mínimos residente em favelas de terrenos públicos. A partir de 1983, o Funaps se constituiu em uma espécie de fundo municipal de habitação, recebendo recursos do orçamento e de outras fontes como Operações Interligadas (Bonduki, 2000),[7] mas com recursos limitados e sem estrutura de gestão adequada, pela ligação com o setor de assistência social.

Foi apenas no governo Luiza Erundina que se estruturou pela primeira vez um programa municipal de urbanização de favelas com uma

7 Instrumento que autorizava a alteração de parâmetros de uso e ocupação do solo por empreendimentos do mercado formal que usassem terras ocupadas por favelas desde que construíssem novas habitações populares ou pagassem uma contrapartida em dinheiro (Bueno, 2000, p.16). Uma análise mais aprofundada desse instrumento é feita no capítulo sobre programas de renovação urbana.

plataforma afinada com as demandas apresentadas pelos movimentos de moradia. As ações em favelas se dividiriam em três frentes: i) prevenção de risco (com remoção ou realocação total ou parcial dos moradores); ii) melhorias (obras pontuais realizadas em mutirão); iii) urbanização. As duas primeiras vertentes se configuravam como ações pontuais e já haviam sido implementadas por governos anteriores. O programa de urbanização de favelas, por outro lado, apresentava maior complexidade, viabilizada pela criação de uma estrutura dentro da Habi – o GeuFavelas (Grupo Executivo de Urbanização de Favelas). O programa de urbanização de favelas buscou oferecer infraestrutura, equipamentos e sistema viário, regularizando juridicamente as favelas e priorizando aquelas com organização comunitária, situadas em terrenos públicos cujas características físicas fossem urbanizáveis. No total, o governo Erundina urbanizou 22 favelas, beneficiando 6.100 famílias, além de outras 22.500 famílias em 74 favelas com obras de urbanização ainda em andamento no fim do mandato (Marques; Saraiva, 2005; Amaral, 2002; Bonduki, 2000; Bueno, 2000).[8] Mais importante, entretanto, foi que essa gestão começou a criar as capacidades técnicas e operacionais para a promoção de tais iniciativas com o treinamento de técnicos, o estabelecimento de padrões e procedimentos para projetos, obras e mediação, tanto no setor público quanto no privado contratado (Bueno, 2000; Marques; Saraiva; 2005, Denaldi, 2003).

Com a eleição de Paulo Maluf, foi abandonada a estratégia de urbanização de favelas a partir de projetos específicos desenhados para cada caso, que levavam em consideração projetos globais para os núcleos sob intervenção, prevendo intervenções coordenadas. Os programas de urbanização da gestão Maluf foram reduzidos a três: o Guarapiranga, o Procav e o carro-chefe da administração, o Prover-Cingapura.

O programa de urbanização de favelas do Guarapiranga fazia parte de uma iniciativa mais ampla que reunia diferentes agências municipais e estaduais – o Programa de Saneamento Ambiental da Bacia do

8 Vale dizer que Rodrigues (2006) reporta 5.800 moradores beneficiados em 34 urbanizações concluídas e 21.200 em andamento ao final do governo em 62 favelas. Nesse caso, o total de beneficiados teria sido de 27.000 em vez de 28.600, nas mesmas 96 favelas.

Guarapiranga, focado em conter o lançamento de esgotos no manancial, além de propor o planejamento e a reurbanização da bacia hidrográfica. Foi formulado no governo Erundina depois de longa negociação com a Sabesp e o BID, e assinado já no final da gestão, em 1992 (Denaldi, 2003). Tinha como metas, naquele momento, a intervenção em 168 favelas e 54 loteamentos, que beneficiariam, no total, mais de 8 mil famílias (Uemura, 2000). Foi implementado apenas na gestão Maluf.

Outra iniciativa que impactava favelas na gestão Maluf foi o programa de canalização de córregos Procav (na verdade, vigente desde a administração Setúbal), voltado à canalização de cursos d'água e à implantação de avenidas de fundo de vale, também contando com o financiamento do BID. Todavia, o saldo quantitativo de unidades habitacionais construídas foi muito baixo e, mesmo com pressões do BID, as áreas lindeiras às intervenções de canalização só voltaram a receber obras de urbanização na gestão Marta Suplicy (Samora, 2009, p.96).

O programa mais importante da gestão Maluf, entretanto, foi o Programa de Verticalização de Favelas (Prover), em seguida rebatizado como Cingapura. Foi lançado em 1993, focando favelas de localização mais central e próximas a vias de grande circulação. Embora fosse oficialmente uma iniciativa de urbanização de favelas, novas unidades habitacionais verticalizadas eram construídas em núcleos que não necessariamente recebiam obras integrais de urbanização. O programa era ambicioso em termos quantitativos, estabelecendo como meta a construção de 30 mil unidades habitacionais, mas durante a gestão Maluf foram produzidas apenas 5.468 unidades, em 23 favelas (Amaral, 2002; Marques; Saraiva, 2005).

Maluf conseguiu fazer o seu sucessor, Celso Pitta (PPB), que basicamente manteve os mesmos programas, em parte pelos compromissos assumidos com o BID (Samora, 2009). Tomadas em conjunto, as duas gestões do PPB entregaram 12.266 unidades prontas, além de deixar outras 4.439 em obras pelo Projeto Cingapura. No Guarapiranga, foram construídas 1.621 unidades habitacionais no governo Maluf e 528 na gestão Pitta, em 75 favelas urbanizadas (ainda que, em alguns casos, apenas parcialmente), beneficiando 8.500 famílias (Marques; Saraiva, 2005). No âmbito do Procav, foram sete favelas urbanizadas, atendendo a um total de 1.621 famílias (Samora, 2009).

A eleição de Marta Suplicy marcou a volta do PT à prefeitura em 2000. Programas das gestões anteriores, como Cingapura, Procav e Guarapiranga (este transformado agora em Mananciais e incorporando também a bacia da Represa Billings), foram mantidos, em parte devido às muitas obras em andamento e ao financiamento do BID. Outros programas foram criados, entretanto, como o Bairro Legal, que reorganizou as ações anteriores com uma lógica territorial em subprogramas de: i) urbanização de favelas; ii) provisão de HIS; iii) regularização fundiária; iv) construção de equipamentos públicos. Porém, a ideia de um amplo programa integrado ficou no papel e o Bairro Legal acabou se restringindo à urbanização de favelas e a loteamentos (Rubio; Alvim, 2013).

Foram atendidas pelo Programa Bairro Legal 144 mil famílias, das quais 52 mil foram beneficiadas com a urbanização de 69 loteamentos, e outras 49 mil contempladas com intervenções em 21 favelas (São Paulo, 2004). Embora o número de favelas atendidas não tenha sido muito grande, foram incluídas na iniciativa as duas maiores favelas do município, Paraisópolis e Heliópolis.

Em 2004, José Serra assumiu a prefeitura, sendo logo substituído e depois sucedido por Gilberto Kassab (PFL/PSD). De início, alguns dos programas do governo Marta Suplicy foram mantidos, caso do Bairro Legal, cujas intervenções ainda estavam em andamento. Sem dúvida, Kassab foi quem assumiu a prefeitura em melhores condições conjunturais, por poder contar com financiamento federal para executar políticas de habitação e urbanização de favelas, operacionalizadas pelos programas MCMV e PAC. Nesse momento, os projetos ganharam envergadura, com custos mais elevados, maior aporte de recursos disponibilizados e concursos para a contratação de escritórios renomados de arquitetura para desenvolvê-los. A prefeitura deu prioridade às intervenções em favelas maiores, como Paraisópolis, Heliópolis e Vila Nova Jaguaré (todas financiadas com recursos do PAC), além de resgatar o Cingapura – dessa vez operacionalizado pela CDHU. Entretanto, muitas famílias não possuíam condições de arcar com as prestações das novas moradias e optavam por cheques-despejo (de R$ 5 mil), ou pela compra de casas em favelas (R$ 8 mil) (Samora, 2009, p.104). Embora os dados sejam contraditórios, as informações existentes indicam a realização de obras em 21 favelas, beneficiando 19.666 habitantes, mas com vários tipos de intervenção. Outras 43 favelas, com 65.605 habitantes, estariam sob intervenção em dezembro de 2010 (São Paulo, 2012).[9]

O governo Haddad deu continuidade às obras de urbanização que estavam previstas ou em andamento. Foi o caso, no primeiro ano do mandato, do Renova SP, criado na gestão anterior, que promovia concursos para projetos urbanísticos para áreas do Perímetro de Ação Integrada (PAI). Todavia, com a preferência dada ao Programa MCMV, as ações habitacionais do Renova SP foram suspensas (Sehab; Cohab, 2016). Outras obras de urbanização de favelas se deram no âmbito das Operações Urbanas, com destaque para a produção de novos conjuntos habitacionais de alta qualidade, ainda que também com custos elevados. Alguns foram herdados, em andamento, da gestão Kassab, como o Jardim Edite e o Real Parque, e outros tiveram obras iniciadas na gestão Haddad, especialmente na Operação Urbana Água Espraiada.

O Programa Mananciais, antigo Guarapiranga, passou a fazer parte de um convênio estabelecido com o governo federal, na segunda fase do PAC. Assim como no MCMV, porém, os recursos do PAC cessaram com a crise do governo federal, e o andamento das obras do programa se manteve lento. Ainda no Programa Mananciais, foram urbanizados, com recursos de fundos municipais e estaduais, treze assentamentos precários, além de outros quinze com obras em andamento (Sehab; Cohab, 2016). No total, a gestão levou urbanização a 14.114 famílias, sendo que ao final do governo outras 46.380 se encontravam em obras (PMSP, 2016).

Regularização de loteamentos

Novamente, trata-se aqui de ações para solucionar uma situação habitacional precária, em vez da produção de um produto habitacional. A política de regularização envolve basicamente a realização de obras

9 Parte dessas iniciativas foi financiada pelos governos estadual e federal, embora não estejam disponíveis dados sistemáticos a respeito. Os recursos da urbanização de Paraisópolis, por exemplo, vieram 37% da Sehab, 7,2% da Sabesp, 16,3% da CDHU e 39,8% da União, por meio do Orçamento Geral da União e do PAC (São Paulo, 2012).

físicas para adequar a infraestrutura dos loteamentos, acompanhada da sua regularização jurídica, garantindo estabilidade aos moradores. Além disso, a administração municipal pode ainda abrir processos judiciais contra os loteadores, solicitando o ressarcimento dos gastos das benfeitorias realizadas. Essa situação habitacional precária foi historicamente a mais importante na construção da metrópole paulistana entre as décadas de 1940 e 1970. Para dar ideia do tamanho do problema, estimou-se em 507.000 domicílios particulares (14,2%) e 1,7 milhão de pessoas (15,1%) em loteamentos irregulares de baixa renda em 2010 (CEM; Sehab, 2016). As condições desses loteamentos, entretanto, variavam bastante, embora fossem melhores, em média, do que as das favelas (CEM; Sehab, 2016).

Embora as primeiras políticas de porte para loteamentos tenham começado na administração Erundina, iniciativas pontuais ocorreram logo após a promulgação da Lei nº 6766/79, que regulamentou os loteamentos e o parcelamento do solo. Nesse momento, o governo Reynaldo de Barros criou a Supervisão Especial de Regularização dc Loteamentos e Arruamentos (Serla) – restrita aos casos que se enquadravam na nova lei, sem a execução de nenhuma intervenção (Mori, 2000). Na gestão seguinte, de Jânio Quadros, o órgão foi extinto e o assunto deslocado para o Departamento de Parcelamento do Solo (Parsolo). Como esse órgão tratava da aprovação de loteamentos em conformidade com a lei, os loteamentos irregulares seguiram sem respaldo de políticas.

A partir de 1989, a regularização de loteamentos ganhou impulso no governo Erundina com a criação de uma agência especializada – o Departamento de Regularização do Parcelamento do Solo (Resolo), criado em 1990. Os primeiros momentos da nova agência foram dedicados a organizar os processos administrativos dos loteamentos, seguindo em duas frentes: a.) com o endurecimento da fiscalização (principalmente na região de mananciais) e a abertura de ações judiciais contra loteadores; b.) com a realização de obras de infraestrutura em loteamentos. Na região dos mananciais, foram empreendidas iniciativas conjuntas com a Sabesp de repressão à abertura de novos loteamentos que dariam origem mais tarde ao já citado Programa Guarapiranga (Uemura, 2000). Em termos quantitativos, a gestão regularizou 1.970 lotes (Barbosa, 2008).

Os programas de regularização tiveram o seu ritmo reduzido na gestão seguinte, de Paulo Maluf, a partir de 1993, mas não chegaram a ser suspensos. Na verdade, foram os que mais avançaram durante esse governo. A fiscalização foi reduzida e mesmo o Programa Guarapiranga ficou por muito tempo paralisado, sendo a prefeitura pressionada pelo BID para a realização das licitações em favelas (Uemura, 2000). As intervenções em loteamentos, contudo, seguiram, beneficiando 2.718 lotes, embora nenhum processo de regularização jurídica tenha sido iniciado (Marques; Saraiva, 2005).

Um avanço importante no período diz respeito à aprovação da Lei municipal nº 11.775/95 após intensa pressão de movimentos sociais e da então oposição (e resistência do governo). Essa lei detalhou e regulamentou elementos da Lei nº 6766/79 e incorporou os critérios adotados pelo Resolo desde o seu início, embora alcançasse apenas loteamentos com área inferior a 2 hectares (20 mil metros^2). A partir dessa legislação, os parâmetros do que seria um loteamento regularizável foram flexibilizados, tornando mais ágeis e exequíveis os programas existentes, inclusive juridicamente.

A gestão seguinte, de Celso Pitta, representou uma continuação do governo Maluf a partir de 1997. O programa de loteamentos foi o carro-chefe da política habitacional dessa gestão por meio do Programa Lote Legal, financiado pelo BID. O governo realizou obras de regularização física que beneficiaram 2.738 lotes e iniciou intervenções em outros 17.219 lotes, embora não tenha realizado regularização jurídica em nenhum deles (Marques; Saraiva, 2005).

Com Marta Suplicy, o PT voltou ao governo a partir de 2001. Os loteamentos continuariam no centro da agenda da política habitacional, agora inseridos em um conjunto de instrumentos mais amplo. O destaque vai para o Plano Diretor em 2002, o primeiro aprovado pelo Legislativo desde 1972. No que diz respeito aos loteamentos (e às favelas), merece destaque a delimitação de Zonas de Especial Interesse Social (Zeis) no interior do plano, estabelecendo parâmetros urbanísticos flexibilizados em relação à legislação em vigor, facilitando a regularização jurídica (Zeis 1). O segundo instrumento foi o Plano Municipal de Habitação de 2003, que quantificou e tipificou demandas, e decretou ações para os próximos dez anos. Além disso, o Programa Guarapiranga foi transformado em Mananciais, sendo iniciada a sua primeira fase (Cardoso, 2004).

O Programa Lote Legal do governo anterior também teve continuidade com a realização de obras, atingindo 33.522 lotes (sendo 18.909 concluídos, da fase 1 do programa), além de 3.853 lotes na região do Guarapiranga, e 3.103 lotes com regularização jurídica concluída. Ao final do governo, havia obras em andamento em 7.851 lotes no conjunto da cidade e 6.170 no Guarapiranga (Barbosa, 2008), além de 7.402 em processo de regularização (São Paulo, 2004). Assim como no governo anterior, o acelerado ritmo do programa foi possibilitado pela presença de recursos financeiros internacionais garantidos e empresas de gerenciamento contratadas, escapando do padrão de baixa capacidade técnica e de gestão que caracteriza a secretaria e suas agências.

A insuficiência de dados a respeito dos governos Serra e Kassab dificulta razoavelmente a produção de uma interpretação de suas políticas. As parcas referências existentes indicam que teriam sido regularizados juridicamente 20.385 lotes, sendo 16.412 por decreto específico, atingindo 26.497 habitantes (São Paulo, 2012). Não foi encontrada a informação de quantos lotes foram atingidos por obras físicas de infraestrutura.

A gestão Fernando Haddad, por fim, criou atendimento para demandas, organizadas ou não, das famílias que tinham interesse na regularização do seu imóvel, dentro ou fora de loteamentos clandestinos e irregulares. Ao todo, foram favorecidas 257.875 famílias com vários tipos de demanda, sendo 119.038 atendidas em regularização e parcelamento, outras 64.235 com relação a registos, 7.870 envolvendo regularização administrativa e 24.405 famílias no que tange à posse/propriedade. Esse atendimento não significa a realização de obra física, mas de encaminhamento das demandas. A Cohab também atendeu regularização de unidades habitacionais por ela mesma construídas e que se encontravam em situação irregular, algumas delas havia décadas (Sehab; Cohab, 2016).

Construção de unidades novas por mutirão

A alternativa de política de construção de unidades novas por mutirão autogerido teve início com a gestão de Luiza Erundina em 1989, e talvez seja a que melhor "simboliza" as premissas de participação popular e democratização da gestão pactuadas durante a campanha com os movimentos sociais. O programa foi viabilizado pela entrada na Habi, subordinada à Sehab, de técnicos engajados com a pauta da reforma urbana. A política visava garantir às associações de moradores, organizadas pelos então muito atuantes movimentos de moradia de áreas periféricas, o controle de autogestão das etapas de produção da habitação. Isso se faria pela utilização de recursos do Funaps e pela contratação de escritórios de assessoria para apoio técnico, jurídico, contábil, administrativo e social, incorporando nas políticas locais formas de produção já desenvolvidas embrionariamente pelos movimentos junto a escolas de arquitetura em anos anteriores (Lopes, 2011). Os terrenos pertenciam às associações, à prefeitura ou eram adquiridos com recursos do fundo e alienados como garantia do financiamento das unidades (Ronconi, 1995). A produção por mutirão atendeu, entre 1989 e 1992, um total de 12.351 famílias, sendo 5.184 as unidades concluídas e entregues, e 7.167 em andamento ao final do governo (Amaral, 2002; Barbosa, 2008). A maior parte dos empreendimentos se concentrou nas zonas leste e sul da cidade (Rodrigues, 2006).

Em 1993, o novo prefeito, Paulo Maluf, paralisou as obras existentes sob a alegação de que haveria irregularidades nos convênios firmados. Ainda assim, sob pressão dos movimentos de moradia para a retomada dos repasses, a estimativa é de que 3.231 unidades habitacionais das 7.167 deixadas em andamento na gestão anterior foram entregues durante esse governo. A administração seguinte, de Celso Pitta, deu prosseguimento às ações do governo anterior, ou seja, enfatizou as intervenções em favelas e loteamentos, dando pouquíssima abertura à produção por mutirão. Segundo Amaral (2002), apesar de terem sido assinados novos convênios entre 1993 e 1999, nenhuma nova unidade por mutirão autogerido teve início no período.

A volta do PT à prefeitura com a eleição de Marta Suplicy em 2000 significou uma nova pactuação com os movimentos de moradia: dar prioridade aos processos em tramitação, concluir os mutirões paralisados ou em andamento, viabilizar o início das obras referentes aos convênios assinados e ainda não iniciados, além de medidas relacionadas à criação de novas linhas programáticas e alternativas de financiamento. Como a

Cohab teve suas tarefas de implementação da política habitacional reforçadas no governo Maluf, a retomada do programa de mutirões por Marta coube à companhia.

Segundo números oficiais, o total de unidades habitacionais viabilizadas em regime de mutirão entre 2001 e 2004 foi de 7.447, sendo 6.657 de obras retomadas que haviam sido interrompidas pelo governo anterior e 790 unidades em mutirões iniciados na gestão Marta (Sehab, 2004). Outras 5.075 unidades se encontravam em construção ao final do governo. Foram firmados 28 novos convênios com associações de moradores, dos quais 26 por meio de credenciamento e seleção pública (Sehab, 2004).

Em 2005 se iniciou a gestão José Serra e, pouco mais de um ano depois, a de Gilberto Kassab. Os dados disponíveis no Plano Municipal de Habitação (PMH) de 2009 sobre as ações dessas duas gestões não são precisos quanto a possíveis paralisações e/ou assinatura de novos convênios de produção de unidades em mutirão. De todo modo, segundo levantamento do Instituto Pólis, o site da prefeitura municipal afirmava em janeiro de 2007 que a Cohab contava naquele momento com 123 empreendimentos em regime de mutirão. Haviam sido destinados, em 2005, R$ 18 milhões para retomada de obras de mutirão paralisados desde 1989, atendendo 24 mutirões. No ano de 2006, outros R$ 81 milhões foram alocados para a construção de 27 empreendimentos novos, totalizando, portanto, R$ 100 milhões aplicados em 51 mutirões (entre novos e preexistentes). Conforme Cymbalista et al. (2007), "nesse ponto, estamos frente a uma guerra de versões, pois a gestão 2001-2004 não admite a hipótese de ter deixado mutirões paralisados, enquanto os movimentos de luta por moradia referem-se a 35 mutirões com obras paralisadas".

Com o Programa Minha Casa Minha Vida, uma nova modalidade de construção se viabilizou, por meio da modalidade Entidades, cujo objetivo é o acesso à moradia por famílias organizadas em cooperativas habitacionais, associações e demais entidades privadas sem fins lucrativos. Esse modelo se assemelha ao regime de mutirão autogerido já antes praticado em São Paulo, mas com as regras próprias do programa federal, como habilitação da entidade e aprovação pela CEF dos projetos do empreendimento. A demanda, então, é definida pela entidade vencedora do chamamento público realizado pela Cohab dentro dos critérios de renda do programa (abaixo de três salários mínimos). Nessa modalidade, segundo as informações obtidas, teriam sido produzidas 3.838 unidades entre 2009 e 2012 (Sehab; Cohab, 2016).

A gestão Fernando Haddad também concentrou suas ações na contratação do MCMV-Entidades. O balanço da gestão (Sehab; Cohab, 2016) aponta que, de 2013 a 2016, foram realizados quatro chamamentos públicos a entidades, que disponibilizaram 92 terrenos com potencial para um total de 12.860 novas unidades a serem produzidas por mutirão. Entre 2013 e 2016, o documento contabiliza 4.303 unidades contratadas (Sehab; Cohab, 2016).

Habitação na área central

Um conjunto final de ações engloba programas de renovação de cortiços e iniciativas de promoção de habitação na área central, usualmente associadas à reforma desse tipo de edificação ou locação social.[10] Em termos de precariedade, a região concentra uma grande quantidade de cortiços, situação com piores condições de habitabilidade (Kowarick, 2009), embora os números de demanda nesse caso sejam pouco precisos.[11] Entretanto, iniciativas de política habitacional na região são fundamentais para a cidade, independentemente da moradia em cortiços. Isso porque, embora o centro histórico do município de São Paulo concentre uma grande quantidade de empregos, oportunidades econômicas e infraestrutura, apresentou saldos demográficos negativos entre 1980 e 2010 – mesmo que

10 Vale dizer que a prefeitura de São Paulo também disponibiliza o auxílio-aluguel, uma transferência monetária mensal por até trinta meses. Nesse caso, entretanto, trata-se de auxílio transitório para famílias removidas. A princípio, esse benefício construiria uma ponte até que as famílias recebessem uma unidade habitacional nova, nos últimos anos quase sempre pelo Programa Minha Casa Minha Vida.

11 Já em 1993 se indicava uma população em cortiços de 119.000 habitantes na área central (Silva, 2000). Mas levantamento da prefeitura para o Programa de Cortiços indicou números muito diferentes – um total de 1.091 cortiços nas subprefeituras da Sé e da Mooca, sendo 996 deles (os únicos vistoriados) com 9.367 famílias ou 19 mil moradores (Hoyler, 2014). E pesquisa da Fipe/USP realizada em 2000 chegou a 23.688 cortiços em toda a cidade, sendo 10.627 deles (com 214.346 habitantes) na área central (Barbosa, 2008). O Plano Diretor de 1991 (não aprovado) indicava 11.086 moradores em cortiços. A conclusão é que a utilização de várias metodologias e a inexistência de dados censitários que permitam medir adequadamente essa forma de habitação tornam qualquer estimativa frágil.

algumas áreas tenham voltado a crescer após 2000 (Marques; Requena, 2013). A promoção de habitação na área central, portanto, envolve o combate à segregação na escala da metrópole e a promoção do chamado direito à localização, para além da redução da precariedade em cortiços.

A decisão de que iniciativas adotar no centro histórico representa hoje o principal ponto de polarização nas políticas habitacionais em São Paulo, com projetos muito distintos defendidos por governos de esquerda e de direita. De uma forma geral, para os primeiros seria necessário promover habitação de interesse social, enquanto para os últimos a revitalização da área deveria ser feita com a atração de outros grupos populacionais. Isso se expressa não apenas nos programas habitacionais, mas também nas iniciativas de renovação urbana de diferentes gestões para a região, como os Programas Ação Centro, Morar no Centro e Nova Luz (Souza, 2011).

Via de regra, os programas de renovação de cortiços em si apresentaram sempre porte muito pequeno e baixa resolução. Iniciaram-se na administração Erundina, com projetos pilotos que se transformariam nos conjuntos Celso Garcia (180 unidades), Madre de Deus (45 unidades), Imoroty (20 unidades), Pedro Fachin (20 unidades) e Eiras Garcia (24 unidades). O programa propunha reformar os cortiços desadensando-os e mantendo o máximo de moradores no mesmo local (Silva, 2000).[12]

Nos governos seguintes, de Paulo Maluf e Celso Pitta, o programa foi descontinuado e praticamente nenhuma intervenção de habitação na área central foi realizada. Na verdade, as obras dos conjuntos em andamento ainda não concluídas foram abandonadas, sendo finalizadas apenas depois de anos.

Por outro lado, a recuperação de habitação em cortiços é o único tema que teve presença expressiva de ações do governo estadual no município de São Paulo. Em 1996, foi estabelecido formalmente o programa de ação em cortiços da CDHU, realizado em cooperação com a

12 Os debates de técnicos da gestão sobre o tema naquele momento acabaram por alimentar a inclusão no Projeto de Lei do Plano Diretor de 1991 do estabelecimento de Zonas Especiais de Interesse Social (Zeis), que fixavam parâmetros específicos para cortiços (Zeis 4), facilitando as intervenções. O Plano Diretor, entretanto, não foi aprovado na Câmara. O tema foi ainda impactado pela aprovação da chamada Lei Moura em 1991 (Lei nº 10.928/91), que estabeleceu vistorias municipais e padrões mínimos a serem seguidos e mantidos pelos proprietários.

prefeitura de São Paulo (Cohab). Mas o programa foi efetivado apenas em 2002, quando passou a contar com recursos de empréstimo do BID até 2010 (apesar de quatro empreendimentos terem sido entregues em 2012). Foram escolhidos 155 cortiços cuja população de aproximadamente 4.700 famílias seria contemplada em 54 empreendimentos (CDHU, 2012).

Até 2012, foram entregues 1.492 unidades em dezessete empreendimentos e outras 714 unidades em onze empreendimentos ainda estavam em obras. O programa também entregou cartas de crédito para 870 unidades, sendo que, nesse caso, apenas 41% das famílias permaneceram no centro (CDHU, 2012). No âmbito do programa também foram realizadas vistorias e intimações a proprietários baseados na Lei Moura em associação com a prefeitura (gestão Kassab), levando a 319 adequações e à erradicação de 678 cortiços. No conjunto, foram alcançadas 2.740 famílias (CDHU, 2012). Essas atividades do governo do Estado em cooperação com a Cohab representaram a espinha dorsal das ações em cortiços nos governos Serra e Kassab (São Paulo, 2012), enquanto na administração Marta Suplicy se superpuseram ao programa municipal.

Todas essas iniciativas se baseavam em desapropriações de edificações a serem reformadas e posteriormente vendidas, o que sempre foi dificultado pelo elevado preço da terra na região e pela baixíssima capacidade de pagamento dos beneficiados. Uma alternativa estaria no desenvolvimento de programas de locação social atrelados à constituição de um parque público de habitação de interesse social, a exemplo do que acontece na maior parte dos países europeus.

O primeiro programa de locação social foi criado em 2002 no governo Marta Suplicy, envolvendo a desapropriação e a reforma de prédios vazios ou subutilizados no centro histórico da cidade e a posterior locação das unidades resultantes a famílias com menos de um salário mínimo de renda per capita. Os contratos tinham duração de 48 meses, renováveis por igual período apenas uma vez. A gestão dos condomínios cabia à prefeitura, diretamente ou por contratação, e o valor do aluguel poderia alcançar 15% do salário das famílias (Centro Gaspar Garcia, 2012).

Essa inciativa ocorreu de forma associada ao PAR da Caixa Econômica Federal, que financiava a reforma dos prédios em associação com as agências de habitação. Até 2005, foram reformados sete edifícios em associação com os movimentos, resultando em 709 unidades. Cinco deles foram iniciados na administração Marta Suplicy: Edifício São Paulo, Joaquim Carlos, 25 de Janeiro, São Vito e Rua do Ouvidor. Dentre eles, houve vários resultados distintos, desde o do Joaquim Carlos – concluído e entregue – até o do Edifício São Vito – com reforma interrompida e que acabou sendo demolido (Centro Gaspar Garcia, 2012).[13]

O programa foi descontinuado nas administrações Serra e Kassab, cujas ações se ativeram às realizadas em conjunto com o CDHU já descritas (São Paulo, 2012). Essas administrações rejeitaram explicitamente a construção de um parque público de habitação e apostaram na atração de promotores privados para construção e aluguel, mas sem sucesso. A principal iniciativa da gestão Serra para a área central foi o Projeto Nova Luz, baseado no estabelecimento de um programa de renovação urbana que atrairia empreendedores imobiliários privados para o local, mas que não conseguiu chegar à fase de implementação (Souza, 2011).

A política da gestão Fernando Haddad para o centro da cidade focou o reaproveitamento de imóveis ociosos ou sem função social. Para isso, foi criada uma gerência de locação social, além do planejamento da recuperação de um parque habitacional destinado à locação social. Foram realizados estudos para dezesseis empreendimentos por meio de parcerias público-privadas (mil unidades habitacionais). As construtoras seriam concessionárias dos novos empreendimentos por vinte anos e responsáveis pela gestão dos edifícios em parceria com a Cohab. Após esse período, a propriedade dos imóveis retornaria ao poder público (Sehab; Cohab, 2016). Todavia, o programa não chegou a ser implementado. Embora estivesse presente uma ênfase na promoção de habitação na área central a exemplo de outras administrações do PT, também nesse caso essa gestão apresentou o menor volume de ações efetivas dentre as gestões do partido.

13 Um elemento-chave para o sucesso de programas desse tipo é o trabalho social, de forma a garantir o pagamento dos aluguéis, a manutenção e o bom funcionamento das edificações. Nesse aspecto, trabalho social e zeladoria, o programa da gestão Marta Suplicy foi muito mal avaliado – enquanto 80% dos moradores afirmavam concordar com o programa como forma de acesso à moradia, cerca de 44% e 67% dos moradores consideravam o trabalho social e a gestão do condomínio péssimos, respectivamente (Centro Gaspar Garcia, 2012).

A figura a seguir sintetiza as políticas adotadas em cada gestão, destacando os principais programas vinculados a cada uma delas, de modo a ilustrar a variedade daquilo que se executou e também permanências e intermitências que marcaram o período estudado. As colunas representam os governos, sendo assinalados em cor mais escura os de centro-direita, em cinza-claro os de direita e com cinza bem claro os de esquerda. Nas linhas horizontais estão representados os quatro tipos de programas. As barras escuras intermitentes mostram em que governos essas atividades existiram e quando foram interrompidas ou pouco priorizadas (representadas com cinza mais claro). Destacados em caixas estão as denominações de alguns programas com nomes específicos desenvolvidos apenas em certos governos.

Figura 1 – Quadro-síntese das políticas no período 1989-2016

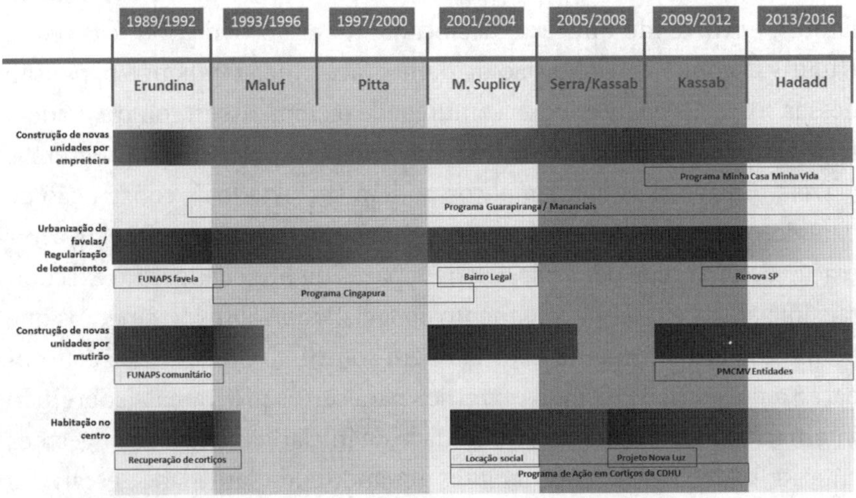

Fonte: Elaboração dos autores.

Conclusão

As políticas habitacionais em São Paulo, como vimos, apresentaram continuidades e descontinuidades ao longo do período estudado, de acordo com a variação dos governos e a prioridade de suas agendas. De todo modo, embora as administrações tenham enfrentado o problema de forma diferente e com recursos e intensidade muitos diversos, a política não conseguiu responder ao grande estoque acumulado de precariedade habitacional, assim como à demanda sempre crescente por habitação de interesse social.

De uma forma geral, observou-se uma expansão das alternativas de programas desenvolvidos, com uma crescente consolidação em vários governos ideologicamente distintos de soluções ligadas ao combate à precariedade habitacional, sobretudo urbanização de favelas e regularização de loteamentos. Isso foi provocado provavelmente por uma combinação de fatores, envolvendo um certo deslocamento em prol de políticas redistributivas com a consolidação da democracia, mas também a expansão dessas soluções no interior da comunidade técnica, assim como a gradual formação de um conjunto de instrumentos que tornou tais programas viáveis. Entre esses instrumentos podem ser listados a construção de parâmetros e procedimentos técnicos para infraestrutura em favelas, a formação de uma rede de profissionais capazes de projetar, gerir e executar tais iniciativas e o desenvolvimento de legislação sobre loteamentos que permitisse a sua regularização. Também contribuíram para essa consolidação a presença de recursos externos para certos programas (sobretudo internacionais), levando à continuidade de iniciativas criadas por gestões anteriores ideologicamente distintas e criando cumulatividade e escala das ações no tempo. O volume de produção de tais programas, entretanto, tendeu a variar substancialmente, considerando a prioridade da habitação na agenda dos prefeitos e os recursos disponibilizados para o setor em cada gestão.

Por outro lado, programas e soluções como mutirões e locação social permaneceram de promoção exclusiva dos governos do PT, sendo descontinuados com a alternância de poder. Não foram observados produtos ou programas habitacionais que caracterizassem os demais governos do período. Outra distinção importante entre governos foi quanto à integração das políticas habitacionais às demais políticas urbanas, sobretudo de planejamento, assim como à promoção de habitação na área central. Nesse caso, parece haver também uma clara distinção entre preferências de políticas implementadas em governos do PT e nos demais, com os primeiros promovendo habitação de interesse social nessa área (inclusive com a constituição de um parque habitacional público) e com os demais promovendo projetos de renovação da região que tentam incentivar o setor privado a promover atividades e habitação para outros grupos sociais. Além disso, também no caso dos governos do PT, sobretudo nas gestões Suplicy e Haddad, vale salientar que a política habitacional se beneficiou das ações de planejamento urbano promovidas, com a aprovação de planos diretores e o estabelecimento, ali, de diretrizes para orientar o planejamento específico do setor.

Por fim, é interessante reforçar que a concentração de responsabilidades do Executivo municipal na produção e na implementação de quase todas as políticas habitacionais é central no caso de São Paulo, sendo o papel do governo estadual quase sempre bastante reduzido, exceto nos governos do PSDB, quando foram realizadas ações em conjunto com a CDHU. Em relação à burocracia local, embora a estrutura das agências responsáveis pela política tenha sido reorganizada e fortalecida na administração Erundina, no início do período estudado, todas as gestões subsequentes (independentemente do partido político) trabalharam recorrendo cada vez mais a um custoso modelo de gestão terceirizada, adensando a cada dia a presença de gerenciadoras e outros provedores privados no cotidiano operacional da política. No entanto, a despeito do dispêndio de recursos para manter tal modelo como uma espécie de "arranjo alternativo" para a baixa capacidade técnica da burocracia, a persistência dos elevados índices de desigualdade no acesso à moradia qualificada e a incapacidade dos governos de fazerem frente ao déficit evidenciam que, de fato, a política habitacional paulistana apresenta fragilidades que ultrapassam aquelas meramente operacionais, relacionadas sobretudo às disputas pelo acesso à localização e aos serviços, ao preço da terra e às dificuldades de financiamento.

Referências bibliográficas

AMARAL, Ângela. *Habitação na cidade de São Paulo*. 2.ed. rev. São Paulo: Pólis/PUC-SP, 2002.

ARANTES, Pedro. *O ajuste urbano*: as políticas do Banco Mundial e do BID para as cidades latino-americanas. São Paulo, 2004. Dissertação (Mestrado em Arquitetura e Urbanismo) – FAU-USP.

ARRETCHE, Marta. Políticas de desenvolvimento urbano na crise: descentralização ou crise no modelo do BNH? In: REIS, Elisa; ALMEIDA, Maria Hermínia T.; FRY, Peter (orgs.). *Pluralismo, espaço social e pesquisa*. São Paulo: Hucitec/Anpocs, 1995.

_____ (coord.). *Capacidades administrativas dos municípios brasileiros para a política habitacional*. Brasília: Ministério das Cidades/CEM, 2012.

AZEVEDO, Sérgio. Vinte e dois anos de política de habitação popular (1964-86): criação, trajetória e extinção do BNH. *Revista de Administração Pública*, Rio de Janeiro, v.22, n.4, p.107-119, 1988.

BARBOSA, Itaquê Santana. *O Estado e a produção habitacional pública*. São Paulo, 2008. Dissertação (Mestrado em Ciência Política) – FFLCH-USP.

BONDUKI, Nabil. *Habitar São Paulo*: reflexões sobre a gestão urbana. São Paulo: Estação Liberdade, 2000.

_____. Política habitacional e inclusão social no Brasil: revisão histórica e novas perspectivas no governo Lula. *Arq.urb – Revista Eletrônica de Arquitetura e Urbanismo*, São Paulo, n.1, 2008.

_____; ROSSETTO, Rossela; GHILARDI, Flávio. *Política e Sistema Nacional de Habitação, Plano Nacional de Habitação*: ações integradas de urbanização de assentamentos precários. Brasília: Ministério das Cidades, 2010.

BUENO, Laura. *Projeto e favela:* metodologia de projeto em urbanização de favelas. São Paulo, 2000. Tese (Doutorado em Arquitetura e Urbanismo) – FAU-USP.

CARDOSO, Adauto. *Balanço da política municipal de habitação 2001-2003*. São Paulo: Polis, 2004.

CDHU (Companhia de Desenvolvimento Habitacional e Urbano do Estado de São Paulo). *Relatório geral do Programa de Atuação em Cortiços – PAC*. São Paulo, 2012.

CEM (Centro de Estudos da Metrópole); SEHAB (Secretaria de Habitação). *Relatório 1*. Sistematização de informações relativas à precariedade e ao déficit habitacional e correção de bases de favelas e loteamentos. 2016. Disponível em: <http://www.fflch.usp.br/centrodametropole/upload/arquivos/relatorio1.CEMSehab2016.pdf>. Acesso em: 19 jun. 2017.

CENTRO GASPAR GARCIA. *Moradia é central*: lutas, desafios e estratégias. São Paulo: Centro Gaspar Garcia, 2012.

CYMBALISTA, Renato et al. *Habitação: controle social e política pública*. São Paulo: Instituto Pólis/PUC-SP, 2007.

DENALDI, Rosana. *Políticas de urbanização de favelas: evolução e impasses*. São Paulo, 2003. Tese (Doutorado em Arquitetura e Urbanismo) – FAU-USP.

DIAS, Edney. *Do Plano Real ao Programa Minha Casa, Minha Vida*: negócios, votos e as reformas da habitação. São Paulo, 2012. Dissertação (Mestrado em Ciência Política) – FFLCH-USP.

HOYLER, Telma. *Incorporação imobiliária e intermediação de interesses em São Paulo*. São Paulo. Dissertação (Mestrado em Ciência Política) – FFLCH-USP, 2014.

KLINTOWITZ, Danielle. *Entre a reforma urbana e a reforma imobiliária*: a coordenação de interesses na política habitacional brasileira nos anos 2000. São Paulo, 2015. Tese (Doutorado em Administração Pública e Governo) – Eaesp-FGV. Disponível em: <bibliotecadigital.fgv.br/dspace/handle/10438/13791>. Acesso em: 14 nov. 2016.

KOWARICK, Lúcio. *Viver em risco*. São Paulo: Editora 34, 2009.

KRAUSE, Cleandro; BALBIM, Renato; LIMA NETO, Vicente Correia. Minha Casa Minha Vida, nosso crescimento: como fica a política habitacional? *Texto para Discussão/Ipea*, Rio de Janeiro, n.1853, ago. 2013.

LOPES, João Marcos. *Sobre arquitetos e sem-teto*: técnica e arquitetura como prática política. São Carlos, 2011. Tese (Livre-Docência) – IAU-USP.

MARICATO, Ermínia. *Política habitacional no regime militar*: do milagre brasileiro à crise econômica. Petrópolis: Vozes, 1987.

______. Metrópole, legislação e desigualdade. *Estudos Avançados*, São Paulo, v.17, n.48, maio/ago. 2003.

MARQUES, Eduardo; REQUENA, Carolina. O centro voltou a crescer? Trajetórias demográficas diversas e heterogeneidade na São Paulo dos anos 2000. *Novos Estudos Cebrap*, São Paulo, n.95, p.17-36., mar. 2013

MARQUES, Eduardo; SARAIVA, Camila. As políticas de habitação social, a segregação e as desigualdades sociais na cidade. In: MARQUES, Eduardo; TORRES, Haroldo (orgs.). *São Paulo*: segregação, pobreza e desigualdade. São Paulo: Senac-SP, 2005.

MORI, Gisela. *Organização popular e políticas públicas*: a luta da associação unificadora de loteamentos da zona leste de São Paulo por regularização fundiária e saneamento básico – 1992/1999. São Paulo, 2000. Dissertação (Mestrado em Serviço Social) – PUC-SP.

PMSP. *Diário Oficial*, 31 dez. 2016.

PULHEZ, Magaly. A gestão da política habitacional em São Paulo: notas sobre as interações entre Estado e empresas privadas. *Novos Estudos Cebrap*, São Paulo, v.35, n.2, jul. 2016.

RODRIGUES, Soraya. *Casa própria ou apropriada?* Duas abordagens: o Funaps comunitário e o Projeto Cingapura. São Paulo, 2006. Dissertação (Mestrado em Arquitetura e Urbanismo) – FAU-USP.

ROLNIK, Raquel. Democracia no fio da navalha: limites e possibilidades para a implementação de uma agenda de reforma urbana no Brasil. *Revista Brasileira de Estudos Urbanos e Regionais*, São Paulo, v.11, n.2, p.30-50, 2009.

RONCONI, Reginaldo. *Habitações construídas com gerenciamento pelos usuários, com organização da força de trabalho em regime de mutirão*: o programa Funaps comunitário. São Carlos, 1995. Dissertação (Mestrado em Arquitetura) – Eesc-USP.

ROSSETTO, Rossella. *Fundo Municipal de Habitação*. São Paulo: Pólis/PUC-SP, 2003.

ROYER, Luciana. *Política habitacional no estado de São Paulo*: estudo sobre a Companhia de Desenvolvimento Habitacional e Urbano do Estado de São Paulo (CDHU). São Paulo, 2002. Dissertação (Mestrado em Arquitetura e Urbanismo) – FAU-USP.

RUBIO, Viviane; ALVIM, Angélica. Projeto de urbanização de assentamentos precários no Rio de Janeiro e São Paulo: um instrumento de construção de cidade. *Cadernos de Pós-Graduação em Arquitetura e Urbanismo*, São Paulo, v.13, n.2, p.65-102, 2013.

SAMORA, Patrícia. *Projeto de habitação em favelas*: especificidades e parâmetros de qualidade. São Paulo, 2009. Tese (Doutorado em Habitação) – FAU-USP.

SÃO PAULO (Município). *Balanço de gestão*. São Paulo: Secretaria Municipal de Governo, 2004.

______. *PDE: 10 anos*. Plano Diretor Estratégico. São Paulo: SMDU, 2012.

SEHAB. *Relatório de gestão 1997/2000*. São Paulo: PMSP, 2000.

______. *Plano Municipal de Habitação*. São Paulo: PMSP, 2003.

______. *Programa Morar no Centro*. São Paulo: PMSP, 2004.

SEHAB; COHAB. *Balanço de governo 2013/2016*. São Paulo: PMSP, 2016.

SILVA, Helena Menna Barreto. *Habitação no centro de SP*: como viabilizar essa ideia? Documento preparatório. São Paulo: LabHab-Fau/CEF, 2000.

SOUZA, Felipe. *A batalha pelo centro de São Paulo*: Santa Ifigênia, concessão urbanística e projeto Nova Luz. São Paulo: Paulo's, 2011.

UEMURA, Margareth. M. *Programa Guarapiranga*: alternativa para a proteção dos mananciais? Campinas, 2000. Dissertação (Mestrado em Urbanismo) – FAU-PUC-Camp.

VIEIRA, Alessandra. *PAC – Urbanização de assentamentos precários*. Paper apresentado no 29th World Congress of the International Union of Housing Finance Held, Rio de Janeiro, 2015.

6
O cotidiano esquecido da regulação na produção habitacional privada

Telma Hoyler

Em 2005, durante a troca de gestão municipal, incorporadores imobiliários sugeriram ao então prefeito de São Paulo o burocrata que deveria ser responsável pela aprovação dos edifícios produzidos pelo setor. Sete anos depois, veio a público a notícia de que esse burocrata e sua equipe agilizavam a concessão de licenças em troca de propina. Quando o esquema foi desmantelado, os incorporadores recomendaram ao novo incumbente que fosse criada uma nova burocracia para aprovação de seus empreendimentos e doaram considerável montante de recursos para estruturar o órgão. Indicaram, além disso, o desenho do fluxo para o processo de aprovação, realizaram oficinas de formação para ensinar os burocratas municipais como aprovar seus empreendimentos, criaram indicadores para avaliação periódica da eficiência do órgão e montaram um grupo de trabalho junto com o gabinete da secretaria para redesenhar as regras do *Código de obras e edificações*.

Tudo isso é verdade, mas apenas parte dessa história. O problema é que, frequentemente, temos olhado apenas para essa porção da narrativa em suas equivalentes possibilidades de casos com relevante ação de atores privados. Tal opção metodológica conduz a uma lacuna interpretativa que falha em fornecer explicações ancoradas no encadeamento ampliado de eventos, de modo que a existência de uma articulação do setor da incorporação ou sua mera manifestação de interesse é assumida como condição suficiente para o sucesso da captura do Estado e para os impactos negativos sobre o espaço construído.

Como consequência dessa predeterminação, a economia política da incorporação e suas estratégias específicas não são analisadas nem vistas como sendo constrangidas por interesses próprios às burocracias, seus burocratas e pela capacidade regulatória do Estado.

Quando a regulação estatal sobre o setor é mobilizada, aparece como um pacote pronto a ser posto em prática e sua ausência é explicada, *a priori*, pela vitória das forças privadas. Ocorre que o conceito tem sido adotado indistintamente mesmo diante da ausência de evidências empíricas sobre causas e consequências da captura da regulação, como conclui Dal Bó (2006). Análise similar é compartilhada por Moss e Carpernter (2013). Em seus termos, "como decisões regulatórias sempre vão favorecer um ou outro, é muito fácil concluir – sem muita evidência – que a parte que beneficia deve ter capturado a regulação" (p.457).[1]

Regular a incorporação imobiliária significa, em um primeiro nível, impor diretrizes e restrições que limitam o uso e a ocupação do solo e o potencial de construção, tais como previstos no Plano Diretor da Cidade, Zoneamento, *Código de obras*, entre inúmeros ordenamentos infralegais. Mas há um segundo nível da regulação destinado a avaliar o cumprimento de normas e diretrizes de tais ordenamentos. Trata-se das práticas cotidianas para a aprovação dos empreendimentos pela prefeitura, quando se concede à incorporadora a licença para executar o empreendimento.[2]

Esse segundo nível, contudo, recebe ainda pouca atenção dos estudos especializados, seja porque a regulação tem sido principalmente abordada

1 Texto original: "because regulatory decisions will always favor one interest or another it is all too easy to conclude – without much evidence – that the party that benefits must have captured the regulation".

2 Abordo neste capítulo o que Carpenter (2004, p.3) chamou de *approval regulation* [regulação de aprovação] do tipo *licensing* [licenciamento] em que "firms or individuals must develop a product or plan or demonstrate a special competence in order to persuade a licensing regulator to allow market entry" [companhias ou indivíduos devem desenvolver um produto ou plano ou demonstrar uma competência especial a fim de persuadir os reguladores de licenciamento para permitir a entrada no mercado].

no locus nacional, deixando níveis subnacionais e mesmo uma perspectiva de regulação *multilevel* não explorada (Pollard, 2011), seja porque categorias amplas e não estabilizadas, que frequentemente organizam o debate de política do urbano, tal como neoliberalismo, procuram tratar de um paradigma, uma ideologia ou um resultado, sem que estejam acompanhadas do devido ferramental metodológico para verificação empírica das afirmações que sustenta (Halpern; Pollard, 2017). Além disso, apesar de o uso e a ocupação do solo e o capital imobiliário serem objeto de estudo desde pelo menos os anos 1970 (ao contrário de outros setores de políticas abordados neste livro) e muito frequente nas disciplinas de Planejamento Urbano, Arquitetura e Urbanismo e Geografia, nos estudos internacionais a linha de estudos voltada a interesses locais por muito tempo enfatizou relações sistêmicas e estáveis entre elites políticas e grandes coalizões intersetoriais, caracterizando um regime urbano de desenvolvimento (Stone, 1993) ou, mais especificamente, uma máquina de crescimento (Logan; Molotch, 2007).[3] Embora a teoria dos regimes seja a que descreveu até agora com mais detalhes o modo articulado de ação dos promotores imobiliários nas cidades, ela avança muito pouco no que diz respeito à operacionalização da conformação desses regimes no interior das agências estatais e também na ação individualizada dos incorporadores junto ao poder público (no sentido de exercer influência para aprovação de seus empreendimentos). Não raro, explicações de fenômenos urbanos em países do Sul ainda são feitas por meio dessa literatura, apesar de diferenças cruciais como a existente entre fórmulas federativas que, ao prever a transferência de recursos para municípios como no caso brasileiro, não se aplica a rigor a dependência financeira da máquina de crescimento.

No Brasil, com importantes exceções, os estudiosos do capital imobiliário recorrem a abordagens do setor enquanto promotor da reprodução do espaço urbano capitalista, da produção habitacional como elemento de valorização do capital e do Estado, como o viabilizador dos interesses privados, sancionador de lucros no circuito imobiliário).

3 A *growth machine* [máquina de crescimento] ocorre pela competição por investimentos entre as cidades norte-americanas, que dispõem de baixa receita de impostos locais e não contam com transferências de recursos por um sistema de *welfare*, sendo dependentes de recursos de outras fontes para implementar suas políticas públicas.

A predeterminação dos resultados assumida por esse viés teórico, aliada a uma estratégia muitas vezes macroscópica de análise, nos impede de verificar a multiplicidade e a especificidade dos atores, interesses, processos e canais de contato envolvidos com o tema. Nesse contexto, a condição de assimetria de informação presente em relações de regulação (Carpenter, 2004), a produção e a circulação de informação dentro do Estado, as estratégias de evitar o risco no âmbito das próprias burocracias (Hull, 2012) e como tudo isso se relaciona com o setor privado e sua regulação não têm, ainda, expressão nacional no debate sobre a produção das cidades. Esse capítulo enfrenta a tarefa de incluir estruturas, dilemas, práticas burocráticas e os artefatos regulatórios nessa equação, oferecendo evidências sobre como se materializa e é operado o cotidiano da regulação.

O capítulo está organizado em três seções, além desta introdução e da conclusão. Na primeira, abordo a trajetória recente da área de aprovação de empreendimentos imobiliários da prefeitura municipal de São Paulo e a criação de capacidades técnico-administrativas a partir da indução pelo próprio setor imobiliário. Na segunda, a partir das práticas burocráticas e do agenciamento dos artefatos da regulação, mostro como o poder regulatório não é simplesmente uma capacidade armazenada no âmbito das burocracias, tal qual se lança em direção à sociedade, mas um processo que é produto de constantes interações. Para apresentar um quadro mais completo das interações empreendidas entre burocracia e setor imobiliário, a terceira seção apresenta e discute o lugar de uma instância especializada em aprovar exceções e legislar sobre lacunas do zoneamento.

1. A trajetória recente da burocracia de aprovação de empreendimentos

A competência sobre a aprovação de empreendimentos imobiliários nunca foi uma questão pacificada na prefeitura de São Paulo, sendo a trajetória da burocracia de aprovação e instâncias relacionadas (comissões de zoneamento, câmaras técnicas, grupos de trabalho etc.) marcadas pela intermediação de interesses com o setor privado e também por conflitos internos ao Estado em torno da demarcação de áreas de atuação específicas para engenheiros, arquitetos e urbanistas (Feldman, 2005) e por conflitos com a Câmara Municipal sobre a prerrogativa de alterações do zoneamento (Nery, 2002).

A burocracia que trata da aprovação de empreendimentos historicamente tem sido periférica em comparação com as principais agências decisórias do governo, além de caracterizada por um quadro composto majoritariamente pelo que se costuma chamar de técnicos (engenheiros e arquitetos).[4] Conta ainda com poucos cargos para serem preenchidos por indicações políticas e pequeno volume orçamentário. Isso tudo a coloca em posição de relativo desprestígio político na estrutura de governo, que acaba repercutindo na opção pelo objeto empírico dos estudiosos.

Assim, a literatura específica pouco abordou o tema e, quando o fez, concentrou atenção no período pré-democrático e majoritariamente por meio de um olhar sobre o primeiro nível de regulação, tecendo conclusões sobre a prevalência de excepcionalidades concedidas ao ordenamento jurídico a partir de pressões do setor (Nery, 2002; Brito, 2000). Se esse enfoque é necessário para evidenciar o poder de influência do setor imobiliário, por outro lado, ao procurar a elaboração de interpretações gerais a partir de casos atípicos, destoantes das práticas rotineiras, essa literatura desenvolveu-se sem prestar muita atenção à atuação dos burocratas, aos processos de governo e aos estudos da política e de políticas urbanas. No entanto, como apontou Eduardo Marques na introdução deste volume, quando a Ciência Política se debruçou sobre políticas urbanas, com frequência o fez adotando generalizações feitas a partir de outras escalas de poder, não levando a sério as especificidades trazidas pelas relações entre políticas e espaço. Nesta seção, procuro contribuir com o diálogo entre os dois campos, ao atualizar o panorama histórico para o período recente e incluir a estruturação da burocracia de aprovação como potencial construção de capacidades técnico-administrativas que questionam predeterminações relativas às relações entre Estado e

4 Respeitando o contexto do texto, utilizo todas as três categorias, burocratas, arquitetos e reguladores, para fazer menção aos servidores públicos responsáveis pela análise de empreendimentos imobiliários. Eles são reguladores em relação aos incorporadores, participam da categoria funcional específica dos arquitetos e, ao mesmo tempo, de dinâmicas mais gerais dos burocratas.

setor privado no sentido da captura, demonstrando como, na prática, os processos de aprovação têm ocorrido.

O primeiro órgão a centralizar a responsabilidade pela execução da política habitacional e de desenvolvimento urbano, tendo como principal competência o controle do uso do solo, foi a Secretaria da Habitação e Desenvolvimento Urbano do Município de São Paulo (Sehab), criada em 1977 pelo então prefeito, Olavo Setúbal (Decreto nº 14.451). Até então, os órgãos reunidos sob a Sehab não existiam (como no caso do Conselho Municipal de Habitação – Cohade) ou estavam diluídos em outras secretarias, como Coordenadoria Geral de Planejamento e Vias Públicas (como Empresa Municipal de Urbanização – Emurb, Companhia Metropolitana de Habitação – Cohab, Comissão de Edificações e Uso do Solo – Ceuso). Para Feldman (2005), a atribuição da Secretaria de Habitação em aprovar projetos de edifícios consolidou a separação entre o mundo do planejamento urbano e o *mundo da execução do planejamento*, que já vinha ocorrendo desde a criação da Coordenadoria Geral de Planejamento (Cogep), além de contribuir com a demarcação dos campos profissionais de engenheiros, arquitetos e urbanistas.[5] A partir daí, instituíram-se também disputas sobre o órgão que teria prerrogativa de aprovar empreendimentos que não se enquadrassem no ordenamento jurídico vigente, seja por impossibilidade de previsão legal de todas as situações que podem existir, seja pelo interesse pessoal do incorporador.[6]

5 A Cogep foi criada em 1972 como órgão de planejamento da cidade, sendo responsável pela elaboração do zoneamento do mesmo ano, o primeiro a abranger o conjunto da cidade. Como afirma Feldman (2005), essa burocracia significou a completa demarcação do território de urbanistas, demarcação que teria começado em 1947 quando, dentro da Secretaria de Obras, foram criados o Departamento de Obras, o Departamento de Arquitetura e o Departamento de Urbanismo, nos quais a forma de ocupação dos cargos, influenciados pelas entidades de classe que se legitimavam na época, acabou por separar a primeira burocracia para engenheiros, a segunda para arquitetos e a terceira para urbanistas.

6 Por muito tempo, a Ceuso disputou esse espaço com a Comissão de Zoneamento da Cogep e posteriormente com a Comissão Especial para Estudos das Questões do Zoneamento do Município, criada na Câmara Municipal pelo próximo prefeito, o engenheiro Reynaldo de Barros, como meio de delegar aos vereadores ampla autonomia para intervir diretamente no zoneamento sem a intervenção dos técnicos municipais. Atualmente essa prerrogativa pertence à Câmara Técnica de Legislação Urbanística, instância a ser abordada adiante neste texto.

Em 1986, Jânio Quadros redefiniu as competências e a estrutura da Sehab (Lei nº 10.237/86), conferindo maior destaque ao Aprov como órgão responsável pela análise de compatibilidade dos projetos de licenciamento edilício com o zoneamento existente. A estrutura organizacional e os instrumentos utilizados para operacionalizar a política de regulação do uso do solo mantiveram-se bastante estáveis até a criação da Secretaria de Licenciamento (SEL) em 2013, embora a análise de dados evidencie que não foi a eficiência dos fluxos e procedimentos ligados à regulação que reduziu os conflitos e preservou a intocabilidade dessa burocracia. Um indicador de eficiência na aprovação de empreendimentos é a quantidade de projetos imobiliários aprovados por funcionário em determinado intervalo. Comparando dados de SEL e Sehab para um mesmo período, temos o resultado a seguir (Tabela 1). Ainda que não seja possível obter dados mais antigos sobre esses indicadores, entrevistas apontaram para um quadro de manutenção de antigos instrumentos e procedimentos, bem como de piora progressiva desses indicadores, que tiveram seu auge no final da primeira década de 2000, quando o financiamento à produção habitacional assumiu novas formas (Royer, 2009) e houve grande incremento no número de projetos imobiliários.

Contrastando dois momentos, a análise da Tabela 1 revela no Aprov um número incompatível de corpo técnico (115 arquitetos) para responder pelo montante de projetos protocolados no período (1.537 processos), somado a uma distribuição inadequada na proporção de projetos entre as coordenadorias, resultando em um número médio alto de processos por funcionários (13,35). Como consequência, o tempo médio de concessão do alvará de aprovação e execução de um projeto imobiliário era de 437 dias. No caso de empreendimentos de grande porte, esse tempo passava para 708 dias. Com a criação da SEL, o prazo limite passou para noventa dias. Além disso, evidencia-se o grande número de processos aprovados pelo gabinete do Aprov (324 projetos contra 58 para o mesmo período na SEL), expediente frequentemente adotado pelo antigo coordenador de aprovação de projetos, Hussain Aref Saab.[7]

7 Hussain Aref Saab era subordinado de Gilberto Kassab quando o ex-prefeito foi secretário de Planejamento na gestão Celso Pitta (1997-2000). Desde então, Aref começou a ser

Tabela 1 – Comparação entre o número de funcionários e processos aprovados na Sehab e na SEL para um mesmo período

Coordenadoria SEL	Divisão Sehab	Sehab – julho de 2010 a março de 2011			SEL – julho de 2013 a março de 2014		
		Número de processos	Número de funcionários	Processos/ funcionário	Número de processos	Número de funcionários	Processos/ funcionário
Gabinete	Aprov G	324	34	9,53	58	20	2,90
Resid	Aprov 1	652	20	32,60	874	64	13,66
Servin	Aprov 2	206	15	13,73	236	61	3,87
Servin	Aprov 5	169	15	11,27	236	61	3,87
Comin	Aprov 3	62	18	3,44	160	49	3,27
Comin	Aprov 4	124	13	9,54	160	49	3,27
Total/média		1537	115	13,35	1724	304	5,14

Fonte: Elaboração própria, a partir de dados brutos fornecidos por SEL e Sehab em 2014.
As duas colunas da esquerda no quadro comparam divisões/coordenadorias equivalentes entre SEL e Sehab.

Era beneficiando-se – e provocando – essa disfunção que Hussain Aref Saab e parte de sua equipe atuava: mediante o pagamento de propina por incorporadores, agilizava a tramitação e/ou a aprovação de edificações irregulares. Diante do estoque de papéis parados, adiantar a análise de um projeto via pagamento de propina significa para o incorporador antecipar as receitas do fluxo de caixa, diminuindo o primeiro intervalo (t1) representado no esquema abaixo:

Figura 1 – Etapas simplificadas para lançar um empreendimento – ponto de vista do incorporado

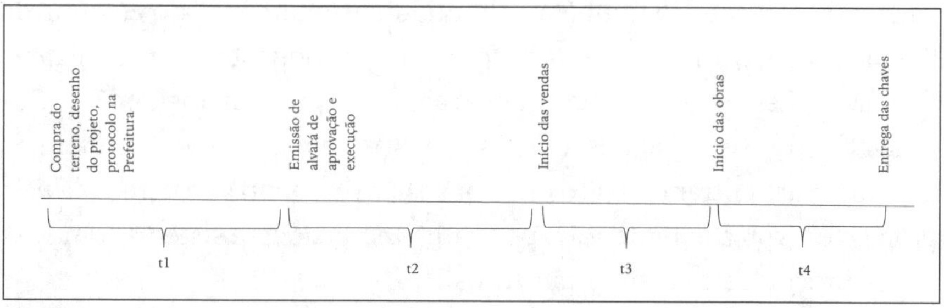

Fonte: Elaboração própria com base em entrevistas com o setor da incorporação.

Em função da dinâmica de formação de preços dos terrenos urbanos, o tempo de aprovação do empreendimento é fundamental para a engenharia econômica do empreendimento. Conforme detalho em Hoyler (2014), é próprio à atividade do incorporador o estabelecimento de uma margem interna de retorno e a transformação do uso do solo para alcançá-la, além da busca do sobrelucro de localização disputado com o proprietário do terreno. O tempo de aprovação do empreendimento na prefeitura é o elemento que impacta a velocidade de circulação do capital investido, uma vez que, a partir daí, o incorporador pode começar a vender e, assim, a alimentar o fluxo de caixa do empreendimento. No caso de

investigado por favorecer a instalação irregular de antenas de celular na cidade, autorizar empreendimentos imobiliários em terrenos contaminados e áreas de preservação ambiental, permitir que condomínio residencial se apropriasse de rua pública, receber seis apartamentos em edifício perto do Parque Ibirapuera em troca da concessão de alvarás à empresa construtora. No governo Marta Suplicy (2001-2004), a pedido do Secovi, Hussain Aref Saab foi diretor do Departamento de Planejamento e Normatização Territorial da Secretaria de Planejamento.

pequenas incorporadoras, o fator tempo é ainda mais importante, pois o capital acumulado pela empresa é menor e a realização do sobrelucro é o que permite a incorporação em outras localidades.

Junto ao tempo de aprovação, importam também as características naturais e legais que incidem sobre o lote. Em torno dessas questões, os agentes do setor procuram influenciar o poder público. Assim, além de melhorar a equação econômico-financeira do empreendimento, pagar propina significava aumentar a previsibilidade sobre a ocorrência de aprovação, face às condições precárias dos artefatos gráficos[8] (mapas, informativos etc.) que subsidiavam a análise dos projetos feita pelos burocratas – como veremos na seção seguinte – e também pelo rápido esgotamento do estoque de potencial construtivo, sobretudo do tipo habitacional em muitos lugares da cidade.[9] Essa prática ilícita também ajudava a produzir disfunções, acumulando, por serem analisados, os projetos de incorporadores que não pagavam para entrar na fila, o que por sua vez aumentava a demanda pela propina e levou à manutenção, por muito tempo, desse sistema com base na reciprocidade de comportamentos.

No começo de 2012, quando o Ministério Público começava a investigar de modo mais incisivo os burocratas do Aprov e se configurava um iminente desmanche das práticas ilícitas que beneficiavam individualmente algumas empresas do setor, cinco incorporadoras de grande porte[10] contrataram empresas de consultoria para mapear os entraves no processo de aprovação de grandes projetos e propor soluções ao Estado, para agilizar o tempo de tramitação especificamente desse porte de prédios.

As consultorias identificaram e propuseram soluções para mais de uma centena de entraves à aprovação de projetos imobiliários, em meio a naturezas relativas à tecnologia, à rotina, ao funcionalismo e à legislação.

8 Utilizo o conceito aqui como adotado por Hull (2012).

9 Estoque de potencial construtivo era um instrumento previsto no Plano Diretor de 2002 para regular o adensamento da cidade.

10 Juntas, apenas as cinco empresas (Brookfield, Cyrela, Odebrecht, Rossi e WTorre) que contrataram as consultorias acumularam, entre 1985 e 2013, o equivalente a 10% do valor geral de vendas de todo o mercado imobiliário paulistano (composto por mais de 3 mil empresas), segundo informações do banco de dados da Embraesp trabalhadas por mim em Hoyler (2014). Esse trabalho também apresentou a diferença nos tipos de produto segundo o porte da incorporadora.

Entre as recomendações, estava a criação de uma nova burocracia e a redução do tempo de aprovação dos grandes empreendimentos para noventa dias. Para que se possa dimensionar o impacto dessa medida na rentabilidade das empresas, vale apontar que a redução de 708 para noventa dias no tempo de concessão do alvará de aprovação e execução de empreendimento – sem que o incorporador modique em nada sua engenharia econômica – aumenta a rentabilidade do investimento, analisado com valores atuais, em mais de R$ 7 milhões para determinado modelo de empreendimento.[11] Também sugeriram a implementação de indicadores de desempenho por coordenadoria para monitorar o cumprimento da meta dos noventa dias e reuniões de acompanhamento trimestrais, envolvendo um grupo seleto de grandes incorporadores.

No ano seguinte, quando assumiu o posto, o novo prefeito (Fernando Haddad, PT, 2013-2016) encontrou, de um lado, uma burocracia de aprovação de empreendimentos completamente desestruturada – que teve a função transferida para o gabinete do prefeito, onde não existem técnicos competentes para tanto[12] – e, de outro, uma lista de recomendações feita por essas incorporadoras que dialogava formalmente com os princípios de combate à corrupção e de transparência prometidos em campanha, que procuravam afastá-lo dos escândalos envolvendo seu partido no nível federal. O Sindicato dos Incorporadores (Secovi), por sua vez, que vinha fortalecendo a sua atuação como representante dos interesses das médias e pequenas empresas, viu na reestruturação dessa burocracia uma oportunidade de exercer influência e opinar sobre a condução dos seus novos fluxos e rotinas internas, de modo que não apenas a agenda

---

11 Essa informação é oriunda de uma fórmula de cálculo utilizada pelo Banco de Investimentos RB Capital para securitização. A diferença identificada foi calculada com base nas seguintes premissas do empreendimento: área útil do apartamento, 85 m^2; preço do metro quadrado, R$ 3.006,87; total de 528 unidades no empreendimento; valor geral de vendas (VGV) de R$ 134.948.326,00; custo de corretagem de 3% do VGV. A diferença na taxa interna de retorno foi de aproximadamente 4% e o valor presente líquido mudou em R$ 7.636.609,00.

12 Pelo Decreto nº 53.569, Kassab criou a Comissão Integrada de Licenciamentos (CIL), vinculada ao gabinete do prefeito, com a competência de acompanhar os pedidos de aprovação de projetos de construção, reforma, reconstrução, modificação de projetos aprovados, conservação e regularização de edificações, inclusive até a expedição dos autos e alvarás respectivos, na conformidade da legislação vigente.

dos grandes incorporadores prevalecesse.[13] Assim, em 2013, a prefeitura e o Secovi firmaram um protocolo de cooperação técnica chamado de "Plantas Online II",[14] que envolveu o compromisso de uma reestruturação abrangente da burocracia de aprovação em troca da doação de um montante de recursos pelo sindicato (R$ 4 milhões).

A partir daí, um grande montante de medidas reestruturantes do órgão foi adotado pela SEL, incluindo: (1) desenho de procedimentos de análise de projetos imobiliários com padronização e manualização; (2) nomeação e convocação de arquitetos aprovados em concurso público para atuarem na regulação de segundo nível; (3) alocação desses burocratas conforme o estudo da demanda por aprovação; (4) capacitação dos arquitetos pela Universidade Secovi; (5) emissão de relatórios gerenciais semanais para verificação e controle de estoque de projetos; (6) manualização e transparência dos requisitos para o processo de aprovação; (7) prioridade na aprovação para incorporadoras que entregam documentação e plantas completas; (8) melhoria do sistema eletrônico para tramitação dos processos de aprovação; (9) reforma do mobiliário e compra de equipamentos de trabalho, como computadores; (10) disponibilização eletrônica de rotinas de trabalho, base de dados e demais informações sobre a operação do órgão; (11) criação de divisões específicas para analisar empreendimentos de grande porte; (12) digitalização dos mapas da cidade, unificação das bases de dados e aprimoramento na produção do Boletim de Dados Técnicos a ser analisado na seção seguinte; (13) compatibilização das exigências do Programa Minha Casa Minha Vida com as de Habitação de Interesse Social[15] para aumentar a demanda solvável

13 Nesse sentido, importa subsidiar o leitor com a informação de que são as empresas de grande porte as que têm acesso privilegiado aos gabinetes decisórios. Isso não significa que o poder público é impermeável aos pequenos incorporadores, mas que os grandes *players* têm mais facilidade em utilizar tais canais do que os que os incorporadores menores e os vislumbram como recurso. Além disso, os grandes incorporadores produzem os empreendimentos de maior porte, que, em geral, incluem uma complexidade maior de fatores a serem analisados. As grandes incorporadoras não controlam o jogo, mas têm maior capacidade de agir.

14 O nome faz referência a uma das medidas de interesse dos incorporadores, de tornar eletrônicas as etapas de aprovação de projetos.

15 Um instrumento de política habitacional municipal ofertado a famílias de até três salários mínimos.

desse padrão habitacional, que, embora oferecesse desconto na outorga onerosa, era pouco rentável aos incorporadores e incipiente na cidade; (14) criação de um balcão único de entrada dos projetos Minha Casa Minha Vida para agilizar a aprovação desse tipo específico de empreendimento;[16] (15) reformulação do *Código de obras e edificações* de 1992, bastante desatualizado em suas exigências quanto ao que seriam edificações almejáveis.

Com propósito semelhante, houve em 2002 a primeira versão do acordo de cooperação técnica "Plantas Online I", pelo qual o Secovi pressionou para uma aprovação ágil e previsível dos projetos, mas uma reestruturação mais profunda da burocracia não entrou na agenda governamental naquele momento e a medida não teve o efeito esperado de criação de capacidades técnico-administrativas, com ampla defesa do mercado. Foi então que o Secovi sugeriu à prefeitura lugar de destaque a Aref, que garantiria aprovação rápida em troca de benefícios particulares. Em 2005, José Serra designou Aref ao principal cargo na área de aprovação de edificações na Sehab, cargo que era então ocupado pela secretária de Licenciamento do governo Haddad.

Em 2017, com a mudança de governo do PT para o PSDB, a estrutura da SEL passou a ser subordinada à antiga Secretaria de Desenvolvimento Urbano (originada em 2009 de uma porção da antiga Cogep mencionada anteriormente), que passou a se chamar Secretaria de Urbanismo e Licenciamento. Durante a transição de governo, representantes do Secovi foram chamados para ocupar a pasta de Licenciamento, mas declinaram o convite, sugerindo a fusão das secretarias e a criação de um comitê de aconselhamento do gabinete, composto por representantes do setor. Se por um lado é compreensível o horizonte normativo de se articular ambos os níveis de regulação, que se expressam nas áreas de planejamento urbano e de aprovação de empreendimentos, por outro essa reestruturação organiza a influência exercida pelos incorporadores sobre a regulação em ambos os níveis. Seria necessária uma análise longitudinal para elaborar conclusões mais definitivas sobre a mudança de arranjo da corrupção para uma interação cooperativa, sobretudo considerando que

16 Esses processos chegavam a demorar mais de dois anos para aprovação, segundo informações fornecidas pela SEL. Naquela época o programa funcionava a pleno vapor.

não há razões para supor que firmas e setores necessariamente se limitam a uma estratégia ou outra, visto que ambas estão disponíveis (Dal Bó, 2006), mas é possível dizer que o arranjo preponderante foi modificado.

O que podemos afirmar até aqui é que a influência exercida pelo capital imobiliário não advém de elementos sistêmicos como processos gerais de acumulação do sobrelucro fundiário. Se fosse assim, não poderíamos explicar o fracasso com o Plantas Online I, por exemplo. Sua influência na produção de políticas se deve ao uso de recursos de poder e à adoção de estratégias políticas em conexão com vários atores cercados pelas instituições que produzem as políticas urbanas (Marques, 2016). Conclusão similar tiveram Halpern e Pollard (2017) ao comparar incorporadores e construtores do aeroporto no caso francês. As autoras consideram que o desenho e o governo das cidades são resultado da operação de formas de ação coletiva apenas parcialmente explicada pela lógica do mercado em que operam, sendo, inclusive, borradas em muitos casos as fronteiras entre as estratégias de ação de Estado e mercado, de modo que o exame dessa ambivalência só pode passar pelo foco em compreender empiricamente a movimentação dos atores.

No caso de São Paulo, a reestruturação do órgão de aprovação de empreendimentos imobiliários com decisiva influência financeira, técnica e administrativa dos incorporadores resultou, simultaneamente, na agilidade e no aumento da previsibilidade da aprovação de empreendimentos e na implementação de ferramentas frequentemente interpretadas pela literatura especializada (ver por exemplo Bersch; Praça; Taylor, 2012; Hanson; Sigman, 2011; Sikkink, 1993) como indicadores de construção de capacidades técnico-administrativas do Estado, nas quais se incluem a profissionalização dos reguladores, o desenho de procedimentos, a reestruturação dos quadros e atribuições, a formação de indicadores de eficiência aqui abordados. Além de exemplificar a ambivalência de que tratam as autoras, temos indícios de construção de musculatura na burocracia para exercício da sua atribuição regulatória, evidência que refuta a tese da captura e de que se trata de um jogo de soma zero.

Não obstante, argumento que o exame da ocorrência de construção de capacidades precisa levar em conta a natureza potencial e relacional do conceito como tem sido defendido (Cingolani, 2013; Fukuyama, 2013;

Pereira, 2014). Quando falamos de capacidades, estamos nos referindo às que um agente possui para desempenhar certa atividade em relação a outro agente em determinado momento. Não se trata, portanto, de ferramentas perenes, estáticas e tampouco necessariamente associadas a resultados positivos. Nesse ponto reside grande parte da fragilidade metodológica associada ao uso e à mensuração do conceito de capacidades em que se produz argumentação circular ou a definição de capacidades estatais a partir dos resultados das políticas (Cingolani, 2013; Soifer, 2008). Buscando contornar esse desafio metodológico, coloco a questão, a seguir abordada, sobre como são mobilizados esses instrumentos no cotidiano da regulação. Para isso, será preciso buscar um arcabouço teórico que ajude a compreender os efeitos dessas interações e oferecer explicações sobre como os mecanismos e processos produzidos por essa relação afetam a operação das práticas burocráticas e, nesse caso, sua capacidade regulatória.

A regulação de empreendimentos imobiliários envolve ferramentas que permitem a análise de conformidade entre o ordenamento jurídico e o projeto do incorporador e possibilitam o devido registro no processo formal. Essas ferramentas, por sua vez, são implementadas em um contexto de práticas burocráticas preexistentes. Seu uso está relacionado à organização dos processos administrativos do Estado, que, por sua vez, desencadeia estratégias e racionalidades próprias aos burocratas. Em análises empreendidas em uma escala de observação ampliada, conclusões sobre a criação de capacidades, portanto, precisam levar em conta o agenciamento produzido por burocratas e atores privados em relação a tais ferramentas, apontando para a importância de se observar, como o fizeram Lascoumes e Le Galès (2007), instrumentos como organizadores de relações sociais específicas entre Estado e aqueles a quem os instrumentos são endereçados conforme os significados que carregam.

2. O percurso de um projeto, práticas burocráticas e artefatos da regulação

Esta seção detalha o cotidiano da regulação por meio dos artefatos, das práticas burocráticas e do percurso de um projeto imobiliário até a sua aprovação. Seleciono uma medida de capacidades técnico-administrativas induzidas pelo setor imobiliário e mostro como ela representou uma evolução na trajetória de ferramentas à disposição dessa burocracia, ao mesmo tempo que o agenciamento cotidiano do que chamarei aqui genericamente de artefatos, em seu conjunto, evidencia a dimensão potencial e relacional do termo capacidade. Esse exercício permite observar ainda como a regulação é efetivamente operada, com efeitos inclusive sobre o que foi inicialmente desenhado.

Quando um projeto imobiliário é protocolado para aprovação, abre-se uma requisição para que um setor interno (em 2014, chamado de Supervisão Geral da Informação – Info) emita um Boletim de Dados Técnicos (BDT), documento interno que informa, a partir da sequência numérica Setor-Quadra-Lote, os dados que descrevem a situação natural e legal que incide sobre o lote em questão.

As informações do BDT são cruciais para a emissão do licenciamento. Incluem, por exemplo, restrições referentes ao dimensionamento do lote, aos recuos, à taxa de ocupação, ao coeficiente de aproveitamento, à altura da edificação, ao número de pavimentos; informa a classificação viária, a largura da via em frente ao imóvel para verificação da compatibilidade com a tipologia a ser construída; informa ainda se o lote ou imóvel está: em perímetro de Operação Urbana, em Área Especial de Tráfego, total ou parcialmente atingido por Plano de Melhoramento Público e se há decreto de utilidade pública; em Área de Proteção Ambiental ou de Mananciais; em área contaminada ou com indício de contaminação; se é enquadrado em Zonas Especiais de Preservação Cultural; se está em área Envoltória de um Bem Tombado; em área de aeródromos/cone de aproximação de aeroportos. Em cada uma dessas situações, devem ser aplicadas regras específicas para avaliação do empreendimento. Trata-se de um dos principais artefatos da regulação, pois permite confrontar as informações apresentadas pelo incorporador com aquelas produzidas pelo poder público.

Com base nas informações do BDT, o projeto será apreciado, podendo ser aprovado, rejeitado ou aprovado com ressalvas pelo regulador.

Para a identificação e a consolidação das informações do BDT, burocratas liam cotidianamente o *Diário Oficial da Cidade* e atualizavam os mapas oficiais no que toca a desapropriações e tantas outras modificações possíveis no lote. Essa atualização – até a reestruturação da SEL – era realizada manualmente, por meio de registros em folhas de papel *kraft*, sulfite A1 ou papel vegetal, todas elas em situação de má conservação, com o detalhe de que especificamente estas últimas possuem a característica de encolher conforme o clima, interferindo na escala utilizada.

Para o registro de algumas características de cada lote existia, mesmo antes da reestruturação, uma base eletrônica alimentada também por outros órgãos da prefeitura, porém bastante desatualizada e com plataforma tecnológica obsoleta, que pouco auxiliava os reguladores na tomada de decisão, de modo que a atualização manual dos mapas parecia a melhor alternativa dos burocratas da aprovação de empreendimentos. Não raro me foram relatadas situações em que, entre o protocolo e a análise técnica do projeto, a informação do BDT foi modificada, mas a aprovação foi concedida com base na primeira informação impressa e anexada ao projeto. Em um dos casos, por exemplo, o lote passou a ser Área Envoltória de Bem Tombado no transcorrer da análise, o que modifica as condições pelas quais pode ser aprovado. Em outro caso, informou-se que o interessado poderia empreender determinada edificação em um lote que já estava comprometido com desapropriação pública.

Durante a reestruturação, houve digitalização dos mapas, modernização do BDT e aprimoramento da qualidade da informação, de modo a potencialmente reduzir a assimetria de informação entre reguladores e incorporadores. Grande parte das informações constantes no BDT é conhecida pelo incorporador e inclusive por ele considerada no cálculo econômico do empreendimento. É possível até mesmo argumentar que, em função das condições de produção e circulação do artefato regulatório utilizado, era até mais conhecida pelos incorporadores do que pelos reguladores. Mas será preciso continuar seguindo o projeto imobiliário para compreender, por meio do encadeamento de artefatos e práticas, a incidência dessa capacidade técnico-administrativa.

Já dentro da pasta de um processo administrativo, acompanhando o BDT, o projeto imobiliário é então encaminhado para as respectivas coordenadorias de aprovação. Embora reguladores não gostem de considerar em suas falas a interação cotidiana com incorporadores na execução da política de aprovação de empreendimentos por meio da discricionariedade, ela constitui o modo pelo qual uma importante parte da implementação das regras de aprovação de empreendimentos é efetivamente operada, podendo provocar mudanças pequenas nas regras inicialmente desenhadas, como analiso em Hoyler (2014).

Em casos de divergência entre o que é esperado pelo regulador e o que o incorporador informa no projeto ou de incompletude do material protocolado, o regulador pode fazer uso de um artefato chamado *Comunique-se*, em que são listados os documentos ou as plantas que o interessado precisa anexar ao processo ou corrigir no que foi apresentado. O incorporador interessado pode então juntar o material adicional ao restante do processo, que será avaliado novamente pelo regulador.

Esse artefato pode ser agenciado pelos burocratas como uma forma de convidar os incorporadores a pagarem propina, pela reincidência e insistência na sua emissão de maneira desatrelada ao material recebido como resposta, sendo também agenciado, nesse novo contexto de reestruturação, como maneira de evitar o risco da responsabilidade funcional, conforme indica a fala da secretária da SEL à minha pergunta sobre as razões pelas quais foram expedidos tantos *Comunique-se* por processo de concessão de alvará de edificação nova, reclamação frequente entre os incorporadores.

> [...] criou-se nesses anos, por conta da corrupção ocorrida no antigo Aprov e da incisiva ação do Ministério Público, um medo excessivo nos técnicos que analisam processos, uma ideia de que eles têm que comunicar cada vírgula faltante nas plantas protocoladas pelo incorporador, sob o risco de responder a uma ação aberta pelo Ministério Público do porquê de a prefeitura não pedir para indicar que a altura do guarda-corpo do corrimão da escada era de 90 centímetros. Isso é excessivo! [...] Esse tipo de coisa virou uma rotina operacional, alimentada pelos problemas técnicos dos projetos que chegam

> e pelo que eu chamo de problema cultural, que envolve o comportamento dos técnicos do poder público frente a um processo.[17]

Antevendo o excesso de *Comunique-se*, muitos incorporadores recorrem ao expediente de protocolar projetos imobiliários ainda não finalizados, apenas para guardar lugar na fila da burocracia de aprovação. O efeito provável desse mesmo cálculo feito por vários incorporadores é o aumento do prazo de aprovação, por sua vez acompanhado do aumento da pressão dos incorporadores pela redução do prazo, da sobrecarga dos reguladores, do prejuízo à avaliação técnica e do risco de crescer o incentivo à propina. De modo a aumentar o custo do protocolo indevido, a secretária determinou então que a regra de emissão de apenas um *Comunique-se* passasse a valer, devendo ser indeferido o projeto que não atender às exigências de aportar informações completas nessa segunda rodada. Como efeito, os técnicos passaram a ser mais cautelosos no registro formal de eventuais inconformidades entre o BDT e os projetos, por levar em conta a complexidade de situações que podem ocorrer e não se sentir confortáveis em barrá-las. Se isso pode prejudicar a avaliação técnica, por outro lado significa diminuição da responsabilização funcional pelos órgãos de controle, risco aumentado ainda pelo contexto de desmonte de um esquema de corrupção que predominava no órgão.

Podemos aludir, nesse contexto, às caracterizações que faz Hull (2008) acerca dos documentos como o meio de conexão entre diferentes atores, bem como seus papéis de registro do "real" (aquilo que o burocrata quer reconhecer que ocorreu, em determinada circunstância) e o meio de se atribuir responsabilidades a partir da manifestação dos burocratas. Documentos são o meio a partir do qual as agências individuais, ou seja, o comportamento específico de um burocrata, conforma-se, enfim, na agência coletiva, a ação do Estado. A ideia trazida pelo autor é que a agência coletiva é buscada por meio da individualização da ação (definindo ações apropriadas para os indivíduos e identificando-os com atos particulares), razão pela qual os burocratas recorrem a inúmeras formas para evitar sua responsabilização, de modo que a introdução de mais artefatos

---

17 Secretária de Licenciamento, entrevista concedida à autora em fevereiro de 2014.

não produz necessariamente mais transparência e controle. Ou seja, ainda que sigamos a interpretação de que a criação de capacidade técnico-administrativa resultou na melhoria da qualidade das informações à disposição dos reguladores, a produção e a circulação dessas informações – e, portanto, os efeitos – para subsidiar a regulação precisam ser analisadas no contexto da cadeia de associações de pessoas e artefatos que vão conformar a narrativa coesa do Estado (agência coletiva) sobre determinado licenciamento. Em razão dessa cadeia interativa é que a regulação precisa ser analisada como processo.

As estratégias mobilizadas pelos burocratas reguladores são especialmente importantes em sistemas de planejamento regulatório (*regulatory systems of planning*), como é o caso brasileiro. No modelo americano por nós importado, oposto ao modelo discricionário britânico (*discricionary systems of planning*), identifica-se se cada parte da cidade tem zoneamento e regras específicas a ela aplicadas e se oferece uma definição escrita de todas as condições sobre as quais o desenvolvimento imobiliário deve ocorrer. Se por um lado isso minimiza o risco do incorporador, esse sistema enfrenta a impossibilidade de previsão de todas as situações que podem ocorrer, negando a própria base que sustenta o sistema (Booth, 2007) e aumentando a insegurança dos burocratas.

Para minimizar esse problema, duas estratégias têm sido em geral adotadas, sendo a primeira a revisão e o detalhamento maior das regras, e a segunda, a construção de flexibilidade e espaço de negociação dentro do sistema (Booth, 1995; 2007). Os riscos colocados pela complexidade do ordenamento legal somados à discricionariedade e à interação são amplamente conhecidos pela literatura, incluindo problemas com legitimidade, manipulação, previsibilidade, *accountability* e decisões ruins (Forsyth, 1999). Quanto maior o detalhamento de regras que um regime regulatório adota, maior a complexidade do processo de regulação, e maiores também a chance de confusão e oposição dos reguladores e o potencial conflitivo com o regulador (Clarke, 2000).

Estamos, portanto, diante de um setor em que a regulação é altamente complexa e conflitiva, e a discricionariedade, parte inerente da regulação. Apesar do desafio colocado por esse setor de política, no Brasil o tema ainda tem sido abordado pela negação normativa das interações entre reguladores e regulados, como se isso fosse por si indesejável. Evidências empíricas e abordagem teórica, contudo, têm seguido dissociadas nesse ínterim, uma vez que tais instâncias de interação direta existem e algumas estão inclusive altamente institucionalizadas no interior das burocracias. Entendo ser a tarefa identificar tais conexões e compreender seu funcionamento.

3. A interação institucionalizada

O evento de criação da SEL mostra uma conjuntura bastante específica de interação entre público e privado, mas existem outras instâncias decisórias em que esses agentes se inter-relacionam de maneira menos conjuntural, estando formalizada na estrutura administrativa da secretaria. A principal delas é a Câmara Técnica de Legislação Urbanística (CTLU), uma arena participativa em que atores externos ao poder público podem deliberar sobre a aprovação de empreendimentos imobiliários. Essa é a principal instância da estrutura organizativa do município para discussão e deliberação de aprovação de empreendimentos em casos não previstos na lei, alteração *ad hoc* do zoneamento, dúvidas na aplicação do zoneamento e aprovação das propostas de participação dos interessados nas Operações Urbanas Consorciadas (ver capítulo 11 neste volume). Nessas situações, o alvará de aprovação/execução é votado pelos membros e sua obtenção ocorre por maioria simples.

O exame da legislação correspondente aponta que essa instância, criada em 1972, quando a burocracia de planejamento urbano começava a ser repensada em São Paulo, já ocupou diversas posições na estrutura administrativa, sofreu sucessivos movimentos de esvaziamento ou de valorização de suas funções (inclusive em disputa com o Poder Legislativo pelas atribuições) e teve diferentes composições – quase sempre com a manutenção do setor imobiliário –, evidenciando a importância de um espaço responsável por formalizar exceções.

A composição da CTLU conta com 50% de representação do Poder Executivo e 50% da sociedade civil. Mas, ao longo do tempo, tem sido estável a ocupação de oito dos dez assentos reservados para sociedade civil por entidades de alguma forma atreladas ao setor imobiliário. Inclusive, entre 2003 e 2006, representantes do Secovi fundaram uma organização não governamental chamada Minha Cidade para ocupar o posto, passando o mesmo representante a assumir a cadeira do Secovi um ano depois.

A ocupação de instâncias participativas por sindicatos e entidades patronais não é novidade. O levantamento de Tatagiba (2004) registrou 19,8% de representação de organizações patronais nos conselhos em São Paulo. A novidade aqui é a notória ausência de participação de movimentos sociais de moradia nessa instância, o que é frequentemente justificado pela tecnicidade necessária para o posto. Esse discurso não é, contudo, validado pela prática, dado que membros envolvidos, por familiaridade que tenham com o conhecimento da engenharia e da arquitetura, relatam não ser capazes de analisar o projeto em termos técnicos. Os representantes da CTLU são convocados com cerca de uma semana de antecedência para as reuniões e têm esse curto período para analisar aspectos técnicos dos projetos sobre os quais a comissão deverá deliberar. Relatam que o material é insuficiente para subsidiar as decisões de aprovação dos empreendimentos, sobretudo considerando o porte e a complexidade dos projetos em geral analisados por essa comissão. As informações são incompletas, desatualizadas e/ou demasiadamente resumidas. Por sua vez, a pauta é extensa, chegando a mais de trinta projetos imobiliários para deliberação em uma única manhã. Soma-se a isso o fato de que, em alguns casos, pautas que não são matéria da CTLU são incluídas para que as decisões sejam legitimadas e o custo da irregularidade dividido entre todos os representantes da arena. A inclusão de matéria que não é própria à comissão, inclusive, é um dos motivos que contribuem para a extensão da pauta, que, por sua vez, dificulta a análise substantiva dos projetos imobiliários.

A votação é conduzida segundo a lógica "caso a caso", isto é, são avaliados os aspectos que incidem no projeto imobiliário em questão e a deliberação é feita em função dos interesses específicos presentes no projeto. Situações similares podem ser decididas de modo diferente em outro projeto. Grande parte das dúvidas é gerada por lacunas e sobreposições do zoneamento da cidade, situação ideal para a deliberação *ad hoc*. No entanto, uma vez diagnosticada a lacuna legal, o procedimento em geral adotado por essa instância não é de emenda da lei, com detalhamento do zoneamento ao longo das vias onde foram identificadas as incongruências. A maior parte das dúvidas sobre a aplicação do zoneamento pode ser lida como elementos não governados, que acabam beneficiando os incorporadores, já que podem decidir caso a caso.

Embora trate-se de análises individualizadas de projeto, o exame das atas das reuniões da comissão entre 2002 e 2014 mostrou que existe uma regularidade empírica nas deliberações sobre a aprovação dos projetos incluídos na pauta da CTLU em que quase todas as decisões da comissão são favoráveis às incorporadoras. Em consonância com a literatura, entrevistas apontaram como é funcional à burocracia a manutenção de um espaço de exceção, que pode ser mobilizado como elemento de barganha em objetivos específicos e como recurso de diluição do risco (e coletivização da decisão) sobre a aprovação de alguns projetos. Trata-se da diminuição de um risco eminentemente funcional (que pode ganhar uso político), uma vez que a formalização não impede as manifestações de grupos não atendidos, mas ajuda a lidar com a cobrança procedimental de órgãos de controle.

Como vimos, estamos diante de um sistema regulatório com grande detalhamento de regras, altamente complexo e conflitivo. Eliminar a discricionariedade não é possível nem desejável, de modo que se coloca – tanto para agentes burocráticos quanto para estudiosos do tema – o desafio de reconhecer um espaço discricionário em que, ao mesmo tempo, se opere e se mantenha a prerrogativa de regulação. É importante que esse tema entre na agenda de maneira mais qualificada, sobretudo porque não há, nesse setor, um instrumento de regulação que, ao ser introduzido, produza inflexão com efeito inercial, como no caso dos validadores eletrônicos dos ônibus, abordado por Marcos Campos neste volume (capítulo 9), em que a mudança de tecnologia e o alto custo oferecem certa garantia de perenidade, já que a natureza do objeto a ser regulado nesse caso inclui inúmeras possibilidades de incidências de condições sobre um lote e suas condições são dinâmicas no tempo.

Considerações finais

O setor de uso e ocupação do solo em São Paulo passou, em período recente, de um arranjo preponderante de corrupção com benefícios concentrados para um arranjo interativo em que o mercado imobiliário tornou-se mais competitivo, ao mesmo tempo que o poder público ampliou seu potencial técnico-administrativo de regulação. Esse achado confirma o argumento apresentado por Scott (1999) quando trata das formas de ampliação da legibilidade, que podem favorecer, simultaneamente, as racionalidades de Estado e do mercado.

Embora afirmações mais definitivas demandem uma análise longitudinal, é possível afirmar que se tratou de um caso de indução de capacidades governamentais pelo setor privado, em que ambos os setores beneficiaram-se com o redesenho institucional e a criação de ferramentas informatizadas. O poder público aprimorou sua prática, a partir da redução de assimetria de informações e organização dos processos de trabalho da regulação, enquanto o setor privado obteve aprovação mais rápida e previsível. Se isso, por um lado, refuta a tese da captura estrutural, por outro evidencia um padrão interativo em que gramáticas público-privadas se combinam de modo multifacetado, instaurando o desafio de regular um setor altamente conflitivo, de normatividades complexas, que conta com incisiva e organizada influência do mercado.

Uma forma de olhar para tais interações compreende o exame dos instrumentos de políticas. A implementação das ferramentas que permitem a análise de conformidade entre o ordenamento jurídico e o projeto do incorporador, conforme argumentei, se dão em um contexto institucional de práticas burocráticas preexistentes, e seu uso está relacionado à organização dos processos administrativos do Estado, que por sua vez desencadeiam estratégias e racionalidades próprias aos burocratas em seu cotidiano, pois a eles importa o que é registrado. Conclusões sobre a criação de capacidades, portanto, precisam levar em conta o agenciamento produzido por burocratas e atores privados em relação a tais ferramentas no cotidiano da regulação. A adição da camada *cotidiana* permite analisar a regulação como um processo (em oposição ao bloco previamente construído), em que permanentemente ocorrem tensionamentos em torno de artefatos, práticas, interpretações, produção e circulação de informação e, ainda, sobre o *conjunto encadeado desses elementos*. O agenciamento de ferramentas isoladas, fora do contexto das práticas burocráticas em que se insere, pode ser insuficiente para compreender a capacidade regulatória e a estruturação do conflito. O cotidiano da regulação, como procurei mostrar, é capaz de trazer efeitos inclusive sobre o que foi inicialmente combinado ou desenhado a partir da interação público-privada. Disso não se depreende que a regulação pública seja irrelevante, mas que é preciso levar em conta, tanto quanto possível, o conjunto encadeado de elementos – entre instituições, dispositivos, lógicas de mercado e das burocracias – envolvidos na operação da regulação.

As ciências sociais e as abordagens do planejamento urbano têm caminhado ainda com poucos pontos de intersecção no que toca a interpretações sobre as interações público-privadas. Espero ter contribuído com esse diálogo, necessário e profícuo, para avançarmos nas interpretações dos efeitos urbanos de tais interações.

Referências bibliográficas

BERSCH, Katherine S.; PRAÇA, Sérgio; TAYLOR, Matthew M. *An Archipelago of Excellence?*Autonomous Capacity among Brazilian State Agencies. Paper apresentado na conferência State Capacity in the Developing World, Princeton University/Universidade de São Paulo, São Paulo, fev. 2012. Disponível em: <https://cepesp.fgv.br/sites/cepesp.fgv.br/files/An%20Archipelago%20of%20Excellence.pdf>. Acesso em: 25 jun. 2014.

BOOTH, Philip. Zoning or Discretionary Action: Certainty and Responsiveness in Implementing Planning Policy. *Journal of Planning Education and Research*, n.14, p.103-112, jan. 1995.

______. The Control of Discretion: Planning and the Common-Law Tradition. *Planning Theory*, v.6, n.2, p.127-145, jul. 2007.

BRITO, Monica. *A participação da iniciativa privada na produção do espaço urbano*: São Paulo, 1890-1911. São Paulo, 2000. Dissertação (Mestrado em Geografia Humana) – FFLCH-USP.

CARPENTER, Daniel. Protection without Capture: Product Approval by a Politically Responsive, Learning Regulator. *The American Political Science Review*, Washington, v.98, n.4, p.613-631, nov. 2004.

CARPENTER, Daniel; TING, Michael. A Theory of Approval Regulation. *Harvard University*, Cambridge, 10 fev. 2004. Disponível em: <http://dcarpenter.scholar.harvard.edu/files/dcarpenter/files/endosub-20040214.pdf>.

CINGOLANI, Luciana. The State of State Capacity: a Review of Concepts, Evidence and Measures. *Merit Working Papers*, Maastricht, n.53, 2013.

CLARKE, Michael. *Regulation*: The Social Control of Business Between Law and Politics. Nova York: St. Martin's Press, 2000.

DAL BÓ, Ernesto. Regulatory Capture: a Review. *Oxford Review of Economic Policy*, Oxford, v.22, n.2, p.220, 2006.

FELDMAN, Sarah. *Planejamento e zoneamento*: São Paulo, 1947-1972. São Paulo: Edusp/Fapesp, 2005.

FORSYTH, Ann. Administrative Discretion and Urban and Regional Planners' Values. *Journal of Planning Literature*, v.14, n.1, 1999.

FUKUYAMA, Francis. What is Governance? *Technical Report Working Paper 314*, Washington, jan. 2013.

HALPERN, Charlotte; POLLARD, Julie. Making up the neoliberal city: the role of urban market actors. In: PINSON, Gille; JOURNEL, Christelle. *Debating the neoliberal cities*. London: Routledge, 2017.

HANSON, Jonathan; SIGMAN, Rachel. *Measuring State Capacity*: Assessing and Testing the Options. Paper apresentado no American Political Science Association Conference, 2011.

HOYLER, Telma. *Incorporação imobiliária e intermediação de interesses em São Paulo*. São Paulo, 2014. Dissertação (Mestrado em Ciência Política) – FFLCH-USP.

HULL, Matthew. Ruled by Records: the Expropriation of Land and the Misappropriation of Lists in Islamabad. *American Ethnologist*, v.35, n.4, p.501-518, 2008.

______. *Government of Paper*: The Materiality of Bureaucracy in Urban Pakistan. Berkeley: University of California Press, 2012.

LASCOUMES, Pierre; LE GALÈS, Patrick. Introduction: Understanding Public Policy through Its Instruments – From the Nature of Instruments to the Sociology of Public Policy Instrumentation. *Governance*, v.20, n.1, p.1-21, jan. 2007.

LOGAN, John; MOLOTCH, Harvey. *Urban Fortunes*: The Political Economy of Place. 2.ed. Berkeley: University of California Press, 2007.

MARQUES, Eduardo. De volta aos capitais para melhor entender as políticas urbanas. *Novos Estudos Cebrap*, São Paulo, v.35, n.2, jul. 2016.

MOSS, David; CARPENTER, Daniel (eds.). *Preventing Regulatory Capture*: Special Interest Influence and How to Limit it. Cambridge: Cambridge University Press, 2013.

NERY JR., José. *Um século de política para poucos*: o zoneamento paulistano 1886-1986. São Paulo, 2002. Tese (Doutorado em Arquitetura e Urbanismo) – FAU-USP.

PAIVA, Claudio. *A diáspora do capital imobiliário, sua dinâmica de valorização e a cidade no capitalismo contemporâneo*: a irracionalidade em processo. Campinas, 2007. Tese (Doutorado em Ciência Econômica) – IE-Unicamp.

PEREIRA, Ana. *A construção de capacidade estatal por redes transversais*: o caso de Belo Monte. Brasília, 2014. Tese (Doutorado em Ciência Política) – UnB.

POLLARD, Julie. Les groups d'internet vus du local: les promoteurs immobiliers dans le secteur du logement en France. *Revue Française de Science Politique*, v.61, n.4, p.681-705, 2011.

ROYER, Luciana. *Financeirização da política habitacional*: limites e perspectivas. São Paulo, 2009. Tese (Doutorado em Arquitetura e Urbanismo) – FAU-USP.

SCOTT, James C. *Seeing Like a State*: How Certain Schemes to Improve the Human Condition Have Failed. New Haven: Yale University Press, 1999.

SIKKINK, Katherine. Las capacidades y la autonomia del Estado en Brasil y la Argentina. Un enfoque neoinstitucionalista. *Desarrollo Económico*, Buenos Aires, v.32, n.128, jan./mar. 1993.

SOIFER, Hillel. State Infrastructural Power: Approaches to Conceptualization and Measurement. *Studies Comparative International Development*, v.43, n.3, p.231-51, dez. 2008.

STONE, Clarence. Urban Regimes and the Capacity to Govern: a Political Economy Approach. *Journal of Urban Affairs*, v.15, n.1, p.1-28, 1993.

TATAGIBA, Luciana. A institucionalização da participação: os conselhos municipais de políticas públicas na cidade de São Paulo. In: AVRITZER, Leonardo (org.). *A participação em São Paulo*. São Paulo: Editora Unesp, 2004.

7
Limpeza urbana: política, modelos institucionais e os limites do Estado[1]

Samuel Ralize de Godoy

Ao contrário de obras viárias, que interferem no cotidiano das pessoas por impactar seus trajetos diários, ou da implantação de equipamentos ou prédios públicos e privados, que resultam no aparecimento de novos elementos, a limpeza urbana só costuma ser notada quando o caminhão coletor ou as equipes de varrição passam por perto – mas, sobretudo, quando não passam.

O conjunto de serviços que compõem o setor de políticas de limpeza urbana, tal como ele existe hoje, é produto de uma série de decisões, disputas e interesses. Este capítulo trata da construção dessas políticas no município de São Paulo, com especial atenção sobre seu arcabouço institucional. O Estado (no caso, o município de São Paulo) gradativamente cedeu a operação dos serviços para empresas privadas cada vez maiores e mais dominantes, mas, ao mesmo tempo, procurou fortalecer suas capacidades regulatórias com a criação de um modelo de concessão em que as empresas assumem os riscos e os investimentos em equipamentos que

1 Este capítulo sumariza parte da dissertação de mestrado *Muito além da lata de lixo: a construção da política pública e a organização do mercado de limpeza urbana no município de São Paulo* (2015).

serão revertidos em benefício do município. Todavia, essa caminhada não foi tranquila nem chegou ao final.

O capítulo é dividido em seções que tratam de aspectos específicos do problema. A primeira delas caracteriza empiricamente e retoma o histórico do setor. A segunda explora a configuração de atores e arranjos institucionais atuais, e a terceira remete aos capitais do urbano envolvidos na implementação da política. Por fim, as conclusões refletem sobre os modelos institucionais e seus limites.

1. Caracterização e histórico da política

O município de São Paulo abrange uma área de 1.521 km^2, ocupados por 11.253.503 habitantes e 3.574.286 domicílios particulares permanentes, segundo o Censo Demográfico de 2010 do IBGE. Do total de domicílios, 99,79% têm o lixo coletado por serviço de limpeza porta a porta ou por meio de caçamba. Somente em 2012, foram geradas quase 7,4 milhões de toneladas de resíduos, o equivalente a uma média de 20.100 toneladas por dia, das quais 10.500 toneladas diárias (ou 52% do total) correspondiam a resíduos sólidos domiciliares – o equivalente à média de 1,1 quilograma de resíduos domiciliares por habitante por dia. Além disso, mais de 7 mil quilômetros de vias públicas são abrangidos pelos serviços de varrição diariamente, atividade responsável por adicionar quase 300 toneladas/dia à somatória dos resíduos coletados (São Paulo, 2014), conforme apresenta o Gráfico 1.

O problema do gerenciamento e da destinação de resíduos sólidos impõe desafios crescentes aos gestores públicos e privados, na medida em que aumenta, literalmente, o volume do "problema". Não só é necessário implantar serviços de coleta e destinação de resíduos de diversas origens e naturezas, como também é preciso encarar a complicação associada ao espaço: coletar e destinar devidamente os resíduos requer não só um grande número de equipamentos e equipes, mas também deslocamentos mais longos e muito espaço para a destinação final.

Nesse sentido, é importante considerar o vernáculo público mais recente, em que o termo "resíduos sólidos" tem substituído seu falso

Gráfico 1 – Composição dos resíduos coletados em São Paulo por origem (2012)

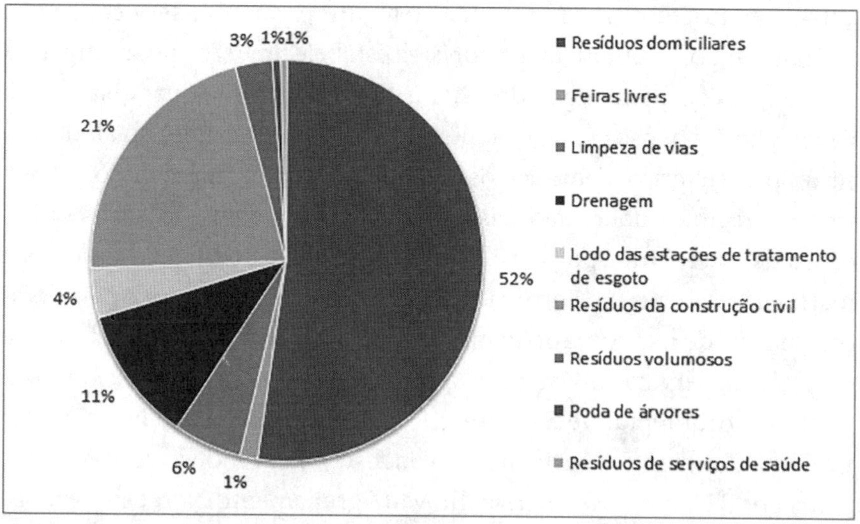

Fonte: Elaboração do autor a partir dos dados do PGIRS (São Paulo, 2014).

equivalente "lixo", pois nem todo resíduo é rejeito. Essa mudança está presente na Lei Federal nº 12.305, de 2 de agosto de 2010, que não cita o termo "lixo" – por sua vez, em seu artigo 3º, diferencia rejeitos – "resíduos sólidos que, depois de esgotadas todas as possibilidades de tratamento e recuperação por processos tecnológicos disponíveis e economicamente viáveis, não apresentem outra possibilidade que não a disposição final ambientalmente adequada" – de resíduos sólidos em geral – "qualquer material, substância, objeto ou bem descartado resultante de atividades humanas, a cuja destinação final se procede, se propõe proceder ou se está obrigado a proceder, nos estados sólido ou semissólido, bem como gases contidos em recipientes e líquidos cujas particularidades tornem inviável o seu lançamento na rede pública de esgotos ou em corpos d'água, ou exijam para isso soluções técnica ou economicamente inviáveis em face da melhor tecnologia disponível".

Os serviços de limpeza urbana envolvem o esforço de coleta, transporte, tratamento e destinação de resíduos sólidos e objetos deixados em vias públicas, bem como de promoção da limpeza e conservação de espaços e equipamentos públicos. Hoje, no município de São Paulo, a legislação[2] diferencia dois regimes de prestação de serviços de limpeza urbana: no regime público, a provisão é de responsabilidade do Estado e abrange todo o território municipal; no regime privado, os serviços devem ser contratados e remunerados por cada estabelecimento que se enquadre na categoria de grandes geradores,[3] ou que produza qualquer quantidade de resíduos perigosos (exceto aqueles de serviços de saúde) ou ainda que sejam proprietários identificados de animais mortos. Além disso, os serviços do regime público são classificados também como divisíveis (atividades de coleta, transporte, tratamento e destinação final de resíduos e materiais residenciais, entre outras) e indivisíveis (limpeza e conservação de bens de uso comum do município, varrição e asseio de vias, entre outras). Os serviços divisíveis são prestados por duas concessionárias: Logística Ambiental de São Paulo – Loga (Agrupamento Noroeste) e EcoUrbis Ambiental (Agrupamento Sudeste). Já os indivisíveis são prestados por duas permissionárias: Inova (Agrupamento Noroeste) e Consórcio Soma (Agrupamento Sudeste).

A história dos serviços de limpeza urbana de São Paulo coincide com a história da ocupação e do crescimento da cidade, e também com o cenário político-institucional do país, uma vez que, entre os séculos XIX e XX, as sucessivas transições entre regimes monocráticos, autoritários e democráticos determinaram as formas e medidas em que estados e municípios responderam às questões urbanas por conta própria.

Até o início do século XIX, não havia provisão de serviços de limpeza nem mesmo nenhuma regulação sobre o assunto. No início do século XX, São Paulo já crescia em território, número de habitantes e importância econômica, e a questão tornava-se mais complexa. Em 1913, os serviços de limpeza até então contratados junto a empresas privadas foram encampados pela prefeitura (Cruz apud Silva, 2010). Com o crescimento gradativo da complexidade do assunto, em 1966, foi criada a Secretaria de Serviços Municipais, na qual se enquadrava a limpeza urbana. Após mais de cinquenta anos de operação direta dos serviços de limpeza, o município

2 Lei Municipal nº 13.478, de 30 de dezembro de 2002.

3 Estabelecimentos que, sozinhos, gerem mais de 200 litros de resíduos sólidos não perigosos por dia, ou mais de 50 quilogramas de resíduos inertes (entulho, terra e sobra de material de construção civil).

voltou a contratar uma empresa privada para realizar esse tipo de serviço na região do Brooklin Paulista, e a base de cálculo para a remuneração da empresa era fundamentada no número de viagens realizadas (Silva, 2010). Esse foi o início da gradativa delegação dos serviços a empresas privadas, que, vinte anos depois, passariam a ser as únicas operadoras do sistema de limpeza urbana de São Paulo.

Em 1968, com a Lei nº 7.108, os serviços de limpeza urbana passaram a ser de responsabilidade do novo Departamento de Limpeza Pública (Limpu): pela primeira vez, havia um departamento dotado de corpo técnico inteiramente dedicado a planejar, controlar e executar os serviços de gerenciamento de resíduos. Foi a partir dessa época que o município de São Paulo começou a estruturar, efetivamente, uma política planejada para o gerenciamento de resíduos. A coleta de resíduos passou a ser motorizada (Silva, 2010) e as empresas contratadas tinham experiência no ramo de construção civil e obras viárias.

Em 1975, a Secretaria de Serviços Municipais tornou-se Secretaria de Serviços e Obras (SSO), e, em 1976, o Limpu foi substituído pelo novo Departamento de Limpeza Urbana (Limpurb), com estrutura e quadro técnico ampliados e experiência técnica acumulada para regulamentar e gerir os novos contratos de limpeza urbana com as empresas contratadas, bem como fiscalizar sua execução e realizar as atividades de planejamento que lhe competiam. A criação do Limpurb foi fundamental para a estruturação das regras, dos procedimentos e dos modos de atuação do poder público no setor de limpeza urbana, exercendo papel central não somente nas atividades-fim que lhe cabiam, mas também servindo de referência regional e nacional para o setor de limpeza pública.[4] Esse foi o momento de mais intensa construção de capacidades técnico-administrativas para a limpeza urbana em São Paulo. O Limpurb já nascera com

4 Alguns técnicos do Limpurb foram fundadores da Associação Brasileira de Resíduos Sólidos e Limpeza Pública (ABLP), que, a partir de 1975, publicou a *Revista Limpeza Pública*, veículo que agrega artigos técnicos sobre a gestão e a operação de sistemas de limpeza urbana em municípios brasileiros, produzidos por gestores públicos e de empresas envolvidas no setor. A ABLP assumiu papel de importância para o assunto no Brasil, estabelecendo seminários nacionais para reunir técnicos do setor, promovendo intercâmbios com empresas e organizações públicas estrangeiras e produzindo material de divulgação técnico-científica sobre gestão de resíduos sólidos no país.

a perspectiva de gerir um setor cujos serviços eram operados por empresas contratadas, sendo o responsável direto por realizar todas as contratações e sua fiscalização. Em 1977, 67% dos serviços de limpeza já eram prestados por seis empresas privadas, e os 33% restantes ficavam a cargo da municipalidade. Gradativamente, o território abrangido pelos contratos de limpeza urbana continuou aumentando, até que, em 1987, todos os serviços já eram prestados por empresas privadas, consolidando-se um mercado local muito volumoso, mas de acesso bastante restrito: a essa altura, somente três empresas (Vega-Sopave, Enterpa e Cavo) prestavam esses serviços.

Esse modelo consistia em contratar uma ou mais empresas para prestarem um conjunto específico de serviços por tempo determinado, numa área específica. As empresas eram remuneradas com base na quantidade de resíduos coletados e transportados (aferida pela massa de resíduos registrada nas balanças de aterros e transbordos), na quilometragem percorrida e no número de trabalhadores contratados. A municipalidade era a proprietária de equipamentos públicos, como usinas de compostagem, incineradores e estações de transbordo, e contratava empresas privadas para gerir e operar cada um desses equipamentos; no caso dos aterros sanitários, a prefeitura era a proprietária dos terrenos, e o restante dos equipamentos era fornecido pelas empresas contratadas (Lindemberg, 1988). Grosso modo, tratava-se de um tipo de contrato de prestação de serviços comum, como aqueles celebrados em outros setores de políticas.

Em 1987, a Lei nº 10.315 disciplinou as atividades do setor de limpeza pública, determinando quais eram de competência da prefeitura e quais competiam a particulares. Somente três empresas operavam os serviços públicos de limpeza em todo o território municipal, o que começava a suscitar denúncias de cartelização no setor. Em 1989, um ano após a promulgação da nova Constituição Federal do Brasil, subiu ao poder Luiza Erundina, do Partido dos Trabalhadores (PT). No bojo de reformas de habitação, saneamento, transporte e saúde pública (Patarra, 1996), o governo Erundina tentou promover uma mudança completa no modelo de contratação das empresas de limpeza urbana, com a descentralização dos contratos nas Administrações Regionais (AR). Contudo, a tentativa não vingou. A partir de 1993, o prefeito Paulo Maluf, do Partido Progressista do Brasil (PPB), abandonou a iniciativa e estabeleceu, de forma centralizada no Limpurb, novos contratos com quatro empresas (das quais três eram as mesmas que dominavam o setor em 1987) para que prestassem os serviços em todo o território municipal; entretanto, a fiscalização da execução dos serviços e sua remuneração ficavam a cargo de cada AR. A partir de 1996, na gestão de Celso Pitta (também do PPB), o Limpurb renovou contratos com as mesmas empresas, com a novidade da implantação do Sistema de Gerenciamento Integrado de Limpeza Pública (Sigil), que envolvia melhoramentos tecnológicos para monitorar os caminhões de coleta e registrar eletronicamente o volume de resíduos destinados aos aterros.

A criação do Sigil representou um importante dispositivo de instrumentação da política: substituiu as planilhas demonstrativas preenchidas manualmente por um mecanismo de aferição automática, reduzindo a margem de discricionariedade existente no âmbito da fiscalização do cumprimento dos contratos, e aumentando em alguma medida o controle gerencial do processo de medição dos serviços prestados. Contudo, o corpo de fiscalização do Limpurb sempre foi tido como numericamente insuficiente para promover essa atividade de maneira satisfatória – o órgão tinha apenas dezenove fiscais para cobrir todo o território do município no último ano do governo Pitta (São Paulo, 2001). Além disso, conforme indicado em entrevistas com agentes públicos, durante a administração Pitta havia denúncias de caminhões coletores que eram preenchidos com terra, água e outros materiais que alteravam o peso para, em consequência, aumentar artificialmente o volume medido, elevando assim o valor remunerado às empresas.

Em 2000, Marta Suplicy tornou-se prefeita pelo PT para um mandato de 2001 a 2004. A nova gestão promoveu uma reorganização de políticas como saúde, educação e transporte público, planejamento urbano e descentralização administrativa, transformando as ARs em subprefeituras, com maior autonomia administrativa. No setor de limpeza urbana, já em seu primeiro ano de governo, Marta Suplicy enfrentou graves denúncias de irregularidades em função da alegação de vínculos entre empresários do setor de limpeza e sua campanha eleitoral em 2000. Isso, aliado ao fato de que o final da administração Pitta deixara a cidade desprovida dos serviços de coleta de entulho e com deficiências nos serviços de varrição e coleta de resíduos domiciliares – o que exigiu a contratação emergencial de diversas empresas para a limpeza da cidade –, motivou a realização de uma Comissão Parlamentar de Inquérito (CPI) na Câmara Municipal, que cobriu um período temporal abrangendo ao menos quatro administrações diferentes.

Nas investigações conduzidas por essa CPI, detectou-se que a maior fragilidade do sistema de limpeza urbana envolvia a fiscalização da execução dos serviços prestados: além da dificuldade de se estabelecerem rotinas de fiscalização do serviço de varrição, o sistema de medição da coleta de resíduos nos transbordos e aterros era frequentemente alvo de denúncias por irregularidades, uma vez que, antes da implantação do Sigil, os controles eram feitos manualmente por operadores das balanças, e o número de fiscais do Limpurb era muito pequeno – ainda naquele ano, Marta promoveria a contratação de pelo menos noventa agentes vistores que trabalhariam no Limpurb e reforçariam o quadro. O relatório da CPI também identificou um conflito de competências entre as ARs (que se tornariam subprefeituras) e o Limpurb, visto que a contratação era feita por este último, mas a fiscalização e o pagamento dos serviços realizados pelas primeiras. Era necessário modernizar todo o sistema, atualizar seu marco regulatório e criar um novo modelo de gestão que aumentasse o potencial de investimento em equipamentos para a coleta e a destinação dos resíduos coletados, reduzisse a dependência em relação a aterros sanitários e fosse viável ao orçamento público, antes que o sistema entrasse em colapso.

Por tudo isso, em 2002, o sistema de limpeza urbana de São Paulo foi remodelado. O novo marco regulatório, iniciado com a Lei Municipal nº 13.478 de 2002, tinha múltiplas missões: superar o quadro de fragilidades detectado no modelo anterior, oferecer condições para a modernização tecnológica e administrativa do sistema, aumentar o potencial de investimento em novos equipamentos, estabelecer as bases para uma política de coleta seletiva e reciclagem com inclusão de cooperativas de catadores e, assim, reduzir a necessidade de aterros sanitários, desonerar o orçamento público com a criação de um fundo dotado de receitas próprias, fortalecer o órgão técnico responsável por regulamentar e fiscalizar o sistema e, com tudo isso, recuperar as condições ideais de operação do sistema de limpeza pública e a confiança dos cidadãos.

2. Modelo atual: atores, arranjos e capacidades institucionais

A primeira grande mudança consistiu na substituição do modelo de contratação de empresas prestadoras de serviços por um de concessão[5] dos serviços, no qual o setor privado não seria meramente um operador, mas também um investidor, como em outros setores de serviços públicos e infraestrutura viária. Em segundo lugar, o Departamento de Limpeza Urbana, órgão da administração direta subordinado à Secretaria Municipal de Serviços (SES), viria a ser substituído pela Autoridade Municipal de Limpeza Urbana (Amlurb), autarquia municipal que seria a gerenciadora do novo Fundo Municipal de Limpeza Urbana (FMLU), criado especificamente para o custeio do sistema de limpeza pública. Isso configura uma mudança-chave em relação ao modelo anterior: a Amlurb – uma agência reguladora – teria capacidade tributária ativa para arrecadar e fiscalizar as novas Taxas de Resíduos Sólidos Domiciliares (TRSD), de Resíduos Sólidos de Serviços de Saúde (TRSS) e de Fiscalização de Serviços de Limpeza Urbana (Fislurb), o que também gerou a necessidade de um quadro técnico-administrativo muito maior e diversificado.

A remuneração das empresas seria feita em parcelas mensais e prefixadas conforme o orçamento anual e compreenderia o conjunto de serviços realizados – isto é, no novo modelo, as empresas não seriam mais remuneradas de acordo com a quantidade de resíduos coletados, mas sim conforme a verificação de que os serviços teriam sido devidamente

5 Nos termos de Abiko (2011, p.8), concessão é a delegação ou a transferência da execução do serviço por lei e regulamentada pelo Executivo, de caráter transitório por prazo definido. Trata-se da observação empírica do fenômeno explorado por Levi-Faur (2005), quando trata do capitalismo regulatório. Casos de concessões em outros serviços públicos urbanos em São Paulo foram estudados por De Paula (2014) e Campos (2014; 2015), sendo o primeiro acerca da concessão da Linha 4-Amarela do Metrô, e os últimos acerca do sistema de transporte público coletivo sobre rodas (ônibus) no município.

executados (*grosso modo*, as empresas são pagas se as ruas estão limpas). Não obstante, as empresas deveriam realizar todos os investimentos programados com recursos próprios.

Também passaram a existir novas ferramentas de sanção baseadas num Índice de Qualidade Global (IQG), que considera uma pontuação atribuída a cada empresa, regularmente, com base em fiscalização da Amlurb nos equipamentos de limpeza, e também leva em conta o número de reclamações registradas pela população junto ao órgão. As empresas que tiverem um desempenho abaixo do permitido em contrato e estabelecidas em resoluções da Amlurb podem ser multadas ou receber sanções mais graves, como o aumento gradativo do valor das multas e, em última instância, a rescisão do contrato. Antes da implantação do IQG, não havia nenhuma formalização sobre o efeito do número de reclamações da população a respeito da qualidade dos serviços prestados sobre a remuneração das empresas, de forma que prestar um serviço de baixa qualidade não necessariamente afetava a remuneração das empresas, desde que, ao final do mês, as planilhas demonstrativas da quantidade de resíduos coletados e da quilometragem varrida fossem aprovadas pelos fiscais da prefeitura, por exemplo. Outro mecanismo novo foi o Sistema Informatizado de Fiscalização dos Serviços de Coleta de Resíduos (Fiscor), que introduziu o monitoramento dos caminhões coletores por satélite. Juntos, os mecanismos da remuneração mensal prefixada, do IQG e do Fiscor diminuíram muito a ocorrência de algumas irregularidades do modelo anterior. Trata-se de um efeito de instrumentação da política sobre a sua operacionalização prática.

Entretanto, a criação das taxas – sobretudo da TRSD – foi motivo de intensa disputa eleitoral em 2004. O novo prefeito, José Serra, do Partido da Social Democracia Brasileira (PSDB), mobilizou a revisão do modelo de concessão e da contratação dos consórcios, suspendeu investimentos em novos equipamentos (especialmente para a coleta seletiva) e extinguiu a cobrança da TRSD de munícipes que gerassem até 200 litros de resíduos diariamente (ou seja, todos aqueles incluídos no regime público de limpeza urbana). Com isso, o FMLU deixou de contar com uma importante fonte de arrecadação, e o custeio dos serviços de limpeza pública continuou muito dependente do Tesouro do município.

O financiamento do setor é um aspecto muito importante para compreender as decisões sobre a mudança do modelo de provisão desses serviços. De forma geral, desde 1987 (quando 100% dos serviços de limpeza pública passaram a ser prestados por empresas privadas), observou-se o crescimento dos gastos com esses contratos, o que não se deu de forma contínua ou linear. A gestão de Luiza Erundina procurou reduzir os custos globais do sistema por meio da implantação do programa de coleta seletiva e da tentativa de pulverização dos contratos em torno das ARs. A gestão de Paulo Maluf suspendeu esses esforços e centralizou no Limpurb a celebração de contratos com quatro empresas de grande porte. Seu governo e também o seguinte, de Celso Pitta, foram marcados por denúncias de irregularidades na fiscalização dos serviços, verificando-se grande aumento de remuneração às empresas frente às planilhas de controle de quantidade de resíduos coletados. O governo de Marta Suplicy procurou retomar a iniciativa de coleta seletiva e reciclagem, com a participação de cooperativas de catadores de materiais recicláveis, e criou o modelo de concessão dos serviços divisíveis de limpeza urbana, resultando na mudança da configuração de atribuições entre Estado e mercado e um aumento dos gastos anuais com o sistema. Serra promoveu o congelamento dos investimentos programados para a concessão e suspendeu a arrecadação da TRSD. No final do governo de Gilberto Kassab, do Democratas, em 2012, firmou-se novo contrato de permissão para os serviços indivisíveis de limpeza, com duração de três anos e um valor de R$ 2 bilhões distribuídos no período. Fernando Haddad, cuja gestão perdurou de 2013 a 2016, manteve os contratos firmados e descongelou investimentos em coleta seletiva e reciclagem.

Em 2014, os serviços representaram 4,3% do orçamento liquidado, cujo total geral foi pouco mais de R$ 41,5 bilhões (São Paulo, 2015). O Gráfico 2 representa a evolução anual dos gastos com limpeza urbana no município no período 1987-2014, distinguindo os valores dispendidos com contratos de prestação de serviços e os outros gastos que compõem o orçamento da limpeza pública.

Gráfico 2 – Gastos com limpeza urbana no município de São Paulo, 1987 a 2014

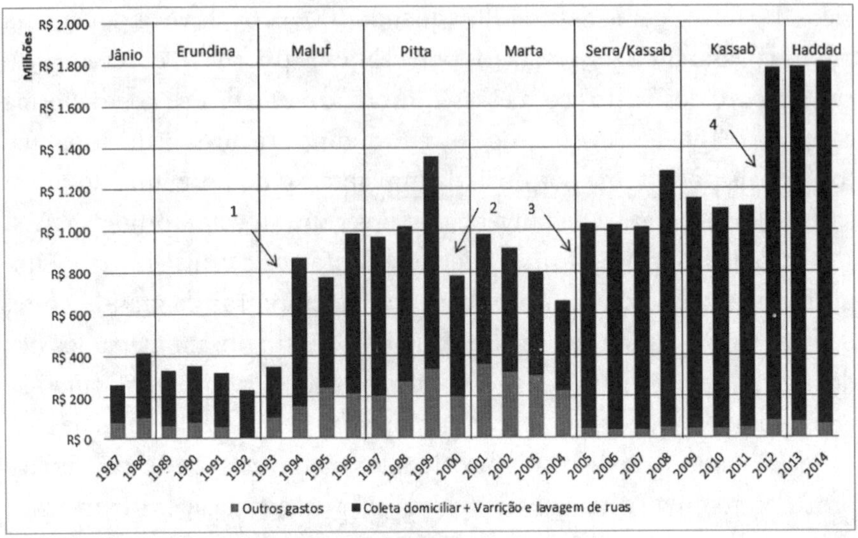

Fonte: Elaboração do autor com base em dados do Sistema de Execução Orçamentária do Município de São Paulo. Valores em reais (R$) de dezembro de 2014.

No gráfico, estão assinaladas as durações de cada governo com o nome de quem estava à frente, bem como indicados quatro momentos de destaque. A seta nº 1 sinaliza o momento em que, na gestão de Paulo Maluf, os gastos com os contratos de limpeza urbana foram sensivelmente ampliados, antes da implantação de instrumentos de verificação automática da quantidade de resíduos coletados. A seta nº 2 indica o último ano da gestão de Celso Pitta, após denúncias de corrupção e a realização da CPI da "Máfia dos Fiscais" em 1999, quando os gastos com limpeza urbana foram bastante reduzidos, e a cidade ficou sem o serviço de coleta de entulho. A seta nº 3 denota o primeiro ano da gestão de José Serra, quando o aumento dos gastos com os contratos de coleta e varrição aparece junto à redução de outros gastos com limpeza urbana: isso representa a entrada de serviços que antes competiam ao Limpurb no âmbito das concessões. O volume total de gastos com limpeza urbana ficou praticamente estável até 2008, quando os contratos de serviços indivisíveis foram reajustados. Finalmente, a seta nº 4 indica um grande aumento de gastos em 2012, o que correspondeu, ao mesmo tempo, ao início de novos contratos de serviços indivisíveis e ao primeiro reequilíbrio financeiro dos contratos de serviços divisíveis (previsto para 2009, mas que, efetivamente, só ocorreu em 2013). Desde então, os gastos estão praticamente estáveis.

Com todos esses fatores, a construção do setor de limpeza urbana de São Paulo pode ser analisada em quatro fases. A primeira consistiu no surgimento das primeiras regras e na contratação dos primeiros serviços junto a empresas privadas. A segunda fase foi marcada, ao mesmo tempo, pelo primeiro impulso de modernização e planejamento dos serviços e com a criação de uma burocracia municipal que encampou a operação direta dos serviços. A terceira fase, já na segunda metade do século XX e durante um regime autoritário, consistiu no retorno gradativo à contratação de empresas para a operação dos serviços, com a consolidação das estruturas de regulação, contratação e fiscalização dos serviços prestados pelas empresas. Por fim, a última fase do setor, iniciada no século XXI, é marcada pela tentativa de concessão do setor de limpeza urbana, com a criação de uma agência reguladora, a delegação de todos os serviços e equipamentos públicos para consórcios privados e um plano de investimentos em coleta seletiva e reciclagem, pacote remunerado mensalmente com base na verificação de execução dos serviços e investimentos pelas concessionárias. Mas, na prática, sem um instrumento orçamentário para o custeio da remuneração das empresas e com investimentos congelados, o modelo de concessão foi tratado como contratos de prestação de serviços com prazo prolongado. A Tabela 1 a seguir sumariza as fases da política de limpeza urbana em São Paulo, sintetizando os aspectos analisados pela pesquisa.

A mudança do modelo em 2002 não correspondeu a uma mera reconfiguração dos serviços incluídos no pacote operado pelas empresas. Antes, trata-se da mudança do papel desempenhado pelo setor privado na limpeza urbana: de operadores passaram a gestores, investidores e parceiros do Estado, uma vez que todos os serviços e equipamentos foram delegados a eles por um período razoável de ao menos vinte anos. Isso deve ser pensado na perspectiva do capitalismo regulatório (Levi-Faur, 2005), segundo o qual a delegação de responsabilidades pelo Estado às empresas privadas não necessariamente equivale ao seu enfraquecimento, mas tem a ver com o fortalecimento de suas funções de regulação. Essa era a

Tabela 1 – As quatro fases da limpeza urbana em São Paulo

	Fase 1 (até 1913)	Fase 2 (1913 a 1966)	Fase 3 (1966 a 2002)	Fase 4 (desde 2002)
Operação	Indireta	Direta	Indireta	Concedida (s. div.) ou permitida (s. indiv.)
Regulação	CMSP, depois PMSP	SSM, depois Limpu	Limpu, depois Limpurb	Limpurb, depois Amlurb
Fiscalização	CMSP, depois PMSP	PMSP	Limpurb e AR	Sub. e Limpurb, depois Amlurb
Fonte de recursos	Tesouro	Tesouro	Tesouro	FMLU/Tesouro
Remuneração baseada em	Conjunto de serviços	Não se aplica	Distância percorrida e volume de resíduos	Conjunto de serviços e investimentos
Número de empresas contratadas	1	Não se aplica	3 a 6	2 concessionárias e 2 permissionárias
Papel das empresas	Execução	Não se aplica	Execução	Gestão, investimento e operação
Duração dos contratos	2 a 3 anos	Não se aplica	5 anos	20 anos ou 3 a 5 anos
Monitoramento eletrônico	Não havia	Não havia	Sigil (pesagem)	Fiscor (GPS)
Índice de qualidade	Não havia	Não havia	Não havia	IQG

Fonte: Elaboração do autor com base em dados da pesquisa de mestrado (Godoy, 2015).

intenção por trás da criação da Amlurb, num momento em que o setor de limpeza urbana passava por turbulências, com sucessivas denúncias de irregularidades na fiscalização e na própria execução dos serviços: criar uma burocracia com maior grau de insulamento e repassar a responsabilidade pelos investimentos ao setor privado e, ao mesmo tempo, fortalecer a capacidade estatal de regular e fiscalizar a política pública e dar condições para que sua execução concreta fosse modernizada, mantida e expandida com recursos privados e advindos de arrecadação própria para isso, desonerando o orçamento público.

Após quinze anos de sua criação oficial, e mais de quatro anos depois de sua efetiva implantação, a Amlurb ainda não possui quadro técnico próprio, e paira sobre ela a dificuldade orçamentária imposta pela ausência da cobrança da TRSD e a consequente dependência do orçamento público para o custeio do sistema. O modelo de concessão oferece "saídas" para isso, já que os investimentos em equipamentos de gestão de resíduos podem ser feitos pelas empresas concessionárias e revertidos ao município ao final do contrato, mediante a remuneração mensal às empresas. Mas, considerando que a cobrança da TRSD foi extinta, os investimentos acabaram congelados em 2005 e retomados somente em 2013, e que em 2018 o país e o município se esforçam por um corte de gastos, é arriscado fazer qualquer inferência sobre o futuro do modelo.

3. Capitais da limpeza urbana

Enquanto o arcabouço institucional da limpeza urbana foi marcado pela tentativa de aumento das capacidades estatais e pelo fortalecimento da regulação pelo Estado, algo semelhante ocasionou a formação do nicho de mercado que opera os serviços desde a década de 1960. O acesso das empresas aos contratos de limpeza pública está diretamente relacionado às regras de contratação – isto é, à legislação que regula as licitações públicas. Quando, na década de 1960, os serviços de limpeza começaram a ser repassados a empresas privadas por meio de contratos de prestação de serviços com a municipalidade, a legislação sobre contratações públicas era bastante incipiente. A primeira norma que, em alguma medida, regulava o tema foi o Decreto-Lei Federal nº 200, de 25 de fevereiro de 1967, que estabelecia diretrizes para uma ampla reforma administrativa. Boa parte dos princípios das contratações que existem até hoje no Brasil já estava lá, muito embora o decreto-lei deixasse grande espaço para discricionariedade da administração. Foi sob a vigência desse ato que, pela primeira vez, as empresas de limpeza urbana assumiram contratos para prestar esses serviços no município de São Paulo. De acordo com entrevistas realizadas para esta pesquisa, as primeiras empresas contratadas ingressaram no setor, principalmente, por uma postura "visionária" de seus proprietários, que se "aventuraram" a entrar nesse ramo, já que não havia ainda empresas especializadas nesse tipo de operação em São Paulo. Assim, empresas de terraplenagem, pavimentação e construção – obras de engenharia e infraestrutura – tornaram-se também prestadoras de serviços de coleta de resíduos, varrição de logradouros e operação de aterros.

Essa norma vigorou até 1986, quando o Decreto-Lei Federal nº 2.300 foi publicado. Já num regime democrático, mas antes da realização da Assembleia Nacional Constituinte, o novo marco regulatório trouxe o primeiro "sistema legal específico para a realização de licitações" (Marques, 1999), pois definiu o que era considerado obra ou serviço, compra, alienação e execução direta e indireta. Trata-se de uma norma muito mais minuciosa que a anterior, com o intuito de tornar os processos de compras públicas mais criteriosos e objetivos, superando o espaço antes deixado a decisões discricionárias. A norma de 1986 foi editada no final do período de gradativo repasse dos serviços de limpeza a empresas privadas em São Paulo. A essa altura, segundo entrevistas, essas companhias já possuíam experiência, patrimônio e capacidade técnica para prestar esses serviços, ou seja, dispunham de toda a documentação necessária para serem habilitadas nos processos de contratação, bem como para pleitear contratos públicos também em outras metrópoles.

No início da década de 1990, no período de vigência da nova Constituição Federal, novos processos de reforma administrativa foram colocados em prática para modernizar a administração pública e coibir práticas de corrupção nas contratações. A Lei Federal nº 8.666, de 21 de junho de 1993, estabeleceu o novo marco para licitações e contratos públicos, submetendo todos os entes federativos e órgãos públicos a seus critérios. Em comparação com a norma anterior, é mais extensa e torna os processos de contratação ainda mais complexos, procurando aumentar a publicidade dos processos de contratação e dar mais objetividade aos critérios, intensificando a restrição sobre a discricionariedade dos órgãos durante os processos de licitação. Marques (1999) informa que essa era a primeira vez que os crimes referentes a contratações públicas eram tipificados, bem como suas penas. Por outro lado, embora reduzisse a margem de discricionariedade do contratante no processo e previsse penas para agentes públicos e privados que violassem o princípio da livre concorrência de forma a lesar o Estado ou o mercado, essa lei não impedia que, na prática, as empresas de qualquer setor econômico combinassem antecipadamente suas estratégias para divisão de contratos: é possível, por exemplo, que determinadas empresas se reúnam durante o período de habilitação para acertar quais serão os preços sugeridos, as margens para descontos e a divisão de lotes de operação entre elas, o que configura a cartelização.

Em 1987, somente três empresas proviam todos os serviços de coleta de resíduos e varrição de logradouros em São Paulo. Em 1993, eram quatro empresas, número que variou entre sete e nove de 2001 a 2004. Finalmente, em 2004, a concessão dos serviços divisíveis de limpeza foi entregue a dois consórcios empresariais, e, desde 2011, outros dois consórcios permissionários operam os serviços indivisíveis por regime de empreitada (prestação de serviços). Cada consórcio é formado por duas ou três empresas.

Se, por um lado, poucas empresas dominam o mercado público – isto é, concentram grande parte ou a totalidade dos contratos de prestação de serviços ou de concessão firmados pelo Estado desde a década de 1960 –, outras, menores e muito mais numerosas, apropriaram-se do quinhão de serviços de gerenciamento de resíduos prestados para os estabelecimentos considerados como grandes geradores. Em São Paulo, existem milhares de empresas cujo objeto social inclui a coleta de resíduos e a gestão de serviços de limpeza e saneamento.

O mercado da limpeza urbana em São Paulo se divide em aglomerações (*clusters*) de empresas, reunidas em torno da conquista de contratos públicos, resultando num processo endógeno de aumento de capital e importância: quanto mais contratos públicos ficaram concentrados pelas empresas maiores e mais antigas, mais contratos públicos elas tenderam a conquistar e mais importância (prestígio) elas adquiriram entre seus pares. De outro lado, os serviços prestados a estabelecimentos particulares são muito mais pulverizados entre empresas menores. A explicação para esse movimento passa por elementos como a legislação de contratações públicas, a própria existência de empresas com experiência ou capacidade técnica para operar esses serviços desde a década de 1960 e também inclui evidências de cartelização e corrupção nos procedimentos de contratações públicas, muito embora isso não esteja no foco desta pesquisa.

Também se verifica uma notória concentração de capital nas mãos de grupos societários seletos, com a recorrência de sócios e diretores nos quadros de administradores de empresas que também possuem penetração em outros nichos de mercado através de suas controladoras. Isso serve para mostrar que, além de poucas empresas controlarem a provisão de serviços em regime público, um número ainda menor de sócios e empresas controlam esses provedores.

A primeira licitação para a contratação das concessionárias foi realizada em 2004. A cidade foi dividida em dois agrupamentos e contrataram-se dois consórcios: São Paulo Limpeza Urbana S/A (SampaLimp), depois renomeado como Logística Ambiental de São Paulo S/A (Loga), e EcoUrbis Ambiental S/A, ambas sociedades por ações de capital fechado. O contrato é vigente até 2024, sendo prorrogável por mais vinte anos. Quanto aos serviços indivisíveis, eles eram prestados por cinco empresas até 2011: Qualix, Construfert, Unileste, Paulitec e Delta, cada uma sendo responsável por um agrupamento da cidade. Em 2011, a gestão de Gilberto Kassab (2006-2012) redistribuiu a cidade em somente dois agrupamentos, coincidentes com aqueles dos serviços divisíveis, e para cada um contratou um consórcio de até três empresas, para prestarem os serviços indivisíveis essenciais por três anos prorrogáveis: Inova Gestão de Serviços Urbanos (sociedade por ações de capital fechado) e Consórcio Soma (consórcio).

No agrupamento noroeste de São Paulo, a Loga é a concessionária dos serviços divisíveis e a Inova opera os serviços indivisíveis. Já no agrupamento sudeste, EcoUrbis é a concessionária dos divisíveis e a Soma é responsável pelos indivisíveis. A Tabela 2 apresenta a constituição de cada consórcio, com suas respectivas controladoras. As controladoras de primeiro nível correspondem às empresas que formalmente compõem cada consórcio. Já as controladoras de segundo nível correspondem às empresas que controlam as de primeiro nível. Empresas que não tenham controladoras de segundo nível figuram nas duas colunas. A tabela evidencia recorrências importantes entre as controladoras dessas empresas: o Grupo Queiroz Galvão, a Solví Participações e a Estre Ambiental estão presentes em todos os contratos em regime público de São Paulo.

Tabela 2 – Empresas concessionárias e permissionárias dos serviços de limpeza prestados em regime público e suas atuais controladoras (2015)

<table>
<tr><th>Serviços</th><th>Empresas</th><th>Controladoras (1º)</th><th>Controladoras (2º)</th></tr>
<tr><td rowspan="5">Divisíveis (concessão)</td><td rowspan="3">EcoUrbis Ambiental</td><td>Vital Engenharia Ambiental</td><td>Grupo Queiroz Galvão</td></tr>
<tr><td colspan="2">Construtora Marquise</td></tr>
<tr><td colspan="2">S.A. Paulista de Construções e Comércio</td></tr>
<tr><td rowspan="2">Logística Ambiental de São Paulo</td><td>Vega Valorização de Resíduos</td><td>Solví Participações</td></tr>
<tr><td>Estre Coleta Holding</td><td rowspan="2">Estre Ambiental</td></tr>
<tr><td rowspan="5">Indivisíveis (permissão)</td><td rowspan="2">Consórcio Soma</td><td>Cavo Serviços e Saneamento</td></tr>
<tr><td colspan="2">Corpus Saneamento e Obras</td></tr>
<tr><td rowspan="3">Inova Gestão de Serviços Urbanos</td><td>Vital Engenharia Ambiental</td><td>Grupo Queiroz Galvão</td></tr>
<tr><td>Revita Engenharia Sustentável</td><td>Solví Participações</td></tr>
<tr><td colspan="2">Paulitec Construções</td></tr>
</table>

Fonte: Elaboração do autor com base em dados da pesquisa de mestrado (Godoy, 2015).

A legislação municipal[6] estabelece que os grandes geradores de resíduos sólidos sejam obrigados a se cadastrar junto à Amlurb e, para a destinação de seus resíduos, eles devem contratar uma das empresas cuja operação dos serviços em regime privado foi autorizada pela autarquia. Para ser uma autorizatária, é necessário que a empresa comprove possuir capacidade jurídica, idoneidade financeira, regularidade fiscal e capacidade técnica, bem como apresente a relação de equipamentos que possui e a

6 Decreto Municipal nº 45.668, de 29 de dezembro de 2004.

declaração de destino final comprovando sua adequação técnica e ambiental (o que evita, por exemplo, que a empresa transporte resíduos para um "lixão", o que é proibido).

Apesar da grande pulverização desse nicho em comparação com o dos serviços prestados em regime público (em que somente quatro empresas operam todos os serviços), um conjunto de apenas 29 empresas atende a 92,1% dos 7.682 grandes geradores cadastrados junto à Amlurb. A de maior destaque é a Multilixo Remoções de Lixo, que, sozinha, serve a 22,8% dos grandes geradores cadastrados, e congrega um dos maiores grupos empresariais dos ramos de coleta e gerenciamento de resíduos industriais, reciclagem de resíduos secos, triagem de resíduos da construção civil e administração patrimonial em São Paulo. A Tabela 3 apresenta a distribuição das empresas com os maiores números de contratantes no regime privado de limpeza, isto é, as empresas com mais clientes atendidos.

Tabela 3 – Empresas com maiores números de contratantes no regime privado (pelo menos 150 grandes geradores de resíduos), São Paulo (2015)

Nome da empresa	Nº de clientes	% de clientes
Multilixo Remoções de Lixo Sociedade Simples Ltda.	1751	22,8
Coleta Industrial Fimavan Ltda.	562	7,3
4R Ambiental Locação de Equipamentos Ltda.	517	6,7
2A Reciclagem e Remoção de Lixo Ltda.	412	5,4
Polilix Triagem e Classificação de Resíduos Ltda.	312	4,1
Soluções Técnicas Ambiental Ltda.	269	3,5
Koleta Ambiental Ltda. (Solví)	254	3,3
Veolia Serviços Ambientais Ltda.	245	3,2
Cavo Serviços e Saneamento S/A (Estre)	223	2,9
Koletus Gestão Ambiental Ltda.	197	2,6
Miguelão Comércio de Sucatas Ltda.	188	2,4
Montanha Transporte e Coleta de Resíduos Ltda.	184	2,4
Transambiental Serviços Ambientais Ltda.	177	2,3
Ecotrans Ambiental Sist. de Coleta e Destinação de Resíduos Ltda.	170	2,2
Laguna Gestão Ambiental Ltda.	158	2,1

Fonte: Elaboração do autor com base em dados de Amlurb.

Como se observa, os grupos Solví e Estre, que controlam consórcios de operadores dos serviços divisíveis e indivisíveis no regime público, também estão representados entre as principais empresas que atuam no regime privado de limpeza, por meio de suas subsidiárias Koleta Ambiental e Cavo Serviços e Saneamento, respectivamente, evidenciando a existência de redes de propriedade no setor de limpeza urbana de São Paulo.

Conclusões

É possível colocar em perspectiva a atual configuração do sistema de limpeza urbana de São Paulo como o mais recente estágio de um processo de construção de arcabouços institucionais e regulatórios que vem sendo conduzido desde o século XIX. Parte da discussão diz respeito a quem conduz esse processo, o que tem a ver com o papel assumido pelo Estado em cada momento da política. Os esforços de construção de capacidades e instrumentos de regulação e fiscalização são afetados por decisões de governo, pelo grau de abertura dos processos decisórios e pelo escrutínio dos órgãos de controle interno e externo.

Também se podem enumerar as principais disputas de poder em torno dessa política. A primeira se deu durante todo o processo de desenvolvimento e tem a ver com o modelo de operação dos serviços, que oscilou entre privado (contratação ou concessão) e público, o que foi intensamente correlacionado com o tipo de estrutura administrativa implantada para gerir o sistema: com a criação do Limpurb, a operação dos serviços tornou-se privada mediante a celebração de contratos de prestação de serviços. Já em 2002, a remodelagem do sistema ensejou a criação de uma autarquia para regular e fiscalizar contratos de concessão, que repassaram à iniciativa privada um volume muito maior de responsabilidades.

Uma segunda classe de disputas se deu em torno da instrumentação da política pública, direcionada à maneira como se fazem as contratações de empresas para a sua execução (de forma centralizada no Limpurb ou descentralizada nas ARs) e também ao modo como se remuneram as empresas, com destaque para a dimensão de fiscalização e sanção a irregularidades.

Tudo isso acarretou consequências para a agenda pública de diferentes formas ao longo do tempo, assim como o nível de insatisfação dos munícipes. Ao final da gestão de Celso Pitta, a limpeza urbana estava em condições muito precárias, e o primeiro ano do governo de Marta Suplicy foi bastante impactado por esses problemas. Com a realização da CPI de 2001, todo o modelo passou por reestruturação. Entretanto, a criação de uma nova taxa foi um tema intensamente mobilizado nas eleições de 2004, vencidas pelo candidato de oposição José Serra, que promoveu a extinção daquela taxa e a redução do pagamento mensal às empresas. Com o incremento de qualidade dos serviços proporcionado por novos instrumentos de fiscalização, como o Fiscor, e pelo controle e as possíveis sanções às empresas, o tema do controle e da fiscalização de execução dos serviços de limpeza passou a ser menos evidente na agenda pública.

Tudo isso para dizer que as decisões da política pública também são influenciadas pela política local (assim como a influenciam), mais do que simplesmente produtos de necessidades técnicas ou operacionais: nota-se que a política se faz presente na organização do setor. Observa-se o efeito dos instrumentos de políticas e dos modelos de gestão sobre o resultado, no que concerne ao nível de entrega dos serviços. A tese do "capitalismo regulatório" (Levi-Faur, 2005) propõe que, na economia capitalista vigente, a divisão de tarefas entre Estado e mercado não necessariamente enfraqueça alguma das partes, mas ao mesmo tempo promova novas formas de regulação que as fortaleçam e gerem resultados concretos em termos de políticas públicas. No caso da limpeza urbana, há uma variação dos esforços para intensificar a regulação e estabelecer essa divisão de tarefas, entre um estágio e outro, com incertezas quanto às fontes de financiamento do setor, resultando numa instabilidade de papéis atribuídos ao Estado e ao mercado.

Referências bibliográficas

ABIKO, Alex. *Serviços públicos urbanos*. Texto Técnico TT/PCC/10. São Paulo: Escola Politécnica da Universidade de São Paulo, 2011.

BICHIR, Renata. Capacidades estatais para a implementação de programas de transferência de renda: os casos de Brasil, Argentina e África do Sul. *Texto para Discussão Ipea*, Rio de Janeiro, n.2032, jan. 2015.

BRITO, José Domingos de. *Centro de Documentação e Informação (CDI)*. *Nota Técnica 3*. São Paulo: Companhia de Engenharia de Tráfego, 1978.

CAMPOS, Marcos. *A política das linhas de ônibus*. Trabalho apresentado no IV Seminário Discente da Pós-Graduação em Ciência Política da USP, São Paulo, 7-11 abr. 2014. Disponível em: <www.sistemas.fflch.usp.br/ocspkp/sdpscp/IVsem/paper/view/181/132>. Acesso em: 29 maio 2017.

______. Territórios de Fronteira: notas sobre os capitais dos transportes urbanos. Trabalho apresentado no V Seminário Discente da Pós-Graduação em Ciência Política da USP, São Paulo, 2015. Disponível em: <www.sistemas.fflch.usp.br/ocspkp/sdpscp/Vsem/paper/view/378/187>. Acesso em: 29 maio 2017.

CASTRO, José Esteban; HELLER, Léo (eds.). *Water and Sanitation Services*: Public Policy and Management. Abingdon: Routledge, 2009.

CHEIBUB, José Antonio Borges. *Capacidade de governo no serviço de transporte público*: O caso de São Paulo. São Paulo. IDESP, 1985

DE PAULA, Pedro do Carmo Baumgratz. *As parcerias público-privadas de metrô em São Paulo*: as empresas estatais e o aprendizado institucional no financiamento da infraestrutura de serviços públicos no Brasil. São Paulo, 2014. Dissertação (Mestrado em Direito Econômico e Financeiro) – FD-USP.

GODOY, Samuel Ralize de. *Muito além da lata de lixo*: a construção da política pública e a organização do mercado de limpeza urbana no município de São Paulo. São Paulo, 2015. 146p. Dissertação (Mestrado em Ciência Política) – FFLCH-USP. Disponível em: <www.teses.usp.br/teses/disponiveis/8/8131/tde-12012016-135131/pt-br.php>. Acesso em: 29 maio 2017.

______. A economia política da limpeza urbana em São Paulo. *Novos Estudos Cebrap*, São Paulo, v.35, n.2, p.55-76, jul. 2016.

ISODA, Marcos Kiyoto de Tani e. *Transporte sobre trilhos na Região Metropolitana de São Paulo*: estudo sobre a concepção e inserção das redes de transporte de alta capacidade. São Paulo. Dissertação (Mestrado em Arquitetura) – Universidade de São Paulo, 2013.

ITACARAMBI, Paulo Augusto Oliveira. *A administração da operação do transporte coletivo por ônibus em São Paulo: pública ou privada?* São Paulo. Dissertação (Mestrado em Administração Pública) – Fundação Getúlio Vargas, 1985.

JACOBI, Pedro (org.). *Gestão compartilhada dos resíduos sólidos no Brasil*: inovação com inclusão social. São Paulo: Annablume, 2006.

JACOBI, Pedro; VIVEIROS, Mariana. Da vanguarda à apatia, com muitas suspeitas no meio do caminho: gestão de resíduos sólidos domiciliares em São Paulo entre 1989 e 2004. In: JACOBI, Pedro (org.). *Gestão compartilhada dos resíduos sólidos no Brasil*: inovação com inclusão social. São Paulo: Annablume, 2006. p.17-64.

LASCOUMES, Pierre; LE GALÈS, Patrick. Introduction: Understanding Public Policy through Its Instruments: from the Nature of Instruments to the Sociology of Public Policy Instrumentation. *Governance*, v.20, n.1, p.1-21, jan. 2007.

LAZZARINI, Sérgio. *Capitalismo de laços*: os donos do Brasil e suas conexões. Rio de Janeiro: Elsevier, 2011.

LEVI-FAUR, David. The Global Diffusion of Regulatory Capitalism. *The Annals of the American Academy of Political and Social Science*, v.598, p.12-32, mar. 2005.

LINDEMBERG, Roberto de Campos. Preços médios pagos pelos serviços pela prefeitura do município de São Paulo. *Revista Limpeza Pública*, São Paulo, n.29, p.4, jul./ago. 1988.

MARQUES, Eduardo. Estado e empreiteiras na comunidade de políticas urbanas no Rio de Janeiro. *Dados*, Rio de Janeiro, v.42, n.2, 1999. Disponível em: <www.scielo.br/scielo.php?script=sci_arttext&pid=S0011-52581999000200005>. Acesso em: 29 maio 2017.

______ (org.). *A metrópole de São Paulo no século XXI*: espaços, heterogeneidades e desigualdades. São Paulo: Editora Unesp/CEM, 2015.

MENDONÇA, Adolfo Luis Machado. *Gestão pública, regulamentação e flexibilidade de planejamento*: a experiência da "municipalização" do transporte coletivo em São Paulo (1989-1992). São Paulo. Dissertação (Mestrado em Administração Pública) – Fundação Getúlio Vargas, 1997.

PATARRA, Ivo. *O governo Luiza Erundina*: cronologia de quatro anos de administração do PT na cidade de São Paulo, de 1989 a 1992. São Paulo: Geração Editorial, 1996.

PEREIRA, Robson Mendonça. *O prefeito do progresso*: modernização na cidade de São Paulo na administração de Washington Luís (1914-1919). Franca, 2005. Tese (Doutorado em História) – Unesp.

PIRES, Roberto Rocha; GOMIDE, Alexandre de Avila. *Burocracia, democracia e políticas públicas*: arranjos institucionais de políticas de desenvolvimento. *Texto para Discussão Ipea*, Rio de Janeiro, n.1940, mar. 2014.

SÃO PAULO (Município). *Relatório da Comissão Parlamentar de Inquérito sobre possíveis irregularidades nas contratações de coleta de lixo na cidade de São Paulo (RPP 221/93)*. São Paulo: Câmara Municipal de São Paulo, 1989a. [mimeo]

______. *Parecer e Relatório Final da Comissão Especial de Inquérito com a finalidade de apurar a situação do lixo em nossa cidade (RPP 281/89)*. São Paulo: Câmara Municipal de São Paulo, 1989b. [mimeo]

_____. *O poder em São Paulo*: história da administração pública da cidade (1554-1992). São Paulo: Cortez/Sera, 1993.

_____. *Relatório final da Comissão Parlamentar de Inquérito para apurar eventuais irregularidades ocorridas em licitações, contratações, execução e fiscalização dos contratos de coleta de lixo e entulho, varrição e limpeza pública da cidade de São Paulo (RDP 81/2001)*. São Paulo: Câmara Municipal de São Paulo, 2001. [mimeo]

_____. Plano de Gestão Integrada de Resíduos Sólidos. *Portal da Prefeitura da Cidade de São Paulo*, São Paulo, 2014. Disponível em: <www.prefeitura.sp.gov.br/cidade/secretarias/upload/servicos/arquivos/PGIRS-2014.pdf>. Acesso em: 29 maio 2017.

_____. Execução orçamentária. *Dados Abertos*. São Paulo, 2015. Disponível em: <dados.prefeitura.sp.gov.br/dataset/base-dados-execucao>. Acesso em: 29 maio 2017.

_____. Autoridade Municipal de Limpeza Urbana. *Portal da Prefeitura do Município de São Paulo*, 2017. Disponível em: <www.prefeitura.sp.gov.br/cidade/secretarias/regionais/amlurb/>. Acesso em: 29 maio 2017.

SILVA, Marcos Penha. *O Departamento de Limpeza Urbana (Limpurb) da Secretaria Municipal de Serviços da Prefeitura de São Paulo*: apontamentos históricos. Mogi das Cruzes, 2010. Trabalho de Conclusão de Curso (Pós-Graduação em Gestão Pública) – Universidade de Mogi das Cruzes.

8
Paradigma e mudança na mobilidade urbana

Carolina Requena

A mobilidade urbana em São Paulo é minoritariamente realizada em transporte sobre trilhos (5% das viagens principais em metrô e 3% em trens metropolitanos), seguida de transporte em ônibus (23,6%), automóveis privados (26,2%) e caminhada (36,2%). Residuais, as viagens principais em moto correspondem a 0,6% e, em bicicleta, a 0,3%. Esses números, específicos da década de 2000, mas consistentes em sua hierarquia desde os anos 1980, revelam que predomina na metrópole a mobilidade viária, feita por sua vez majoritariamente a pé e em carro, ficando em terceira posição as viagens em ônibus (Requena, 2015).[1]

Examinar o curso da política pública de mobilidade em busca de elementos que componham uma explicação para esses resultados é o objetivo do presente capítulo. Explicitar e problematizar aspectos institucionais e

1 Os números referem-se à região metropolitana de São Paulo e foram computados a partir da categoria "viagens diárias produzidas por modo principal" da pesquisa O/D 2007 do Metrô, agregados em áreas geográficas denominadas Zonas OD. Não utilizo os dados da Pesquisa de Mobilidade 2012, divulgada no início de 2014 pela Companhia do Metropolitano, pois ela não oferece condições para a comparação rigorosa com as pesquisas O/D divulgadas em anos de final 7. A PM12 contém somente 31 áreas de agregação de dados na RMSP, contra 460 da OD2007.

políticos que viabilizaram a supremacia da circulação viária e, nesse quadro, a ampla adoção do transporte individual em automóvel será o caminho adotado para o desenvolvimento do argumento.

O incentivo para delinear esse objetivo não é apenas a persistência da expressão hierarquizada desses dados, mas principalmente o que eles significam quando analisados em conjunto. O primeiro fato importante é que o transporte de massa da metrópole é realizado em ônibus sobre as vias, e não sobre trilhos, como recomendaria o planejamento urbano. O segundo fato é que, tal qual configurada, a mobilidade em São Paulo reforça desigualdades historicamente presentes na metrópole, como as retratadas em Marques e Torres (2005) e Marques (2015). A manifestação mais patente desse reforço é o tempo gasto para viajar: usuários de transporte coletivo levavam, em média, o dobro de tempo do que usuários de carro para se locomover em São Paulo, segundo a última pesquisa O/D completa disponível (2007), em um sistema finito e, portanto, distributivo e disputado (Requena, 2015).

A realização da mobilidade urbana é fruto de uma política pública que reúne aspectos imbricados: o suporte e a organização da circulação; a circulação em meios coletivos de transporte; e a circulação em meios privados de transporte. Apesar dessa imbricação, no caso de São Paulo o Estado regula a política de mobilidade de forma fragmentada, por meio de diferentes burocracias, inclusive comandadas por dois entes federativos – estado e município. A mobilidade viária do município de São Paulo, foco do presente capítulo, é governada a partir de uma secretaria municipal que abriga duas burocracias historicamente apartadas, responsáveis em separado por "trânsito" (circulação do transporte privado) e "transportes" (oferta de transporte em ônibus municipais).

O binômio artificial trânsito/transportes foi transplantado da engenharia para a institucionalidade municipal, e para as pesquisas acadêmicas locais.[2] Contudo, ainda que o binômio faça sentido para engenheiros[3]

2 A quase totalidade da literatura local interessada em mobilidade urbana investiga o transporte coletivo – majoritariamente o mundo dos ônibus (Mendonça, 1997; Itacarambi, 1985; Cheibub, 1985; Zioni, 2000; Higa, 2012); esparsamente, os trilhos (Isoda, 2013; Fagnani, 1985). Vasconcellos (1999) é o único que analisa a circulação, mas sem superar o binômio artificial trânsito/transportes (ver Requena, 2015, p.15-18).

3 Pois ordenar trânsito é algo tecnicamente distinto de conceber veículos para transporte coletivo e seus itinerários.

e seja um fato na administração pública local, acatá-lo impede análises sociopolíticas de darem conta do fenômeno da mobilidade urbana em seu aspecto uno e essencialmente distributivo.

O incentivo para superarmos esse binômio analiticamente reside tanto em pressupostos teóricos acerca da importância do Estado, de suas burocracias e de seus governos para o curso das políticas públicas quanto em indicativos empíricos de que as trajetórias diferentes, porém interconectadas, das burocracias municipais ligadas à mobilidade urbana impactaram esse curso no caso de São Paulo.

O reconhecimento desses pressupostos induz à investigação do fato da separação institucional das responsabilidades sobre trânsito (a cargo da Companhia de Engenharia de Tráfego, CET) e transporte em ônibus (a cargo da São Paulo Transporte, SPTrans) internamente à Secretaria Municipal de Transportes (SMT). Essa separação foi objeto de críticas breves e esparsas na literatura, mas não explorada empírica, analítica ou teoricamente.[4] Sua investigação revela capacidades distintas entre as burocracias e nos permite delimitar e explicar o que denomino paradigma da fluidez do automóvel (Requena, 2015).

Este capítulo conta com três seções, além desta introdução e de considerações finais. Na seção I, problematizo a separação estatal entre os mundos do trânsito e do transporte em ônibus, enfocando as condições de insulamento e capacitação institucionais de que disfrutou a CET em sua primeira fase (1976-1983). Essas condições permitiram à companhia estabelecer e, depois da primeira fase, sustentar o paradigma da fluidez do automóvel no sistema de circulação, explicado na segunda parte do capítulo.[5] Na terceira seção, face à existência de programas de política pública que confrontaram o paradigma da fluidez do automóvel, disponho-me à reflexão sobre mudanças, condições políticas que as propiciam e capacidade dos atores para perpetrá-las.

4 Ver, por exemplo, Zioni (2000), Fagnani (1985) e Branco (1981).

5 Refiro-me sempre ao paradigma da fluidez do automóvel no sistema de circulação – portanto, a um paradigma de política pública, produto da ação estatal sobre a política. Esse paradigma não deve ser confundido com o protagonismo do automóvel no sistema de circulação, ainda que haja forte correlação entre as duas coisas.

1. Institucionalização, insulamento e capacitação do setor trânsito

Duas movimentações institucionais ocorridas nos anos 1970 demarcam a fundação do setor municipal de trânsito em São Paulo. A primeira é a chamada "municipalização do trânsito" (Vasconcellos, 1999), correspondente à transferência da responsabilidade pelo trânsito do ente federado estado para o ente município – respectivamente, das comunidades profissionais da polícia para a da engenharia. A segunda é a institucionalização local promovida pelos esforços de urbanização empreendidos pelo regime militar. É no bojo dessas movimentações que a CET foi fundada, insulada e capacitada.

A descrição dessa trajetória importa para conhecermos não somente a configuração institucional em que se inseriu a CET, como também para a compararmos com a outra burocracia sob responsabilidade da SMT: à época Companhia Municipal de Transportes Coletivos (CMTC) e, desde o governo Paulo Maluf (PDS/PP), SPTrans.

Essa comparação nos importa porque tenho como pressuposto que a mobilidade viária engloba de forma imbricada as atividades reguladas pelas duas empresas mistas. A trajetória do setor de transporte em ônibus, bastante retratada pela literatura local, foi de permeabilidade do Estado a atores do setor privado, que historicamente dominaram os instrumentos dessas políticas públicas (Campos, 2016). Após etapa inicial de provisão de serviço de ônibus por atores privados com pouca ou nenhuma regulação por parte do poder público (décadas de 1920 a 1940), a CMTC, burocracia estatal responsável pelos ônibus fundada em 1947, não foi capacitada a ponto de se tornar o ator central para os destinos da política de transporte coletivo viário, apresentando mudanças apenas a partir dos anos 2000, já como SPTrans, no que toca à regulação estatal de um sistema estruturado de transporte em ônibus (Campos, 2016; Requena, 2015).[6]

Por sua vez, a trajetória do setor trânsito é marcada por forte presença do Estado, iniciada com a municipalização do trânsito a partir de

---

6 O capítulo 9, de Marcos Campos, trata mais detidamente da regulação do transporte em ônibus.

três marcos (Vasconcellos, 1999): i) a criação da SMT, em 1967; ii) a substituição da Diretoria do Serviço de Trânsito (DST) pelo Departamento Estadual de Trânsito (Detran), segundo o novo Código Nacional de Trânsito, de 1966; e iii) em 1972, a criação de dois departamentos na SMT: o Departamento de Planejamento de Transportes (DTP) e o Departamento de Operação do Sistema Viário (DSV). Criado em 1972, o DSV teria se tornado o principal lócus de efetivação da municipalização do trânsito, concretizada no ano seguinte. A criação da CET, em 1976, viabilizou finalmente a feição técnico-burocrática do controle do trânsito.

Figura 1 – Organograma da Secretaria Municipal de Transportes[7]

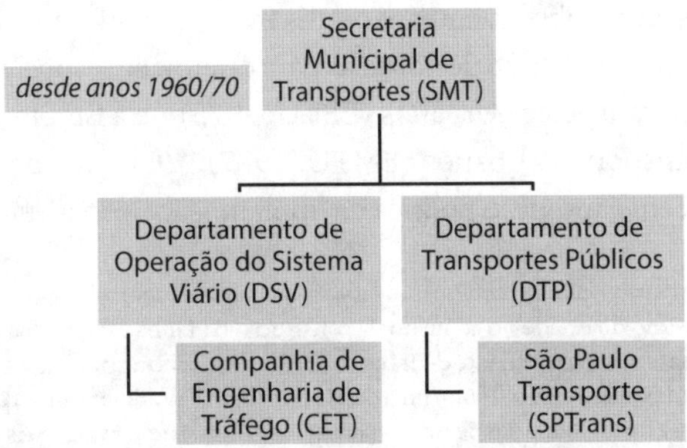

Fonte: Elaboração própria a partir de SMT.

O pano de fundo societal que facilitou as movimentações sustentadoras da institucionalização municipal do trânsito foi o aumento das taxas paulistanas de crescimento populacional e motorização: a frota atingiu cerca de 200.000 em 1961; 350.000 em 1965; e 640.000 em 1970, o que alterou radicalmente as condições gerais de circulação, com crescimento de acidentes e congestionamentos, tornando o trânsito uma "questão" (Vasconcellos, 1999). Por sua vez, o tema dos congestionamentos e acidentes teria ressuscitado os debates sobre a implementação do Metrô; e, ao sair do papel e promover obras pela cidade, o Metrô, por seu turno,

7 A SPTrans foi fundada em 1995, antecedida pela CMTC. Fundada em 1947, a CMTC foi incorporada ao organograma da SMT quando da criação dessa secretaria em fins dos anos 1960.

teria retroalimentado a questão do trânsito. Trabalhando para o Metrô,[8] um grupo de engenheiros implementou um departamento de desvios de trânsito e um sistema de semaforização para a cidade, vindo a integrar posteriormente os quadros do DSV e da CET (Téran, 2006).[9]

A ligação entre DSV/CET e o Metrô[10] é importante não apenas para expor processos ocorridos internamente à institucionalidade municipal, mas também para estabelecer a conexão entre o mundo do trânsito municipal e as políticas federais de cunho centralizador, direcionadas aos transportes urbanos durante o regime militar autoritário, de 1964-1985. A estrutura institucional construída pelo regime para os transportes iniciou-se com a criação do Geipot,[11] em 1965. Ele próprio sofreu alterações ao longo dos anos subsequentes, e outras instituições foram agregadas ao planejamento e à execução de políticas para o setor, em especial a Empresa Brasileira de Transportes Urbanos (EBTU, 1975)[12] e a Empresa Metropolitana de Transportes Urbanos (EMTU, 1977).[13] Escritos dos engenheiros reconhecem a intenção política da implantação de institucionalidades

---

8 O Metrô foi atribuição da prefeitura até 1978, quando seu controle acionário foi transferido ao governo do estado no contexto da construção da Linha 3-Vermelha.

9 No Metrô nasceu o Planejamento de Trânsito (PTR), destinado a princípio a atender aos problemas criados pela própria Companhia do Metropolitano ao adotar a técnica de trincheiras (*cut and close*) na implantação de túneis para trens sob o sistema viário. As obras geraram demoradas e extensas interdições de avenidas importantes. O PTR não se ateve a cuidar de desvios de trânsito, no entanto. Foram seus engenheiros que programaram manualmente as chamadas "ondas verdes" em alguns corredores de tráfego, com vistas a "um fluxo equacionado racionalmente, que possibilitava a travessia de vários cruzamentos viários a uma velocidade constante", dado que os semáforos em São Paulo eram de tempo fixo (Téran, 2006). Além de os semáforos paulistanos serem de tempo fixo à época, a cidade não possuía sinalização horizontal, como faixas demarcatórias de fluxo, e sua sinalização vertical era composta apenas por placas de "proibido estacionar" e algumas outras para orientações básicas.

10 Cuja história é tratada detidamente neste volume no capítulo 10 (de Daniela Costanzo).

11 O Geipot foi criado pelo Decreto Federal nº 57.003, de 11 de outubro de 1965, com a denominação de Grupo Executivo de Integração da Política de Transportes. O Decreto-Lei nº 516, de 7 de abril de 1969, tornou-o Grupo de Estudos para Integração da Política de Transportes. A Lei Federal nº 5.908, de 20 de agosto de 1973, denominou-o Grupo de Estudos em Empresa Brasileira de Planejamento de Transportes, preservando a sigla Geipot.

12 Criada pela Lei Federal nº 6.261, de 14 de novembro de 1975 e extinta pelo Decreto Federal nº 230, de 15 de outubro de 1991.

13 A EMTU/SP foi criada em 13 de dezembro de 1977, pela Lei Estadual nº 1492, tendo sido incorporada pela Empresa Paulista de Planejamento Metropolitano (Emplasa) em 1980. Sete anos depois, foi recriada, recebendo a atribuição de gerenciar e fiscalizar o sistema de transporte intermunicipal de passageiros por ônibus nas regiões metropolitanas do estado

como as regiões metropolitanas pelo governo autoritário,[14] mas preferem destacar sua intenção de organização, supostamente destinada à maior virtude na condução das políticas públicas de mobilidade.[15]

As políticas do regime militar para os transportes urbanos teriam promovido a circulação de "ideias-força" relativas a concepção, projeto, operação e manutenção de sistemas de transporte entre elites acadêmicas, técnicas e burocráticas (ANTP, 2012). Novamente, o Metrô é citado como elo de ligação:

> Essas ideias são fortemente influenciadas pela implantação do Metrô de São Paulo, que, no seu bojo, traz de fora para dentro, mas recebe crucial contribuição de brilhantes mentes da cena nacional, o circuito completo de como pesquisar (pesquisa origem e destino), planejar (rede básica), projetar, implantar, operar, manter e realizar a gestão (EMTU/SP, CET e outras) de empreendimentos complexos, e mais, de como garantir o seu sucesso. (ANTP, 2012, p.152)

CET insulada e capacitada

Com a municipalização do trânsito, foi fundada a Companhia de Engenharia de Tráfego, e a ela garantidos insulamento burocrático e

de São Paulo, até então responsabilidade do Departamento de Estradas de Rodagem (DER) (ANTP, 2012, p.14).

14 Ver, por exemplo, ANTP (2012) e Branco (1981, p.38-9).

15 Para a ANTP (2012, p.35), o governo militar assumiu protagonismo na questão dos transportes urbanos por quatro motivos: crescimento acelerado e desordenado das grandes cidades; crise do petróleo; redução da capacidade de realizações dos governos locais; e surgimento de movimentos populares contestando a qualidade e o custo do transporte urbano. Já Branco (1981) vê a cadeia SNTU-EBTU-EMTU como um necessário "SISTEMA orientador, uniformizador, normativo por excelência, capaz ainda de canalizar recursos para a solução dos problemas. A EBTU nasceu em plena fase da crise dos combustíveis, quando se evidenciava a necessidade de intensificar o transporte público mediante a melhoria e priorização das vias, o planejamento geral do transporte em cada cidade, a coordenação de sua execução, a integração modal, a formação de pessoal habilitado, a reorganização do trânsito, o aperfeiçoamento do veículo de transporte etc. Para isso, era preciso estabelecer critérios e normas gerais, orientar os municípios e investir recursos financeiros, visando em última análise a EFICIÊNCIA do transporte coletivo" (Branco, 1981, p.38) (destaques em maiúsculas são do original).

capacitação.[16] O insulamento burocrático é um mecanismo de proteção (isolamento) de uma burocracia de Estado contra interferências externas, da sociedade ou de outras instâncias do próprio Estado, adotado para viabilizar a formulação e a implementação de políticas segundo a razão dos atores e das instituições insuladas.

Há ao menos dois subsídios para argumentar que a CET foi objeto de insulamento: i) foi alocada na SMT, apartada da autoridade de transporte em ônibus (tendo sido fundada à revelia do Poder Legislativo local[17]); ii) foi presidida por seu fundador, Roberto Scaringella, ao longo de três governos municipais arenistas, ou sete anos seguidos, período em que manteve um grupo de sua confiança no alto escalão da companhia.[18] Scaringella e parte de seu grupo foram dispensados da CET quando da exposição do governo municipal ao jogo político-partidário na redemocratização do país.

Não parece ter havido, nessa primeira fase da CET (1976-1983), agenda compartilhada pelas duas burocracias envolvidas na mobilidade urbana municipal – CET e CMTC –, no que toca à formulação de políticas distributivas de espaço e tempo de circulação. Políticas de atenuação do atendimento preferencial ao transporte individual adentraram a agenda somente quando a CET foi acionada no âmbito de políticas nacionais, como as destinadas à economia de combustível em reação à crise do petróleo nos anos 1970. O caso do Programa Comonor é ilustrativo da ausência de coordenação.[19]

---

16 Conversas com Silvana Zioni, Marcos Bicalho, Irineu Gnecco Filho, Nelson Ibrahim Maluf El Hage, Gilberto Lehfeld, Francisco Moreno Neto e Joaquim Bastos foram de grande valia no esclarecimento de questões sobre o que posteriormente denominei primeira fase da companhia. Agradeço a todos e os isento de responsabilidade por qualquer hipótese e/ou afirmação aqui expressa.

17 Téran (2006, p.26): "Finalmente, em 28 de maio de 1976 foi aprovada, *por decurso de prazo*, a Lei Municipal nº 8394, criando a Companhia de Engenharia de Tráfego".

18 Alude ao insulamento o espanto revelado por um dos engenheiros entrevistados diante do entendimento da autora de que a CET implementa e sempre implementou políticas públicas. "Políticas públicas? Não tinha políticas públicas; era tudo da cabeça do Scaringella."

19 No Boletim Técnico publicado pela CET a respeito da formulação e da implementação do Comboios de Ônibus Ordenados (Comonor) (Szasz, 1979), há apenas uma menção à CMTC enquanto operadora de alguns dos ônibus que circulariam em esquema de comboio.

Insulada, a CET foi capacitada material e intelectualmente. Com relação aos recursos financeiros, sob a responsabilidade do DSV (órgão público contratante da CET), ou seja, sob a alçada do município, a operação de trânsito contou com orçamento sete vezes maior do que o usufruído na fase anterior, sob comando do governo do estado,[20] e a capacitação material para a operação do trânsito foi igualmente acentuada (Vasconcellos, 1999).[21] Seus quadros foram compostos por uma leva inicial de dezenas de engenheiros escolhidos criteriosamente, com origem nos quadros do Metrô ou recém-saídos da Escola Politécnica da USP.[22] Ainda em 1978, a companhia anunciava a criação de seu Centro de Documentação e Informação, biblioteca destinada aos funcionários contendo cerca de quarenta livros estrangeiros e uma dúzia de periódicos especializados (Brito, 1978). A companhia manteve, ainda, o costume de treinar seus profissionais internamente em cursos intensivos sobre engenharia de tráfego; a leitura mais comum, segundo Eduardo Vasconcellos,[23] eram os manuais do Institute of Transport Engineers (ITE), em especial o título *Transportation and Traffic Engineering Handbook*, publicado em Nova Jersey, nos EUA, em 1976.

2. O paradigma da fluidez do automóvel

Além de consumir produção intelectual de ponta, a CET produziu vasto material normatizador. Parte desse material destinou-se a balizar

20 Vasconcellos (1999) compara os orçamentos das fases 1960-1972 (alçada estadual) e 1973-1980 (alçada municipal e período correspondente, grosso modo, ao que chamo de primeira fase da CET).

21 "Em 1963, por exemplo, o [DST] tinha 343 funcionários, estando apenas dez no setor técnico, dos quais um era engenheiro; por outro lado, em 1973, ao passar o encargo dos serviços técnicos para o município, o então Detran cedeu catorze viaturas de policiamento, duas de sinalização, 47 motos e motonetas e dois caminhões para transporte de tropas, evidenciando a limitação de seus recursos materiais. Apenas alguns meses depois, quando o DSV fez seu balanço de 1973, [...] já contava com 61 veículos médios e leves, 27 guinchos, 148 lambretas e motos, e oito caminhões [...]. Dois anos mais tarde, o DSV já contava com um helicóptero, 133 veículos de inspeção, seis ambulâncias, 36 guinchos e 114 motos" (Vasconcellos, 1999, p.133).

22 Segundo Joaquim Bastos, foram contratados cerca de oitenta engenheiros em uma primeira leva.

23 Vasconcellos trabalhou na CET entre 1976 e 1985; a afirmação sobre os manuais do ITE foi feita em entrevista.

seu principal instrumento de trabalho enquanto planejador e operador do sistema viário: a sinalização viária.[24] Trata-se do instrumento de política mobilizado pela CET para administrar suas duas missões declaradas: a fluidez e a segurança do tráfego. Em sua primeira fase, a companhia implementou de forma sistemática e bem-sucedida a missão da fluidez.

Ainda em 1978, a CET já havia produzido e publicado uma série de manuais – os Manuais de Sinalização Urbana (MSUs) – dedicados a normatizar a circulação viária paulistana. São nove volumes originais: "Introdução"; "Sinalização vertical de regulamentação"; "Sinalização vertical de advertência/serviços/educacional"; "Sinalização vertical de orientação"; "Sinalização horizontal"; "Sinalização semafórica"; "Sinalização de segurança"; "Sinalização de obras"; "Sinalização: diversos". A leitura desses manuais deixa clara a unidade material a partir da qual a CET recomenda ações de normatização do sistema viário: o automóvel. A programação de tempos semafóricos, a largura das faixas de rolagem e a altura da sinalização vertical são formuladas considerando esse veículo.

Além de adotar o automóvel como unidade normatizadora, os manuais declaram que o objeto das suas intervenções é o chamado "tráfego como um todo":

> A sinalização de trânsito é o elemento de ligação entre o técnico e o usuário da via (motoristas e pedestres). Seu objetivo principal é o de garantir uma utilização adequada da via pelo mesmo, no sentido da segurança e fluidez do *tráfego como um todo*. (CET, 1978a, p.14-16)
>
> [...] Entende-se por "projeto de tráfego" todo e qualquer projeto que envolva modificação na circulação, sinalização e/ou geometria do sistema viário, tendo por objetivos aumentar a segurança, a fluidez e/ou a capacidade do *tráfego como um todo*. [...] No caso específico de São Paulo, a prática de engenharia de tráfego mostrou que os projetos podem ser divididos em vários tipos, cada um com características próprias no tocante aos levantamentos e

24 Eduardo Vasconcellos fez um extenso trabalho de pesquisa sobre a implementação de sinalização em São Paulo nos primeiros anos de trabalho da CET – ver Vasconcellos (1999, p.136-140).

procedimentos necessários, mas todos *ligados entre si* pelos objetivos maiores citados acima. (CET, 1978a, p.1-2)

Esses dois elementos estruturantes dos manuais produzidos pela CET em sua primeira fase – a unidade normatizadora automóvel e o objetivo fluidez do tráfego como um todo – são os ingredientes que transformam a política de fluidez no paradigma da fluidez do automóvel. É nessa equação que reside o segredo por trás da sensação de que a CET "sempre trabalhou para o carro".

Dos manuais para as ruas, a fluidez veicular se transforma em fluidez do automóvel. Essa mágica ocorre porque as ruas introduzem uma variável não embutida (ou não explicitada) nos cálculos dos manuais da CET: a frota de veículos da cidade. No caso de São Paulo, com a frota de automóveis particulares sendo esmagadoramente maior que a frota de transporte viário coletivo,[25] o "tráfego como um todo" recebe, a um só tempo, demandas crescentes dos automóveis e demanda estável dos ônibus.

Uma vez que a CET se colocou como missão *acomodar* essas demandas e promover a fluidez de um sistema assim configurado, ela direcionou a política de fluidez para o atendimento aos veículos que apresentam maior demanda numérica: os automóveis.[26] O resultado de ações desse

25 Atualmente, essa disparidade é da ordem de 5 milhões de automóveis para 15 mil ônibus, levando-se em conta somente o município de São Paulo. Uma extrapolação para a RMSP não alteraria a distância abismal entre os dois tipos de frota.

26 Um exercício de imaginação desse direcionamento pode ser útil. Imaginemos quatro tempos: T0, T1, T2 e T3. No tempo T0 da engenharia de tráfego em São Paulo, não havia sinalização horizontal, a sinalização vertical era esparsa, e os semáforos eram de tempo fixo. A frota de automóveis já era maior que a de ônibus, e obviamente já havia pedestres. T1 foi moldado para acomodar essa demanda: a sinalização é composta de duas faixas de rolamento de cada lado da avenida A, além de faixa de pedestre contínua e semáforo atuado por pedestre (botão de acionamento). Em T2, porém, para acomodar o "tráfego como um todo", dado que há crescimento numérico dos automóveis e estabilidade numérica de pedestres e ônibus, aumenta-se o tempo de verde para veículos e implanta-se um canteiro para induzir a travessia de pedestres em dois tempos (ainda que se mantendo o farol atuado para pedestres). Isso garante maior vazão de veículos, ao mesmo tempo que é tratado em manuais da CET como medida de segurança para os pedestres, pois diante de ciclo semafórico muito longo, automóveis tenderiam a avançar o farol vermelho. Em T3, novamente em vista do crescimento numérico dos automóveis e da estabilidade numérica de pedestres e ônibus, delimita-se uma área de vazão dos veículos que vêm da avenida B, obrigando pedestres a atravessarem a avenida A em dois ciclos e caminharem no canteiro central. Elimina-se a

tipo é que pedestres e usuários de ônibus levam cada vez mais tempo para viajar, e com maior desconforto. A engenharia de tráfego continua tocando adiante sua missão "técnica" de acomodar todas as demandas, no entanto.

Essa linha de política – construída sobre um discurso técnico – se converte, por sua vez, em um círculo vicioso em que pedestres e usuários de ônibus veem sua circulação deteriorar e, de forma lógica, passam a desejar a opção pelo automóvel. Se a política permanecer a de acomodar o "tráfego como um todo", tempos futuros se constituirão em novos cenários em que a demanda dos automóveis será crescente – e repetidamente atendida em detrimento do espaço e do tempo de circulação dos outros usuários das vias.

Com respeito à operação de tráfego, ela foi implementada no espaço da cidade nos anos 1970 de forma acoplada à divisão paulistana por Administrações Regionais (ARs), inicialmente em quatro Gerências de Engenharia de Tráfego (GETs). Estas foram redivididas em anos subsequentes (Vasconcellos, 1999), mas sempre mantendo a lógica territorial estanque, o que parece ter condicionado certa variedade da qualificação da circulação no espaço urbano e desconsiderado a lógica dos fluxos de longos itinerários de ônibus.

Esse conjunto de evidências sobre as formas de atuação da CET leva a crer que ela estabeleceu um paradigma de política pública no sentido proposto por Peter Hall (1993). Parece apropriado chamá-lo de paradigma da fluidez do automóvel.

Hall (1993) conceitua como paradigma um sistema de ideias em que há adaptação à organização local, institucionalização de procedimentos e formalização em textos com o intuito de se especificar como é o mundo de determinada política, como ele deve ser observado, que objetivos podem ser alcançados e que instrumentos devem ser usados para alcançar esses objetivos. Esse sistema de ideias se torna o prisma que filtra tanto a visão dos responsáveis (*policy makers*) sobre a política quanto o olhar que eles têm de seu papel na condução da política (Hall, 1993, p.279).

---

possibilidade de pedestres atuarem o semáforo e diminui-se a largura das faixas de rolamento, de modo a que haja três, e não duas, filas de veículos.

O conceito de paradigma serve, ainda, para desatar o nó colocado pela afirmação de que a capacidade do Estado em manter-se insulado depende exclusivamente de sua estrutura institucional. Como veremos a seguir, a CET foi institucionalmente desinsulada (exposta a disputas político-partidárias) a partir da prefeitura de Jânio Quadros (PTB, 1986-1988), mas, autora de um paradigma consolidado, foi capaz de manter-se insulada interiormente à Secretaria Municipal de Transportes. Para Hall (1993, p.290), "os responsáveis pelas políticas ficam em posição mais forte para resistir a pressões de interesses sociais quando se armam de um paradigma de política coerente".

Primeiro prefeito eleito de São Paulo quando da redemocratização do país, Jânio Quadros dissolveu a CET, instituindo em seu lugar um departamento chamado Planejamento e Assessoria de Tráfego (PLAT). Nesse processo de desmantelamento, Roberto Scaringella deixou a empresa.[27] A gestão Jânio pode ser considerada o marco inicial da transição da CET "scaringellista" para a CET presidida por homens de variadas origens.[28] Em sentido amplo, representa o início da transição da CET autointitulada "técnica" para a CET "politizada".

A segunda fase da CET corresponde a contexto democrático e de desinsulamento institucional. A prefeita que sucedeu Jânio Quadros, Luiza Erundina (PT, 1989-1992), remontou a Companhia de Engenharia de Tráfego, devolvendo-lhe o nome CET, recontratando ("anistiando") servidores demitidos por Jânio e adicionando cerca de quinhentos novos funcionários (Patarra, 1996). O alto escalão já não foi composto pelo grupo que havia governado a CET nos anos da ditadura militar.

O paradigma da fluidez do automóvel, por sua vez, sobreviveu.

27 A informação sobre se ele se demitiu ou foi demitido por Jânio não é precisa, mas não afeta o curso do argumento aqui desenvolvido, uma vez que não estamos focalizando a rede de poder da área de política. A trajetória de Scaringella é narrada porque importa na medida em que ele e seu grupo revelam-se detentores de concepções arraigadas na empresa a respeito das políticas sob sua responsabilidade, caso da política de fluidez. Nesse sentido, é relevante saber quando estão dentro e fora da companhia.

28 Homens, no sentido literal. A Companhia de Engenharia de Tráfego jamais foi comandada por uma mulher.

3. Tentativas de desconstrução do paradigma

Esta seção se dedica a investigar programas que promoveram mudança na política de circulação viária paulistana ao confrontar o paradigma da fluidez do automóvel. Sua análise se destina principalmente à reflexão sobre mudanças em políticas públicas, as condições que as propiciam e os atores capazes de perpetrá-las.

Delimito os programas aqui tratados como aqueles que promoveram redistribuição de espaço, ou seja, do solo viário, confrontando direta e inequivocamente o paradigma da fluidez do automóvel implementado pela CET. É importante deixar clara essa delimitação, pois tais programas são distintos de outras iniciativas que também podem ser consideradas como enfrentamento ao que o senso comum denomina uso irracional do carro, mas que não são redistributivas do sistema de circulação propriamente dito.[29] Os programas identificados como redistributivos do solo viário são o Passa Rápido, o Dá Licença para o Ônibus e o CicloviaSP.[30]

---

29 Por exemplo, medidas de expansão e melhoria da oferta de transporte público, barateamento de tarifas do transporte coletivo, efetivação da integração viário-trilhos em termos de acessibilidade e tarifa, encarecimento do produto automóvel, endurecimento das políticas de estacionamento, implantação de pedágio urbano, entre tantas outras medidas, inclusive o adensamento urbano e as políticas de incentivo à descentralização espacial da oferta de trabalho na metrópole.

30 A meu ver, dois outros programas, Programa de Proteção ao Pedestre (PPP) (gestão Kassab) e Frente Segura (gestão Haddad), e a política de diminuição das velocidades máximas permitidas nas marginais (gestão Haddad) configuram-se em enfrentamento à fluidez do automóvel, mas não serão incluídos na análise, pois foram formulados e são avaliados pela CET na chave da segurança e não da fluidez de motoristas, motociclistas/ciclistas e pedestres. O Frente Segura segrega parte da área de chegada ao cruzamento semaforizado para motos e bicicletas. O PPP consiste em requalificação de faixas de pedestre e em campanha de conscientização de pedestres e motoristas sobre a preferência do pedestre para atravessar. Por sua vez, a política de diminuição das velocidades destina-se a aumentar a segurança da circulação de todos os modais, gerando, como subproduto, o aumento de sua fluidez. Essa consequência se deve à diminuição da formação de filas de veículos tipicamente geradas pelo adensamento veicular no espaço viário, induzido pelas maiores velocidades de tráfego. A diminuição das velocidades, implementada em julho de 2015, foi revertida pela prefeitura de João Doria (PSDB) no primeiro mês da gestão, janeiro de 2017. Dados disponíveis em maio de 2017 permitem a comparação entre acidentes ocorridos nas marginais nos meses de fevereiro e março dos anos 2016 e 2017, indicando respectivos aumentos de 52% e 50,5% das ocorrências, conforme divulgado pela Polícia Militar de São Paulo em: <http://www.policiamilitar.sp.gov.br>.

Os dois primeiros constituem-se em segregação de faixas de rolamento para circulação exclusiva de ônibus; o terceiro implantou faixas segregadas para circulação de bicicletas.[31]

O modelo analítico adotado é o do paradigma de política pública, de Peter Hall (1993), pois incorpora o papel de instituições estatais e da política (*politics*) de forma mais central que outros modelos a ele contemporâneos.[32] Para Hall, paradigmas de política pública são passíveis de mudanças de primeira, segunda e terceira ordens. Respectivamente, trata-se de mudanças nas configurações dos instrumentos usados, mudanças nos instrumentos de política em si e mudanças nos objetivos amplos da política pública.

Nas mudanças de primeira ordem, os objetivos amplos da política pública podem permanecer os mesmos, assim como seus instrumentos, mas as configurações (*settings*) dos instrumentos são alteradas. Trata-se de incrementalismo, de alterações que garantem satisfação pontual e envolvem tomadas de decisão de rotina. São exemplos desse tipo de mudança a implementação de ações técnicas que só podem ser conduzidas por burocratas, pois atores no Poder Executivo eleito não teriam expertise para conduzi-las sozinhos (ou mesmo interesse por elas ou acesso a elas). Em ações desse tipo, em geral os burocratas encontram-se insulados, e demandas externas tendem a ser ignoradas. Nas mudanças de segunda ordem, os objetivos amplos permanecem os mesmos, mas instrumentos e suas configurações mudam. Essas alterações são mais consoantes com ações estratégicas, ainda que preservem continuidades. Mudanças de terceira ordem, por seu turno, são as que concernem aos objetivos amplos da política pública, informadas por experiências passadas e que apresentam

31 Os três programas foram implementados por uma prefeita e um prefeito do Partido dos Trabalhadores, não havendo outros de mesma natureza conduzidos pelos outros mandatários da prefeitura de São Paulo desde a redemocratização. Trata-se de um dado da realidade que não reduz o universo da análise a prefeituras do PT; antes, revela correlação entre governos de esquerda e políticas redistributivas do solo viário no caso de São Paulo. Por sua vez, como os programas e os métodos apresentam variações, são passíveis de comparação entre si.

32 Caso dos modelos de múltiplos fluxos (Kingdon, 1984), *Advocacy Coalition Framework* (Sabatier, 1988) e equilíbrio pontuado (Baumgartner; Jones, 1993).

mudanças radicais de discurso (Hall, 1993). Espera-se que essas mudanças sejam ativadas mais pela via da política do que pela via técnica.

Hall reconhece que técnicos especialistas produzem concepções sobre cursos de ação, mas a raridade de casos em que se pode julgar um curso de ação ideal a partir somente de bases científicas (pois os especialistas em geral divergem) induz à conclusão de que impasses sobre que paradigma adotar são tendencialmente resolvidos no âmbito da política. Por serem, em geral, produto de escolhas políticas e não necessariamente técnicas, as mudanças de terceira ordem tendem a ser ativadas pelo governo e não por funcionários permanentes do Estado.

No entanto, essas mudanças não deixam de expressar o trabalho de técnicos, pois envolvem experimentação, fracassos e anomalias de políticas, que podem culminar em alteração do *locus* de autoridade sobre a política pública. Tal alteração seria o sintoma institucional de que paradigmas estão em disputa e, em última instância, garantiria a vitória do paradigma proposto pelos atores mais bem posicionados política e institucionalmente. Eles seriam capazes de rearranjar procedimentos e a operação da política, institucionalizando o novo paradigma.

Os programas

O Passa Rápido consistiu na construção de cerca de 70 quilômetros de corredores exclusivos para circulação de ônibus à esquerda, além da reforma de outros 40 quilômetros (Higa, 2012). Foi implementado conjuntamente pela CET e pela SPTrans na administração Marta Suplicy (PT, 2001-2004) como parte da política do Sistema Interligado, formulada pela SPTrans.[33] O Sistema Interligado se constituiu em mais uma tentativa do município – agora exclusivamente na qualidade de gestor, via SPTrans – de controlar a prestação de serviços de ônibus, buscando racionalizá-la ao

33 O Sistema Interligado pode ser enquadrado analiticamente como política pública e não programa, na medida em que se propôs à estruturação do transporte de massa, tendo englobado diversos programas, destinados a diferentes objetivos visando essa intenção maior. Além do Programa Passa Rápido, objeto de análise desta subseção, a política do Sistema Interligado implantou o Bilhete Único, recurso eletrônico de cobrança de tarifa nos ônibus, que, pela primeira vez na cidade, possibilitou o uso de múltiplos ônibus mediante pagamento de uma única tarifa em determinado limite de tempo.

atuar sobre os aspectos espaço (linhas troncais e locais[34]) e tempo (frequência da oferta). Nesse sentido, o enfrentamento do paradigma da fluidez do automóvel é uma consequência, e não a premissa, do Programa Passa Rápido. Afinal, o programa melhora a fluidez dos ônibus com vistas à intenção última de torná-los finalmente um sistema estruturado de transporte de massa. As prefeituras subsequentes, de José Serra (PSDB, 2005-2006) e Gilberto Kassab (DEM/PSD, 2006-2012), limitaram-se a lidar com seus legados, promovendo a integração tarifária com modalidades de transporte coletivo geridas pelo governo do estado de São Paulo, em consequência a um alinhamento partidário.

Diferentemente do Passa Rápido, que se constituiu em peça de uma política de esforços de estruturação do sistema de ônibus, o Programa Dá Licença para o Ônibus (prefeitura de Fernando Haddad, PT, 2013-2016) não se reportou a uma política específica de maior escopo e foi formulado e efetivado pela CET em coordenação com a SPTrans. Foram implementados 519 quilômetros desse tipo de faixa, e expandida pela primeira vez a oferta de vias segregadas para a zona leste de São Paulo, até então desassistida por esse mecanismo de redistribuição de espaço e tempo de viagem.

Faixas com prioridade para ônibus à direita existiam na cidade antes dos anos 2000, ganharam um nome na administração Marta Suplicy (Operação Via Livre) e foram ampliadas pela gestão Kassab, mas não com a estatura das centenas de quilômetros implementadas desde 2013 ou com a conotação redistributiva comunicada pelo governo Haddad.[35] O Dá Licença para o Ônibus pode ser lido como o programa que estava à mão em um momento de crise em que a sociedade civil organizada, na figura do Movimento Passe Livre (MPL), apresentou demandas ao serviço de ônibus, ainda que direcionadas à revogação do aumento da tarifa e não ao tempo de viagem.[36]

---

34 O Sistema englobou aumento de 50% da frota de ônibus (de 9.958 veículos, em 2002, para 15.293 no ano seguinte), absorvendo linhas operadas pelas lotações ilegais nos anos 1990.

35 "Não é justo que o transporte de dois terços dos trabalhadores não tenha pelo menos um terço das faixas disponíveis", declarou o prefeito Fernando Haddad a *O Estado de S. Paulo*, em 1º de julho de 2013 (logo após as Jornadas de Junho).

36 Essas demandas redundaram nas chamadas Jornadas de Junho de 2013, série de protestos em diversas cidades brasileiras cujo mote inicial foi a reivindicação pela revogação do aumento das tarifas de transporte coletivo, em especial ônibus.

O CicloviaSP é o mais recente dentre os três programas que confrontaram o paradigma da fluidez do automóvel aqui analisados. É outro caso de ativação por parte do Poder Executivo eleito, cuja rápida execução pode ser atribuída ao conhecimento acumulado da CET sobre modalidades que não o automóvel, adicionado do acúmulo sobre o tema cicloviário na administração municipal.[37] A novidade do CicloviaSP em relação a outras estruturas locais destinadas à mobilidade em bicicleta é que grande parte das vias foi alocada em solo viário (separadas por pintura no solo e tachões), o que o diferencia de exemplos segregados do tráfego (Ciclovia Rio Pinheiros) e desmontáveis (Ciclofaixa de Lazer, que opera somente aos domingos).

O programa teve grande repercussão midiática, a princípio tendo sido retratado como uma medida que diminuiria as vagas de estacionamento de automóveis no meio-fio público. Em momento posterior, foi atacado por supostamente não ter sido debatido, em sua origem, com a sociedade civil. Há indícios de que a comunidade cicloativista foi convidada somente a referendar o programa,[38] o que corrobora a interpretação de que o Estado é protagonista na política de mobilidade em São Paulo, havendo, até então, baixo controle social no setor. A criação tardia do Conselho Municipal de Transporte e Trânsito (CMTT), por decreto do prefeito Fernando Haddad em 2013, é igualmente sinalizadora do histórico protagonismo de atores e instituições estatais na matéria.

Análise de mudanças

Ao considerarmos as proposições feitas por Hall (1993), a análise integrada dos três programas que confrontaram o paradigma da fluidez do automóvel indica a tentativa de uma mudança de terceira ordem por parte do governo Haddad. A análise do aprendizado ocorrido ao longo dos programas, por sua vez, revela que mudanças de primeira e segunda ordens estiveram presentes no curso da política pública.

---

37 Sobre a produção intelectual estatal a respeito da mobilidade em bicicleta, ver Malatesta (2012).

38 Conforme reportado pela Associação Ciclocidade. Disponível em: <http://www.ciclocidade.org.br/noticias/555-secretaria-de-transportes-apresenta-proposta-de-400km-de-ciclovias-em-sao-paulo>.

A primeira passagem, do Programa Passa Rápido para o Dá Licença para o Ônibus, revela não somente uma mudança de calibragem do instrumento de política (muda-se de corredor à esquerda para faixa à direita), mas também a alteração do discurso sobre os objetivos amplos da política. Se o Passa Rápido destinava-se a apoiar determinada política pública (o Sistema Interligado, política de ônibus), o Dá Licença para o Ônibus é comunicado no registro da redistribuição do solo viário propriamente dita. É um programa destinado, a um só tempo, a melhorar o desempenho dos ônibus *e também* a retirar espaço dos automóveis, cujo excesso no sistema é publicamente declarado como algo indesejável para a cidade. A segunda passagem, dos corredores e faixas dedicados a ônibus para as faixas destinadas a bicicletas, mantém o discurso sobre a mudança nos objetivos amplos da política. Sua novidade é que ela expande a redistribuição viária para uma modalidade não motorizada, passando a atacar o paradigma da fluidez do automóvel também na perspectiva do confronto individual motorizado/individual não motorizado.[39]

À parte da sugestão de que as mudanças ocorridas até 2016 se traduzem em alteração de paradigma, a análise nos permite indicar que as categorias coordenação e aprendizado são centrais para a compreensão dos cursos de ação tomados pelas administrações responsáveis pelos programas analisados.

O governo Marta parece ter dado continuidade à tentativa antiga de promover coordenação de política entre CET e SPTrans.[40] Essa tentativa

---

39 A não inclusão da análise de programas destinados à circulação de motocicletas, ou do confronto "motorizado individual sobre quatro pneus/motorizado individual sobre dois pneus", é deliberada e passível de discussão. A meu ver, os motociclistas criaram soluções para si mesmos em termos de fluidez, em especial ao trafegar não dentro, mas entre as faixas de rolamento demarcadas pelo Estado (CET) para circulação. Nesse sentido, adaptaram-se, em termos de sua própria fluidez, ao paradigma da fluidez do automóvel. No entanto, ao se adaptarem, foram sugados por uma epidemia de acidentes que resultaram em morte e morbidade. A CET atuou para apartar os usuários de moto do "tráfego como um todo", implementando faixas segregadas a partir de 2006. As faixas foram desativadas por má avaliação (e para implementação de faixa de ônibus, no caso da Avenida Sumaré). Em 2013, a CET inaugurou o Programa Frente Segura. Todos esses programas foram destinados ao aspecto de segurança, e não de fluidez, da circulação em motocicleta, e redistribuem o espaço viário de forma inexpressiva.

40 A prefeitura Marta Suplicy editou o livreto *A reconstrução da mobilidade*, em outubro de 2002, afirmando empreender "profunda reestruturação [em cuja direção] o primeiro passo [...]

vem sendo aventada ao menos desde a gestão Luiza Erundina, em que diretores de áreas equivalentes nas empresas foram solicitados a trabalhar juntos, inclusive em um mesmo ambiente físico. A tentativa teria sido frustrada em seis meses.[41] A ideia de fusão institucional, igualmente, estaria circulando na comunidade desde a época de Erundina, e não teria ainda se esgotado como assunto.[42]

A importância de coordenação e aprendizado para a administração Haddad evidencia-se quando observamos a alocação de um só nome, Jilmar Tatto, nos três cargos de comando da Secretaria Municipal de Transportes: o próprio cargo de secretário e as presidências da CET e da SPTrans. Essa estratégia não é inovação da gestão Haddad (PT), pois já havia sido utilizada pelo prefeito Gilberto Kassab (DEM) com Marcelo Cardinale Branco. De todas as formas, a promoção de coordenação nada diz sobre o teor do projeto de política, devendo-se compreender a tarefa dada pelo mandatário ao titular único das presidências. A se observarem os resultados, pode-se depreender que foi solicitado a Cardinale Branco garantir a manutenção do paradigma da fluidez do automóvel, ao passo que a Tatto foi ordenado desmontá-lo. Essa análise é possível quando se leva em conta a história de pouca ascendência política do secretário municipal de Transportes sobre os presidentes de ambas empresas mistas, o que teria relação direta com a história de protagonismo dos presidentes da CET e de inexpressividade dos presidentes da CMTC/SPTrans. Diferentemente dos antecessores imediatos e similarmente aos prefeitos anteriores de

---

foi a recuperação do papel regulamentador da Secretaria [Municipal de Transportes] e de sua função integradora das ações de transporte e trânsito, operacionalizadas pelas empresas São Paulo Transportes – SPTrans e Companhia de Engenharia do Trânsito [sic] – CET" (São Paulo, 2002, p.5). O documento continua: "A CET mudou sua missão: da anterior, expressa no cuidado com a segurança e a fluidez do automóvel, a empresa, hoje, tem que cuidar da mobilidade [...]. O objeto do trabalho da CET passa a ser a circulação de pessoas – por automóvel, a pé ou transporte coletivo, com prioridade para estes dois últimos [...]. A SPTrans continua cuidando do transporte coletivo. Mas, agora, tem outra estratégia para melhorar seu desempenho: a prioridade nas vias da cidade" (Ibid., p.20). A gestão também revisou alguns dos MSU da CET da década de 1970 e acrescentou pela primeira vez volumes sobre ônibus à coleção: "Circulação prioritária de ônibus" (CET, 2001a) e "Ponto de ônibus" (CET, 2001b).

41 Segundo Ailton Brasiliense, da Associação Nacional de Transportes Públicos (ANTP).

42 A maioria dos profissionais entrevistados confirmou já ter ouvido sobre essa possibilidade e não demonstrou crença de que seria viável.

seu partido, João Doria (PSDB, 2017-2018) e Bruno Covas (PSDB), que assumiu a prefeitura em abril de 2018 após a renúncia de Doria, nomearam um quadro para cada comando da tríade SMT/CET/SPTrans, o que parece indicar política de reversão da coordenação promovida pela gestão anterior.

A estratégia da prefeitura Haddad ao nomear o mesmo quadro para as três posições de comando parece ter promovido coordenação até o nível de rua no que toca à priorização do transporte coletivo na mobilidade urbana. Houve ordens expressas para os marronzinhos não "puxarem carro",[43] assim como capacitação de agentes da SPTrans para atuarem na fiscalização dos corredores de ônibus, permitindo-os aplicar multas a invasores, o que até então era prerrogativa dos agentes de trânsito da CET (São Paulo, 2013).

O aprendizado com gestões anteriores informou também o redesenho da operação de campo da CET – pela primeira vez desde os anos 1970, as GETs foram desenhadas, em 2013, em função de corredores de tráfego do transporte coletivo e não como áreas geométricas correspondentes a outras divisões administrativas da cidade. Esse trabalho foi conduzido na CET pelo superintendente de engenharia de tráfego, quadro oriundo da SPTrans.

Pode-se interpretar, a partir dessas ações, a gestão Marta como capacitadora da SPTrans e explicitadora da possibilidade, ou ameaça, de "transferência do *locus* de autoridade" (no sentido de Hall, 1993) sobre a política de circulação – da burocracia do trânsito para a burocracia do transporte coletivo em ônibus. A administração Haddad, por sua vez, parece ter atuado tanto na capacitação da SPTrans (dando continuidade ao empoderamento de sua área técnica) quanto na ativação do trabalho da CET em direção a um paradigma alternativo ao da fluidez do automóvel, do qual essa burocracia foi historicamente a zeladora "natural". Se, por um lado, a decisão sobre programas redistributivos do solo viário emanou do Poder

43 Segundo o marronzinho (agente de trânsito) O. C., que pediu para não ser identificado, desde que ingressou na companhia (início dos anos 1990), ele jamais havia sido expressamente orientado a *não* dar preferência a automóveis em situações de campo em que os marronzinhos têm poder de decisão, em caso de interferências na via (acidentes, falha de equipamentos, entre outras).

Executivo eleito – começou como promessa eleitoral e foi catalisada por manifestações de descontentamento com o sistema de mobilidade –, por outro a disponibilidade para implementação por parte da CET pode ser indicativa da reação dessa burocracia à ameaça anterior de que a responsabilidade pela circulação poderia ser-lhe retirada.

Considerações finais

A trajetória da política pública de mobilidade urbana em São Paulo exemplifica a importância de um enquadramento analítico que não espelhe irreflexivamente as separações institucionais adotadas pelo poder público. Ao negligenciarem o aspecto da circulação, analistas da mobilidade deixam de enxergar o paradigma que ditou a forma de circular na cidade não somente dos usuários do transporte individual, mas também os do transporte coletivo em ônibus e de outras modalidades, com graves consequências para estes últimos.

A investigação do paradigma da fluidez do automóvel, implantado em São Paulo por uma burocracia insulada durante o regime militar e perpetuado por essa mesma burocracia detentora de um "paradigma de política pública coerente" (Hall, 1993), quando submetida ao jogo político partidário democrático, se constitui em incentivo para análises interessadas na complexa relação, interna ao Estado, entre burocracias especializadas e governos eleitos.

Obviamente um e/ou outro não age(m) sozinho(s) na manutenção de paradigmas ou na tentativa de substituí-los, mas em determinadas áreas – caso do setor trânsito – a estatura técnica da política pública confere vantagens a burocratas em sua condução. Apoiados em preferências técnicas, que são distributivas – portanto, intrinsecamente políticas – e aparentemente correlacionadas com programas partidários, burocratas estatais são capazes de estruturar paradigmas e conferir-lhes estatura de política de Estado, cabendo a governos eleitos interessados em paradigmas alternativos promover mudanças mediante dispêndio de esforços de coordenação político-administrativa informados por aprendizado com experiências anteriores.

Referências bibliográficas

ANTP (Associação Nacional de Transportes Públicos). *Premissas para um plano de mobilidade urbana*. São Paulo, 2012. Disponível em: <http://www.antp.org.br/_5dotSystem/download/dcmDocument/2013/03/06/ABB0D95F-D337-4FF5-9627-F8D3878A9404.pdf>.

BAUMGARTNER, Frank. Ideas and Policy Change. *Governance*, v.26, n.2, abr. 2013.

BAUMGARTNER, Frank; JONES, Bryan. *Agendas and Instability in American Politics*. Chicago: University of Chicago Press, 1993.

BRANCO, Adriano. *Transporte urbano no Brasil*. Contribuição ao III Congresso Anual da Associação Nacional de Transportes Públicos. Recife/São Paulo: S.N., 1981.

CAMPOS, Marcos Vinicius Lopes. *Ferramentas de governo*: instrumentação e governança urbana nos serviços de ônibus em São Paulo. São Paulo, 2016. Dissertação (Mestrado em Ciência Política) – FFLCH-USP.

CET (Companhia de Engenharia de Tráfego). Introdução. *Manual de sinalização urbana*, São Paulo, 1978a.

______. Sinalização de obras. *Manual de sinalização urbana*, São Paulo, 1978b.

______. Sinalização de segurança. *Manual de sinalização urbana*, São Paulo, 1978c.

______. Sinalização horizontal. *Manual de sinalização urbana*, São Paulo, 1978d.

______. Sinalização semafórica. *Manual de sinalização urbana*, São Paulo, 1978e.

______. Sinalização vertical de advertência/serviços/educacional. *Manual de sinalização urbana*, São Paulo, 1978f.

______. Sinalização vertical de regulamentação. *Manual de sinalização urbana*, São Paulo, 1978g.

______. Sinalização vertical de orientação. *Manual de sinalização urbana*, São Paulo, 1978h.

______. *Manual "Circulação prioritária de ônibus"*. São Paulo, 2001a.

______. *Manual "Ponto de ônibus"*. São Paulo, 2001b.

CINGOLANI, Luciana. *The State of State Capacity*: A Review of Concepts, Evidence and Measures. Maastricht: UNU-MERIT, 2013 (Working Paper).

ETIENNE, Henry; ZIONI, Silvana. Ônibus na Metrópole: articulação entre iniciativa privada e intervenção pública em São Paulo. In: BRASILEIRO, A; ETIENNE, Henry (Eds.). *Viação Ilimitada: ônibus das cidades brasileiras*. São Paulo: Cultura Ed. Associados, 1999, p.119-186.

EVANS, Peter; RUESCHEMEYER, Dietrich; SKOCPOL, Theda (eds.). *Bringing the State Back in*. Cambridge: Cambridge University Press, 1985.

FAGNANI, Eduardo. *Pobres viajantes:* Estado e transporte coletivo urbano Brasil-Grande São Paulo, 1964/84. Campinas, 1985. Dissertação (Mestrado em Ciência Política) – Unicamp.

FARIA, Carlos Aurélio Pimenta. Ideias, conhecimento e políticas públicas: um inventário sucinto das principais vertentes analíticas recentes. *Revista Brasileira de Ciências Sociais*, São Paulo, v.18, n.51, p.21-29, 2003.

GONTIJO, José Geraldo Leandro. Coordenação, cooperação e políticas públicas: organizando percepções e conceitos sobre um tema caro à implementação. In: FARIA, Carlos Aurélio Pimenta (org.). *Implementação de políticas públicas*: teoria e prática. Belo Horizonte: PUC-Minas, 2012.

HALL, Peter. Policy Paradigms, Social Learning, and the State: the Case of Economic Policymaking in Britain. *Comparative Politics*, v.25, n.3, p.275-296, abr. 1993.

HECLO, Hugh. Review Article: Policy Analysis. *British Journal of Political Science*, v.2, n.1, p.83-108, jan. 1972.

HIGA, Caio Vinicius. *Políticas de transporte coletivo em São Paulo entre 2001 e 2010*: meio ambiente construído, sistemas técnicos e organização dos serviços de transportes. São Paulo, 2012. Dissertação (Mestrado em Geografia Humana) – FFLCH-USP.

HOMBURGER, Wolfgang (ed.). *Transportation and Traffic Engineering Handbook*. Nova Jersey: Institute of Transportation Engineers, 1976.

KINGDON, John. *Agendas, Alternatives, and Public Policies*. Boston: Little Brown Pub, 1984.

MALATESTA, Maria Ermelina Brosch. A história dos estudos de bicicletas na CET. In: CET. *Boletim Técnico 50*, São Paulo, 2012.

MARQUES, Eduardo. Government, political actors and governance in urban policies in Brazil and São Paulo: concepts for a future research agenda. *Brazilian Political Science Review*, v.7 (3), 2013, p.8-35.

MARQUES, Eduardo (org.). *A metrópole de São Paulo no século XXI:* espaços, heterogeneidades e desigualdades. São Paulo: Editora Unesp/CEM, 2015.

MARQUES, Eduardo; TORRES, Haroldo (eds.). *São Paulo*: segregação, pobreza e desigualdades. São Paulo: Senac, 2005.

PATARRA, Ivo. *O governo Luiza Erundina*: cronologia de quatro anos de administração do PT na cidade de São Paulo, de 1989 a 1992. São Paulo: Geração Editorial, 1996.

REQUENA, Carolina. *O paradigma da fluidez do automóvel*: burocracias estatais e mobilidade em São Paulo. São Paulo, 2015. Dissertação (Mestrado em Ciência Política) – FFLCH-USP.

RODRIGUES, Artur. Haddad: "Vão pensar duas vezes antes de tirar o carro da garagem". *O Estado de S. Paulo*, 1 jul. 2013. Disponível em: <http://sao-paulo.estadao.com.br/noticias/geral,haddad-vao-pensar-duas-vezes-antes-de-tirar-o-carro-da-garagem,1048938>.

SABATIER. Paul. An Advocacy Coalition Framework of Policy Change and the Role of Policy-Oriented Learning Therein. *Policy Sciences*, v.21, n.2-3, p.129-168, 1988.

SÃO PAULO (Governo). Companhia do Metropolitano de São Paulo. *Pesquisa origem e destino 1987*. São Paulo, 1987.

______. *Pesquisa origem e destino 1997*. São Paulo, 1997.

______. *Pesquisa origem e destino 2007*. São Paulo, 2007.

SÃO PAULO (Município). PMSP (Prefeitura do Município de São Paulo). *São Paulo Interligado*: o plano de transporte público urbano integrado em implantação na gestão 2001-2004. PW, 2004.

______. *Jornal do Ônibus*, n.931, 2013.

______. *Plano Diretor de São Paulo*. 2014. Disponível em: <http://gestaourbana.prefeitura.sp.gov.br/arquivos/PDE_lei_final_aprovada/APRESENTACAO/SMDU_PDE_140731_sancao_FINAL.pdf>.

SÃO PAULO (Município). SMT (Secretaria Municipal de Transportes). PMSP. *A reconstrução da mobilidade*. 2002.

SERRA, Geraldo. *Urbanização e centralismo autoritário*. São Paulo: Nobel/Edusp, 1991.

SKOCPOL, Theda. Bringing the State Back in: Strategies of Analysis in Current Research. In: EVANS, Peter; RUESCHEMEYER, Dietrich; SKOCPOL, Theda (eds.). *Bringing the State Back in*. Cambridge: Cambridge University Press, 1985.

SZASZ, Pedro (coord.). Comonor: comboios de ônibus ordenados nas avenidas Rangel Pestana e Celso Garcia. *Boletim Técnico da CET*, São Paulo, n.22, 1979.

TÉRAN, Jose Angel. *CET 30 anos*. São Paulo: Companhia de Engenharia de Tráfego, 2006.

VASCONCELLOS, Eduardo. *Transporte urbano, espaço e equidade*: análise das políticas públicas. São Paulo: Editoras Unidas, 1996.

______. *Circular é preciso, viver não é preciso*: a história do trânsito na cidade de São Paulo. São Paulo: Annablume/Fapesp, 1999.

______. *Mobilidade urbana e cidadania*. Rio de Janeiro: Senac, 2012.

ZIONI, Silvana. *Transporte público em São Paulo*. São Paulo, 2000. Dissertação (Mestrado em Arquitetura e Urbanismo) – FAU-USP.

9
Instrumentos de políticas e seus impactos: do governo analógico ao governo eletrônico dos serviços de ônibus em São Paulo[1]

Marcos Lopes Campos

É amplamente aceito no debate público e acadêmico que o poder empresarial é um fator determinante na produção de políticas públicas urbanas. As avaliações para o setor de transporte público coletivo não destoam dessa visão amplamente disseminada. Este capítulo, cujas evidências foram produzidas a partir do estudo de diferentes administrações na prefeitura de São Paulo, não discorda dessa interpretação. Mas revela que os principais conflitos nessa política não se resumem a disputas em torno do valor da tarifa. Diferentemente, eles ocorrem principalmente em torno de instrumentos técnicos, tais como equações de remuneração, bases de dados, relatórios, formulários, passes (de papel e magnéticos), catracas, cartões inteligentes sem contato, validadores eletrônicos e softwares de monitoramento.

Os estudos sobre os conflitos entre burocracias, políticos e empresários de ônibus tendem a marginalizar o cotidiano da produção de uma

1 Este capítulo apresenta parte dos resultados da dissertação de mestrado defendida em 2016 na FFLCH-USP, com o título *Ferramentas de governo: instrumentação e governança urbana nos serviços de ônibus em São Paulo*.

política. Ao fazê-lo, ignoram uma questão fundamental: as relações entre seus diferentes atores – burocracias, empresas e governo – e os instrumentos que regulam a provisão dos serviços; no caso, os serviços de transporte coletivo por ônibus.

De fato, a literatura sobre políticas públicas tem dado pouquíssima atenção aos processos decisórios das políticas e aos arranjos que estruturaram a lucratividade das empresas (Cheibub, 1985; Henry; Zioni, 1999; Hirata, 2011; Higa, 2012). Na base dessa ausência, está a suposição a-histórica e mecânica da eficácia da agência de empresários na maximização do lucro em diferentes contextos institucionais. Argumento que a análise dessa maximização tem ignorado as práticas cotidianas da provisão dos serviços e a materialidade da produção do lucro na economia política urbana dos serviços de ônibus. O mesmo pode ser dito em relação à caracterização da atuação de governos e burocracias para explicar, por exemplo, a ineficácia da regulação governamental sobre a prestação de serviços. O fato é que os esforços analíticos para examinar os instrumentos das políticas e os conflitos peculiares ao setor – indo, portanto, além das agendas de governo – são ainda escassos. O resultado é que ainda sabemos pouquíssimo sobre como efetivamente serviços de ônibus – e políticas públicas em geral – são de fato governados.

Este capítulo faz um esforço nessa direção. Busca analisar detalhadamente a produção cotidiana da provisão dos serviços de ônibus no município de São Paulo para responder às seguintes questões: quem governa o quê? Como a provisão de serviços é de fato governada? Por meio de quais recursos de poder e estratégias, de um lado, as empresas privadas realizam seus lucros e, de outro, o Estado controla a provisão de serviços? Por meio de quais dispositivos técnicos as diversas administrações municipais produziram serviços coletivos de ônibus?

Neste capítulo, as políticas públicas e suas transformações são vistas a partir das práticas de produção de objetos burocráticos no cotidiano da provisão de serviços de transporte coletivo por ônibus. O estudo demonstra que instrumentos de políticas públicas têm uma materialidade própria, que é objeto de conflito entre os agentes envolvidos na construção cotidiana do desempenho operacional das políticas. Relações de poder se traduzem em instrumentos de políticas que afetam diretamente a lucratividade das empresas e o controle estatal da produção de serviços.

Essa premissa do estudo se baseia em desenvolvimentos anteriores da literatura sobre políticas públicas. Em primeiro lugar, me apoio na contribuição de Scott (1998) acerca dos processos de legibilidade. Para o autor, é parte da racionalidade do Estado apreender (e controlar) o funcionamento da sociedade via tipificações, categorias esquemáticas, estatísticas e simplificações. Suplantando práticas informais, intermediários locais e categorias locais, a construção do governo sobre a sociedade envolveria a sistematização de visões sinópticas de grupos previamente opacos aos agentes estatais. Esses conhecimentos esquemáticos seriam úteis e necessários para o exercício do governo. Uma sociedade ilegível seria um obstáculo para qualquer intervenção estatal eficaz. Assim, a construção da legibilidade é uma abordagem que posiciona centralmente as tecnologias de governo e práticas burocráticas cotidianas (Sharma; Gupta, 2006) nos estudos sobre as capacidades estatais (Skocpol, 1985; Cingolani, 2013; Gomide; Pires, 2014).

A legibilidade é um campo de disputas de poder, com impactos significativos sobre as políticas. Como aponta Hull (2012), categorias estatais são geradas e aplicadas em seus domínios de referência por meio de complicadas e extensas cadeias de documentos e outros artefatos de representação. A criação dos objetos burocráticos – isto é, unidades que serão alvo das ações de governo, como habitações a serem desapropriadas ou, nesse caso, passageiros a serem transportados – é mediada por práticas de documentação. Estas criam representações estatais que são observadas por meio de artefatos que permitem a dimensão operacional das políticas. Essa constatação implica, para o analista de políticas públicas, um movimento de resgate da visibilidade de documentos. Isto é, o analista deve olhar para esses e não através desses, e, portanto, tratar documentos como mediadores, coisas que transformam e modificam os objetos burocráticos que deveriam carregar. A tradução de objetos burocráticos em categorias estatais tem um impacto independente sobre a produção de políticas. Portanto, ainda de acordo com Hull (2012), em vez de imaginar o Estado como um observador neutro, a tarefa do analista seria demonstrar como a unidade das representações estatais é atingida (ou não) via coordenação política. Em outras palavras, constitui tarefa importante examinar as numerosas mediações materiais e práticas necessárias para o estabelecimento de nexos entre representações estatais e objetos burocráticos. Assim, é preciso investigar as implicações políticas da distinção entre as dimensões discursivas (como leis) e materiais das tecnologias administrativas, para uma melhor apreensão das variadas formas potenciais de agenciamento de interesses nas arenas burocráticas. As estratégias empregadas pelos agentes envolvidos com o discurso burocrático podem ser muito diferentes daquelas atreladas aos referenciais materiais (como documentos) que traduzem esses mesmos discursos em artefatos concretos de produção das políticas. Atores podem realizar seus interesses a despeito do fracasso na alteração legal das políticas por meio de estratégias associadas às tecnologias que dão corpo operacional à ação estatal (Hull, 2012). Em muitos casos, as práticas de documentação desenvolvidas para a construção da legibilidade de um dado campo de intervenção são operacionalizadas com o emprego de instrumentos de políticas públicas.

Em segundo lugar, assumo a proposição de que instrumentos de políticas públicas não são axiologicamente neutros, mas técnicos e sociais, tal como desenvolvido por Lascoumes e Le Galès (2007). Instrumentos estruturaram as políticas públicas com suas lógicas próprias, produzindo efeitos autônomos, por vezes, inesperados. Argumento, em linha com a ideia desses autores, que é também em torno desses instrumentos de intervenção governamental que ocorre a tradução de objetos burocráticos em representações estatais, o que implica dizer que esses instrumentos são indispensáveis para a análise dos conflitos a propósito dos artefatos por meio dos quais a legibilidade de um campo de ação governamental é continuamente estruturada.

Por fim, me apoio na contribuição de Marques (2016a), para quem a economia política dos serviços de ônibus possui seus circuitos de valorização e lucratividade diretamente associados à produção da cidade, razão pela qual as empresas têm interesse em influenciar as políticas urbanas no detalhe. Não obstante, como defende o autor, isso não ocorreria por elementos sistêmicos, mas por recursos de poder e estratégias concretas levadas a cabo na relação com outros agentes imersos em contextos institucionais.

As evidências apresentadas neste capítulo contribuem para a compreensão tanto da mudança quanto da estabilidade nas políticas de transporte coletivo por ônibus. Estas podem ser observadas por meio das formas pelas quais Estado e empresas privadas exercem o governo por meio de documentos e instrumentos, que têm um papel fundamental nos limites e potencialidades das capacidades estatais e da produção do lucro. Demonstro como a mudança de dispositivos e documentos na produção de informações sobre passageiros e receita tarifária entre as décadas de 1980 e 2000 alterou substantivamente as relações de poder na provisão de serviços de transporte por ônibus no município de São Paulo, levando atores estatais e privados a desenvolverem estratégias distintas na produção dos artefatos e recursos necessários à provisão de serviços públicos. Como veremos, o governo por instrumentos analógicos cria amplas possibilidades de assimetria de informação e opacidade na produção dos objetos burocráticos das políticas. A transição para o governo por meio de instrumentos eletrônicos, por sua vez, reorganizou as relações entre setor público e setor privado, não como resultado da redefinição de responsabilidades formais e agências, mas pela criação de novas práticas de documentação. Em suma, o que poderia parecer apenas uma mera mudança técnica produziu amplas consequências políticas.

Este estudo foca o período entre as décadas de 1980 e 2000, quando ocorreu a transição da governança[2] "analógica" para a "eletrônica" dos serviços de transporte por ônibus na cidade de São Paulo, do qual decorreu o fortalecimento do controle estatal sobre a provisão privada.[3] Este estudo foi baseado em 32 entrevistas semiestruturadas com burocracias, gestores, membros do sindicato das empresas privadas e (ex-)funcionários

2 Partindo de Marques (2013), e acrescentando as contribuições de Hull (2012) e Lascoumes e Le Galès (2007), a governança é entendida aqui como as configurações de atores estatais e não estatais, interconectados por vínculos formais e informais, práticas materiais, documentos e instrumentos de políticas públicas, imersos em contextos institucionais específicos no processo de produção de políticas públicas.

3 Os impactos da bilhetagem eletrônica, implementada em 2003, sobre o controle estatal de passageiros e receita tarifária se mantiveram estáveis até os dias de hoje. Por tal motivo, o presente capítulo não adentra à década de 2010, na qual, salvo a implementação de cartões de 4 kb no lugar dos antigos de 1 kb pela administração Haddad (PT), não houve substantivo ativismo estatal frente a essa esfera dos serviços. Por outro lado, o mesmo não pode ser dito quanto ao controle de viagens de ônibus. Para mais sobre esse assunto, ver Campos (2016b).

das empresas, bem como em dados secundários, documentos, legislações, manuais de procedimentos e portarias.

O presente trabalho sugere a necessidade de ampliação dos elementos que compõem a compreensão analítica das políticas de transportes por ônibus no município, até aqui fortemente vinculadas à tarifação e às formas de remuneração, em direção aos elementos estruturantes dessa política, quais sejam, as formas de produção e circulação de seus objetos burocráticos, isto é, passageiros, receita tarifária e viagens.

O capítulo está organizado em três seções, para além desta introdução e das considerações finais. Na primeira, reconstruo brevemente a trajetória das políticas de transportes no município de São Paulo entre 1989 e 2016. Na segunda, apresento os instrumentos analógicos de produção e circulação de passageiros transportados e a receita tarifária nos serviços de ônibus entre as décadas de 1980 e 1990, sublinhando as relações entre práticas de documentação e instrumentos na organização de estratégias de opacidade frente ao Estado por parte de empresas privadas de ônibus e burocracias do nível de rua. Na terceira, examino a transição para a governança "eletrônica" da política de transporte por ônibus. Nas considerações finais, exploro as descobertas e implicações analíticas deste estudo.

1. As políticas públicas de transportes por ônibus em São Paulo (1989-2016)

No início da administração Luiza Erundina (PT), em 1989, o sistema de transporte por ônibus era operado por 39 empresas privadas diferentes. Do lado estatal, a Companhia Municipal de Transportes Coletivos (CMTC) era responsável pela operação de cerca de 30% dos serviços. Do lado privado, 38 empresas permissionárias, distribuídas em 23 áreas exclusivas de operação, conduziam o restante dos serviços (Campos, 2016b). A partir de 1992, a administração Luiza Erundina implementou a política de municipalização. Esta acabou por organizar arranjos para a implementação de dois objetivos defendidos por técnicos do PT contrários à estatização dos serviços. Primeiramente, pretendia-se o aumento da capacidade de planejamento do conjunto das linhas de ônibus. Em segundo lugar, defendia-se o fim do modelo vigente de financiamento dos serviços e remuneração das empresas, conhecido como remuneração direta. Em outras palavras, a ideia era a desvinculação do equilíbrio financeiro do sistema de ônibus do valor das passagens, com a criação de uma tarifa subsidiada pela qual parte do orçamento municipal seria redirecionada para financiar parte dos custos operacionais das empresas privadas.

Esses objetivos foram incorporados à Lei nº 11.037, de 1991. Nela, as empresas de transportes e a CMTC passaram a operar via contratos com duração de oito anos, prorrogáveis por mais dois. Esses contratos envolviam lotes de veículos e não mais áreas de operação. A exploração do serviço passou a ser pública e a receita arrecadada, centralizada na recém-criada "Conta Sistema", a ser gerida pela administração municipal.

Foi implementado o instrumento de remuneração indireta, por custo de operação, instrumento esse que produzia incentivos à captação de passageiros. Os custos de operação seriam cobertos pelo orçamento público, independentemente da receita tarifária, sendo instituído o primeiro subsídio público direto para dar conta da disparidade entre receita e custo. Nesse novo arranjo, a frota de ônibus chegou a 10.850 veículos em agosto de 1992, como resultado do lançamento de novos editais de contratação, ao passo que o número de empresas operadoras foi reduzido para 32 (São Paulo, 1992).

A administração Paulo Maluf (PPB, 1993-1996) tomou o caminho inverso. A partir de 1995, o prefeito pôs fim à operação estatal direta dos serviços por meio da terceirização e da privatização do patrimônio da CMTC. Concorrências públicas foram definidas para leiloar e locar as garagens e os veículos públicos. Nesse processo, a CMTC foi rebatizada de São Paulo Transportes (SPTrans), passando a ser a agência reguladora do setor.

Ainda que a Lei Municipal nº 11.037/1991, que implantou a municipalização, tenha sido mantida como o principal marco regulatório dos serviços, a prefeitura produziu o Termo de Aditamento nº 1 de 26 de fevereiro de 1993, limitando a remuneração das empresas ao total de sua receita tarifária. As empresas passaram a receber por rateio, isto é, pela razão entre o custo operacional de cada lote de operação relativamente ao custo total do sistema. Essa mudança limitou a política de subsídios e levou a uma gradativa recuperação do valor da tarifa como principal componente dos custos do sistema de transporte coletivo por ônibus no município de São Paulo.

Em meados da década de 1990, as administrações Paulo Maluf e Celso Pitta (1997-2000) produziram iniciativas para a reestruturação da arrecadação de tarifas e da fiscalização, com os objetivos de ampliação da regulação e da redução de custos por meio da incorporação de novas tecnologias para a gestão financeira e informacional. O primeiro desses programas foi a Cobrança Automática de Tarifas de 1996, que será mais bem analisado a seguir. Ele substituiu catracas manuais e passes de papel por validadores eletrônicos híbridos e bilhetes magnéticos. O segundo programa foi um novo sistema de fiscalização por laços indutivos implementado em 1996. O sistema de laços indutivos deveria fiscalizar o cumprimento integral da programação de cada linha de ônibus e fornecer os dados para a remuneração das empresas privadas. Na administração seguinte, de Marta Suplicy (PT, 2001-2004), todavia, a fiscalização voltou a ser baseada no monitoramento visual de veículos no nível de rua.

Na gestão Marta, a Lei nº 13.241/2001 trouxe um novo marco regulatório para a rede, o Sistema Interligado (SI), promovendo talvez a maior reestruturação dos serviços de ônibus em São Paulo desde a criação da CMTC em 1947. Nele, o transporte clandestino, organizado em cooperativas, passou a ocupar uma posição estrutural na rede de ônibus, tanto institucional quanto espacial. A rede de ônibus foi dividida em dois subsistemas, com funções distintas: o subsistema estrutural, responsável pela macroacessibilidade do município (relativo a grandes deslocamentos), integrando as diversas regiões da cidade, e o subsistema local, responsável pela microacessibilidade (relativo aos deslocamentos internos a cada região). As empresas privadas passaram a operar com base em contratos de concessão por dez anos, prorrogáveis por mais cinco, para o caso das empresas privadas de transporte, e contratos de permissão por sete anos, prorrogáveis por mais três, no caso das cooperativas. O cálculo da remuneração das empresas privadas passou a ser atrelado ao número de passageiros transportados, com base em valores diferenciados de acordo com as áreas de operação.

Paralelamente, o SI promoveu a incorporação de um grande conjunto de novas tecnologias. O mais importante deles foi o Sistema de Bilhetagem

Eletrônica, incluindo validadores eletrônicos e cartões inteligentes sem contato (entre eles, o Bilhete Único). Além disso, também foram implantados o Sistema Integrado de Monitoramento e a tecnologia de Localização Automática de Veículos (AVL), com o objetivo de ampliação do controle e monitoramento das operações das empresas (Campos, 2016b).

Ao final das licitações, das 51 empresas que operavam serviços em 2002, foram contratadas apenas dezoito empresas e onze cooperativas, parte delas reunidas em dezesseis consórcios e algumas atuando individualmente em áreas exclusivas.

As administrações José Serra (PSDB) e Gilberto Kassab (DEM), entre 2004 e 2012, descontinuaram o projeto de implantação do SI nos serviços de ônibus no município de São Paulo. Apesar disso, o governo de José Serra promoveu um convênio com o governo do estado e com a Caixa Econômica Federal (CEF) para a incorporação do Bilhete Único nos meios de transportes sob trilhos e a criação de um modelo de distribuição da receita entre os participantes, o chamado Sistema Clearing. Ademais, foram adotadas diversas medidas com o objetivo de combate à fraude no uso do Sistema de Bilhetagem Eletrônica, como a campanha de cadastramento de usuários. Em 2008, a administração Gilberto Kassab lançou a modalidade do Bilhete Único Amigão, pela qual passou a ser possível a realização de 4 viagens no período de 8 horas nos domingos e feriados.

A administração Fernando Haddad (PT, 2013-2016) retomou a agenda de priorização do transporte coletivo. A primeira de suas medidas foi a ampliação das modalidades de tarifa temporal (Diária, Semanal e Mensal) em 2013 e 2014. Por meio do Programa de Operação Controlada, responsável pela centralização do controle operacional das viagens (Campos, 2016b) e de novos contratos de prestação de serviço, foi implementada a Rede da Madrugada, que consistiu em um conjunto de 151 linhas de ônibus que operavam no horário noturno. Além disso, foi criada a gratuidade para estudantes por meio da Lei nº 16.097/2014 e da Portaria nº 003/15 da SMT, de 2015. Por fim, ocorreu uma expansão de cerca de 300 quilômetros de faixas exclusivas de ônibus entre 2013 e 2014. Foi criado ainda o Conselho Municipal de Trânsito e Transportes, por meio do Decreto nº 54.058, de 1º julho de 2013.

2. A governança por instrumentos analógicos (1980-2000)

No cotidiano da cidade de São Paulo, governo municipal e empresas privadas de transportes regulam e controlam a oferta de linhas de ônibus, os custos operacionais, a provisão dos serviços de ônibus, a lucratividade empresarial e o valor das tarifas a partir do conhecimento do desempenho da provisão dos serviços. As formas de produção e circulação desses objetos burocráticos organizam tarefas específicas a serem cumpridas, por quais indivíduos e coletividades determinadas práticas devem ser realizadas, demandando um conjunto-chave de instrumentos para a produção da provisão das linhas de ônibus. O conhecimento sobre a operação desses instrumentos é organizado com base em categorias esquemáticas e seus referenciais materiais, tais como documentos, relatórios, bancos de dados, planilhas de custos. A produção e a circulação dos objetos burocráticos dessa política particular são representadas, principalmente, por artefatos/instrumentos que dizem respeito à receita tarifária, aos passageiros transportados e às viagens realizadas.[4] Argumento nas seções seguintes que a compreensão do que está em jogo nas políticas públicas passa, necessariamente, pelo estudo das formas de produção e circulação de objetos burocráticos. A seção a seguir analisa o período caracterizado aqui como analógico na governança dos transportes por ônibus no município de São Paulo, nas décadas de 1980 e 1990. Nessa etapa, os modos de operação e as materialidades de instrumentos foram responsáveis pela organização das características de certas práticas burocráticas, opacidades e recursos de poder no cotidiano dos serviços de ônibus.

Fronteiras borradas e opacidades na construção da legibilidade

No período analógico, a produção dos passageiros e da receita tarifária ocorria a partir de duas ferramentas: a catraca manual e os passes de papel. Elas permitiam a operacionalização de uma série de estatísticas,

---

4 Este capítulo se limita a analisar as formas de produção e circulação de passageiros e receita tarifária. Para mais sobre as viagens, ver Campos (2016b).

tipificações, indicadores e a construção de uma visão sinóptica do desempenho e dos usos desses serviços. Os passes facilitavam a transação econômica realizada nas catracas, diminuindo a necessidade de "dinheiro vivo" no caixa dos cobradores. Sua venda nos guichês da CMTC produzia receita tarifária antecipada, aumentando o fluxo de caixa do sistema de ônibus, assim como permitia a verificação/mensuração da remuneração das empresas. Finalmente, os passes de papel tinham uma importante função na contenção de perda de receita, por limitar diretamente o incentivo aos assaltos aos ônibus, uma prática corriqueira no período analógico.

A catraca manual separava pessoas de passageiros, isto é, aqueles que já haviam realizado o pagamento e podiam passar as catracas daqueles que ainda não o haviam feito, ou tinham direito à gratuidade. Posicionada na parte interna dos ônibus, a catraca obrigava o pagamento da passagem, operando como uma barreira física entre o trajeto interno da porta de entrada até a saída. Ao mesmo tempo, garantia mecanicamente a mensuração do número de passageiros pagantes por meio de seus giros. Nos veículos em operação, circulavam notas, moedas, passes de papel, pessoas e passageiros.

Diariamente, pouco antes do início da operação na madrugada, cobradores e motoristas de ônibus aguardavam nas garagens a escala de linhas e veículos organizada pelos encarregados de tráfego. Cobradores e fiscais de linhas tinham como tarefa a documentação do número de giros indicado nas catracas manuais no começo do dia, registro esse chamado de "iniciante".

Nas viagens, a produção mecânica do número de passageiros ocorria sob responsabilidade dos cobradores, sentados ao lado das catracas. Estes eram encarregados de vender passagens, girar a catraca, fornecer informações sobre os serviços e auxiliar o motorista quando necessário. Ao final do itinerário, a documentação do desempenho de cada meia-viagem[5] era produzida conjuntamente por cobradores e fiscais de ponto. No relatório dos primeiros, constava nome e prontuário dos funcionários

5 O termo refere-se ao cumprimento de uma viagem de ida ou de volta entre os pontos finais de cada linha. Uma "viagem completa" seria, portanto, o cumprimento das viagens de ida e volta em cada linha.

responsáveis pelo veículo, prefixo, linha, odômetro, horários de partida e de chegada de cada meia-viagem e, por fim, o "encerrante", o número final de giros registrados na catraca. O fiscal duplicava a documentação do número de passageiros e horários para posterior conferência. Com o carimbo do fiscal em seu relatório, o cobrador poderia retornar à garagem para a prestação de contas no departamento encarregado da sistematização e da checagem de documentos, a Recebedoria.

Em guichês localizados nas garagens das empresas de ônibus, cobradores entregavam notas de dinheiro, moedas e passes de papel, bem como os relatórios de meia-viagem nas mãos dos recebedores. Estes produziam uma segunda documentação referente à receita tarifária e checavam a congruência entre quantidade de passageiros transportados e valores coletados. O protocolo determinava que essas tarefas deveriam ser realizadas na presença dos cobradores – o que nem sempre acontecia, sobretudo nas empresas privadas. Caso fossem identificadas incongruências, o valor faltante era de responsabilidade dos cobradores.

Após a contagem, emitia-se um comprovante de féria pelo recebedor e o cobrador era liberado. No final do dia, o primeiro realizava o fechamento do caixa e entregava ao chefe do departamento os valores recebidos e os relatórios diários de arrecadação de cada uma das férias. O último produzia um demonstrativo sintético para a tesouraria das empresas. Até 1992, toda a receita tarifária na forma de notas e moedas era levada em carros-fortes para o depósito nas contas-correntes das empresas. Após esse período, esses valores passaram a ser centralizados na "Conta Sistema" da Secretaria Municipal de Transportes (SMT). A remuneração da SMT para as empresas era realizada plenamente em um prazo de nove dias. Por sua vez, os passes de ônibus eram contados por unidade e organizados pelos recebedores em grupos de 500 passes para serem repassados à tesouraria das empresas.

A terceira checagem do número de passes era realizada na tesouraria das empresas. Todavia, agora, essa parte da receita era mensurada e verificada por meio da pesagem de grupos de quinhentos passes em balanças de precisão, atividade de responsabilidade do tesoureiro. Uma primeira pesagem era produzida pela contagem por unidade que se convertia em um padrão, servindo de base para a posterior avaliação dos outros grupos de passes. Ao final, o tesoureiro documentava a magnitude da receita tarifária obtida via passes de ônibus, enviava os relatórios dos cobradores e fiscais para o departamento de estatística da empresa e encaminhava malotes de passes para a CMTC, na qual a remuneração das empresas pela coleta de passes era realizada. No setor de estatística, eram produzidos indicadores sintéticos e estatísticas, como a quantidade de passageiros por tipo de passageiro, por período (dia, mês, ano), por viagem, por veículo e por linha. Além disso, ocorria outra verificação de congruência entre a documentação produzida pelos fiscais e pelos cobradores. Esses documentos eram encaminhados à CMTC para monitoramento e regulação.

No departamento de remição, burocracias da CMTC tinham como tarefa a verificação, novamente, da quantidade de passes em relação aos documentos produzidos pelas empresas na presença de um representante do sindicato empresarial, o Transurb.[6] Grupos de 500 passes eram organizados para cada empresa para, seguidamente, servir como unidade-padrão para a conferência do restante por meio da pesagem. Após a contabilização da remuneração das empresas via passes, estes eram levados para serem destruídos em guilhotinas e retirados de circulação.

Complexas associações entre cobradores, fiscais e burocracias distribuídas em diferentes espaços na produção de documentos, catracas e passes operavam nesses circuitos. Por decorrência de suas características materiais, esses instrumentos analógicos foram responsáveis pela conformação de práticas manuais de documentação e mensuração com baixíssimo controle do poder público derivadas, por sua vez, de substantivas assimetrias de informação. Eles operavam da seguinte maneira: (1) passes de papel e catracas manuais, primeiramente, tinham de ser manipulados por milhares de operadores; assim, catracas precisavam ser giradas por cobradores a cada pagamento de tarifa, para se mensurar a quantidade de passageiros; passes de papel precisavam ser contados (por peso e por unidade, no caso), para que pudessem informar a remuneração privada adequada (o mesmo pode ser dito para notas e moedas); posteriormente, (2) giros de

6 O Transurb, ou Sindicato das Empresas de Transporte Coletivo Urbano de Passageiros de São Paulo, foi criado em 1961, sob o nome de Associação Paulista de Empresas de Ônibus. Desde 2003, é denominada SPUrbanuss.

catracas e grupos de passes precisavam ser registrados manualmente (e à caneta) em outros documentos; por fim, (3) os milhares de registros oficiosos de passageiros e receita produzidos cotidianamente, em diferentes bases materiais por diferentes operadores (cobradores e fiscais), precisavam ser coordenados, agrupados, sistematizados, verificados e sintetizados em relatórios por outra gama de agentes localizados nas garagens das empresas e na CMTC, para a construção de um conjunto unificado de representações do desempenho operacional dos serviços de ônibus.

A delegação de dois tipos de decisões a operadores do nível de rua, a mensuração via instrumentos analógicos e a tradução manual da materialidade desses instrumentos em relatórios produziram altos graus de assimetrias de informação entre Estado, empresas privadas e operadores do nível de rua na legibilidade da produção e da circulação de receita e de passageiros. Ao mesmo tempo, esses instrumentos analógicos constrangiam as alternativas de controle e monitoramento estatal da mensuração, abrindo um leque restrito e altamente custoso de instrumentos e protocolos de controle, que envolviam a checagem da integridade física de catracas e passes de papel, a verificação ex post de documentos pela comparação de fontes distintas e a atribuição da mensuração para diferentes atores e por diferentes procedimentos.

Não havia escapatória, ainda que outras configurações de agentes e procedimentos pudessem ser empregadas (e efetivamente, foram),[7] a materialidade de catracas manuais, passes de papel e documentos não permitia a plena superação das opacidades na regulação.

Passageiros omitidos e lavagem de passes

Instrumentos de políticas são suportes para a criação de conhecimento esquemático. Como afirmaram Lascoumes e Le Galès (2007), não são axiologicamente neutros, mas técnicos e sociais, e organizam as políticas públicas de acordo com sua lógica própria, produzindo efeitos autônomos. Por outro lado, os mesmos estão sujeitos a agenciamentos, podendo levar a resultados imprevistos, de modo que, no estudo da construção da

7 Para esses arranjos, ver Campos (2016b).

legibilidade dos objetos burocráticos de uma política pública, é preciso considerar as numerosas mediações e práticas de documentação necessárias para o estabelecimento de conexões entre as representações estatais e aqueles objetos burocráticos. O caso do município de São Paulo revela que passageiros e receita tarifária não eram apenas circulados e produzidos pelas práticas e procedimentos apontados acima, mas também por omissão, falsificação e manipulação de documentos e instrumentos. Tais eventos moldaram, de forma nada trivial, decisões na governança.

A seguir, descrevo dois episódios nos quais a ilegibilidade foi produzida a partir dos próprios instrumentos e documentos operadores da legibilidade. Nesses casos, complicações surgiram pelos procedimentos formais em si mesmos, especialmente a tradução de categorias burocráticas na dimensão operacional dos documentos. Como descrevo abaixo, as bases materiais de representações utilizadas para a tomada de decisões nas políticas públicas e para a composição da remuneração privada se mostraram um domínio altamente permeável.

Inicio minha narrativa aqui pela crise política da intervenção dos transportes na década de 1980, na qual auditoria da CMTC nas empresas privadas encontrou evidências de práticas de omissão de passageiros. Logo a seguir, descrevo práticas de criação de passageiros-fantasmas e de lavagem de passes, alternativas de expansão do lucro – e também de extração de renda individual por burocracias do nível de rua –, propiciadas pela expansão do mercado informal e ilegal de passes de ônibus no período.

No final de janeiro de 1984, o governo federal elevou o preço do óleo diesel em 29,84% no território nacional. Imediatamente, as empresas de transportes reivindicaram o repasse dos aumentos dos custos para o valor das tarifas de ônibus, um reajuste importante no contexto da remuneração direta.[8] Fazia apenas três anos que o governo federal decidira repassar do Conselho Interministerial de Preços (CIP), órgão federal, para os municípios a autoridade sobre o valor das tarifas. A definição desses valores, o principal conflito distributivo dessa política particular, resultava de um

8 Sob o contexto da remuneração direta, o único fundo de financiamento dos serviços é a receita tarifária. Para mais sobre o impacto dos instrumentos de remuneração sobre a dinâmica política, ver Campos (2016a).

processo decisório fechado entre Executivo municipal e empresas privadas, baseado na planilha de cálculo de custos do CIP.

Todavia, o prefeito Mário Covas negou o reajuste solicitado pelas empresas. Assim, nos dias 10 e 11 de fevereiro de 1984, o Transurb publicou nos principais jornais da cidade uma carta ao público declarando a posição oficial do conjunto das operadoras diante do impasse, que afirmava que:

> a partir da zero hora do próximo dia 14, as empresas particulares, em decorrência das dificuldades, agravadas pelo recente e brutal aumento do óleo diesel, tomarão as deliberações abaixo: "[...] adequarão o número de ônibus em cada linha, com a finalidade de suportar o aumento de custo do óleo diesel e de derivados de petróleo, que alcançou 30%, adaptando, para esse fim, a mão de obra existente. As empresas se veem obrigadas a manter esta última decisão, até que seja autorizado o repasse do atual aumento do óleo diesel". (CMTC, 1984)

Diante desse impasse, o prefeito Covas, apoiado em legislação de 1977, autorizou a CMTC a intervir na operação das empresas para garantir sua continuidade. No dia 11 de fevereiro, 1.100 funcionários da CMTC foram realocados para intervir em treze das 38 permissionárias. Concomitantemente, uma ampla auditoria foi realizada, identificando irregularidades reveladoras de distorções na produção de informações sobre a circulação de passageiros e ônibus por parte das empresas.

Entre elas, a CMTC observou problemas no funcionamento de catracas e odômetros, a não utilização de relatório padrão do cobrador e a contagem de féria na ausência do mesmo, o que denotava a possibilidade de produção incorreta de dados, comprometendo o monitoramento das empresas pelo setor público. O caso mais emblemático, porém, foi a identificação da falsificação do Índice de Passageiros por Quilômetro Rodado (IPK). A CMTC constatou que a média do IPK declarado pelas empresas para o cálculo de tarifas era 30% inferior à média encontrada nas garagens auditadas, contribuindo de forma substancial para a confirmação de prévia avaliação relativa à "inexistência de dados operacionais confiáveis" (São Paulo, 1986, p.61).

Na época, dois indicadores de desempenho ocupavam posição importante na equação de cálculo das tarifas, o IPK e o Percurso Médio Anual (PMA),[9] produzidos, respectivamente, a partir de informações das catracas e dos odômetros. Reproduzo abaixo a equação de cálculo de tarifas do período para melhor esclarecer o significado desses eventos. Nela, os custos variáveis (CV) diziam respeito aos gastos com combustível, lubrificantes e rodagem, ao passo que os custos fixos (CF) se referiam à depreciação dos veículos, à remuneração dos veículos, a almoxarifado, instalações, equipamentos, pessoal, consumo de peças e acessórios, despesas de manutenção dos veículos e de administração (CET, 1985).

$$\text{Tarifa} = \frac{\dfrac{\text{Cr\$}}{\text{km}} + \dfrac{\dfrac{\text{Cr\$}}{\text{carro x ano}}}{\text{PMA}}}{\text{IPK}} = \frac{\text{CV} + \dfrac{\text{CF}}{\text{PMA}}}{\text{IPK}} = \text{Cr\$ por passagem de ônibus}$$

Fonte: CET (1985).

Vemos que, na equação de tarifa do período, quanto menos passageiros declarados (menor IPK), mais cara a tarifa. Sob o contexto da remuneração direta, isso levava a maior lucro. Assim, explorando opacidades na prestação de informações ao Estado acerca da circulação de passageiros, traduzidas por meio de documentos e catracas manuais, as empresas privadas regulavam a própria lucratividade. Em outras palavras, com a omissão do número de passageiros e alterações nos indicadores de circulação, as empresas foram capazes de enviesar de forma substantiva o cálculo da tarifação e o processo decisório.[10] Esse tipo de prática só foi possível graças aos instrumentos analógicos pelos quais os objetos burocráticos dessa política particular tornavam-se legíveis ao setor público.

9 O PMA dizia respeito à "quilometragem média anual rodada pelo veículo durante o ano, sendo que poderá ser calculado por linha, empresa, ou área de operação" (CET, 1985, p.10).

10 Apenas para esclarecer para o leitor o significado dessas práticas, imaginemos tal evento no atual contexto paulistano. Significaria que o valor da tarifa de ônibus deveria ser reduzido de R$ 4,00 para R$ 2,80. Isso, ainda, sem levar em consideração o impacto das outras irregularidades identificadas sobre o custo operacional.

O IPK residia no final de uma cadeia de traduções que conectava representações a suas referências. No sistema analógico, o rastreamento de passageiros era difícil, se não impossível. Com registros oficiosos, passageiros e giros de catraca estão em contínua movimentação nos ônibus em operação na cidade. Nesse quadro, o IPK se tornava relativamente autônomo e debilmente conectado ao processo responsável pela sua produção. Esse caráter o tornava um alvo fácil de manipulação, com limitada capacidade de identificar os documentos e indivíduos (e associações entre eles) responsáveis pelas alterações. O instrumento que produzia o indicador de número de passageiros transportados era o resultado de práticas levadas a cabo por uma extensa rede de atores (estatais e privados) encarregados de produzir diferentes artefatos de mensuração. A autoria coletiva do instrumento o tornava de difícil responsabilização frente ao poder público.

Um outro instrumento passível de manipulação também foi explorado nessa ocasião, a contagem manual da receita tarifária. Ele coloca em xeque a suposição da eficácia dos empresários na maximização do lucro, amplamente presente na literatura, pois o agenciamento de outros atores, tais como as burocracias do nível de rua, também se revelou importante, o que sugere a relevância das redes de relações entre agentes (estatais ou privados) localizados em diferentes etapas dos artefatos de mensuração aqui analisados.

No mesmo período, novos agentes começaram a participar ativamente da circulação e da produção de passes de papel. Proprietários de comércio, postos de combustível e ambulantes passaram a aceitá-los para a aquisição de um grupo diversificado de bens, adquirindo o estatuto, ainda que parcial, de moeda de troca. Por outro lado, os passes não eram reintroduzidos em outras trocas econômicas na forma de dinheiro, mas manipulados como mercadoria. Adicionalmente, um campo de práticas de interceptação, distribuição e mesmo produção contribuiu para a conformação de um mercado informal e ilegal de passes de ônibus. Passes começaram a ser vendidos a um valor menor diretamente a empresas ou no mercado de rua. A produção de falsificações e a criação do vale-transporte em 1986 teriam contribuído para a expansão substantiva desse mercado.

A expansão dos canais de acesso aos passes mais baratos favoreceu outros agenciamentos na gestão da receita tarifária. Uma dessas práticas era o chamado “vira”, operada, em geral, em linhas de ônibus com alto fluxo de passageiros. Após a coleta de uma quantidade considerável de passageiros pagantes, a programação de linha era descumprida e o veículo era encaminhado para a garagem. Com a receita tarifária produzida, todas as passagens pagas em notas e moedas eram substituídas por passes adquiridos no novo mercado, de modo que a diferença entre o valor das tarifas pagas em dinheiro e o custo dos passes injetados produzia um sobrelucro no momento da remuneração das empresas via passes de papel.

Um resultado similar era alcançado também pela simples incorporação de passes adquiridos no mercado informal nos grupos de 500 passes repassados ao setor de remição da CMTC. Nesse caso, porém, a estratégia era acompanhada da falsificação da quantidade de passageiros transportados.[11]

Entretanto, como afirmou um burocrata da CMTC em entrevista, “todo cobrador era um ponto potencial de lavagem de passes”. Ao menos duas práticas eram realizadas com o objetivo da extração de renda individual pela manipulação de passes e dinheiro: cobradores adquiriam passes pela metade do preço e trocavam o dinheiro pelo passe, ou, ainda, passageiros vendiam passes aos cobradores, que aplicavam uma taxa por essa troca por dinheiro.[12]

Os instrumentos analógicos de leitura dos objetos burocráticos dessas políticas permitiam que suas práticas cotidianas gerassem diversas ordens de assimetria de informações e limites de governança, não apenas entre agência estatal e empresas privadas, mas também internamente às organizações contratadas para a operação dos serviços (privada ou estatal). Como resultado, no padrão analógico, os atores envolvidos na produção dos serviços contavam com diversos recursos para afetar a legibilidade da política de transporte por ônibus.

---

11 Isso se evidenciou para burocracias por meio de procedimentos de verificação dos grupos de passes, encontrando composições altamente improváveis. Por exemplo, a presença de todos os passes de uma mesma cartela, com números de série seguidos num mesmo grupo. Entretanto, a verificação dos passes para além da pesagem era apenas amostral.

12 Ambas as práticas, porém, demandam ainda estudos etnográficos sobre as possíveis coalizões mediadas por instrumentos entre empresários de ônibus, funcionários de médio escalão e burocracias do nível de rua na circulação e na produção de objetos burocráticos, o que não foi realizado por esta pesquisa.

3. Do analógico ao eletrônico

As práticas de circulação e produção dos objetos burocráticos da política de transporte por ônibus no município de São Paulo foram alvo de transformações significativas a partir de meados da década de 1990, por ocasião da transição da governança analógica para a eletrônica. Administrações municipais opostas no espectro ideológico, partindo de agendas governamentais distintas, implementaram políticas responsáveis pela ampliação do controle estatal sobre a produção de informações acerca de circulação de passageiros e receita tarifária, com vistas à redução de opacidades. Esta seção reconstrói esse processo de modo a salientar as relações entre instrumentação, práticas burocráticas e legibilidade nesse novo modelo de governança.

A cobrança automática de tarifas

Nas políticas públicas de transportes, as administrações Paulo Maluf e Celso Pitta foram orientadas por uma agenda de reestruturação do governo municipal, eficiência e redução de custos. Para além do carro-chefe, a privatização da prestadora pública, a CMTC, e sua transformação em agência reguladora SPTrans, o governo Paulo Maluf buscou a "substituição do atual sistema de arrecadação, feito basicamente por processos manuais" (SPTrans, 1996a, p.5). Inovações tecnológicas importadas de outras cidades do mundo (como Seul, na Coreia do Sul) inspiraram mudanças importantes na gestão dessa política particular, consubstanciadas no Programa da Cobrança Automática de Tarifas de 1996.

Por meio de aditamentos dos contratos de municipalização de 1992 e um termo de cooperação, assinado apenas na administração Celso Pitta em 1997, as empresas privadas foram imbuídas da responsabilidade pela implementação de novas tecnologias, cabendo à Transurb a tarefa de formulação, implementação e gestão compartilhada, sob supervisão da SPTrans, de um novo sistema de arrecadação. Os novos custos seriam agregados à remuneração por serviço prestado.

Após uma variedade de testes de diferentes tecnologias, a gestão Celso Pitta optou pela implementação de três ferramentas em substituição a catracas manuais e passes de papel. No lugar dos passes, foram escolhidos os bilhetes magnéticos Edmonson, já amplamente disseminados no sistema de metrô do estado de São Paulo, e os cartões inteligentes sem contato. As catracas manuais, por sua vez, seriam trocadas pelas catracas comandadas por validadores eletrônicos híbridos, capazes de processar, simultaneamente, bilhetes e cartões, e comandar o mecanismo de liberação das catracas. Associado a estas, um sistema de gerenciamento de garagens e um sistema central foram implementados para o controle e envio de dados produzidos por validadores para a SPTrans.

Na prática, contudo, apenas os validadores eletrônicos híbridos e os bilhetes magnéticos foram implementados. Além disso, a instalação parcial em cerca de 3.500 veículos implicou concomitantemente a retirada da figura dos cobradores dos ônibus. Isso fez aumentar de forma desastrosa a evasão de receita tarifária e de passageiros, algo que já vinha ocorrendo por decorrência da organização e do crescimento do transporte clandestino na década de 1990 (Hirata, 2011). A prática de "pular a catraca" aumentou consideravelmente. Ainda, a expansão desigual das modalidades de pagamento tornou mais complexo e menos integrado o acesso à rede de ônibus. Frente a esses resultados, o programa foi descontinuado ao final de 2000. Novos arranjos só viriam a ocorrer na administração seguinte, com a implementação do Sistema Interligado.

Sistema de Bilhetagem Eletrônica

A agenda da administração Marta Suplicy se voltou para a integração (inter e intramodal) dos serviços de transportes, a adoção de uma nova política tarifária (as tarifas temporais)[13] – com consequente volta do chamado "subsídio" às empresas – e a formalização dos transportes clandestinos. A SPTrans reaproveitou e redirecionou parte da tecnologia já existente nos serviços, particularmente os validadores híbridos, para a operacionalização de seus objetivos e do chamado Sistema de Bilhetagem

13 O projeto do Sistema Interligado envolvia a implementação de diferentes tarifas temporais nos serviços de ônibus, nos quais, a partir de apenas um pagamento (de diferentes valores a depender do benefício em questão), os usuários teriam acesso irrestrito (ou restrito a um grande número de viagens) aos serviços por um determinado período. Todavia, apenas as tarifas por hora foram implementadas.

Eletrônica (SBE), composto por subsistemas, validadores e os cartões inteligentes sem contato, entre estes o famoso Bilhete Único (o cartão utilizado pelos usuários)

O uso dos cartões foi organizado em torno de quatro atividades coordenadas via subsistemas integrantes do SBE: emissão de cartões, emissão de créditos eletrônicos, controle e gerenciamento de créditos e cadastramento de usuários para o uso do cartão (SPTrans, 2009). Com a implementação de uma central eletrônica de dados na SPTrans, adquirida da Microsoft, as três primeiras atividades passaram a ser realizadas pelo Sistema Central de Processamento (SCP), que foi incumbido da função de manutenção das contas-correntes que permitiam o controle dos créditos carregados nos bilhetes e sua utilização nos validadores. Subordinado a ele, o Sistema de Emissão de Cartões ficou responsável por gravar a estrutura de dados, as regras de recarga e as chaves criptográficas do SBE. Finalmente, o Sistema de Geração de Créditos recebeu a tarefa de gerar, gravar e validar todos os créditos eletrônicos. Todas essas atividades passaram a ser controladas e centralizadas na SPTrans.

O controle e o gerenciamento de créditos são função do Sistema Central de Distribuição, em torno do qual foi organizada uma rede de distribuição de créditos em diferentes níveis: rede própria da SPTrans, rede complementar (responsável pela capilaridade dos equipamentos de recarga), a loja virtual e as credenciadas para a venda de vale-transporte.[14] Em cada uma delas, uma máquina é conectada online a um subsistema do SCP, o Sistema de Recarga de Créditos Eletrônicos, que coordena os procedimentos de transferência de dados, autorização de débito e recarga de créditos.

A última atividade é coordenada pelo Sistema de Cadastro e Atendimento, em que burocracias da SPTrans realizam o cadastro de usuários, atendimento a reclamações, ressarcimento de crédito e revalidação de gratuidades expiradas.

Com base nesses subsistemas, as formas de circulação e produção de passageiros e receita sob esse novo contexto tecnológico podem ser mais

---

14 Com o convênio entre prefeitura e governo do estado para a integração do Bilhete Único entre os modais de transportes realizado em 2005, foram criados também os postos de distribuição nas estações do Metrô e da CPTM.

bem entendidas. Nas garagens, o Sistema de Gerenciamento de Garagens (SGG) é responsável pela transmissão dos parâmetros e restrições de uso de cartões estabelecidos pelo SCP a todos os validadores. Isso se dá com a aproximação do cartão GPC nos validadores. Antes da partida, já com os veículos nos pontos, os fiscais de linha finalizam a programação dos validadores com base em três cartões diferentes: o que realiza a abertura e o fechamento da mensuração de cada serviço; o que identifica quais linhas serão operadas; e o de meia-viagem, que registra o horário de início/fim e o sentido de cada itinerário.

Cumpridos esses protocolos de programação de sistemas eletrônicos, a ação dos validadores na operação dos serviços de ônibus é a etapa seguinte. Caso o pagamento das tarifas seja realizado em dinheiro, cobradores são responsáveis por recebê-lo e liberar a catraca pela aproximação do cartão de bordo nos validadores. Por outro lado, o mesmo pode ser realizado por usuários portando o Bilhete Único carregado, sem a intermediação da figura do cobrador.[15] Com a aproximação dos cartões sem contato, os validadores operam no processamento e na verificação da validade do cartão, deduzem e atualizam os dados de integração e saldo, liberam a catraca caracterizando a transação por mensagem de texto em seu painel e, por fim, armazenam os diferentes dados relativos à transação.

Ao final da jornada de trabalho, de volta ao pátio das garagens, os dados eletrônicos de receita e passageiro são transmitidos via radiofrequência dos validadores para o SGG que, posteriormente, repassa os mesmos para o SCP. Este último sistematiza essas informações e produz os dados de compensação dos operadores privados.

A implementação do SBE viabilizou alternativas de integração do passageiro ao sistema em quaisquer pontos do território municipal, reduzindo a dependência de terminais urbanos "catracados". Permitiu ainda a realização de viagens integradas não tarifadas, operando de forma a reduzir históricas desigualdades de acesso. Não bastasse, ainda dissolveu as vantagens econômicas do transporte clandestino, produzindo incentivos para sua formalização. Contudo, o SBE não alterou apenas o estatuto das

15 Em 2005, apenas 31,5% dos passageiros pagavam a tarifa de ônibus em dinheiro. Essa porcentagem chegou a 7,9% em 2014 (SPTrans, 2015a).

relações de poder no setor clandestino, como bem apontou Daniel Hirata (2011), mas também entre SPTrans, empresas privadas e operadores na produção de informações sobre receitas e passageiros.

Com o uso mandatório para a produção de passageiros e receita, a materialidade dos validadores e cartões estruturou novas relações entre agentes e operadores de legibilidade. Uma mudança importante derivada da introdução de instrumentos eletrônicos foi a substituição de práticas indiretas e manuais no pagamento das tarifas, no transporte de passageiros e na mensuração de receita e passageiro por práticas diretas e semiautomáticas. Estas operavam da seguinte forma: primeiro, validadores precisavam ter seus sistemas programados via cartões para incorporação dos parâmetros do SBE e delimitação correta dos serviços a serem mensurados; segundo, validadores precisavam ser operados por cobradores (ou passageiros) via cartões (de bordo ou Bilhete Único), produzindo automaticamente a liberação da catraca, a mensuração de passageiros e a receita, a cobrança das tarifas e o armazenamento de dados; por fim, com o retorno dos veículos para as garagens, a sistematização dos dados eletrônicos ocorria por meio da cadeia "validadores – SGG – SCP".

Deixou de ser necessária a etapa de coordenação, agrupamento, verificação e sistematização de documentos e relatórios físicos por uma gama de agentes, como ocorria com os instrumentos analógicos. Dito de outro modo, novos instrumentos implicam que novas relações entre tecnologias e agentes passem a operar nas práticas envolvidas na construção de objetos burocráticos. Por outro lado, pela característica das novas decisões delegadas às burocracias do nível de rua, não é possível argumentar pela automatização plena da quantificação. Da quantificação via instrumentos e da tradução manual em relatórios, esses agentes se tornaram responsáveis pela programação dos sistemas dos validadores eletrônicos por meio dos diferentes cartões inteligentes sem contato (descritos acima), sem os quais a mensuração não seria possível.

Os principais expoentes do SBE, validadores e cartões, alteraram as características dos recursos humanos necessários para a provisão dos serviços de ônibus, demandando, de um lado, maior capacitação técnica, de outro, uma menor quantidade de braços nas práticas de mensuração. Mas, fundamentalmente, reduziram as assimetrias de informação e opacidades entre SPTrans, empresas privadas e burocracias do nível de rua na documentação do desempenho operacional de maneira contundente. Afetaram, portanto, a ampliação do leque de possibilidades de monitoramento do setor privado por meio da redução da discricionariedade de intermediários na mensuração, sobretudo das burocracias do nível de rua.

Produzindo e circulando legibilidade (e ilegibilidade)

Apesar dessas transformações, o fim da circulação de passes de papel não tratou de extinguir por completo a existência de práticas fraudulentas de receita tarifária e de passageiros por meio da manipulação dos operadores de legibilidade, adquirindo, agora, novos formatos. Porém, isso passa a acontecer com probabilidades altamente reduzidas. Com o SBE, elas se valem das brechas e possibilidades criadas pelos parâmetros de funcionamento dos sistemas eletrônicos dos validadores com o uso de diferentes tipos de cartões para a geração manual, novamente, de passageiros-fantasmas. Cito aqui alguns casos particulares dessas estratégias elencadas por burocracias e presentes em relato escrito obtido com um burocrata da SPTrans de 2014, produzido para publicação de comemoração de dez anos do Bilhete Único. Primeiro, a substituição do cartão de bordo pelo BU de idoso e de VT por parte dos cobradores. Segundo, a chamada janelinha, na qual usuários entregavam o BU para pessoas fora dos ônibus para que estas pudessem usar em outro (ou, então, vendedores ambulantes vendiam o uso do BU desse mesmo modo). Terceiro, o aviãozinho, em que dois ou mais atores fazem uso de uma quantidade de cartões e BU em seus veículos, registrando a primeira viagem. Depois, se encontram e trocam de cartão, gerando mais uma cobrança para o sistema, recomeçando o ciclo até completar o total de viagens possíveis em cada BU. Quarto, a coruja, na qual vários carros reúnem-se (especialmente durante a noite) e são passados vários BU sucessivamente até completar o total de viagens permitidas pelos validadores. Por fim, a estratégia do saci-pererê, na qual é utilizado um validador não cadastrado em nenhum veículo, o qual se comunica com o SCP. Há uma primeira validação de inúmeros cartões para uso posterior das outras integrações gratuitas em veículos diferentes, de forma que a primeira cobrança pelo sistema não pode ser realizada, mas remunera os outros operadores pelas três integrações gratuitas.

A SPTrans tem realizado auditorias internas para a identificação, nos bancos de dados do SBE, de padrões de utilização do Bilhete Único acima de limites considerados normais e o bloqueio de cartões. Além disso, promove trabalhos de campo em que fiscais monitoram o comportamento de operadores e usuários durante o embarque e no uso dos cartões.

Por fim, uma série de alterações dos parâmetros de uso do Bilhete Único foi implementada a partir da administração Serra para a redução de brechas no SBE. Em julho de 2005, a SPTrans reduziu o número máximo de integrações gratuitas com o pagamento de uma única tarifa, de oito para quatro embarques; no período de duas horas. No ano seguinte, uma campanha de cadastramento de usuários de cartões sem crédito, restringindo o mecanismo de integração apenas aos usuários cadastrados. Ainda, podemos citar a restrição do uso de cartões de gratuidade no mesmo veículos (de 15 minutos para 1 hora) e dos vales-transporte (de 15 minutos para 30 minutos) e a determinação de que o Bilhete Único de idoso deve ser validado pelos cobradores no momento de utilização.

4. Considerações finais

Trazendo ao centro da análise aspectos marginalizados na governança urbana e ainda pouco tematizados (e politizados) pelo campo de estudos das políticas públicas, este capítulo sugere que o exame de instrumentos delas permite caracterizar relações entre o desenho das políticas públicas e seus processos de produção, conflitos e dilemas.

Algumas considerações podem ser feitas acerca da governança de serviços de ônibus e estratégias adotadas por atores estatais e privados.

Neste capítulo, argumento que é possível apreender as lógicas de transformação e estruturação das políticas de transportes a partir dos conflitos e dilemas presentes nas formas de produção e circulação de objetos burocráticos. Estado e mercado produzem o ordenamento político-institucional dos serviços de ônibus, sobretudo por meio das formas de operacionalização da construção cotidiana da provisão de serviços. A análise dos conflitos entre Estado e empresas privadas – nesse caso, de transporte coletivo por ônibus – não pode ser restrita ao desenho geral da política. Esta é desdobrada e organizada também, contínua e cotidianamente, em torno de dispositivos técnicos e artefatos operadores de legibilidade. Isso implica dizer que as disputas entre atores estatais e privados também ocorre a propósito desses instrumentos. A produção e a circulação de objetos operam como precondição necessária para os processos decisórios, delimitando seus contornos.

Em segundo lugar, para o Estado, as empresas privadas e os operadores do nível de rua é fundamental o que é (ou não) documentado e como é documentado. A compreensão da dinâmica política urbana nos serviços de ônibus, então, não passa apenas pela incorporação do espaço como aponta Eduardo Marques no capítulo 1 deste livro, mas também por objetos imersos em contextos institucionais e relacionais. Ou seja, conflitos também ocorrem a propósito da materialidade da governança. Nos serviços em questão, o funcionamento de dispositivos e documentos conforma as práticas de documentação da provisão de serviços, com claras implicações políticas, na medida em que esses instrumentos estruturam formas de opacidade e assimetria de informação, produzindo desiguais recursos de poder entre Estado, empresas e operadores do nível de rua.

Este capítulo demonstrou como "intermediários" encarregados da produção de conhecimento sobre a provisão de serviços, na qualidade de responsáveis por sua mensuração, podem empregar diferentes modalidades de agenciamento, por meio da manipulação dos operadores de legibilidade, cujo resultado é a incorporação de vieses que afetam a regulação da lucratividade e o processo decisório. Por outro lado, para o setor público, essa mesma materialidade pode impor limites e possibilidades distintas de regulação.

Se compararmos as diferentes administrações municipais, a principal estratégia para a gestão dos conflitos em torno da regulação pública sobre o setor privado foi a produção de novos instrumentos de políticas públicas, de modo a se obter controle estatal potencialmente mais eficaz de opacidades (mas não a sua extinção completa).

A transição da governança analógica para a governança eletrônica na construção da legibilidade promoveu, ao mesmo tempo, o fortalecimento do potencial regulatório do Estado e das empresas privadas de transportes sobre, respectivamente, a prestação privada dos serviços de ônibus e as práticas discricionárias de seus operadores. A implementação do conjunto de dispositivos do SBE sugere que as transformações contemporâneas nos processos de mediação entre objetos e representações estatais não apontam para um novo equilíbrio num jogo de soma zero (com perdedores e ganhadores) nas relações entre Estado e empresas, mas sim para um resultado contraintuitivo frente às narrativas consolidadas.

Para o Estado, o maior controle sobre a produção da receita tarifária e os passageiros torna menos opaco o conflito distributivo da tarifação frente ao setor privado, fortalecendo, de formas específicas (e parciais), a eficácia do gasto público com os serviços de transportes. O maior controle sobre esses objetos amplia a precisão, de um lado, sobre a magnitude da remuneração privada (calculada com base no número de passageiros transportados), e, de outro, sobre o montante dos recursos governamentais necessários para custear os serviços de ônibus. Ou seja, um maior controle sobre a receita arrecadada, principal componente do financiamento dos serviços de ônibus,[16] permite melhor mensuração sobre o gasto público necessário ao financiamento do sistema.

Nesse quadro, ademais, a massificação do uso do Bilhete Único produziu um efeito inercial sobre a dinâmica dessa política. A disseminação de sua adesão pelos usuários cristaliza o modelo eletrônico de governança, impondo altíssimos custos para possíveis iniciativas futuras de mudança da infraestrutura dos serviços.

Frente às abordagens teóricas consolidadas no campo de estudos das políticas públicas, os achados deste trabalho sugerem que o famoso esforço de abertura da "caixa-preta do Estado", proposto pelo neoinstitucionalismo histórico (Skocpol, 1985), deixou dentro da caixa "coisas" (dispositivos, ferramentas e artefatos) que importam substancialmente para as relações de poder e as políticas públicas. Será que, agora, não devemos *bring the things back in*?

---

16 De acordo com dados obtidos no site da SPTrans, esse valor chegou a 48% do fundo de financiamento dos serviços em 2017.

Referências bibliográficas

CAMPOS, Marcos Vinicius Lopes. O mercado de viagens e as disputas em torno das linhas de ônibus. *Novos Estudos Cebrap*, São Paulo, v.35, n.2, jul. 2016a.

_____. *Ferramentas de governo*: instrumentação e governança urbana nos serviços de ônibus em São Paulo. São Paulo, 2016b. Dissertação (Mestrado em Ciência Política) – FFLCH-USP.

CET (Companhia de Engenharia de Tráfego). *Boletim técnico 34*. São Paulo: Secretaria Municipal de Transportes, 1985.

CHEIBUB, José Antônio Borges. *Capacidade de governo no serviço de transporte público*: ocaso de São Paulo. São Paulo: Instituto de Estudos Econômicos, Sociais e Políticos de São Paulo, 1985.

CMTC (Companhia Municipal de Transportes Coletivos). *Intervenção nos transportes*. São Paulo: CMTC, 1984.

ETIENNE, Henry; ZIONI, Silvana. Ônibus na metrópole: articulação entre iniciativa privada e intervenção pública em São Paulo. In: BRASILEIRO, Anísio; ETIENNE; Henry (eds.). *Viação Ilimitada*: ônibus das cidades brasileiras. São Paulo: Cultura Editores Associados, 1999. p.119-186.

GOMIDE, Alexandre de Ávila; PIRES, Roberto Rocha C. *Capacidades estatais e democracia*: arranjos institucionais de políticas públicas. Brasília: Ipea, 2014.

HIGA, Caio Vinicius. *Políticas de transporte coletivo em São Paulo entre 2001 e 2010*: meio ambiente construído, sistemas técnicos e organização dos serviços de transporte. São Paulo, 2012. Dissertação (Mestrado em Geografia Humana) – FFLCH-USP.

HIRATA, Daniel. Produção da desordem e gestão da ordem: notas para uma história recente do transporte clandestino em São Paulo. *Dilemas: Revista de Estudos de Conflito e Controle Social*, Rio de Janeiro, v.4, n.3, p.441-465, 2011.

HULL, Matthew S. *Government of Paper*: The Materiality of Bureaucracy in Urban Pakistan. Berkeley: University of California Press, 2012.

LASCOUMES, Pierre; LE GALÈS, Patrick. Introduction: Understanding Public Policy through Its Instruments – From the Nature of Instruments to the Sociology of Public Policy Instrumentation. *Governance*, v.20, n.1, p.1-21, jan. 2007.

MARQUES, Eduardo. De volta aos capitais para melhor entender as políticas urbanas. *Novos Estudos Cebrap*, São Paulo, v.35, n.2, jul. 2016a.

_____. Notas sobre a política e as políticas do urbano no Brasil. *Texto para Discussão CEM*, São Paulo, n.18, 2016b.

MENDONÇA, Adolfo Luis Machado de. *Gestão pública, regulamentação e flexibilidade de planejamento*: a experiência da "municipalização" do transporte coletivo em São Paulo (1989-1992). São Paulo, 1997. Dissertação (Mestrado em Administração Pública) – FGV-SP.

SÃO PAULO (Município). PMSP (Prefeitura Municipal de São Paulo). *Plano municipal de transportes coletivos*, 1986.

_____. *São Paulo Interligado*: o plano de transporte público urbano implementado na gestão 2001-2004, 2004.

SÃO PAULO (Município). SMT (Secretaria Municipal de Transportes). *Municipalização dos ônibus da cidade de São Paulo*, 1992.

SCOTT, James C. *Seeing Like a State*: How Certain Schemes to Improve the Human Condition Have Failed. New Haven: Yale University Press, 1998.

SHARMA, Aradhana; GUPTA, Akhil (eds.). *The Anthropology of the State*: A Reader. Nova Jersey: John Wiley & Sons, 2006.

SKOCPOL, Theda. Bringing the State Back in: Strategies of Analysis in Current Research. In: EVANS, Peter; RUESCHEMEYER, Dietrich; SKOCPOL, Theda (eds.). *Bringing the State Back in*. Cambridge: Cambridge University Press, 1985. p.3-37.

SPTRANS (São Paulo Transporte S. A.). *Cobrança automática de tarifas*. São Paulo, 1996a.

_____. *Fiscalização eletrônica de frota*. São Paulo, 1996b.

_____. *Sistema informatizado para a gestão do transporte coletivo do município de São Paulo*. São Paulo, 2009.

_____. *Anexo I:* O transporte coletivo público de passageiros no município de São Paulo. São Paulo, 2015a. Disponível em: <www.prefeitura.sp.gov.br/cidade/secretarias/transportes/noticias/?P=199226>. Acesso em: 11 jul. 2016.

_____. *Anexo 4.1*: Evolução da Política Tarifária. São Paulo, 2015b. Disponível em: <www.prefeitura.sp.gov.br/cidade/secretarias/transportes/noticias/?P=199226>. Acesso em: 11 jul. 2016.

_____. *Anexo 4.2*: bilhetagem eletrônica – processos de arrecadação e pagamento. São Paulo, 2015c. Disponível em: <www.prefeitura.sp.gov.br/cidade/secretarias/transportes/noticias/?P=199226>. Acesso em: 11 jul. 2016.

10
Metrô de São Paulo: burocracia pública, decisões e financiamento[1]

Daniela Costanzo

Diferentemente das demais políticas do urbano, só existe uma política possível quando se trata de metrô: construir quilômetros de linhas metroviárias. As diferenças, nesse sentido, estão em como, onde, quanto, em quanto tempo e com quais recursos construí-las. Atualmente, a Companhia do Metropolitano de São Paulo é uma empresa de capital misto, cuja maior parte do capital social pertence ao governo do estado de São Paulo (Gesp), alocada na Secretaria dos Transportes Metropolitanos (STM) e responsável pela operação de algumas linhas e pela regulação de outra, sob operação da iniciativa privada. Mas nem sempre a governança do Metrô de São Paulo foi assim, visto que ao longo de sua história diferentes atores estiveram envolvidos nas decisões sobre suas linhas e no seu financiamento.

Mais especificamente, pode-se identificar *quatro* períodos importantes em sua história que resultaram em formas diferentes de fazer e entregar a política pública. Cada um desses períodos pode ser visto à luz de uma

1 Este capítulo apresenta parte dos resultados da dissertação de mestrado da autora, intitulada *Relações público-privadas no Metrô de São Paulo*.

linha implementada, de forma que, analisando o processo de tomada de decisão sobre cada linha, é possível entender amplamente quem eram os entes públicos e privados mais importantes na decisão e no financiamento das linhas.

Assim, este capítulo segue a ordem histórica das linhas implementadas, começando, na primeira seção, pela escolha da Linha 1-Azul como prioritária. Na seção seguinte, aborda-se a Linha 3-Vermelha e a nacionalização da companhia, no bojo do II Plano Nacional de Desenvolvimento (II PND). Na terceira, são apresentados os processos de tomada de decisão da Linha 2-Verde e a crise de financiamento do Metrô. Na quarta seção, são abordadas as decisões sobre a Linha 4-Amarela e a participação dos atores internacionais nelas, bem como seus impactos sobre a Companhia do Metrô. Por fim, é feita uma análise das mudanças e continuidades ao longo do tempo e o estado atual dessa política.[2]

As informações contidas aqui são fruto de pesquisa documental e entrevistas em profundidade. A primeira, realizada com documentos e relatórios do Metrô de São Paulo e do International Finance Corporation (IFC) do Banco Mundial. As entrevistas, feitas com burocratas, ex-presidente e engenheiros do Metrô, sendo que a maioria daqueles que trabalham atualmente na companhia não quiseram ser entrevistados ou o fizeram em sigilo. O contexto de investigação do caso do cartel e do "tremsalão"[3] dificultou o aceite, principalmente de diretores e de burocratas da área de planejamento do Metrô.

---

2 As linhas escolhidas para análise foram aquelas que estavam em operação durante a pesquisa – feita entre 2014 e 2016. A Linha 5-Lilás não entrou na análise por ter sido construída, em sua maior parte até agora, pela Companhia Paulista de Trens Metropolitanos (CPTM) e por sua expansão – sob responsabilidade do Metrô – ainda não estar pronta e se encontrar em disputa no que diz respeito aos modelos de concessão. A Linha 15-Prata também não entrou na análise por não ter sido finalizada sua primeira etapa, sendo que foram entregues apenas duas estações das dez em obra.

3 A Polícia Federal indiciou ex-presidentes, diretores e gerentes do Metrô e da CPTM acusados de fraudarem licitações entre os anos 1998 e 2008. Mais informações disponíveis em: <http://www1.folha.uol.com.br/poder/2015/11/1709618-inquerito-sobre-cartel-de-trens-de-sao-paulo-esta-parado-ha-um-ano.shtml> e <http://www1.folha.uol.com.br/poder/2017/05/1881266-justica-federal-abre-acao-contra-nove-acusados-por-cartel-de-trens-em-sp.shtml>. Acesso em: 1 jun. 2017.

1. Constituição da Companhia do Metrô e a Linha 1-Azul

O Metrô de São Paulo começou a sair do papel em 1966, na prefeitura de José Vicente de Faria Lima, com a criação do Grupo Executivo Metropolitano (GEM), que se tornaria a Companhia do Metropolitano de São Paulo dois anos mais tarde. A principal atividade do GEM foi elaborar a concorrência e contratar o consórcio que faria todo o planejamento, desenharia a linha e ainda daria as diretrizes para construir uma empresa que operasse, fizesse a manutenção, planejasse e contratasse as obras de um metrô para a cidade de São Paulo. O consórcio vencedor, formado pelas empresas Hochtief-Montreal-Deconsult (HMD), entregou o documento com a pesquisa Origem e Destino (OD) em 1968, no qual apresenta os dados da investigação realizada na cidade de São Paulo e arredores, uma proposta de rede para o Metrô, incluindo a indicação da linha que deveria ser construída primeiro – linha prioritária – e de organização burocrática da companhia.[4]

O estudo propôs uma rede composta por quatro linhas que deveriam ser construídas em até dez anos, dada a urgência de transporte de alta capacidade na região, e indicava que a Linha 1-Azul (Jabaquara-Santana) fosse construída primeiro. Essa sugestão foi acatada pelo Metrô, mas os motivos que o levaram a isso são controversos: na literatura, nos documentos e nas entrevistas foi possível identificar argumentos políticos e técnicos que justificam ou questionam essa escolha, como será mostrado adiante. Todos colocam como alternativa ou contraponto a Linha 3-Vermelha, no eixo leste.

Do lado técnico, havia o argumento, da HMD, de que a construção de toda a rede seria rápida (planejava-se dez anos), de forma que a escolha da linha prioritária não impactaria tanto na população atingida, sendo melhor começar por uma que ficasse pronta mais rapidamente – caso da Linha 1-Azul, a qual já contava com a reserva de grande parte de sua faixa de domínio e tinha um método construtivo mais rápido. Além

4 O documento propunha toda a organização técnica e burocrática da companhia, como por exemplo quais seriam as diretorias, as responsabilidades de cada setor etc.

disso, o relatório da HMD cita a maior ausência de transporte rápido na região da Linha 1-Azul em relação a outras e o fato de ser a única a passar pelo centro, tendo potencial de reduzir congestionamentos nas vias centrais. Essa ausência existe de fato, mas o documento da HMD (1968) mostra que a maior parte das viagens no eixo leste era feita por ônibus, e não por trem – o transporte rápido da região. Outro argumento técnico, utilizado para rebater a escolha do Metrô, foi defendido por Lagonegro (2004), o qual dizia que o eixo leste-oeste tinha maior demanda e, por isso, deveria ser priorizado.

Do lado político, dois argumentos principais estavam no jogo. O primeiro era a negociação com os ferroviários, já que, para construir a linha no eixo leste, o Metrô teria que utilizar a via do trem da Rede Ferroviária Federal (RFFSA) que passava ali. Segundo Fagnani (1985), o prefeito Faria Lima queria evitar confrontos com a ferrovia federal. De acordo com Assmann (2016, informação verbal),[5] presidente do Metrô entre 1971 e 1977, a Linha 1 foi prioritária, pois havia a promessa de que a RFFSA modernizaria a rede ferroviária no eixo leste. E como isso não aconteceu, o Metrô decidiu fazer a Linha 3-Vermelha em seguida. Outro argumento político era referente à intenção do regime militar de agradar a classe média insatisfeita com a ditadura imposta (Viola et al., 1979). Villaça e Zioni (2005) argumentam que as classes mais ricas teriam maior poder para escolher onde o melhor transporte seria implantado, optando por localizações próximas ao seu lugar de moradia.

Fato é que, segundo relatórios do Metrô (Costanzo, 2017), a classe média manteve uma proporção praticamente constante entre os usuários, enquanto as classes média alta e rica representavam maior proporção de uso nos primeiros anos e depois caíram, enquanto as classes pobre e muito pobre aumentaram sua participação, o que pode reforçar a ideia de que maior uso das classes mais ricas cria um efeito de uso nas classes mais pobres. Já a classe média, de fato, era a fatia mais constante entre os usuários do Metrô, reforçando a ideia de ser um transporte para essa classe.

Apesar das diversas contradições, a HMD e o Metrô defenderam a necessidade de priorizar a Linha 1-Azul e a construíram. A decisão, a despeito

5 Plínio Assmann. Agosto de 2016. Entrevista à autora.

de ter sido técnica ou política, estava envolta em um contexto de alto insulamento e capacitação da burocracia do Metropolitano de São Paulo.

Nesse período, o capital social do Metrô era majoritariamente da prefeitura municipal de São Paulo (PMSP), a qual contava na época com breve expansão da arrecadação promovida pelo reforma tributária de 1967, criadora do Fundo de Participação dos Municípios (FPM), responsável por distribuir impostos federais para os municípios, proporcionalmente ao número de habitantes (Mello, 2001). Ainda que o FPM possa não ter compensado a redução da receita dos municípios causada pelo Decreto-Lei nº 200 do início do mesmo ano, ele parece ter tido um efeito importante na administração municipal, vide a reação do prefeito de São Paulo à época. Faria Lima defendeu a municipalização de impostos em relatório da PMSP, justificando os gastos do exercício de 1967 e argumentando que a reforma tributária de 1967 tinha trazido resultados muito bons para o município (São Paulo/PMSP, 1968). O mesmo Decreto-Lei nº 200 possibilitou também a expansão de órgãos da administração indireta, como empresas públicas, autarquias e sociedades de economia mista ao permitir, entre outras coisas, o aumento de empréstimos estrangeiros por parte dessas empresas públicas (Silva, 2010), amplamente utilizados pelo Metrô. Além disso, a lei de fundação da companhia (Lei nº 6988, de 1966) autorizou o Executivo municipal a abrir crédito especial na Secretaria de Finanças e a realizar operações de crédito em títulos da Dívida Pública do Município de São Paulo para financiar o Metrô. A lei também autorizava o Executivo municipal "a celebrar convênios ou contratos de financiamento com organizações públicas ou privadas, nacionais ou estrangeiras" (São Paulo, 1982) até o montante de 6 bilhões de cruzeiros ou conceder avais e garantias caso os financiamentos fossem concedidos diretamente à companhia.

Para além do financiamento, a burocracia do Metrô era formada pelos melhores engenheiros e empregados com salários acima do mercado, recebedores de treinamentos continuados e enviados constantemente para o exterior a fim de visitar outros metrôs e trazer novas tecnologias. Além disso, havia uma visão de mundo, identidade coletiva e um espírito de corpo entre os engenheiros do Metrô que chamarei de "cultura metroviária" (Costanzo, 2017), em consonância com o projeto desenvolvimentista da ditadura e embasada pela ideia de trazer o moderno e o melhor. Todas essas características permitem classificar o Metrô como uma burocracia capacitada ao modo de Sikkink (1993), Evans (1993) e Gomide e Pires (2014) – aquele ou aquela que consegue alcançar seus objetivos na implementação de uma política por meio de continuidade dos burocratas em suas funções, treinamentos técnico e gerencial dos empregados, coerência interna da burocracia. Dessa feita, o Metrô pode ser visto como um órgão capacitado principalmente por sua burocracia e por sua qualidade técnica em equipamentos.

A capacidade que o Estado criou na Companhia do Metropolitano levou a um sistema de transporte de excelência, mas também a um insulamento da empresa. Lembrando que o insulamento de uma burocracia é sua proteção de interferências da sociedade e da política (Gomes, 2012; Diniz, 1994). No caso do Metrô, argumento que sua burocracia era insulada no período de decisão sobre as Linhas 1-Azul e 3-Vermelha, por sua alta capacidade técnica e por suas decisões serem tomadas com pouca interferência da sociedade ou do jogo político. Assmann (2016, informação verbal) informou em entrevista que ele mesmo escolheu toda a diretoria da empresa sem interferência alguma da política. Ao ser questionado sobre possíveis ingerências do regime militar, o ex-presidente respondeu que "havia um militar na Companhia do Metrô, que tinha a obrigação de dar seu relatório, mas nunca interferia" . Para além do que foi dito, é importante pontuar que a empresa mantinha intensa relação com jornalistas e oferecia cursos sobre o funcionamento do Metrô, visto que eles não entendiam o sistema, uma vez que "os jornais da época não estavam preparados para isso" (Assmann, 2016, informação verbal).

Em relatório de uma Comissão Especial produzido pelos vereadores da Câmara Municipal de São Paulo, a pedido de moradores da zona norte da cidade sobre o traçado da Linha Norte-Sul no bairro da Ponte Pequena, é citada uma justificativa da companhia que ilustra bem o caráter técnico e insulado de sua burocracia: "Tem razão a Companhia do Metrô: não podem seus técnicos vir a público cada vez que um leigo decide levantar uma crítica a seus planos" (Diário Oficial do Estado de São Paulo, 1968).

2. As decisões sobre a Linha 3-Vermelha e a nacionalização do Metrô

No projeto do Consórcio HMD, o trajeto da Linha 3-Vermelha aparece entre a Casa Verde e a Vila Maria, no entanto, a linha construída posteriormente possuía um trajeto diferente (Barra Funda a Itaquera). A mudança de trajeto já era sabida na Companhia do Metrô desde pelo menos 1972, quando o prefeito Figueiredo Ferraz anunciou, juntamente com o governador Laudo Natel e o ministro dos Transportes Mario Andreazza, que a linha iria até a zona leste da cidade, passando em paralelo à RFFSA e aproveitando o leito da Central do Brasil, linha desta rede (Ramalhoso, 2013).

No relatório *Novas linhas* (São Paulo, 1973) da companhia, são justificadas as alterações no desenho da Linha 3-Vermelha. A principal e primeira motivação, segundo o relatório, era de que as linhas fossem mais compridas e de maior capacidade para atender exigências de financiamento do governo federal, que recém criara as regiões metropolitanas e guardava fundos para projetos metropolitanos. A Linha 3-Vermelha, nesse traçado, iria até o município de Poá, na região metropolitana de São Paulo (RMSP). Seu projeto previa construção em duas etapas, sendo que na primeira etapa a linha iria da Sé até o bairro Artur Alvim, para causar menos transtornos na operação da ferrovia que cederia o leito, com a ideia de posteriormente ser estendida até Poá.

Entre os outros motivos para a escolha da Linha 3-Vermelha no eixo leste e sua absoluta priorização como a segunda linha do Metrô de São Paulo, aparecem também, apontados pela companhia, a alta densidade populacional, as péssimas condições do transporte público na área, a baixa renda da população, a baixa taxa de motorização e o alto uso de transporte público para deslocamentos. Havia ainda o reconhecimento de que, até a região da Penha, por onde passaria a linha para chegar até a Vila Maria, a construção seria bastante dificultada, por questões geotécnicas.

Após tomar a decisão de que a linha iria para o extremo leste, a Companhia do Metrô teve que negociar a utilização da via da RFFSA. Porém, havia um desentendimento, e a burocracia da ferrovia, segundo Assmann (2016, informação verbal), não concordava em ceder a via necessária para o Metrô avançar para a zona leste. O governo federal chamou então uma reunião para discutir a segunda linha do metrô em 1974. O ministro dos Transportes Dyrceu Nogueira convocou uma Comissão Mista em Brasília (Portaria nº 1202), com representantes da RFFSA, do Ministério dos Transportes, da Empresa Brasileira de Planejamento de Transportes (Geipot), da Fepasa e da prefeitura de São Paulo, para decidir a questão em até quinze dias. Do lado do Metrô, o presidente Plínio Assmann foi responsável por participar da comissão e, segundo o próprio, a decisão foi tomada principalmente por Geisel e seu ministro: "O ministro dos Transportes falou 'vocês só saem daqui depois que tiver uma solução'. Fiquei uma semana lá até que saiu a solução. [Quem decidiu] foi o poder federal, foi o Geisel" (2016, informação verbal).

O resultado da comissão foi a determinação da Linha Leste-Oeste, ligando o bairro da Lapa a Itaquera. Tal resultado estava em consonância com o que apontavam os estudos e planos da Companhia do Metrô. Era necessária uma linha na zona leste, assim como linhas maiores e com maior capacidade para atender à demanda da região metropolitana, a fim de enquadrar-se às diretrizes do governo federal desde que este criou as RM's (São Paulo, 1973). A diferença entre o último plano elaborado pelo Metrô para a zona leste, a Proposta de Expansão do Corredor Leste-Oeste de 1974 (Maia, 1989), e aquele resultante da comissão em Brasília é que o primeiro iria até Guaianazes em sua primeira fase, e até Poá na segunda, ou seja, sairia dos limites do município de São Paulo. O traçado escolhido teve as obras iniciadas em março de 1975 e o início da operação em 1979 no trecho Sé-Brás, chegando até Itaquera em 1988.

Os investimentos do governo federal nessa época não se resumiram apenas à decisão sobre a Linha 3-Vermelha, mas foram decisivos no orçamento e na organização da Companhia no período. Como o Metrô era uma infraestrutura-chave para o II Plano Nacional de Desenvolvimento (II PND) – pois conseguia reunir em si diversos objetivos deste, como reduzir o petróleo na matriz energética do país, incentivar a industrialização por meio do oferecimento de insumos básicos (como siderurgia, papel e celulose, petróleo, energia etc.), geradores de uma procura maior por máquinas e equipamentos, incentivando também a produção nacional de bens de capital e a redução da dependência externa da economia brasileira (Hermann, 2011) –, pôde utilizar linhas de financiamento federais e empréstimos externos, expandindo sua receita, em troca de sua nacionalização e da centralização de suas decisões pelo regime militar.

Desse modo, o II PND foi tanto fundamental para a rápida expansão do Metrô quanto um grande impulsionador do crescimento de empresas no Brasil, não só as de construção civil nacionais, mas também as estrangeiras que aqui se instalaram. Para equipamentos, a companhia recebia empréstimos do Finame, linha do BNDES criada para financiar equipamentos e máquinas produzidos no Brasil.

É importante ressaltar, portanto, o fato de a segunda linha do Metrô de São Paulo ter sido desenhada para atender mais gente e a parte mais pobre da população. Tal diretriz, no entanto, veio do governo federal, que, em um contexto de centralização das decisões e de controle dos recursos, financiou fortemente a Companhia do Metrô e ditou seus objetivos e métodos, impondo a ideia de um metrô de fato metropolitano e de uma empresa nacional e nacionalizada.

3. A Linha 2-Verde e a crise

A terceira linha do Metrô foi decidida e apresentada no documento *Terceira Linha do Metrô de São Paulo – estudo de viabilidade técnico-econômico-financeira*, produzido pelo Metrô e pela EMTU/SP, em junho de 1980. As opções de traçado eram a linha da Paulista, atual Linha 2-Verde, e a Linha Sudeste-Sudoeste, atual Linha 4-Amarela. O estudo parte dos objetivos definidos para a atuação pública nos transportes metropolitanos e desenvolve as demais avaliações sobre as duas linhas alternativas:

> A partir de diretrizes governamentais para os investimentos em transportes públicos urbanos em nível federal, estadual e municipal, foram definidos os objetivos que determinaram a prioridade de implantação de uma das linhas. São eles:
> – aumentar a eficiência dos serviços de transportes urbanos;
> – melhorar as condições de vida da população;
> – ordenar o crescimento urbano na região metropolitana de São Paulo;

– contribuir para o desenvolvimento econômico e ampliar a autonomia energética do país. (São Paulo, 1980, p.12)

O estudo foi baseado nos dados da OD de 1977 e utilizou uma série de indicadores, em ordem de importância no estudo: eficiência econômica, demanda atendida, tempo de viagem, desapropriações, intensidade do uso do solo metropolitano, economia de combustível, economia de tempo para a população de baixa renda, valorização dos terrenos e emissão de poluentes. Na maior parte dos indicadores, a linha da Paulista apareceu com vantagem, principalmente na primeira série de indicadores – eficiência e demanda atendida. Seguindo a ordem de priorização, a linha saiu na frente também na segunda e na terceira séries de indicadores. Na segunda estavam os de economia do tempo de viagem, desapropriações e intensidade do uso do solo – sendo importante ressaltar o favorecimento ao menor estímulo ao adensamento do centro – e, na terceira, considerou-se redução no consumo de combustível dos ônibus, economia de tempo para a população de baixa renda, valorização dos terrenos e emissão de poluentes. A decisão nesse caso foi interna à companhia.

O cronograma previa sua construção em três trechos: Clínicas-Paraíso, Paraíso-Sacomã e Sacomã-Oratório, com conclusão em 1991. A linha começou a ser construída em 1987 e teve as duas últimas estações entregues somente em 2010, sendo que houve algumas mudanças no traçado. No eixo oeste, a linha que antes iria até a estação Clínicas foi até a Vila Madalena (duas estações a mais) e no eixo sudeste se estendeu até a Vila Prudente (uma estação a menos), chegando até a estação Oratório por outra linha, em formato de monotrilho, no ano de 2014.

Como será mostrado adiante, a partir de 1982 o Gesp passou a ser o principal detentor do capital social da Companhia do Metrô, tendo a PMSP diminuído sua participação progressivamente até uma posição minoritária a partir dos anos 1990. Essas mudanças, juntamente com a crise da economia brasileira nos anos 1980 e os ajustes implementados por Geisel em 1974 e 1978, reduziram de forma radical as fontes de recursos do Metrô de São Paulo. Tanto os credores internacionais não estavam dispostos a financiar o ajuste brasileiro (Carneiro; Modiano, 1990), como as linhas de financiamento do BNDE secaram e mudaram de estratégia a partir de 1980, passando o Finame a ser direcionado para o setor agrícola e privado (Silveira, 2002). Os recursos estimados para a construção da Linha 2-Verde se baseavam na situação de 1980 da companhia, ou seja, esperava-se que o financiamento viesse principalmente do Finame e da Finep, o que não aconteceu, como será mostrado adiante. Além disso, mudanças profundas aconteceram na burocracia da Companhia do Metrô, as quais permitem dizer ter havido uma redução drástica na capacidade técnica e operacional dessa empresa pública.

Parte dos investimentos em treinamento dado aos funcionários e, sobretudo, aos engenheiros da companhia passa a ser revertida em contratações de empresas de consultorias a partir dos anos 1980 e 1990. Os engenheiros que estavam na fundação da empresa e que tinham domínio de toda a tecnologia específica de metrô e de transportes públicos no geral deixaram a empresa para montar suas próprias consultorias e prestar serviços ao próprio Metrô e a empresas de outros países: "Essa área de planejamento [do Metrô] também foi uma incubadora de empresas. Várias empresas são de pessoas que trabalharam lá dentro ou tiveram como sócios pessoas que trabalharam lá dentro e depois foram prestar serviço para o Metrô".[6]

Em levantamento feito anteriormente por Costanzo (2017), é possível observar que mais da metade das empresas do ramo metroviário iniciaram suas atividades entre 1990 e 1995. O ápice das mudanças nos quadros da companhia, no entanto, foi consolidado no final dos anos 1990, principalmente por três motivos:

i) O Programa de Demissão Voluntária (PDV) de 1999 teve 673 adesões, acarretando uma redução mensal de R$ 4,4 milhões nas despesas da empresa e de 8% no quadro de funcionários. Esse PDV visava a troca de funcionários com salários altos por outros com salários baixos (Scatena, 2016, informação verbal), sendo responsável por desmanchar um corpo técnico consolidado dentro da companhia, como apontado por entrevistado:

> Foi a ocasião em que o corpo técnico, não só gerencial, mas todo o corpo técnico, engenheiros, arquitetos, economistas, sociólogos e etc., todos que

6 João Carlos Scatena. Setembro de 2016. Entrevista à autora.

compunham o Metrô, foi desmanchado graças ao PDV [...], o grau de qualidade diminui porque tem menos gente para fazer as funções [...] e se perde a memória técnica, quem resolvia problemas, às vezes a teoria é diferente da prática e coisas desse tipo, então foi uma transformação muito grande.[7]

ii) As mudanças na diretoria da empresa que afetaram seu corpo técnico e gerencial, informadas por Santos Filho e Scatena:

[Quando Plínio Assmann (1973-1977) e Celso Giosa (1991-1994) eram presidentes] tinha uma reunião semanal e uma discussão de projeto [...], todos os diretores, gerentes, o chefe de departamento da gerência que estava apresentando o projeto e os dois chefes de departamento mais a equipe do chefe de departamento iam desenvolver o projeto, e quem apresentava era a equipe [...], então a equipe era realmente envolvida quando desenvolvia um projeto e era ouvida.[8]

[Em 1991] o Metrô tinha uma prática: o corpo gerencial fazia reuniões com toda a estrutura que era abaixo da diretoria, para a coordenação entre as várias áreas do Metrô. E esse grupo de gerentes acabou tendo muita força política dentro do Metrô [...] no governo Covas (1995-2001), houve uma mudança muito drástica, houve troca de presidente e diretoria do Metrô que acabou com o poder do grupo gerencial, e aí começaram a acontecer coisas com as quais eu sei que os técnicos não concordavam.[9]

iii) O corte nos treinamentos de empregados. Com a queda de receitas, os treinamentos no exterior e os intercâmbios técnicos tiveram seus recursos reduzidos e foram substituídos por programas de formação internos:

Na linha de aproveitamento dos seus meios internos e levando em conta a escassez de recursos financeiros para investimento em programas de treinamento e desenvolvimento, o Metrô buscou viabilizar com recursos próprios

7 Gildo Santos Filho. Setembro de 2016. Entrevista à autora.
8 João Carlos Scatena. Setembro de 2016. Entrevista à autora.
9 Gildo Santos Filho. Setembro de 2016. Entrevista à autora.

> o desenvolvimento de programas internos [...], bem como estabelecer parcerias com instituições do mercado. (São Paulo, 2001b)

Ou seja, o corpo técnico consolidado que existia na companhia perdeu poder, foi reduzido quantitativamente e ainda deixou de usufruir de investimento na formação técnica e em intercâmbio antes financiados pela empresa.

4. A Linha 4-Amarela e os financiadores internacionais

A Linha 4-Amarela nos moldes que está sendo implantada atualmente, da Luz até a Vila Sônia, já estava prevista na Rede Básica do Consórcio HMD em 1968, porém algumas mudanças ocorreram em seu traçado, na localização das estações e na extensão. Tais mudanças de configuração se deram em conjunto com as negociações sobre o financiamento da linha junto ao Banco Mundial, ao governo federal e aos demais atores envolvidos nas decisões do projeto. As principais informações das decisões sobre essa linha estão localizadas no documento intitulado *Metrô de São Paulo – Linha 4-Amarela – Histórico e configuração atual*, publicado em 2001 pela Diretoria de Planejamento e Expansão dos Transportes Metropolitanos da Companhia do Metropolitano de São Paulo, aqui utilizado.

O Metrô iniciou as negociações com "organismos internacionais de crédito, como o Banco Mundial, visando viabilizar os recursos para a implantação imediata" (São Paulo, 1993) da Linha 4 em 1992, mesmo ano em que a STM e o Gesp conseguiram aprovar a Lei Estadual nº 7835, que regulariza a concessão de obras e serviços públicos via licitações. No Relatório da Administração de 1992, a companhia defende as parcerias com a iniciativa privada para as diversas atividades da empresa pública e destaca a aprovação da referida lei:

> A construção de uma rede metroviária [...] exige constante inversão de recursos, o que, não raro, impõe difíceis sobrecargas à capacidade econômico-financeira do Estado, seu principal ponto de apoio. Esse fato e a atual tendência à atuação cooperativa das esferas pública e privada, que já faz parte

> da ideologia empresarial brasileira e vai ganhando consistência em iniciativas como o Fórum Paulista de Desenvolvimento, induziram, na Companhia do Metrô, há algum tempo, a ideia de buscar parceiros na iniciativa privada, para manter e intensificar suas atividades [...]. Inúmeras questões institucionais, porém, sempre impuseram entraves à adoção das soluções propostas: em 1992, numa atitude muito positiva para a remoção desses entraves, o governo do estado e a Secretaria dos Transportes Metropolitanos lograram a aprovação da Lei nº 7835, de 8 de maio, sobre contratos de concessão e permissão para construção, exploração, operação e administração de obras e serviços públicos [...]. (São Paulo, 1993, p.15-16)

Em 1993, foi feito o projeto básico detalhado da linha e diversas missões do Banco Mundial foram recebidas pelo Metrô para discutir os aspectos técnicos e econômicos do projeto. O traçado proposto até então era da Vila Sônia até a Luz, sendo o trecho prioritário Vital Brasil-Paulista (atualmente Butantã-Paulista). Segundo o Relatório da Administração de 1993,

> das várias alternativas desenvolvidas pela equipe técnica do Metrô, e exaustivamente discutidas com os *experts* internacionais do Bird, obteve-se a resolução considerada como a de melhor aproveitamento técnico e também a mais adequada do ponto de vista econômico. (São Paulo, 1994)

Nesse mesmo ano, foram solicitados recursos ao Banco Mundial por meio do Banco Internacional para a Reconstrução e Desenvolvimento (Bird) e ao Eximbank do Japão.

Em 1994, foi submetida a proposta de financiamento com empréstimos externos do Banco Mundial e do Eximbank do Japão para a Comissão de Financiamentos Externos (Cofiex) do Ministério do Planejamento do governo federal. Nessa fase das negociações, o trecho indicado como prioritário pelo Metrô continuava sendo entre a Vital Brasil (atual estação Butantã) e a Paulista.

Em 1995, quando o projeto estava quase aprovado, eclodiu a crise financeira pela qual passaram o Gesp e o governo federal, levando à suspensão das negociações, retomadas somente em 2000. Nesse intervalo, as negociações sobre o modelo de financiamento continuaram e, dentro da Companhia do Metrô, ganhou ainda mais força a ideia da concessão privada. Segundo o documento de 2001, uma clara argumentação a favor da participação da iniciativa privada na Companhia do Metrô fora pautada pelo Gesp, pela Secretaria dos Transportes Metropolitanos e pelo próprio Metrô na época, estabelecida nas seguintes diretrizes:

> – A inexistência de subsídios operacionais no sistema descartava concessão(ões) meramente operacional(is) [...];
>
> – As receitas da companhia, de sua parte, historicamente não cobriram, como atualmente não cobrem, os investimentos para a expansão. A participação privada, portanto, deve buscar a potencialização dos investimentos na expansão [...];
>
> – No caso específico dos sistemas de alta capacidade sobre trilhos, a experiência local e internacional demonstra que, salvo exceções, as receitas operacionais não são suficientes para prover a remuneração das inversões privadas. Além disso, diversos fatores, tais como a aparente inelasticidade da demanda, a regulação tarifária, a essencialidade do serviço, aumentam os riscos dos investimentos em infraestrutura de transportes urbanos. Eles tornam-se, portanto, menos atrativos se comparados a empreendimentos em outros setores, como os de telecomunicações e energia, entre outros. Dessa forma, torna-se necessária a participação do Estado para que a participação privada nos investimentos resulte viável e atrativa. (São Paulo, 2001a, p.4-5)

Em 1996, o Metrô propôs um modelo inicial de concessão da Linha 4 para o traçado e o trecho inicial (Vila Sônia-Paulista) com financiamento do Banco Mundial por meio do Bird, do Eximbank do Japão e do BNDES. Nesse modelo, a iniciativa privada entraria como parceira e financiadora de parte das obras (São Paulo, 2001a). Em 1997, o Gesp e o governo federal assinaram um acordo de negociação da dívida do estado o qual estabelecia o compromisso de o Gesp não poder fazer empréstimos externos, com exceção das propostas que já estavam em andamento, como a Linha 4. Assim, as negociações com o Banco Mundial prosseguiram e este já anunciava a necessidade de um parceiro privado para aprovação do financiamento (São Paulo, 2001a). Nesse momento das negociações com aquela instituição internacional, foi exigida a participação de um outro ator importante na elaboração do modelo de participação privada, o IFC, "braço do Banco Mundial dedicado ao financiamento e consultoria do setor privado" (São Paulo, 2001a, p.6). O IFC entrou como *financial adviser*, para avaliar a rentabilidade e a atratividade do empreendimento.

Após apresentar o projeto da Linha 4 e discuti-lo com segmentos do mercado interessados no empreendimento em sucessivas reuniões em São Paulo, Washington, Paris, Londres, Tóquio e Hong Kong (São Paulo, 2001a), o IFC lançou dois documentos principais sobre o projeto, o *Memorando preliminar de informações* (*Preliminary Background Memorandum – PBM*) e o *Transaction Structure Report* (1998). Este último, ao qual a presente pesquisa teve acesso, é o relatório síntese do trabalho, com toda a análise técnica e as recomendações finais. O IFC selecionou como aspectos fundamentais a serem levados em conta na elaboração da parceria público-privada (PPP) os seguintes: (i) uma estrutura tarifária que permita a recuperação dos custos operacionais; (ii) a alta eficiência da operação do Metrô; (iii) o Programa Pitu; (iv) a disponibilidade de financiamento unificado para os ativos de infraestrutura; (v) um nível robusto de demanda (IFC, 1998). Ou seja, a preocupação do IFC estava focada em garantir segurança e lucro nos investimentos da iniciativa privada levando em conta a prestação de um serviço eficiente.

As recomendações que se seguem no documento são principalmente sobre os seguintes aspectos. Em primeiro lugar, sugere-se que a linha chegue até o município de Taboão da Serra e não apenas até a Vila Sônia (bairro da capital paulista). Em segundo, é sugerida uma mudança na prioridade de construção da linha, na qual as estações República e Luz estivessem incluídas na primeira fase do projeto, para ter maior retorno financeiro dos investimentos, visto que captariam maior número de passageiros do que as outras em uma extensão mais curta e em uma viagem mais rápida e, portanto, mais barata, mais eficiente e com a necessidade de um número menor de trens circulando. Sobre as tarifas, o relatório apresenta três opções de divisão dos recursos vindos de passageiros integrados: a primeira seria uma em que o Metrô pagaria para o parceiro privado quando um passageiro seu utilizasse a Linha 4, mas o contrário não se efetivaria; na segunda opção, o Metrô e o parceiro privado pagam cada um 50% da tarifa para o outro quando o usuário for integrado; na terceira, o Metrô pagaria 75% por passageiro para o parceiro privado e este pagaria 25% para o Metrô em caso de passageiro integrado. O IFC sugeriu como melhor opção para o parceiro privado a primeira, em que apenas o Metrô paga por passageiro integrado, todavia não recebe pelo mesmo.

Em 2000, mais um acordo da dívida foi firmado entre o Gesp e o governo federal, limitando ainda mais o endividamento do estado de São Paulo e restringindo os financiamentos públicos da Linha 4. Assim, novas estratégias para implantação da linha tiveram que ser pensadas, levando em conta o novo quadro (São Paulo, 2001a), de sorte que a solução foi dividir o empreendimento em etapas. Como já se sabia a quantidade de dinheiro que estaria disponível para o empreendimento e que viria do Banco Mundial, do Japan Bank[10] e do BNDES, a intenção, segundo o Metrô, era construir a etapa que atendesse mais interesses com menos capital.

Nesse quadro, surgiram três alternativas de traçado:

> (a) Construção parcial dos túneis partindo da Luz para Vila Sônia, com mais ou menos estações. A extensão restringir-se-ia ao limite dos recursos financeiros.
> (b) Construção parcial dos túneis partindo da Vila Sônia em direção à Luz, com a mesma restrição de extensão que a observada na alternativa (a).
> (c) Construção integral do túnel, limitando-se a implantação de estações. (São Paulo, 2001a)

A decisão foi partir da estação Luz para atender a demanda crescente do centro e da zona leste. Como os recursos eram escassos, não seria possível construir todas as estações até a Vila Sônia, mas era preciso chegar ao pátio de manutenção dessa estação, sendo a outra alternativa utilizar o pátio do Pari, que pertence à RFFSA, e que, ao fim e ao cabo, exigiria um tempo maior de negociação com a ferrovia (São Paulo, 2001a). A decisão final foi a construção da Luz até a Vila Sônia em três etapas, quais sejam: Etapa I – construção do túnel da Luz à Vila Sônia, implantação parcial do pátio em Vila Sônia e construção e operação das cinco estações (Luz, República, Paulista, Pinheiros e Butantã), com frota de dezesseis trens;

10 Em 1999, houve uma fusão entre os bancos Eximbank e o do The Overseas Economic Cooperation Fund, que passaram a se chamar Japan Bank.

Etapa II – construção e operação de seis novas estações (Higienópolis, Oscar Freire, Fradique Coutinho, Faria Lima, Três Poderes e Morumbi), complementação de sistemas e da frota com oito trens adicionais e complementação do pátio em Vila Sônia; Etapa III – construção da extensão Vila Sônia a Taboão da Serra, com três estações adicionais, inicialmente com base no estudo preliminar realizado pela Companhia do Metropolitano de São Paulo e que deverá ser objeto de revisão e detalhamento no horizonte de sua implantação (São Paulo, 2001a).

Ainda no ano de 2000, o Cofiex avalizou os empréstimos externos para a Linha 4. Em 2001, o Conselho Diretor do Programa Estadual de Desestatização (PED) aprovou o estudo de viabilidade do Metrô e foram realizadas missões do Banco Mundial para elaboração do Relatório Preliminar de financiamento. Em 2002, foi assinado o contrato com o Bird. Nessa altura das negociações, o Banco Mundial havia concedido o empréstimo, mas o Metrô tinha a tarefa de elaborar uma forma de concessão para a iniciativa privada operar a linha (De Paula, 2014). O Metrô contratou, então, uma consultoria do Unibanco para elaborar a concessão e desenhar o contrato. O Metrô chegou a abrir a concorrência para um modelo de concessão em que a iniciativa privada implementasse os sistemas das linhas e as operasse, mas não apareceram interessados do setor privado,[11] então o Gesp decidiu pelo modelo de contrato único de concessão, ou, em outras palavras, por conceder a operação da linha e fazer um contrato à parte das obras. No caso do Metrô, a parceria privada só seria possível se acontecesse em um regime especial de concessão, o qual deveria levar em conta os seguintes termos: i) os riscos altos de se investir em uma infraestrutura de transporte de massa; ii) as negociações políticas sobre

11 Marques (2016) dá pistas sobre a relação entre os capitais do urbano e o Estado nesse caso. No modelo do autor, o capital da construção civil participa de um mercado oligopólico no qual o Estado fixa os preços e qualidades dos produtos, o que gera incentivos para os atores permearem no Estado e influenciar tal formação de preços/produtos. Além disso, por ser um mercado com pouca concorrência, a iniciativa privada acaba tendo grande poder para não entrar na licitação se assim preferir, e esperar que seus interesses sejam atendidos para então entrar, ainda mais se tratando de um mercado com suspeitas de cartel, como é o caso do Metrô. Na situação abordada aqui parece ter acontecido isso – nenhuma empresa demonstrou interesse quando a licitação foi aberta com a proposta de investimento maior da iniciativa privada, mas depois todas entraram no modelo de contrato único de concessão.

as tarifas que são de praxe quando se trata de um transporte público em um importante centro urbano; iii) os investimentos no Metrô, pois como a operação não necessitava de subsídios, então só faria sentido uma concessão que ampliasse o investimento, principalmente aquele aplicado na expansão do sistema.

O contrato nº 4232521201 de Concessão Patrocinada para exploração dos serviços de transporte de passageiros da Linha 4-Amarela do Metrô de São Paulo, abrangendo da Luz até Taboão da Serra, foi assinado em 2006 com a ViaQuatro, composta pela CCR (60%), Montgomery Participações S.A. (30%) e Mtsui & Co. Ltda. (10%). O outro consórcio participante que apresentou proposta e perdeu era liderado pela OAS S.A.

Tabela 1 – Responsabilidades do Metrô e da ViaQuatro

Responsabilidades do Metrô	
Fase 1	Desapropriações
	Construção de 12,9 km de túneis e vias entre o pátio Vila Sônia e a estação Luz
	Construção completa das estações Luz, República, Paulista, Faria Lima, Pinheiros e Butantã
	Construção parcial das estações Higienópolis-Mackenzie, Oscar Freire, Fradique Coutinho e São Paulo-Morumbi
	Implementação do pátio Vila Sônia
	Implementação de sistemas de energia, auxiliares e de telecomunicações
Fase 2	Desapropriações
	Construção de 1,5 km de túneis e vias
	Construção completa da estação Vila Sônia
	Conclusão das estações Higienópolis-Mackenzie, Oscar Freire, Fradique Coutinho e São Paulo-Morumbi
	Complementação do pátio Vila Sônia
	Complementação de sistemas de energia, auxiliares e de telecomunicações
Responsabilidades da ViaQuatro	
Fase 1	Fornecimento de 14 trens
	Implementação de sistemas de sinalização e controle de trens
	Implementação do Centro de Controle Operacional (CCO) no pátio Vila Sônia
	Implementação do sistema de controle do pátio Vila Sônia
	Implementação do sistema móvel de voz (rádio)
Fase 2	Fornecimento de 15 trens
	Complementação do sistema de sinalização e controle de trens
	Interligação do prolongamento da estação Vila Sônia com o CCO
Fase 3	Implementação de linha de ônibus entre Taboão da Serra e Vila Sônia, sem cobrança adicional

Fonte: Elaboração da autora com base no Contrato de Concessão.

As responsabilidades de cada parceiro podem ser observadas na Tabela 1. A Linha 4-Amarela será implementada, portanto, em três fases. A fase 1 já foi entregue e a fase 2 está em implementação. A construção das estações Higienópolis-Mackenzie, Oscar Freire, Fradique Coutinho e São Paulo-Morumbi foi dividida em duas fases, uma de construção parcial (bruta) e outra de acabamento, *sendo que apenas uma poderia ser entregue nos quatro primeiros anos de operação*.

A construção da linha foi dividida e licitada em quatro lotes, sendo os três primeiros lotes da fase 1 e o quarto da fase 2, como mostra a Tabela 1. Os consórcios vencedores das licitações para construção da fase 1 têm em comum com a estrutura acionária da ViaQuatro as empresas Camargo Correa e Andrade Gutierrez, que detêm capital da CCR, principal empresa do Consórcio ViaQuatro. Ou seja, há relação entre a empresa que construiu a fase 1 da Linha 4 e o consórcio que opera a via, sendo de interesse dos dois consórcios, por conseguinte, que essa fase da linha ficasse pronta. Já a fase 2, a qual teve atrasos e acarretou no pagamento de multas pelo Metrô, como será mostrado adiante, foi construída por outro consórcio (Isolux Corsán-Corviam), em que não há relações entre seus acionários e os acionários da ViaQuatro.[12]

A remuneração da concessionária é composta, segundo o contrato, da (i) receita tarifária e da (ii) contraprestação pecuniária. Sobre esta, são 24 parcelas mensais para a fase 1 e 24 parcelas mensais para a fase 2, ambas no valor de R$ 1,5 milhão, a serem pagas a partir do primeiro dia de operação de cada uma das fases. Sobre a receita tarifária, foi elaborado um sistema de centralização de arrecadação composto de uma personalidade jurídica própria, a Câmara de Compensação. Esta concentra as tarifas arrecadadas pelo Metrô, pela CPTM e pela ViaQuatro e as distribui com preferência de pagamento para a ViaQuatro[13] e preterição da CPTM, que recebe por último, ou seja, recebe o que sobrar. De acordo com o argumento de De Paula (2014), até havia a possibilidade de se inserir mecanismo de

---

12 É importante lembrar que a construção dessa linha teve complicações com o acidente ocorrido em 2007 na futura estação Pinheiros. Para mais informações, ver: <http://www1.folha.uol.com.br/folha/cotidiano/ult95u130487.shtml> e <http://www1.folha.uol.com.br/folha/cotidiano/ult95u130421.shtml>, acesso em: 1 jun. 2017.

13 Para maiores detalhes, ver De Paula (2014).

cobrança diferenciada, ao modo de traçados e barreiras entre as ligações de estações, por exemplo, contudo decidiu-se que a Linha 4 faria de fato parte do sistema metroviário de São Paulo. De maneira que seu funcionamento tarifário deveria ser o mesmo de todo o sistema, fazendo com que os passageiros pagassem a mesma tarifa em qualquer linha, sem cobranças adicionais por isso; todavia, isso trazia um problema sério de planejamento: como a remuneração do concessionário se dava por contraprestações, por receitas alternativas geradas no empreendimento e por tarifas pagas pelos usuários, de que forma se resolveria a equação envolvendo a política de definição da tarifa e a viabilidade financeira da concessionária? A saída encontrada foi adotar uma diferenciação tarifária entre a chamada "tarifa política" – aquilo pago pelo usuário para utilizar o sistema de transporte coletivo – e a "tarifa contratual", a partir da qual a concessionária cobra efetivamente por cada passageiro transportado (De Paula, 2014, p.57). No contrato entre o Metrô e a ViaQuatro, esta última aparece como tarifa de remuneração.

A tarifa de remuneração a ser paga para a ViaQuatro independe do valor pago pelo usuário, sendo ajustada todo ano, no mês de fevereiro, durante os primeiros quinze anos de operação, pelo Índice Geral de Preços de Mercado (IGP-M da FGV) e pelo Índice de Preços ao Consumidor (IPC da Fipe/USP). Passados os quinze anos, o valor será reajustado apenas pelo IPC. O valor tarifário recebido pela ViaQuatro baseia-se no número de entradas de passageiros exclusivos ou integrados com outras linhas do sistema e em indicadores de qualidade de serviços e de manutenção da ViaQuatro. De forma que a concessionária recebe 100% da tarifa de remuneração (aquela ajustada anualmente segundo os índices de preços) dos passageiros exclusivos da Linha 4-Amarela e 50% da tarifa de remuneração dos passageiros integrados, os quais utilizam não só a Linha 4-Amarela, mas também outras linhas do sistema. A tarifa de remuneração também não leva em conta os descontos e gratuidades do sistema de transportes, ou seja, o valor pago pelos estudantes (50%) e as gratuidades oferecidas a idosos, pessoas com deficiência e estudantes de baixa renda são inteiramente compensados para a ViaQuatro. Levando em conta o desenho da Câmara de Compensação e considerando que as tarifas pagas pelos usuários não têm aumentado nos valores dos índices que regulam a tarifa de remuneração, o valor tarifário recebido pelo Metrô e pela CPTM tende a diminuir quanto mais passam os anos da concessão.

O valor da tarifa de remuneração também varia conforme os indicadores de qualidade de serviço e de manutenção e de satisfação do usuário. O índice de satisfação do usuário é obtido por meio de pesquisa de opinião realizada a cada seis meses por um instituto especializado contratado pela ViaQuatro, já os demais índices são fornecidos pela ViaQuatro e fiscalizados pelo Metrô, sendo que este possui em seu Centro de Controle Operacional as informações sobre a Linha 4. Nesse caso, pode-se dizer que o principal tem um controle razoável sobre o agente, tanto em termos de contrato quanto de instrumentos de controle, já que o Metrô consegue os dados da operação diretamente.

Sobre a tarifa de remuneração incidem ainda os riscos de demanda. Caso esta esteja entre 90% e 110% da projeção feita pela Companhia do Metrô, não haverá reajustes na tarifa de remuneração; caso a demanda esteja entre 90% e 60% do previsto, o ajuste é para cima; caso a demanda esteja entre 110% e 140% do previsto, o ajuste é para baixo; caso a demanda esteja abaixo de 60% ou acima de 140% da projeção, será realizada a recomposição do equilíbrio econômico-financeiro em favor da concessionária no primeiro caso, ou do poder concedente no segundo. Os demais riscos previstos no contrato são sobre investimentos na CPTM, seccionamento de linhas da EMTU e atraso de obras. Sobre a CPTM, o contrato prevê que a Linha Esmeralda deverá dispor da frota de trens em funcionamento quando do início da operação da fase 2 da Linha 4-Amarela. Ainda sobre a EMTU, o contrato prevê o seccionamento de algumas linhas de ônibus intermunicipais gerenciadas por ela, de modo a evitar a concorrência com a Linha 4-Amarela. Se esse seccionamento não acontecer, a EMTU deverá reembolsar a ViaQuatro no valor da tarifa de remuneração multiplicado pela demanda dessas linhas.

Quanto ao atraso de obras, o risco é de responsabilidade do poder concedente, desde que a concessionária não tenha contribuído para isso. Se o atraso na conclusão da infraestrutura da fase 1 for maior do que três meses da data prevista, o poder concedente fica responsável por pagar R$ 5,2 milhões mensais para a ViaQuatro para cada mês completo de atraso; na fase 2, esse valor é de R$ 2,3 milhões. Enquanto durarem os atrasos, o poder concedente não poderá contratar novos projetos de investimento no setor metro-ferroviário de valor superior a R$ 20 milhões, se o atraso for motivado por insuficiência de recursos orçamentários.

O desenho das fases da linha em consonância com as multas previstas em contrato por atraso nas obras consolidou um quadro de prejuízo para o Metrô e para o Gesp. Ao se decidir que o trecho prioritário da linha não seria mais Vital Brasil-Paulista, mas sim Luz-Paulista, tornou-se necessária a supressão de estações do projeto, lembrando que essa mudança é de maior interesse da concessionária, pois elimina o gasto para operar estações que teriam menor demanda, prioriza aquelas mais demandadas, portanto de maior arrecadação tarifária, e, ainda, impõe um prazo mínimo de quatro anos para operar apenas com essas estações, necessariamente aumentando o tempo de implantação da linha. Com o atraso para entregar a fase 2 da linha, o Metrô e o Gesp devem custear não só as obras civis das linhas, mas ainda pagar multas referentes ao atraso na entrega das estações.

A fase 1 da Linha 4-Amarela foi concluída em 2011 e entrou em operação com as estações Paulista e Faria Lima em 2010. Além das estações previstas na fase 1, a estação Fradique Coutinho, da fase 2, foi inaugurada em 2014. As obras da fase 2, ainda não concluídas, foram iniciadas em 2012 e estavam sob execução do consórcio Corsán-Corvian, o qual não cumpriu com suas obrigações, tendo o Metrô rescindido o contrato em 2015 e realizado nova licitação em 2016 para continuação das obras. Dessa vez, o consórcio vencedor foi o TC-Linha 4-Amarela, formado pelas empresas Tiisa e Comsa.

Vale lembrar que o contrato de concessão foi firmado entre a Secretaria dos Transportes Metropolitanos do Gesp e a ViaQuatro, no entanto, desde 2013 foram retirados milhões de reais do orçamento da Companhia do Metrô a fim de arcar com as multas. Os valores repassados pelo Metrô para a ViaQuatro têm correspondido a 15% da receita líquida anual da companhia entre 2013 e 2015 (Costanzo, 2017), valor aproximado ao total que ela investiu em toda a rede existente em 2015 (R$ 264,1 milhões) e ao valor total de todas as gratuidades e descontos para estudantes que acessam a rede (R$ 264,4 milhões).

5. Comparando financiamentos e ritmos de construção

Ao longo de sua existência, como foi mostrado neste texto, o Metrô planejou e construiu suas linhas de formas diferentes, algo relacionado com conjunturas políticas e econômicas diversas pelas quais passavam o país e o estado de São Paulo. As dificuldades de se obter financiamento para expansão e manutenção eram ao mesmo tempo condicionantes de decisões tomadas dentro da companhia e justificativas delas, sendo que seus atores participantes variaram entre os governos municipal, estadual e federal, representantes da iniciativa privada e órgãos de financiamento internacional, como o Banco Mundial e o IFC. Desse modo, é possível observar um retrato das mudanças descritas nas outras seções deste texto nos Gráficos 1 e 2.

Gráfico 1 – Capital social da Companhia do Metropolitano de São Paulo

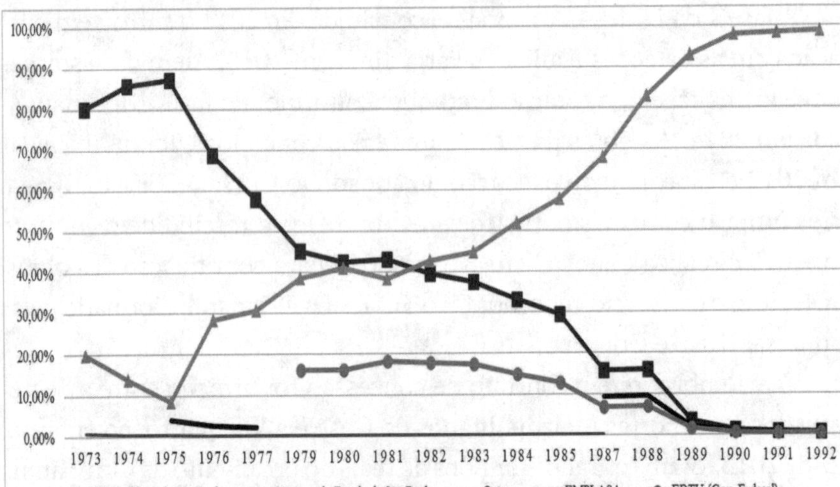

Fonte: Elaboração da autora com base nos relatórios do Metrô.

Ao longo dos anos 1970, observa-se que o capital social da companhia era majoritariamente da PMSP, passando para o Gesp pouco a pouco e com ligeira participação do governo federal no final dos 1970 e durante os 1980. No que diz respeito ao financiamento das linhas, depreende-se que a parte do Gesp é crescente até a Linha 2-Verde, a qual financiou quase totalmente sozinho no período de maior crise de investimentos, em seguida aparecendo a participação dos bancos internacionais a partir da feitura da Linha 4-Amarela. É preciso lembrar ainda que nas Linhas 1 e 3, os empréstimos externos e internos, que incluíam aportes da União e do BNDES respondiam por quase metade do financiamento, o que não ocorreu nas linhas posteriores.[14]

Gráfico 2 – Financiamento das linhas do Metrô

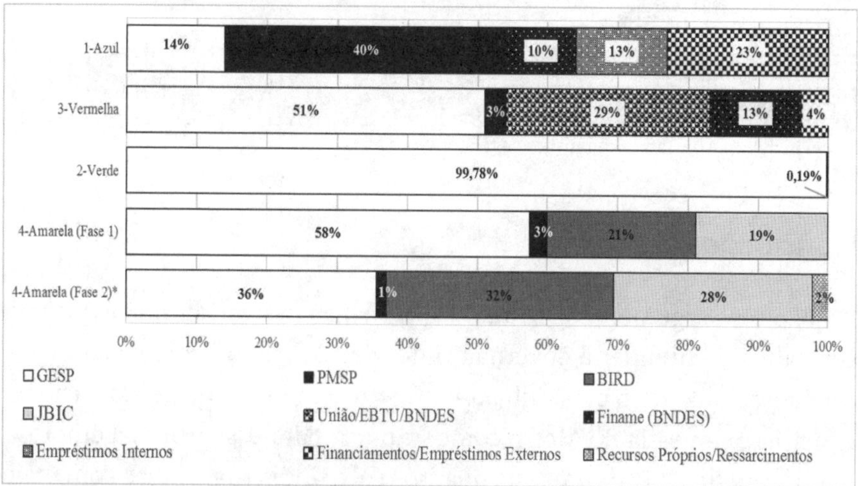

Fonte: Elaboração da autora com base nos documentos do Metrô.

Com as diversas crises e mudanças dentro da companhia, ela foi perdendo sua capacidade, o que pode ser exemplificado com o tempo de entrega das linhas, na Tabela 2, dado que as quatro linhas aqui analisadas contaram com um tempo de construção consideravelmente ascendente, tanto na medida por quilômetros quanto na conta feita por número de estações.[15]

14 Nas Linhas 5, 15 e 17, o BNDES volta a financiar parte importante das obras, em proporção maior do que a observada nos anos da ditadura militar (informação obtida via Lei da Informação, diretamente com a Companhia do Metropolitano de São Paulo).

15 Outras variáveis impactam o aumento do tempo de implantação das linhas, como método construtivo e legislações ambientais, mas a falta de financiamento e os imbróglios contratuais também tiveram impacto nesse dado, sendo que ele serve apenas como um dos exemplos das mudanças no financiamento das linhas.

Tabela 2 – Construção das linhas do Metrô

	Linhas do Metrô			
	1 – Azul (Jabaquara--Santana)	3 – Vermelha (Barra Funda--Itaquera)	2 – Verde (Vila Madalena--Vila Prudente)	4 – Amarela (Luz-Butantã)
Início da construção	1968	1972	1991	2004
Término da construção	1975	1988	2010	2016
Tempo de construção	7	16	19	12
Km's de linha	17	22	15	9
Nº de estações	20	18	14	7
Km por ano	2,43	1,38	0,79	0,75
Estação por ano	2,86	1,13	0,74	0,58

Fonte: Elaboração da autora com base nos relatórios do Metrô.

Conclusões

Com os argumentos até aqui expostos, é possível ver que a questão central para entender a governança do Metrô de São Paulo é seu financiamento. Quando o país tinha um projeto de desenvolvimento nacional e, por isso, investia no Metrô como impulso para esse plano, a empresa também pôde investir em seus quadros e expandir suas linhas com mais facilidade. Todavia, com a crise pós-Milagre Econômico, o Metrô passou a depender de fontes mais instáveis de financiamento, o que permitiu a entrada de novos atores no jogo.

Vale ressaltar que o papel do Banco Mundial no Metrô foi diferente daquele visto em outras políticas urbanas, em que, segundo Arantes (2006), a instituição dita o conteúdo da política pública. No caso tratado aqui, não houve grandes alterações na política, mas sim em suas etapas de construção e no modelo de operação – com o crescimento dos papéis ocupados pela iniciativa privada. É importante destacar também que as propostas do Banco Mundial não foram simplesmente impostas, mas encontraram localmente no Metrô e no governo estadual uma série de iniciativas em concordância com suas diretrizes, até porque a companhia já discutia a parceria com atores privados e o Gesp tomava medidas que iam nesse sentido, ao modo da aprovação de leis de concessão e de PPP e criação de burocracias especializadas em parcerias com a iniciativa privada.

Com a adoção do novo modelo de PPP no Metrô, a empresa pública passa a ter também uma função de reguladora não existente nas linhas anteriores. Ou seja, se a princípio o Metrô tinha a função de planejar, implantar e operar as linhas de metrô, atualmente a empresa opera a maior parte das linhas e regula uma delas, incorporando às suas funções o papel de reguladora, o qual envolveu a criação de instrumentos de regulação e de tarifação, como os indicadores já citados acima e inúmeras pesquisas para calcular a porcentagem de usuários integrados. Além disso, os termos do contrato da parceria passaram a ser importantes na medida em que eles definem o poder do Metrô sobre o parceiro privado, tanto de garantir uma boa prestação de serviço quanto de dar incentivos ou não para a conclusão rápida das obras. Atualmente, o Metrô trabalha na concessão de mais duas linhas, ambas em obras, a Linha 5-Lilás (funcionando parcialmente) e a 17-Ouro.[16] Não se sabe ainda o modelo exato dessas concessões, dado que o Tribunal de Contas do Estado (TCE-SP) suspendeu a licitação de concessão das linhas.[17]

Referências bibliográficas

ARANTES, Pedro. O ajuste urbano: as políticas do Banco Mundial e do BID para as cidades. *Pós-*, São Paulo, n.20, p.60-75, dez. 2006.

CARNEIRO, Dionísio; MODIANO, Eduardo. Ajuste externo e desequilíbrio interno: 1980-1984. In: ABREU, Marcelo de Paiva (org.). *A ordem do progresso*: cem anos de política econômica republicana 1889-1989. Rio de Janeiro: Elsevier, 1990.

COSTANZO, Daniela. *Relações público-privadas no metrô de São Paulo*. São Paulo, 2017. Dissertação (Mestrado em Ciência Política) – FFLCH-USP.

DE PAULA, Pedro do Carmo. *As parcerias público-privadas de metrô em São Paulo*: as empresas estatais e o aprendizado institucional no financiamento da

16 Audiências e consultas públicas podem ser acessadas no site da STM: <http://www.stm.sp.gov.br/transparencia/procedAudiencias?pagina=1&TipoProAdmFiltro=0>. Acesso em: 2 abr. 2017.

17 Mais informações disponíveis em: <http://www1.folha.uol.com.br/cotidiano/2017/09/1921711-tce-suspende-licitacao-para-conceder-linhas-5-e-17-do-metro.shtml>. Acesso em: 29 nov. 2017.

infraestrutura de serviços públicos no Brasil. São Paulo, 2014. Dissertação (Mestrado em Direito Econômico e Financeiro) – FD-USP.

DINIZ, Eli. *Empresário, Estado e capitalismo no Brasil*: 1930-1945. Rio de Janeiro: Paz e Terra, 1994.

EVANS, Peter. O Estado como problema e solução. *Lua Nova – Revista de Cultura e Política*, São Paulo, v.28-29, p.105-157, abr. 1993.

FAGNANI, Eduardo. *Pobres viajantes*: Estado e transporte coletivo urbano Brasil-Grande São Paulo, 1964/84. Campinas, 1985. Dissertação (Mestrado em Ciência Política) – IFCH-Unicamp.

GOMES, Ângela. Autoritarismo e corporativismo no Brasil: o legado de Vargas. In: BASTOS, Pedro; FONSECA, Pedro (orgs.). *A era Vargas*: desenvolvimentismo, economia e sociedade. São Paulo: Editora Unesp, 2012.

GOMIDE, Alexandre; PIRES, Roberto. *Capacidades estatais e democracia*: arranjos institucionais de políticas públicas. Brasília: Ipea, 2014.

HERMANN, Jennifer. Reformas, endividamento externo e o "milagre" econômico (1964-1973). In: GIAMBIAGI, Fabio et al. (orgs.). *Economia brasileira contemporânea*: 1945-2010. Rio de Janeiro: Elsevier, 2011.

HMD (Hochtief-Montreal-Deconsult). *Sistema integrado de transporte rápido coletivo da cidade de São Paulo*. São Paulo, 1968.

IFC (International Finance Corporation). *Transaction Structure Report*. Washington, 1998.

LAGONEGRO, Marco. *Metrópole sem metrô*. São Paulo, 2004. Tese (Doutorado em Arquitetura e Urbanismo) – FAU-USP.

MAIA, Maria. *Os estudos de metrô para a zona leste*. São Paulo: Metrô, 1989.

MARQUES, Eduardo. De volta aos capitais para melhor entender as políticas urbanas. *Novos Estudos Cebrap*, São Paulo, v.35, n.2, p.15-33, jul. 2016.

MELLO, Diogo. Governo e administração municipal: a experiência brasileira. *Revista de Administração Pública*, Rio de Janeiro, v.35, n.2, p.79-96, 2001.

RAMALHOSO, Wellington. *Destino Itaquera*: o metrô rumo aos conjuntos habitacionais da Cohab-SP. São Carlos, 2013. Dissertação (Mestrado em Arquitetura e Urbanismo) – IAU-USP.

SÃO PAULO (Governo). *Diário Oficial do Estado de São Paulo*, São Paulo, Imprensa Oficial, 1968.

SÃO PAULO (Governo). Companhia do Metropolitano de São Paulo. *Novas linhas*, 1973.

______. *Annual Report 1978*, 1979.

______. *Legislação do metrô de São Paulo*, 1982.

______. *Relatório da administração 1992*, 1993.

______. *Relatório da administração 1993*, 1994.

______. *Linha 4-Amarela*: histórico e configuração atual, 2001a.

______. *Relatório da administração 2000*, 2001b.

SÃO PAULO (Governo). Companhia do Metropolitano de São Paulo/EMTU. *Terceira linha do metrô de São Paulo*: estudo de viabilidade técnico-econômico--financeira, 1980.

SÃO PAULO (Município). PMSP (Prefeitura Municipal de São Paulo). *Um passo para o progresso*, São Paulo, 1968.

SIKKINK, Kathryn. Las capacidades y la autonomía del Estado en Brasil y la Argentina: un enfoque neoinstitucionalista. *Desarrollo Económico*, v.32, n.128, p.1-46, jan./mar. 1993.

SILVA, Leonardo. A reforma administrativa de 1967. In: ANDREWS, Christina; BARIANI, Edison (orgs.). *Administração pública no Brasil*: breve história política. São Paulo: Unifesp, 2010.

SILVEIRA, Irimá. *O setor de bens de capital*. Rio de Janeiro: BNDES, 2002.

VILLAÇA, Flávio; ZIONI, Silvana. *Rede de transportes sobre trilhos na região metropolitana de São Paulo*. São Paulo: Fapesp, 2005.

VIOLA, Eduardo et al. *A política de transportes coletivos na região metropolitana de São Paulo*: texto IV – Módulo Metrô. São Paulo: Fundap, 1979.

11
Política de renovação urbana: conflitos, instrumentos e gradualismo

Betina Sarue e Stefano Pagin

As cidades vivem constantes transformações com a reorganização de seus espaços mediante a construção de novas avenidas, centralidades comerciais e residenciais, entre outros aspectos que produzem a alteração do uso do solo urbano. O poder público tem um papel fundamental nesse processo de metamorfose urbana por meio de pelo menos três maneiras: planejamento e regulação de usos de uma forma geral; intervenções no contexto urbano, tais como obras; ou ainda promoção de políticas públicas de renovação urbana, vinculadas a áreas delimitadas da cidade, que sofrem transformação e revitalização a partir da utilização de instrumentos urbanísticos específicos.

Este capítulo tem como objetivo compreender esta última, analisando a evolução das políticas de renovação urbana na cidade de São Paulo nas três décadas mais recentes, em especial mediante o instrumento da Operação Urbana Consorciada (OUC), o principal expediente de renovação de amplos perímetros da malha urbana paulistana, usado com pioneirismo pela cidade.

Existem diversos estudos sobre políticas de renovação urbana que compõem argumentos como parte de duas temáticas principais: a primeira, da gentrificação e da renovação do centro urbano, que pretende analisar os novos equipamentos e intervenções implementados na região central e os seus efeitos, a partir de estudos do urbanismo (Del Rio, 2000; Frúgoli Jr., 2000; Alves, 2011; Nigro, 1999), ou pela perspectiva de outras políticas setoriais (como ambiental, cultural e de saúde), com implicações no espaço urbano (Kara-José, 2007; Valentim, 2007; Martins, 2011). A segunda temática abrange as experiências de OUCs, trabalhos que procuram descrever (Castro, 2006; Menegon, 2008), analisar (Fix, 2001; 2009; Maricato; Ferreira, 2002; Bonduki, 2010) e medir (Biderman; Sandroni, 2005; Pessoa; Bógus, 2007) os impactos provocados pelas Operações Urbanas. São escassas as contribuições vindas da Ciência Política e da perspectiva das políticas públicas, que focam as instituições, os atores e os espaços de decisão relativos a tais intervenções.

A análise neste capítulo se dá, portanto, a partir de uma perspectiva mais política e menos urbanística, considerando as disputas e os interesses que organizam a sua institucionalidade. Paralelamente, será construída uma recuperação histórica da evolução desse instrumento ao longo dos diferentes governos na prefeitura de São Paulo, de forma a ressaltar as mudanças constantes e graduais às quais esteve sujeito, levando em conta contextos de implementação e aprendizados da política. Partimos de um breve relato dos antecedentes que gestaram o que viria a ser uma política de renovação urbana, principalmente durante o período que intercala o fim do regime ditatorial e o retorno à democracia e às eleições municipais diretas e, em seguida, fazemos um panorama dos contextos e conjunturas que permearam as políticas de renovação urbana durante os governos democráticos, enquadrando o debate nas diferentes realidades em que se estabeleceu.

Além desta introdução e da conclusão, o capítulo se divide em três seções. A primeira traz uma breve contextualização e análise sobre a disputa em torno da terra urbana, premissa fundamental para a elaboração e a implementação de políticas de renovação urbana. A segunda seção traz os antecedentes e embriões da política, com destaque para o instrumento das Operações Interligadas nas gestões Jânio Quadros, Luiza Erundina e Paulo Maluf. Em seguida, nos dedicaremos à contextualização e à análise das OUCs. Apresentamos, inicialmente, um marco analítico para o instrumento, a fim de discutir, na sequência, os seus desdobramentos e efeitos a partir sobretudo de duas das quatro Operações Urbanas – Faria Lima e Água Espraiada. Ambas correspondem aos perímetros nos quais se realizou a maior parte das intervenções recentes e, consequentemente, mais se arrecadou. Além disso, nessas OUCs, foram desenvolvidos os principais instrumentos e dispositivos que, mais tarde, acabaram sendo incorporados a todos os perímetros, como os Certificados de Potencial Adicional de Construção (Cepacs) e a destinação compulsória de parte dos recursos arrecadados para atendimento habitacional de famílias de baixa renda atingidas por desocupações. Ao final, apresentaremos algumas considerações como uma sinalização sobre a importância dessa agenda para a política do urbano.

1. A centralidade da terra

Os instrumentos de renovação urbana guardam uma estreita relação com a produção do excedente fundiário, uma vez que são ativados pela valorização da terra urbana. Compreender a disputa pela apropriação dessa valorização é fundamental para uma análise clara sobre os instrumentos propostos e os seus impactos sobre a cidade e sobre as políticas sociais urbanas, em especial as de habitação. Portanto, antes de entender os instrumentos desenvolvidos na cidade, é preciso compreender essa relação.

Parte dos lucros e dividendos do mercado imobiliário é obtida com a valorização fundiária de uma determinada localização, que se dá pela conversão de um terreno ou imóvel, a princípio pouco atraente, em um altamente valorizado pelos investidores. Esse processo pode se desenrolar de duas maneiras, não excludentes entre si: primeiro, por meio de transformações no uso do terreno ou imóvel (por exemplo, a edificação) e, segundo, pelas formas de ocupação do terreno (a sua finalidade). Nesse sentido, pode se dizer que esse mercado tradicionalmente se vale de alterações em prerrogativas públicas para obter vantagens e lucros privados (Hoyler, 2014, p.17), já que tanto a definição das normas de uso quanto das de ocupação são de prerrogativa do Estado, sendo, portanto, prerrogativas públicas.

Adicionalmente, ambos os casos são influenciados pelo investimento do Estado em melhorias de infraestrutura no território (por exemplo, a construção de uma avenida), o que tende a desencadear processos de valorização fundiária em toda região de entorno. Logo, a definição sobre a localização de investimentos é fundamental, em particular quando se trata de altos volumes de investimento concentrados em um perímetro urbano predeterminado, como é o caso nos projetos de renovação urbana. Ainda que atores privados possam manifestar-se a favor de investimentos em uma determinada área, a decisão sobre a localização de um projeto de revitalização é tomada pelo poder público local, da mesma forma como as definições sobre uso e ocupação de terrenos.

Por fim, tal como a decisão de investimentos em infraestrutura, a definição da utilização de um determinado instrumento de renovação urbana também é desencadeadora de um processo de mudança de uso e ocupação do solo, por apresentar uma sinalização para o mercado do perímetro urbano no qual ocorrerá um processo de valorização fundiária, com a garantia de investimento de recursos públicos, os chamados *flagship Project* (Raco, 2014), que oferecem condições de investimento privado de baixo risco respaldado pelo investimento público.

Figura 1 – Impactos de prerrogativas públicas sobre a valorização fundiária

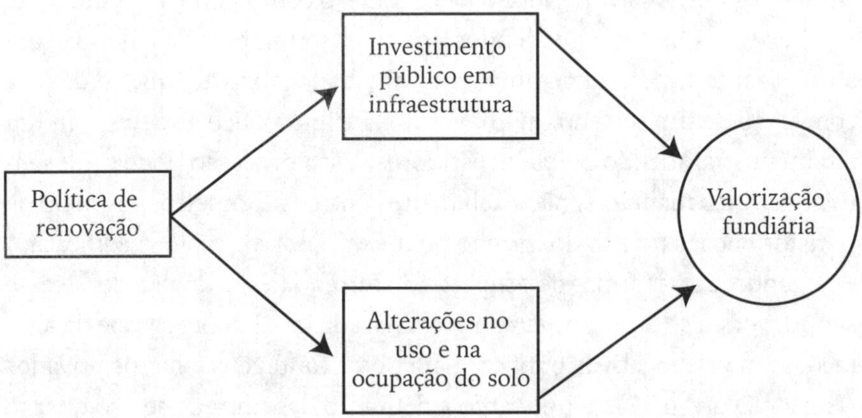

Fonte: Elaboração própria.

Portanto, o Estado pode tomar decisões isoladas sobre investimentos públicos pontuais em infraestrutura que produzem valorização fundiária no entorno da sua localização; pode promover alterações nas normas de uso e ocupação do solo que também incidem sobre a valorização da terra, ou ainda, em um único momento, decidir realizar uma política de renovação na qual sinaliza um perímetro da cidade em que haverá tanto alterações no uso e na ocupação do solo quanto investimentos públicos em infraestrutura. Dessa forma, os projetos sinalizam ao mercado uma localização onde o investimento tem retorno praticamente garantido. Daí a importância de compreender as políticas de renovação nos processos de estruturação urbana e, em especial, nas dinâmicas políticas locais com a formação de coalizões interessadas em impulsionar a realização de renovação urbana. A composição dessas coalizões, com a participação de capitais locais, nacionais ou até internacionais, e governos locais ou com apoio de governos nacionais, é objeto de análise dos estudos urbanos.[1]

Por outro lado, essa dinâmica dá origem a uma percepção de que é direito do Estado apropriar para a coletividade, como contrapartida de seu investimento, parte desses dividendos gerados no mercado imobiliário pela valorização fundiária, uma vez que, como dito, os excedentes gerados são também resultado de alterações em parâmetros de uso e ocupação do solo, que são de prerrogativa pública.

É nesse sentido que os instrumentos de renovação urbana surgem em São Paulo como formas de reapropriação de parte do excedente gerado pelo mercado imobiliário para o interesse público. Isso se daria com a delimitação de perímetros específicos em que a flexibilização dos parâmetros de uso e ocupação do solo, definidos em lei, seria permitida desde que o investidor compensasse o Estado com o pagamento de contrapartida pecuniária que seria reinvestida dentro do mesmo perímetro por meio de obras de infraestrutura urbana.

Por fim, cabe ressaltar que as OUCs envolvem ao menos dois tipos de capitais urbanos (Marques, 2016), a saber, o setor da construção civil,

1 Ver, por exemplo, o debate dos regimes urbanos (Stone, 1993), da *growth machine* (Moloch, 1976) ou do caso específico de grandes projetos urbanos (Fainstein, 2008; Altshuler; Luberoff, 2003; entre outros).

dada a contratação de obras de infraestrutura; e o setor imobiliário e incorporador, como vimos, um importante ator na disputa pela apropriação da valorização fundiária produzida pela operação. As intermediações de interesses entre esses capitais e o poder público se dão por meio de diversos canais mais ou menos institucionalizados, mas de uma maneira geral distintos dos espaços de participação social, fracos ou pouco instituídos.

2. As primeiras iniciativas de Renovação Urbana

Pode-se dizer que as primeiras tentativas de construção de instrumentos de renovação urbana em São Paulo remontam ao início da década de 1980, durante o governo de Mário Covas. Algumas intervenções foram planejadas e executadas nas adjacências das primeiras estações de metrô que vinham sendo construídas na cidade, entre elas as estações Bresser, Santana, Conceição e Brás. Essas obras apresentavam como objetivo a diversificação das atividades econômicas, bem como a promoção do desenvolvimento imobiliário das respectivas regiões, já catapultado inicialmente pelas obras do metrô. Todavia, essas iniciativas resultaram em fracassos retumbantes e até hoje são motivo de conflitos judiciais (Bonduki, 2010).

2.1 As operações interligadas

Logo nos primeiros anos do governo Jânio Quadros (1986-1989), foi proposto um novo instrumento cujo objetivo era permitir que os proprietários de terrenos onde se consolidaram favelas pudessem viabilizar moradias populares em outras localidades em troca da liberação dos seus terrenos. A prefeitura ficaria responsável pelos processos de remoção da população local e posterior realocação nas novas unidades habitacionais construídas. Ao mesmo tempo, o proprietário do terreno obtinha permissão para alterar os parâmetros de uso e ocupação em vigor, viabilizando a construção de novos empreendimentos no lote. Porém, esse projeto de lei foi considerado ilegal pela Comissão de Redação e Justiça da Câmara Municipal, que julgou improcedente a possibilidade de o Executivo alterar parâmetros de uso e ocupação, alienar imóveis e receber doações sem a devida participação do Poder Legislativo (Castro, 2006, p.58).

Diante desse cenário, o governo propõe algumas alterações no instrumento e as consolida na Lei nº 10.209/86, a Lei do Desfavelamento. Como o nome sugere, essa lei propunha a substituição das favelas por moradias populares. O poder público se tornava responsável pela alteração dos parâmetros de uso e ocupação em lotes ocupados por favelas, desde que os proprietários entrassem com um requerimento. Em contrapartida, esses proprietários poderiam contribuir com a produção de novas unidades habitacionais de duas formas: ou construindo-as em outros terrenos e cedendo-as à prefeitura (Bueno, 2000, p.16), ou com a doação do valor correspondente às unidades para o recém-criado Fundo Municipal da Habitação (Fix, 1997, p.2). Em ambos os cenários, o benefício das novas moradias seria dirigido exclusivamente para a população removida das favelas.

Como não houve boa aceitação do nome Lei do Desfavelamento, o instrumento foi rebatizado, passando a ser denominado Operações Interligadas. A venda dos direitos de exceção à Lei do Zoneamento se dava lote a lote, ou seja, partia dos empreendedores que tinham interesse em mudar o uso de determinado terreno ou incorporar a ele maior potencial de construção. Após as chamadas públicas, o empreendedor entrava em contato com a Comissão Normativa de Legislação Urbana, órgão ligado à Secretaria Municipal de Planejamento, que analisava e dava prosseguimento ao pedido. O problema da pontualidade das intervenções é que o instrumento muitas vezes não conseguia absorver os seus impactos, levando ao adensamento de algumas áreas. Via de regra, as regiões onde o instrumento era aplicado se restringiam às mais ricas da cidade, onde o proprietário enxergava potencial de valorização imobiliária de terrenos ocupados por favelas, o que incidia no investimento em infraestrutura em áreas já privilegiadas da cidade. Fix (1997) sugere que os investimentos em infraestrutura urbana (túneis, avenidas e viadutos) gerados com o aumento do adensamento causado pelas Operações Interligadas superavam o que se arrecadava em contrapartidas habitacionais. Pode-se dizer que o instrumento deu origem a um ciclo em que mais requerimentos por potencial adicional de construção levavam a um maior adensamento em regiões mais valorizadas da cidade, que por sua vez gerava maior necessidade de intervenções urbanas, concentrando os investimentos em infraestrutura nessas áreas já privilegiadas.

Desse modo, as Operações Interligadas pouco contribuíram para uma reversão nos padrões de segregação visíveis de São Paulo, pois a grande concentração de investimentos em infraestrutura urbana se deu em áreas mais ricas. Portanto, os processos de desfavelização não foram distribuídos de forma equânime pela cidade, mas se resumiram às regiões mais centrais, ou seja, àquelas que despertavam o interesse do setor imobiliário, conferindo um caráter higienista ao instrumento. Por mais que as Operações Interligadas fossem um programa social cujo objetivo principal era garantir o direito de moradia à população de baixa renda, o instrumento acabou se consolidando mais como uma alternativa higienista de intervenção nas áreas mais nobres de São Paulo, bastante atingidas pelo fenômeno da favelização a partir dos anos 1970. Para Fix (2001), não se trata de uma falha no desenho do instrumento, mas sim de um efeito desejado e esperado, considerando a forma com que foi concebido.

> A Lei do Desfavelamento serviu pouco ao que teoricamente se propunha no campo social, mas, de outra parte, serviu à "limpeza" dos bairros de classe média e aos negócios imobiliários. Longe de ser resultado de um "acidente de percurso", a aplicação da lei mostra como o problema das favelas foi, desde o início, utilizado para justificar alterações pontuais na Lei de Zoneamento e no Código de Obras que interessavam ao mercado imobiliário. (Fix, 2001, p.74)

O instrumento sobreviveu à troca de gestão na prefeitura, mas passou por algumas transformações durante o governo de Luiza Erundina (1989-1993), do PT. A gestão promoveu um novo ordenamento das favelas a serem atendidas pelas Operações Interligadas, priorizando, dessa vez, favelas que se encontravam em áreas mais periféricas da cidade, além de impor maiores limites às propostas de flexibilização dos parâmetros urbanísticos. No entanto, o mercado imobiliário se mostrou pouco atraído às mudanças propostas, e as alterações no instrumento[2] sequer foram colocadas em votação na Câmara dos Vereadores (Castro, 2006, p.59).

Da mesma forma, o governo Paulo Maluf (1993-1997), do PPB, optou por não extinguir as Operações Interligadas, mas adaptá-las aos objetivos da nova gestão. Ao contrário do que aconteceu no governo Erundina, as mudanças propostas por Maluf para o instrumento foram aprovadas pelo Legislativo, dando origem a um novo programa dentro das Operações Interligadas, o Programa Direito à Moradia. Devido a essa nova estrutura, foi possível utilizar o instrumento para financiar outras frentes de trabalho na política habitacional do governo, em especial o Programa Cingapura, carro-chefe das políticas sociais de Maluf, que tinha como objetivo a urbanização de favelas por meio da estratégia de verticalização.

Ainda que a nova gestão tenha promovido novamente a aplicação do instrumento nas favelas mais centrais, as Operações Interligadas demonstravam limitações para a iniciativa privada, já que o seu caráter pontual garantia acesso a um ou outro lote, mas não criava um aparato de intervenção mais amplo e suficientemente atrativo para o mercado imobiliário. Além disso, as críticas às Operações Interligadas se avolumaram durante a gestão Maluf, sobretudo devido à falta de participação do Legislativo nas tomadas de decisão referentes às mudanças nos parâmetros urbanísticos. Com isso, o instrumento foi suspenso em 1998 e, posteriormente, julgado como inconstitucional em 2001.

Ainda em 2001, foi instituída uma Comissão Parlamentar de Inquérito para investigação das Operações Interligadas na Câmara Municipal. Foi identificada, no relatório final da CPI, a ausência de parâmetros estabelecidos em lei para definir os valores a serem pagos em contrapartida pela concessão do direito adicional de construção, o que conferia à Comissão Normativa de Legislação Urbana – órgão vinculado ao Executivo – total discricionariedade para definir as contrapartidas a serem impostas em cada caso. A CPI identificou uma série de situações em que o valor da metragem quadrada estabelecido como base para o pagamento da contrapartida foi bem abaixo da média praticada no mercado, sugerindo que as Operações Interligadas lesaram os cofres públicos significativamente.

2 Projeto de Lei nº 200/89.

Além disso, outras denúncias apontam que muitas unidades habitacionais foram entregues inacabadas, além de terem beneficiado famílias que não residiam nas favelas atingidas pelas obras e que não se encaixavam nas faixas de renda contempladas pelos programas habitacionais da prefeitura.[3]

3. As Operações Urbanas Consorciadas

A Operação Urbana Consorciada é um instrumento de intervenção urbana previsto no Estatuto da Cidade (artigo 32) e que tem experiências de aplicação em diversas cidades brasileiras. Cada OUC é determinada por uma lei específica, que define para um perímetro urbano – denominado Área Especial de Interesse Urbanístico – as condições de ocupação e uso do solo e um plano de investimentos na infraestrutura urbana da região. Há, portanto, flexibilização da zonificação para essa área específica, que recebe uma priorização de investimentos. No caso de São Paulo, a origem dos recursos se dá com a comercialização de Cepacs, valores imobiliários emitidos pela prefeitura em contrapartida ao direito de construção acima do previsto na regulação urbana da cidade, e dentro dos novos parâmetros estabelecidos na Lei da Operação Urbana Consorciada. A venda de Cepac é controlada pela Comissão de Valores Imobiliários e a oferta pública, feita pela Bolsa de Valores (Sarue, 2015). Antes de adotarem o uso de Cepacs, as Operações Urbanas arrecadavam recursos também a partir da venda do direito de construir acima dos parâmetros previstos para a região, mas com a negociação de valores por lote, a partir da Outorga Onerosa do Direito de Construir, como veremos adiante.

O Estatuto da Cidade prevê, ainda, que as OUCs instituam conselhos gestores, como espaços de intermediação de interesses entre o poder público e os demais atores interessados na política em um ambiente institucional especificamente criado para esse fim. Atualmente, participam do comitê gestor das Operações Urbanas a Secretaria de Desenvolvimento Urbano e a SP Urbanismo, responsáveis por ele, e a Secretaria

3 Relatório final da CPI das Operações Interligadas disponível em: <http://www1.camara.sp.gov.br/central_de_arquivos/vereadores/CPI-OI.pdf>

de Licenciamento, para aprovação de empreendimentos. Também possuem assento no comitê gestor as secretarias municipais do Verde e Meio Ambiente; de Habitação; de Serviços e Obras; de Transporte; de Finanças e do Governo Municipal. As entidades não governamentais com cadeira no comitê se dividem em três segmentos: técnico, empresarial e da sociedade civil, conformando, no total, nove representantes do governo e nove representantes não governamentais. Embora todas as OUCs devam estabelecer a formação de um conselho gestor, as definições sobre a operação dessa instituição participativa variam em cada caso, influenciando de forma distinta a capacidade de incidência da população sobre o instrumento e o projeto urbano.

3.1 Histórico das Operações Urbanas em São Paulo

As Operações Urbanas surgem em São Paulo em meados da década de 1980, portanto antes da aprovação do Estatuto da Cidade, em 2001, e ainda sem o mecanismo do Cepac, mas com a previsão de arrecadação de recursos mediante a flexibilização da legislação urbanística. Elas são inicialmente previstas no Plano Diretor apresentado pela gestão Mário Covas, que acabou não sendo aprovado pela Câmara dos Vereadores.[4] O instrumento aparece como uma alternativa que permitiria a inclusão do financiamento privado de obras públicas, em um momento de grave crise macroeconômica com consequências também nas gestões estaduais e municipais, provocando a redução na capacidade de investimento desses entes. Nesse contexto, fazia-se urgente a criação de instrumentos que gerassem alternativas de investimento social e, ao mesmo tempo, poupassem o orçamento já bastante comprometido com o serviço da dívida pública (Castro, 2006, p.51). As OUs surgem, portanto, em consonância com um movimento global das cidades em busca de alternativas para

4 Portanto, a nomenclatura correta para as intervenções criadas antes de 2001 é apenas Operação Urbana, e elas se tornam Operações Urbanas Consorciadas apenas após essa data, quando têm suas leis alteradas para ser adaptadas ao Estatuto da Cidade. Para fins de padronização no texto, vamos usar a sigla OUC sempre que estivermos nos referindo ao instrumento de uma maneira geral, ou a operações urbanas que se transformaram em operações urbanas consorciadas após 2001.

investimento em renovação urbana, e em um contexto nacional e local de redução de orçamentos.

Os objetivos do Plano Diretor 1985-2000, elaborado pela gestão Covas, evidenciam essas perspectivas.

> a. viabilizar a produção de imóveis (notadamente habitação popular), infraestrutura, equipamentos coletivos e espaços públicos, de difícil consecução nas condições correntes do processo imobiliário e da ação pública;
> b. acelerar as transformações urbanísticas (físicas e funcionais) em determinadas áreas urbanas [...]. (Sempla, 1985 apud Castro, 2006, p.51)

As Operações Urbanas previstas no Plano Diretor da gestão Covas eram bastante distintas das que entraram em vigor mais adiante. Resumiam-se a uma série de perímetros restritos e dispersos ao longo do território, incorporando todas as zonas do município. No total, foram propostos 35 perímetros de intervenção tanto no centro quanto na periferia. A despeito dos esforços, as Operações Urbanas não saíram do papel no governo Covas e foram abandonadas na gestão Jânio. Todavia, a administração Erundina recuperou esse instrumento e o regulamentou em 1990 como parte da Lei Orgânica do Município (Menegon, 2008, p.62). O instrumento foi aprovado já com um desenho mais próximo ao consolidado atualmente – com perímetros mais amplos. A Figura 2 a seguir mostra os principais marcos do processo de implementação das Operações Urbanas no município de São Paulo analisados neste capítulo.[5]

---

5 Optamos por estabelecer o recorte deste capítulo até o governo Marta Suplicy, em que se deram os principais marcos institucionais que estruturam a política de renovação urbana na cidade até hoje, o que não significa que outras alterações no instrumento não tenham sido perpetradas, como no programa de investimentos da OUC Água Espraiada em 2011 e na Operação Urbana Faria Lima em 2015 e a vinculação de 25% dos recursos arrecadados nas OUCs à construção de habitação de interesse social, prevista no Plano Diretor aprovado em 2014. Também vale mencionar a OUC Jacu-Pêssego, cujo perímetro se localizava na zona leste de São Paulo, aprovada em 2004, mas que nunca foi de fato operacionalizada e acabou revogada em 2016.

Figura 2 – Operações Urbanas em São Paulo até 2004

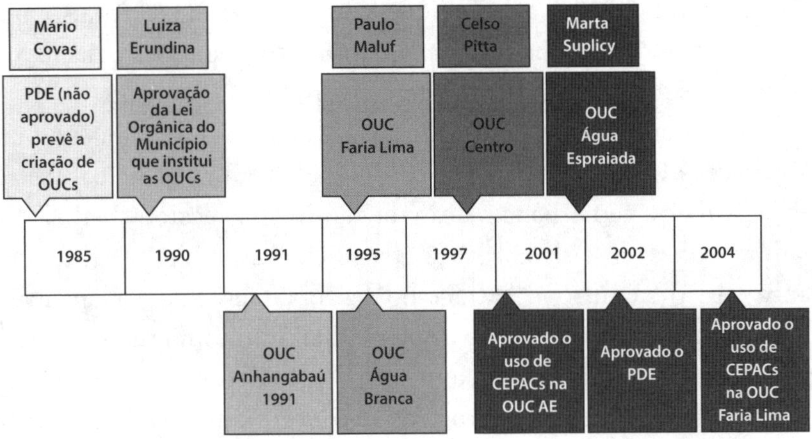

Fonte: Elaboração própria.

A primeira Operação Urbana a entrar em vigor na cidade – em caráter experimental – foi a OU Anhangabaú (1990-1993), constituída com um prazo limite de três anos e com o objetivo de criar uma alternativa para a conclusão das obras de reforma do Vale do Anhangabaú, além da recuperação de alguns outros equipamentos públicos e do Centro Histórico. A OU Anhangabaú, que ainda não contava com o instrumento do Cepac, permitia a construção adicional de até seis vezes a área do terreno, e previa também a possibilidade de transferência de potencial construtivo daqueles edifícios tombados para outros terrenos fora do perímetro da OU mediante solicitação do proprietário. Pouco foi efetivamente realizado nessa OU, que acabou assumindo um papel de projeto piloto até ser extinta, como previsto, três anos após o seu início, dando origem à Operação Urbana Centro, em vigor até hoje.

Além da Operação Urbana Anhangabaú, a gestão Erundina desenhou mais quatro outras Operações Urbanas no Plano Diretor apresentado à Câmara dos Vereadores – e que não chegou a ser votado – nos seguintes perímetros: Faria Lima-Berrini, Água Espraiada, Água Branca e Paraisópolis. As regras propostas pelo governo Erundina eram, no entanto, pouco atrativas ao investimento imobiliário, uma vez que aumentavam os custos e contrapartidas relativos à flexibilização dos parâmetros de uso e ocupação do solo (Fix, 1997). Dessa forma, ainda que as regiões delimitadas fossem de interesse imobiliário, nas regras propostas a captura da valorização era incerta. Sintoma disso é que, com exceção da OU Paraisópolis, todos os outros perímetros acabaram se tornando Operações Urbanas nas gestões que se seguiram, já com alterações nas regras do jogo.

Nesse sentido, talvez tenha sido apenas no governo Paulo Maluf que as Operações Urbanas tenham se consolidado como o principal instrumento de renovação urbana na capital paulista. As gestões Maluf-Pitta foram responsáveis pela aprovação das OUs Faria Lima (1995), Água Branca (1995) e Centro (1997), como desdobramento da Anhangabaú.

Inicialmente, planejava-se implementar ao mesmo tempo tanto a Operação Urbana Faria Lima quanto a Operação Urbana Água Espraiada. Contudo, como ambos os perímetros se concentram em áreas bastante atrativas para o mercado imobiliário, de uso especialmente para torres e edifícios empresariais de alto padrão, a gestão temeu que as duas Operações Urbanas concorressem entre si, levando ao fracasso de ambas. Desse modo, o governo Maluf deu preferência ao perímetro da Faria Lima, muito em virtude do processo já adiantado de construção da Avenida Faria Lima, principal âncora[6] do instrumento (Fix, 2001). Optamos por analisar de forma mais detida, nas seções seguintes, as OUCs Água Espraiada e Faria Lima, devido sobretudo à enorme quantia de recursos arrecadados e intervenções realizadas. Ainda que as outras OUCs em operação na cidade, como a OUC Água Branca e a OU Centro, sejam anteriores à Água Espraiada, elas se desenvolveram de maneira mais lenta e possuem um grau de maturidade institucional menor.

Com a ratificação do Estatuto da Cidade em 2001, a Operação Urbana Água Espraiada já é aprovada na condição de OUC e com previsão do uso de Cepacs, e as operações da Faria Lima e da Água Branca são alteradas em 2004 e em 2013 para incorporar essas condições.

A OUC Água Branca foi aprovada inicialmente em 1995 e faria parte do "Vetor Oeste de Renovação Urbana", constituído pelos bairros que se localizam entre as linhas férreas e o Rio Tietê, como Bom Retiro, Água Branca, Campos Elíseos, Barra Funda e Lapa de Baixo. Apenas em 2013

---

6 Fix (2001) define como âncoras as obras de grande porte realizadas pelo Estado para atrair o mercado imobiliário quando há o lançamento de uma nova Operação Urbana.

a OUC incorporou o uso de Cepacs e, até fevereiro de 2017, ela arrecadou aproximadamente R$ 815 milhões, o que corresponde a pouco mais de 10% do total arrecadado pelas Operações Urbanas em funcionamento em São Paulo. Esse valor representa quase a totalidade da concessão de outorga onerosa do direito de construir, instrumento que vigorou até 2013, quando passaram a ser utilizados os Cepacs. Até o momento, foram arrecadados apenas R$ 11,5 milhões via Cepacs, tendo sido realizados apenas uma distribuição e um leilão.

Para compreender a morosidade do processo dessa OUC, podemos recorrer às principais questões apontadas antes. Nesse sentido, a operação Água Branca apresenta os seguintes entraves, conforme levantado por Castro (2006): i) multiplicidade de proprietários e tipos de imóveis, o que dificulta a viabilização de empreendimentos de maior porte; ii) adesão de investidores representando diferentes tipos de capitais; iii) investimentos de órgãos públicos de diferentes setores, desarticulados do plano previsto na OUC; iv) possibilidade de se construir empreendimentos imobiliários de alto padrão sem a vinculação com a OUC, em especial em bairros como Pompeia e Perdizes, que já passavam por um processo de substituição de moradias de baixa densidade por empreendimentos verticalizados. Há, portanto, ausência de incentivos ao investimento, conforme destacado, por exemplo, com o ciclo de valorização ou o tamanho de lotes e a ausência dos Cepacs como mecanismos de investimento, além de uma institucionalidade que coordene o reinvestimento e, portanto, o processo de valorização. Em parte, essas questões foram trazidas pela reformulação da operação em 2013.

Já a OU Centro, aprovada em 1997, também apresenta entraves, tais como a ausência dos Cepacs, ainda atual. Em termos de arrecadação, a OU Centro é a que apresenta resultados mais tímidos, sendo responsável por apenas 0,9% do total obtido com Operações Urbanas no município. Até fevereiro de 2017, foram arrecadados pouco mais de R$ 57 milhões, sendo aproximadamente R$ 30 milhões por meio de outorga onerosa. Em consequência, os investimentos também foram tímidos, de cerca de R$ 13,5 milhões, que foram concentrados na recuperação de equipamentos de lazer e, especialmente, de cultura (Heck, 2004), como a reforma da Praça Roosevelt e o Projeto Praça das Artes.

Já na gestão da prefeita Marta Suplicy, deu-se a aprovação da OUC Água Espraiada (2001) e o início do uso dos Cepacs. Cabe ressaltar que foi essa a OUC que incluiu em sua lei de criação a obrigatoriedade de investimento em habitação de interesse social (HIS), marcando, portanto, posicionamento em relação ao propósito primeiro do instrumento, de viabilizar habitação popular. As seções seguintes buscam analisar de forma mais detida as OUCs Faria Lima e Água Espraiada, com especial atenção aos instrumentos de políticas públicas mobilizados e aos atores e conflitos que moldaram o arranjo de governança da política de renovação urbana no período.

3.2 Operação Urbana Faria Lima e a criação do Cepac

A Lei nº 11.732/95, que regulamenta a Operação Urbana Faria Lima, foi aprovada após dois anos de debates na Câmara Municipal e na imprensa, promovidos especialmente pelas associações de moradores dos bairros de Pinheiros e Vila Olímpia, ambas contrárias às obras, que levariam à expropriação de um grande número de imóveis nas regiões. Os objetivos formais da Operação Urbana, dispostos na lei, evidenciam o caráter de renovação urbana do instrumento, com destaque à melhora da "qualidade de vida de seus atuais e futuros moradores, inclusive de habitação subnormal, e de usuários, promovendo a valorização da paisagem urbana e a melhoria da infraestrutura e da qualidade ambiental". Essa "valorização da paisagem urbana e melhoria da infraestrutura" se daria com uma série de intervenções de caráter viário ao longo de todo o perímetro da Operação Urbana.

A Operação Urbana Faria Lima funcionaria de forma semelhante à desenhada nas Operações Interligadas, ou seja, permutando solo virtual e flexibilização dos parâmetros de uso e ocupação em contrapartidas financeiras. A grande diferença entre esses dois instrumentos seria justamente a ampliação da flexibilização a todo um perímetro delimitado pela legislação específica da OUC, superando com isso o modelo de negociação lote a lote que vigorava nas Operações Interligadas, e aumentando, portanto, o incentivo para investimento pelo mercado imobiliário, conforme vimos.

A OUC facilitaria o processo de aquisição pelo mercado, o que ativaria o mecanismo de valorização da região, uma vez que seriam realizadas intervenções estruturais, tendo como consequência no mercado um maior valor de permuta do solo virtual, e portanto mais retorno para reinvestimento. O mecanismo utilizado passou a ser o da outorga onerosa do direito de construir, que é justamente essa comercialização do solo virtual, ou do direito de construir acima do previsto inicialmente em lei.

Mapa 1 – Perímetro da Operação Urbana Faria Lima

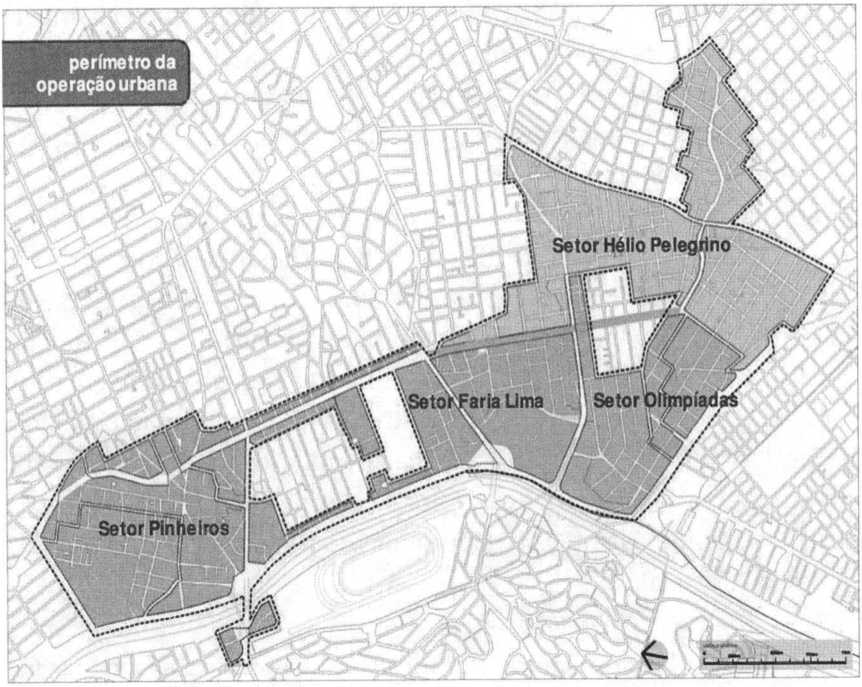

Fonte: SP Urbanismo.

O estoque total a ser disponibilizado para o mercado seria de 1,25 milhão de metros quadrados para as áreas diretamente beneficiadas pela Operação Urbana e em 1 milhão de metros quadrados para as áreas indiretamente beneficiadas, somando 2,25 milhões de área de solo virtual disponível. Esse é, portanto, o potencial de valorização da região, que aumenta o incentivo para investimento pelo mercado. Como o estoque não foi disponibilizado de uma só vez, mas dividido em uma série de distribuições, instalou-se um processo no qual o tempo de compra e venda de terrenos e estoques de solo virtual se torna um elemento fundamental da disputa pela captura do excedente fundiário produzida pela operação. Ou seja, uma vez ativado o processo de valorização, cada estoque adquirido inicialmente apresenta o risco de morosidade do processo e do apetite do mercado, além de indicar um potencial de lucro com uma valorização quase certa, dada a sinalização de investimento do Estado. A separação dos lotes em comercial e residencial, ao mesmo tempo que garante uma regulamentação do poder público quanto ao uso do solo na região, impedindo que a definição seja exclusivamente pelo mercado, também contribui com o processo especulativo, pois o ciclo de mercado deverá determinar tempos distintos de valorização para cada uso.

No entanto, esse processo era contido pelo mecanismo da outorga onerosa, um instrumento voltado à lógica de negociação lote a lote, de forma que cada leilão negociava estoques específicos associados a lotes que estariam mais ou menos adiantados no processo de valorização. Era preciso, portanto, desenvolver um novo instrumento de negociação do solo virtual nas Operações Urbanas, dessa vez vinculado a um perímetro da OUC como um todo, a fim de que o mercado pudesse também estocar certificados. Esse instrumento é o Cepac, desenvolvido inicialmente no âmbito da OUC Faria Lima. Ao mesmo tempo, o Cepac acelerava o ciclo de valorização, pois a estocagem de certificados aumentava a arrecadação e, assim, adiantava o reinvestimento no território. Nas palavras de Fix (2001, p.104):

> O certificado era um título que poderia ser adquirido no mercado por qualquer pessoa física ou jurídica. Ao serem colocados à venda nos leilões da Bolsa de Valores e de Futuros, os Cepacs poderiam ser trocados por uma quantidade de metros quadrados de área de construção, acima do que já permitia a Lei de Zoneamento. Como qualquer título financeiro, seu preço era variável: poderia cair se a prefeitura emitisse muitos títulos e não houvesse procura, ou subir, se a mudança de zoneamento ou algum atrativo provocasse muito interesse no mercado imobiliário. Os Cepacs serviriam também para pagar a desapropriação de imóveis para obras públicas.

É importante destacar, portanto, que os Cepacs têm preço variável, pois é esse justamente o instrumento para captura do excedente fundiário.

O valor do Cepac vai variar de acordo com o *timing* da valorização da terra. Assim, o momento de compra ou venda é fundamental para compreender qual ator se apropriou do excedente produzido pela valorização.

Embora os Cepacs tenham sido aprovados na Câmara Municipal, ainda em 1995, permaneceram suspensos para estudos por algum tempo. Os principais conflitos em torno do instrumento se davam em relação à sua operacionalização. Enquanto a oposição entendia que apenas o Banco Central possuía legitimidade para gerenciar um ativo financeiro, a situação insistia que a gestão dos Cepacs poderia ser de competência da própria prefeitura, desde que em acordo com a Comissão de Valores Mobiliários.

Os Cepacs só foram definitivamente regularizados em 2001 e, embora tenham sido criados na OUC Faria Lima, acabaram sendo adotados de início na OUC Água Espraiada, como veremos a seguir. Apenas em 2004 o uso dos Cepacs foi admitido na OUC Faria Lima. Nesse intervalo, entre a criação do instrumento em 1995 e a sua efetivação em 2004,[7] a operação funcionou com considerável sucesso, mas a contrapartida ao solo criado adquirido era paga em moeda, por meio de um cálculo que criava "equivalentes aos Cepacs".

Até o momento, foram realizadas quatro distribuições de Cepacs na OUC Faria Lima, totalizando pouco mais de 800.000 m² de solo criado, sendo que ainda estão disponíveis pouco mais de 690.000 m² a serem convertidos, dos quais a grande maioria é de uso exclusivamente residencial. Esses números são, portanto, condizentes com o ciclo de valorização do mercado, que inicia com uso comercial. A valorização residencial agora se dará com novos valores e a partir dos perímetros delimitados para tanto.

Em termos financeiros, a OUC Faria Lima é a segunda Operação Urbana Consorciada mais rentável do município, atrás apenas da OUC Água Espraiada. Entre 1994 e 2016, foram arrecadados mais de R$ 2,35 bilhões, dos quais aproximadamente 78% já foram utilizados. Entre os principais destinos dos valores arrecadados na OUC Faria Lima estão, sobretudo, aqueles atrelados ao processo de valorização fundiária do

7 O Plano Diretor Estratégico aprovado em 2002 adequou as Operações Urbanas em funcionamento na cidade ao estabelecido no Estatuto da Cidade, aprovado um ano antes pelo governo federal. Essa adequação facilitou o uso dos Cepacs como dispositivo utilizado na conversão de solo criado em contrapartida pecuniária.

perímetro, com obras e serviços, especialmente de ordem viária, representando aproximadamente 49% dos gastos, além de 10,8% destinados ao Metrô; já o investimento em construção de habitação de interesse social chega a apenas 17% do recurso, enquanto as desapropriações atingem 14,7%.

Atualmente ainda há no caixa da OUC Faria Lima pouco mais de R$ 500 milhões e a destinação dos valores arrecadados é deliberada pelo Grupo Gestor, que reúne membros do Executivo municipal e de setores empresarial, técnico e da sociedade civil. Embora a obrigatoriedade de um conselho gestor em todas as OUCs tenha sido determinada no Estatuto da Cidade, aprovado em 2001, o Grupo Gestor da Faria Lima só realizou as suas primeiras reuniões em 2004, após a Lei nº 13.769/04, que adaptou a OUC a esse e a outros dispositivos criados no Estatuto da Cidade. Desde então, já foram realizadas 31 reuniões ordinárias com periodicidade trimestral. Associações mais combativas aos projetos, relacionadas à luta por moradia ou contrárias às desapropriações, também desempenham nesse arranjo um papel central, e o insulamento dos processos decisórios deve ser compreendido como resposta a essas formas de resistência. Não caberá a este capítulo uma análise mais detalhada que envolvesse uma reconstituição dos casos, mas cabe ressaltar a importância desses atores no processo de aprendizado da política.

3.3 Operação Urbana Água Espraiada

A primeira proposta de Operação Urbana que englobava a região do córrego da Água Espraiada se deu ainda no governo Jânio Quadros, com a contratação do escritório do arquiteto Julio Neves para a realização do projeto executivo (Menegon, 2008). Tratava-se de uma espécie de prolongamento do que vinha se desenrolando na área da Faria Lima, com a predominância de torres e edifícios voltados para escritórios de grandes companhias nacionais e internacionais. O projeto ficou inicialmente conhecido como Boulevard Sul e pretendia usar a Avenida Água Espraiada, atual Avenida Roberto Marinho, como âncora por meio da instalação de redes de comércio de luxo por toda a avenida. Esse projeto foi readequado e transformado na Operação Urbana Consorciada Água Espraiada, no

Plano Diretor não aprovado do governo Erundina, o que deixou a perspectiva de uma intervenção mais ampla e coordenada na região adormecida por mais alguns anos.

A ideia de uma via glamorizada não foi adiante, em parte devido à consolidação da Avenida Engenheiro Luiz Carlos Berrini – via que corta a Avenida Água Espraiada – como um importante polo de negócios da cidade. Dessa forma, a Avenida Água Espraiada acabou sendo inaugurada em 1995 como um importante corredor viário de ligação entre a Avenida Faria Lima e a zona sul, com projeto de extensão até a Rodovia dos Bandeirantes.[8] A obra fazia parte da Lei de Melhoramento Viário, um pacote criado no governo Maluf que incluía uma série de outras intervenções no centro expandido de São Paulo, com o intuito de melhorar o fluxo de automóveis na cidade.

Segundo Fix (2001), para que uma Operação Urbana atraia investimentos do setor privado, é necessário que o poder público dispenda uma quantia inicial em algum tipo de obra que valorize o entorno e o perímetro da OUC, no caso, uma "âncora", intervenção urbana de alta complexidade responsável por dar início ao processo de valorização necessário da região. A âncora da OUC Água Espraiada foi inaugurada em 2008. Trata-se da Ponte Otávio Frias de Oliveira, popularizada como Ponte Estaiada, obra que envolveu um enorme montante de recursos financeiros e desapropriações.

A OUC Água Espraiada só foi regulamentada em 2001, no governo Marta Suplicy, com a Lei nº 13.260/01. Entretanto, uma Ação Direta de Inconstitucionalidade promovida por moradores de alguns dos bairros englobados pelo perímetro da OUC atrasou a sua operacionalização. Uma particularidade dessa OUC é a composição do seu perímetro com setores bastante diferentes entre si. Enquanto o setor da Marginal Pinheiros é altamente valorizado pela existência de um polo de negócios local, o setor do Brooklin é altamente valorizado pela sua vocação residencial de

8 O projeto da Avenida Água Espraiada é dos anos 1970, portanto, anterior ao Boulevard Zona Sul. São incontáveis as mudanças na sua vocação e no traçado ao longo dos anos, o que levou a avenida, na sua inauguração, a ficar conhecida como a mais cara do mundo. Estima-se que o custo total de construção de seu primeiro trecho tenha sido de R$ 850 milhões, em valores de 1995 ("A rua mais cara do mundo", *Revista Istoé*, 21/1/1998).

alto padrão. O setor da Chucri Zaidan, por sua vez, se configura como um setor misto, com áreas altamente valorizadas e outras que configuram um perímetro de expansão residencial. Por fim, os setores de Jabaquara e Americanópolis constituem áreas mais vulneráveis e pouco atrativas para o mercado imobiliário, sendo que este último não possui sequer estoque de potencial construtivo sendo comercializado. Todavia, a inclusão dessas áreas mais pobres dentro do perímetro da OUC permite a distribuição dos recursos arrecadados nos setores mais valorizados, especialmente na construção de infraestrutura urbana e de habitação de interesse social.

Outra particularidade da OUC Água Espraiada, em seu início, foi a previsão na lei da obrigatoriedade de produção de habitação de interesse social dentro do seu perímetro de atuação. Embora a provisão habitacional estivesse inicialmente vinculada a desapropriações causadas por intervenções de infraestrutura ligadas à Operação Urbana, esse foi um dos primeiros dispositivos a decretar, de alguma forma, um retorno social das altíssimas somas arrecadadas pela OUC. Ficou estabelecido um "Setor Zeis" que, assim como os demais setores da OUC, possuía perímetros definidos e uso específico – produção de HIS –, ainda que não se configurasse como um perímetro contíguo, mas sim um agrupamento de áreas de vazio. Todavia, a Lei nº 13.888/04, que definiu os novos parâmetros de uso e ocupação na cidade, suprimiu alguns desses terrenos, reduzindo a oferta de Zeis em áreas mais centrais do perímetro da OUC (Bonduki, 2010).

A OUC Água Espraiada foi utilizada, inicialmente, como um laboratório para o uso dos Cepacs como instrumento de negociação do potencial adicional de construção. Os primeiros leilões foram considerados bem-sucedidos pelos gestores da OUC, incentivando a abertura de novos leilões no mesmo ano e outras novas distribuições em anos seguintes. O sucesso arrecadatório da OUC Água Espraiada, que chega a 2017 com R$ 3,9 bilhões arrecadados, influenciou a propagação do instrumento para a OUC Faria Lima em 2004 e, mais recentemente, para a OUC Água Branca em 2013.

A análise do estoque de Cepacs da OUC Água Espraiada confirma o seu alto potencial arrecadatório, uma vez que o estoque previsto na lei já foi praticamente todo comercializado e convertido. A Lei da OUC Água Espraiada também prevê a diferenciação entre usos residenciais e não

Mapa 2 – Perímetro da Operação Urbana Água Espraiada

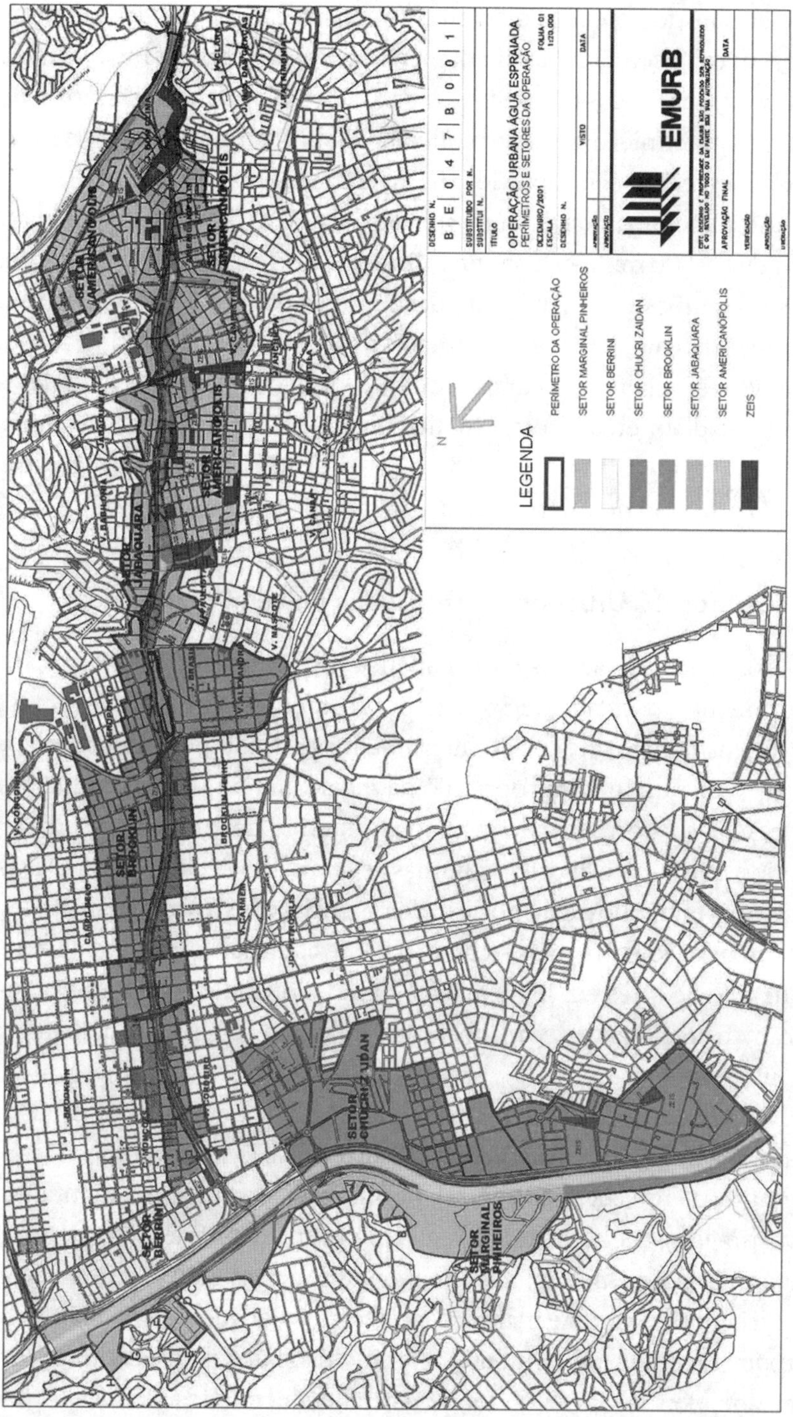

Fonte: SP Urbanismo.

residenciais do potencial adicional de construção disponível, garantindo que, em cada setor, 30% do potencial seja reservado para usos residenciais e 70% para usos não residenciais. Dado o ciclo de valorização do mercado, essa definição pode ser considerada um fator acelerador na venda de Cepacs, e, em contrapartida, na arrecadação pela prefeitura

Atualmente ainda existem no caixa da OUC Água Espraiada pouco mais de R$ 500 milhões a serem utilizados. Entre as destinações dos mais de R$ 3 bilhões gastos até aqui, destacam-se obras e serviços de infraestrutura urbana (33%), desapropriações (pouco mais de 30%), transporte coletivo, especialmente para a Linha 17-Ouro do Metrô (11%) – além de habitação de interesse social (pouco mais de 10%), seguindo novamente o padrão da OUC Faria Lima, no qual os principais gastos estão atrelados ao processo de valorização imobiliária do perímetro.

3.4 Operações Urbanas Consorciadas no centro da disputa

Antes de passarmos para a análise histórica da implementação do instrumento na cidade de São Paulo, consideramos importante apresentar alguns pontos críticos do instrumento para compreender como delineiam a disputa pela apropriação da mais-valia fundiária produzida no processo de valorização do solo no perímetro das intervenções. É nesse sentido que vamos abordar algumas regras estabelecidas pelas OUCs, a saber: i) o tamanho e a disposição do potencial construtivo adicionado; ii) a diferenciação entre usos – comercial e residencial – e o fluxo de comercialização de lotes em leilões; iii) a institucionalidade gestora e a destinação dos recursos arrecadados, com ênfase na construção de habitação de interesse social.

– *Tamanho do potencial construtivo adicionado*: a quantidade de Cepacs emitida é definidora do potencial de arrecadação da operação. Trata-se, portanto, de uma decisão central, pois irá balizar também o montante do investimento que retornará à região na forma de infraestrutura urbana. Quanto maior a emissão, maior o montante arrecadado e, portanto, mais investimento no local e mais potencial para valorização. Paralelamente, o estoque de potencial influencia a atratividade dos empreendimentos ao mercado, pois interfere no seu potencial de lucratividade.

– *Tamanho dos lotes e disposição do potencial construtivo adicionado*: outro ponto importante quanto à emissão de Cepacs diz respeito à sua concentração nas glebas. Essa característica é importante por três motivos: o primeiro é que, quanto maiores as glebas, menor o número de proprietários com os quais o mercado terá que negociar para lançar empreendimentos, reduzindo, portanto, o tempo e o risco da operação. Além disso, com lotes maiores existe mais disponibilidade ao mercado para a construção de empreendimentos de torres altas, mais lucrativas às incorporadoras. Por fim, o terceiro motivo diz respeito à concentração de Cepacs nas glebas, de forma que, quanto maiores elas forem, mais concentrados estarão os Cepacs por terreno, facilitando o fluxo da operação, na medida em que cada empreendimento deverá consumir uma quantidade maior de Cepacs. Com isso, a arrecadação da operação é mais rápida, e menor é o ciclo para reinvestimento no território, e consequente valorização de terrenos e dos próprios Cepacs. Por outro lado, se o perímetro é composto por terrenos menores, com menos potencial por terreno, os empreendimentos tendem a ser menores, a consumir menos Cepacs, e a velocidade da operação é reduzida.

– *A diferenciação de usos e o fluxo de comercialização de lotes em leilões*: essa informação é importante, pois se relaciona diretamente com os ciclos de produção imobiliária e, portanto, com o processo de especulação para a valorização do solo urbano. Ou seja, o estoque de Cepacs disponível para um determinado lote do perímetro deve se valorizar em um tempo específico, que segue o ciclo do mercado imobiliário, e o valor dos lotes vai variar de acordo com essa disponibilidade. Essa definição, *a priori*, combinada com o fluxo de comercialização de lotes de Cepacs em leilões, faz com que a oportunidade de compra no momento do leilão ou a estocagem favoreça um processo de especulação com uma aposta sobre o melhor momento de compra e venda, e o tempo de valorização de cada setor do perímetro da OUC. Veremos a seguir que tanto a OUC Faria Lima quanto a OUC Água Espraiada definem na lei de sua criação a diferenciação de usos ao longo do perímetro de intervenção. Ou seja, existe uma definição sobre o uso dos terrenos – se é exclusivo para uso residencial ou comercial. Sarue (2015) mostra que no Rio de Janeiro, na OUC Porto Maravilha, foi realizado um único leilão que disponibilizou em um lote todos os Cepacs da operação, correspondentes ao potencial adicional de 4 milhões de metros quadrados, que, além de serem comercializados em um único lote, não possuíam diferenciação de uso residencial ou comercial. Dessa forma, a Caixa Econômica, ao arrematar o estoque total de Cepacs a um valor inicial, comprou para si o poder de especular sobre a valorização do solo nos diversos setores da operação, negociando diretamente com o mercado a revenda de Cepacs agora valorizados pelo investimento já efetivado e pelo ciclo de valorização imobiliária da área. No caso do Porto Maravilha, essa valorização é central para permitir o pagamento dos investimentos no território, como será descrito por Sarue no capítulo 12, e encurtar o ciclo de arrecadação da prefeitura para pagamento das obras. Em entrevista junto ao setor imobiliário que investe no Projeto Porto Maravilha, Sarue (2015) mostra que há um padrão de aposta do mercado em um ciclo que começa com o uso comercial, pela instalação de centros comerciais e escritórios de grandes empresas, junto ao comércio local para prestação de serviços relacionados a essa nova demanda, tais como gráficas, restaurantes, academia. Na sequência é que viria a valorização para uso residencial, dada a atratividade aos trabalhadores que desejem residir próximo ao trabalho. Já no uso residencial, há, em princípio, empreendimentos de metragem pequena ou média, e na sequência viriam apartamentos de maior metragem, quando já estivessem instalados serviços como escolas e supermercados.

– *A institucionalidade gestora e a destinação dos recursos arrecadados*: a forma como são gastos os recursos gerados pela operação e a institucionalidade para a gestão dos recursos são temas centrais para compreender a valorização da terra no perímetro da operação. A institucionalidade gestora será responsável por coordenar a execução do investimento arrecadado e, formalmente, o processo de disputas por investimentos em diferentes partes da área delimitada, de forma a mediar a valorização de setores específicos da operação. A institucionalidade responsável pela gestão dos recursos arrecadados é, portanto, decisiva para a análise, uma vez que deve sofrer pressão dos diferentes interesses associados à valorização da terra, ou seja, à localização dos investimentos. Basta imaginar que uma empresa que comprou uma quantidade de Cepacs em determinada zona do perímetro vai querer que a estação de metrô esteja próxima aos seus empreendimentos, de forma a valorizar o preço das unidades comerciais. Por outro lado, as associações de moradores querem que as unidades de habitação de interesse social estejam em certa localização, o que pode conflitar com o interesse de outros moradores ou investidores. A destinação dos recursos arrecadados vai definir ainda o plano de valorização do perímetro como um todo, podendo, por exemplo, destinar maior ou menor gasto em uma matriz de mobilidade, em modernização de infraestrutura ou em habitação de interesse social. Essa destinação pode variar de acordo com a lei que institui a OUC, que poderá determinar cotas de investimento, por exemplo em habitação de interesse social, ou predefinir um plano de investimentos. Pode também variar em termos de participação social, havendo casos, como a OUC Água Branca, em que cabe ao conselho participativo deliberar quanto à priorização de investimentos na região a partir da arrecadação obtida na operação. Em outros casos, como na OUC Porto Maravilha, no Rio de Janeiro (ver Sarue, capítulo 12) a destinação dos recursos arrecadados pela operação está "trancada", para usar o conceito do Raco (2014), no contrato de parceria público-privada e não há, portanto, qualquer flexibilidade para alterações propostas por processo de participação da sociedade, em uma relação de interface junto ao Estado (Isunza Vera, 2006). Cabe aqui, por fim, uma consideração de que o conselho gestor da Zeis da Santa Ifigênia foi responsável por interromper o processo de concessão urbanística da Nova Luz, no perímetro da Operação Urbana Centro.

Considerações finais

A política de renovação urbana apresenta uma estratégia de ataque coordenado a um amplo perímetro, degradado ou vazio, que demanda obrigatoriamente um número elevado de intervenções urbanísticas que, via de regra, se traduzem em altas somas investidas. As pressões para remodelar o espaço urbano, aliadas ao arrefecimento da capacidade de investimento do Estado a partir dos anos 1970, exigiram novas estratégias e instrumentos de políticas públicas. Nesse contexto, a utilização de parcerias público-privadas para fomentar esse tipo de intervenção urbanística de larga escala se tornou uma tendência, como aponta Fainstein (2008).

Este capítulo procurou mostrar que o instrumento da operação urbana alia em um único projeto a necessidade de modernização da infraestrutura e dos serviços urbanos com a necessidade de abertura de novas frentes para o mercado imobiliário. Forma-se, portanto, uma coalizão de interesses em torno de projetos que reduzem o risco de investimento ao setor privado imobiliário, garantem contratos de obras e infraestrutura ao setor da construção e viabilizam uma política de revitalização atrelada à gestão, como marca política. Embora o instrumento tenha incorporado progressivamente uma preocupação com o investimento em habitação social, o seu funcionamento não produz incentivos a esse tipo de alocação, uma vez que opera uma lógica de arrecadação de recursos pela valorização imobiliária. Com isso, investimentos que impliquem em valorização tanto de terrenos como de Cepacs são priorizados e, como vimos no caso da OUC Água Espraiada, mesmo quando há uma definição de investimento em habitação social, ele ainda é menos expressivo em relação ao total investido em obras de infraestrutura. É também alvo de disputas quanto à definição de sua localização no interior da Operação, em um cálculo que envolve a valorização de entornos e o valor da terra adquirida para essa finalidade. Nesse sentido, dependendo do timing de investimento em habitação de interesse social, será possível construir mais ou menos unidades com o mesmo recurso destinado.

Ao longo das diferentes gestões, o mecanismo sofreu mudanças que favorecem as distintas forças em disputa pela captura dessa valorização, cujo gatilho se dá com a OUC e a sinalização ao mercado de investimento estatal no perímetro definido, muitas vezes antecipado com a realização de obras-âncora da política de renovação urbana.

Demonstramos durante este capítulo que, a partir de meados dos anos 1970, diferentes estratégias e instrumentos de intervenção urbana, coordenados em perímetros específicos, passaram a ser desenhados em São Paulo, culminando inicialmente na implementação das Operações Interligadas e, mais adiante, das Operações Urbanas. Este último instrumento se tornou sinônimo de política de renovação urbana na cidade e passou a ser exportado para outras localidades, contando com regulamentação federal a partir de 2001, por meio do Estatuto da Cidade.

Pode-se dizer que, no caso paulistano, o instrumento conta com diversas contradições quanto à aplicação da política. Os resultados apresentados nas OUCs Centro e Água Branca são bastante tímidos do ponto de vista da arrecadação se comparados à quantidade de intervenções viabilizadas pelas OUCs Faria Lima e Água Espraiada, o que mostra que o instrumento, por si só, não é capaz de gerar retornos crescentes ou decrescentes. As regras e institucionalidades de cada operação influenciam na atratividade ao mercado, produzindo resultados distintos. O capítulo buscou evidenciar que diferentes condições foram aplicadas ao longo das gestões, conferindo um caráter mais ou menos mercadológico ao instrumento, conforme o contexto político a elas atribuído. Existem também variações importantes quanto à sua finalidade como política habitacional, com a incorporação de mais ou menos unidades de habitação de interesse social; ou ainda quanto aos mecanismos de participação social com envolvimento da população impactada nas decisões de implementação do recurso arrecadado. Portanto, a forma como o instrumento é concebido, o espaço com o qual é vinculado, os atores que participam da sua gestão, os dispositivos que são criados no seu interior e os capitais cujos interesses os permeiam são fundamentais para o seu desenvolvimento.

Os instrumentos de renovação urbana seguem sendo adaptados, disputados e reorientados. Desse modo, é fundamental conhecer os impactos produzidos por cada dispositivo para compreender não apenas a disputa pela apropriação da valorização imobiliária, mas essencialmente os seus resultados em termos de produção de desigualdade intraurbana e segregação espacial. Buscamos aqui mostrar que o caminho para conhecer esses impactos passa pela análise das regras e institucionalidades criadas.

Referências bibliográficas

ALTSHULER, Alan A.; LUBEROFF, David. *Mega-Projects*: the Changing Politics of Urban Public Investment. Washington/Cambridge: Brookings Institution Press/Lincoln Institute of Land Policy, 2003.

ALVES, Glória da Anunciação. A requalificação do centro de São Paulo. *Estudos Avançados*, São Paulo, v.25, n.71, p.109-118, 2011.

BIDERMAN, Ciro; SANDRONI, Paulo. Avaliação do impacto das grandes intervenções urbanas nos preços dos imóveis do entorno: o caso da Operação Urbana Consorciada Faria Lima. *Anais do Encontro da Anpad*, 2005.

BONDUKI, Nabil. Gestão, organização e financiamento do solo urbano. Projeto perspectivas de investimentos sociais no Brasil. *Estudo 28*, Belo Horizonte, Cedeplar/UFMG, 2010.

BUENO, Laura. *Projeto e favela:* metodologia para projetos de urbanização. São Paulo, 2000. Tese (Doutorado em Arquitetura e Urbanismo) – FAU-USP.

CASTRO, Luiz Guilherme Rivera de. *Operações urbanas em São Paulo*: interesse público ou construção especulativa do lugar. São Paulo, 2006. Tese (Doutorado em Arquitetura e Urbanismo) – FAU-USP.

DEL RIO, Vicente. Em busca do tempo perdido. O renascimento dos centros urbanos. *Arquitextos*, São Paulo, ano 1, n.006.10, nov. 2000.

FAINSTEIN, Susan. Mega-Projects in New York, London and Amsterdam. *International Journal of Urban and Regional Research*, v.32, n.4, dez. 2008.

FIX, Mariana. A Fórmula Mágica da parceria público-privada: Operações Urbanas em São Paulo. In: SCHICCHI; BENFATI (Orgs.) *Dossiê São Paulo - Rio de Janeiro*, 1997.

FIX, Mariana. *Parceiros da exclusão*. São Paulo: Boitempo, 2001.

______. Uma ponte para a especulação: a arte da renda na montagem de uma cidade global. *Caderno CRH*, Salvador, v.22, n.55, p.41-64, 2009.

FRÚGOLI JR., Heitor. *Centralidade em São Paulo*: trajetórias, conflitos e negociações na metrópole. São Paulo: Cortez/Edusp, 2000.

HECK, Eneida. *A Emurb como instrumento de planejamento urbano em São Paulo*: 1971-2001. São Paulo, 2004. Dissertação (Mestrado em Arquitetura e Urbanismo) – FAU-USP.

HOYLER, Telma. *Incorporação imobiliária e intermediação de interesses em São Paulo*. São Paulo, 2014. Dissertação (Mestrado em Ciência Política) – FFLCH-USP.

ISUNZA VERA, Ernesto. *Para analizar los procesos de democratización*: interfaces socioestatales, proyectos políticos y rendición de cuentas. In: ISUNZA VERA, Ernesto; OLVERA, Alberto J. (coords.). *Democratización, rendición de cuentas y sociedad civil*: participación ciudadana y control social. Cidade do México: Ciesas, 2006. p.265-292.

KARA-JOSÉ, Beatriz. *Políticas culturais e negócios urbanos*: a instrumentalização da cultura na revalorização do centro de São Paulo. São Paulo: Annablume, 2007.

MARICATO, Ermínia; FERREIRA, João Sette Whitaker. Operação Urbana Consorciada: diversificação urbanística participativa ou aprofundamento da desigualdade? In: OSÓRIO, Letícia Marques (org.). *Estatuto da Cidade e reforma urbana*: novas perspectivas para as cidades brasileiras. Porto Alegre: Sergio Fabris, 2002.

MARQUES, Eduardo. Apresentação: os capitais do urbano no Brasil. *Novos Estudos Cebrap*, São Paulo, v.35, n.2, p.15-33, jul. 2016.

MARTINS, Maria Lucia Refinetti. São Paulo, centro e periferia: a retórica ambiental e os limites da política urbana. *Estudos Avançados*, São Paulo, v.25, n.71, p.59-72, 2011.

MENEGON, Natasha Mincoff. *Planejamento, território e indústria*: as operações urbanas em São Paulo. São Paulo, 2008. Dissertação (Mestrado em Arquitetura e Urbanismo) – FAU-USP.

MOLOTCH, Harvey. The City as a Growth Machine: Toward a Political Economy of Place. *The American Journal of Sociology*, v.82 (2), 1976, p.309-332.

NIGRO, Címtia. Revitalização urbana em áreas centrais: discussões sobre o caso da cidade de São Paulo. *Geousp Espaço e Tempo*, São Paulo, n.6, p.49-60, 1999.

PESSOA, Laura C. R.; BÓGUS, Lúcia. Valorização imobiliária e renovação urbana: o caso das Operações Urbanas Consorciadas Faria Lima e Água Espraiada. *Arquitextos*, São Paulo, ano 8, n.091.06, dez. 2007.

RACO, Mike. Delivering Flagship Projects in an Era of Regulatory Capitalism: State-Led Privatization and London Olympics 2012. *International Journal of Urban and Regional Research*, v.38, n.1, jan. 2014.

SARUE, Betina. *Grandes projetos urbanos e a governança de metrópoles*: o caso do Porto Maravilha do Rio de Janeiro. São Paulo, 2015. Dissertação (Mestrado em Ciência Política) – FFLCH-USP.

STONE, Clarence N. Urban regimes and the capacity to govern: A Political Economy Approach. *Journal of Urban Affairs*, v.15 (1), 1993, p.1-28.

VALENTIM, Luiz Sérgio Ozório. *Requalificação Urbana, contaminação do solo e riscos à saúde*: um caso na cidade de São Paulo. Annablume/Fapesp, 2007.

12
Grandes projetos urbanos – Porto Maravilha

Betina Sarue

Em outubro de 2009, o Rio de Janeiro aprovava um projeto de magnitude territorial e orçamentária sem precedentes na cidade ou no país. Do ponto de vista territorial são mais de 5 milhões de metros quadrados, com potencial adicional de construção de mais 4 milhões, localizados em uma região central e histórica da cidade. Em termos de investimento, são ao menos R$ 8 bilhões, se considerarmos apenas os custos da parceria público-privada (PPP) que estrutura o projeto. Mas, para além da magnitude facilmente observada por esses números, o projeto tem um impacto decisivo na cidade ao estabelecer um novo modelo de governança, com inovações da ordem da governabilidade, da institucionalidade e do financiamento da política urbana no Brasil, incluindo a delegação ao setor privado da execução de serviços urbanos básicos, tais como saneamento, coleta de lixo, iluminação pública e gestão do tráfego.

A partir do caso do Porto Maravilha, este capítulo trata de grandes projetos urbanos e de sua realização no Brasil. Entende como grande projeto urbano um tipo de política urbana concentrada e integrada em um contínuo urbano, que demanda investimentos de grande porte, flexibilização da legislação local e arranjos inovadores de articulação institucional intragovernamental e com setores privados, buscando a requalificação de espaços e provocando alteração no uso e no valor do solo com efeitos em escala urbana territorial e mais ampla, no contexto da cidade.

Trata-se, portanto, de um tipo específico de intervenção na cidade que se diferencia, por exemplo, das Operações Urbanas Consorciadas (OUCs), que são tratadas por mim e por Pagin no capítulo 11. As OUCs podem ser, e são no caso aqui abordado, parte do arranjo institucional de um grande projeto urbano, mas não constituem necessariamente uma política de tamanho porte, com arranjos institucionais complexos e impacto na governança da cidade. Apesar de uma OUC alterar o valor e o uso do solo em um perímetro urbano, não constitui uma intervenção contínua, podendo, na prática, limitar-se a obras viárias ou de infraestrutura pontuais. É por essa razão que as experiências das OUCs em São Paulo não são consideradas aqui como grandes projetos urbanos. Em contrapartida, consideramos que o primeiro grande projeto urbano de fato implementado no Brasil é o do Porto Maravilha, que revitalizou a região portuária do Rio de Janeiro no contexto de preparação da cidade para os Jogos Olímpicos de 2016. O capítulo vai abordar o processo histórico que levou à formulação da política e o seu arranjo institucional, sem entrar nas etapas de sua implementação ou nas transformações que vem sofrendo em virtude da conjuntura de crise política e econômica da cidade do Rio de Janeiro, da troca de gestão na prefeitura e de escândalos de corrupção nacionais, tais como a Operação Lava Jato, com relação direta com o Projeto Porto Maravilha.

Este capítulo se estrutura da seguinte forma: além desta introdução, serão mais três seções e as considerações finais. Na primeira, apresento o debate sobre o que são grandes projetos urbanos e como esse tipo de política é abordada na literatura internacional e nacional, explicitando o argumento de que o Porto Maravilha inaugura no Brasil a experiência no tema. Em seguida, revisito a história de formulação dessa política que vem regenerando a região portuária do Rio de Janeiro, mostrando que diversos projetos anteriores ao atual propuseram mudanças na região, mas não foram bem-sucedidos e não saíram do papel. Nesse sentido, serão apresentadas algumas variações em relação ao projeto atual, que influenciaram a sua aprovação e implementação. Por fim, serão abordados os impactos do arranjo atual na governança da cidade do Rio de Janeiro. O capítulo se encerra com algumas considerações finais.

1. Grandes projetos urbanos no Brasil e no mundo: o que são e como compreendê-los?

Os grandes projetos urbanos são uma realidade no mundo. Nas últimas décadas, diversas cidades vêm promovendo transformações em sua configuração espacial e fundiária com esse tipo de política urbana. A explicação corrente para esse fenômeno tem origem na economia política das cidades, que indica que, no processo de reestruturação produtiva neoliberal iniciado após os anos 1970, as cidades assumem um papel diferenciado nas relações econômicas internacionais, marcado pela competição direta por investimentos transnacionais. A teoria dos regimes diz que essa busca por recursos externos faz com que se formem no nível local coalizões de preferências endógenas, que combinam interesses de governos locais e de investidores privados para a formulação de políticas de renovação (Stone, 1993). A tradicional explicação das cidades como máquinas de crescimento (Molotch, 1976) denota ainda que elas promovem tais transformações com o objetivo arrecadar recursos a partir da taxação da terra. Na disputa pelo interesse de investidores, tais como empresas e indústrias ou do capital financeiro internacional, promovem a flexibilização da legislação para uso do solo e grandes projetos de revitalização, sendo a terra nesse sentido a variável central. No entanto, a ausência de recursos locais para investimento nos custosos projetos de revitalização promoveria a busca de investimentos privados – daí a crescente importância das parcerias público-privadas – ou de fontes de financiamento oriundas do governo central (Fainstein, 2008).

Nesse contexto, começam a ganhar peso os grandes projetos urbanos, que desenvolvem arranjos institucionais complexos e inovadores, direcionando altos valores de investimento a regiões específicas e contínuos urbanos, refletindo uma disputa por crescimento econômico que encontra na valorização da terra um insumo central para a competitividade.

O contexto global é, contudo, insuficiente para explicar quando os grandes projetos urbanos acontecem ou não, ou quais as condições necessárias para que esses projetos de tamanho porte saiam do papel e virem políticas públicas. O caso do Porto Maravilha evidencia que, para responder a essas questões, é necessário um olhar que vá além do contexto macroeconômico, considerando as condições locais e uma análise detalhada do arranjo institucional proposto, as arenas de decisões, os atores envolvidos e o modelo orçamentário do projeto – quem paga o quê. Nesse sentido, algumas variáveis importantes são a competência para legislar sobre o solo urbano e, em especial, sobre as fronteiras do grande projeto urbano; a estrutura tributária e a capacidade de investimento dos governos locais; a interação junto aos governos centrais; a composição do setor privado e os interesses dos capitais urbanos (Marques, 2012); o insulamento das instituições responsáveis pela coordenação de políticas urbanas; a distribuição de competências de *row* (executar) e *steering* (conduzir) entre Estado e mercado (Raco, 2014).

O olhar para o Projeto Porto Maravilha no Rio de Janeiro tem, portanto, o objetivo de analisar como esse tipo de política chega ao Brasil, e compreender, sem desconsiderar o contexto global, quais os marcos institucionais que explicam a sua realização. Ao apresentar uma descrição do processo histórico de sua formulação, cuja origem remete à década de 1980, pretende-se analisar as mudanças institucionais e o seu impacto sobre a governança urbana, procurando responder à questão: considerando que: (i) esse é o primeiro projeto realizado no país nessa escala e importância; (ii) os grandes projetos urbanos são um fenômeno global e vêm sendo realizados nas mais diversas cidades do mundo; (iii) no Rio de Janeiro, existem propostas de grandes projetos na região portuária desde pelo menos o início dos anos 1980; quais aspectos centrais explicam a realização do Porto Maravilha?

Na literatura nacional, a análise sobre grandes projetos urbanos apresenta predominantemente condicionantes econômicos relacionados ao contexto global de reestruturação produtiva. Existe uma produção importante sobre os projetos, atrelada a uma análise crítica à construção da cidade por um Estado neoliberal, e que os avalia de acordo com os efeitos que desencadeiam sobre a democracia e a igualdade (Vainer, 2012).

A visão gerencialista do Estado e a permeabilidade das fronteiras entre o público e o privado resultam nesse sentido em um crescimento das parcerias público-privadas, em busca de investimentos conjuntos em políticas urbanas, coordenadas por coalizões de interesses que combinam relações intergovernamentais e junto a diversos setores privados, com apoio em práticas de flexibilidade regulatória.

Conceitos como *market oriented, market friendly* (Sánchez, 2003) e de cidades como empresas (Ferreira, 2003) se aplicam para as cidades em busca de concretizar esses modelos de gestão e justificar os altos investimentos em regiões delimitadas pelos grandes projetos (Vainer, 2002; Arantes, 2002).

Alguns exemplos de intervenções que marcam o início dessa nova forma de planejamento urbano são La Défense, em Paris, a área portuária de Baltimore, em Nova York, as Docklands de Londres, ou aquelas na cidade de Barcelona, cujos consultores possuem um papel relevante na exportação dessa concepção para América Latina e Brasil, em especial para o Rio de Janeiro.

Grandes projetos urbanos seriam, portanto, um tipo específico de projeto urbano devido às suas características inovadoras nas relações entre capital privado e governo, por meio das parcerias público-privadas que determinam novos arranjos institucionais e financeiros. A atuação do Estado está nessa visão centrada tanto na viabilização de aportes financeiros quanto no papel de flexibilização de leis e regulações, determinando um espaço desregulado ou com regulações próprias (Vainer, 2012).

Essa caracterização vai além dos critérios abordados na literatura internacional – tais como o tamanho da intervenção ou do volume de recursos investidos (Altshuler; Luberoff, 2003) e a relação entre valores/extensão de superfície e o impacto no valor do solo (Smolka, 2004) –, mas desconsidera a inovação também nas relações internas ao Estado, bem como o impacto em um contínuo urbano, que, como já abordado inicialmente, os diferencia, por exemplo, de OUCs e projetos de revitalização com intervenções pontuais.

Com isso, considero que o Porto Maravilha constitui o primeiro grande projeto urbano a ser implementado no Brasil. Embora outras obras de revitalização já tenham sido realizadas em centros históricos (Salvador e Belém são alguns exemplos), trata-se de projetos localizados e pontuais, sem a escala e o impacto dos megaprojetos em um contíguo urbano. Há, portanto, uma diferença importante no *modus* da política urbana, quando se associam transformações para uma região da cidade, com tamanho impacto em termos físicos, orçamentários e de governança urbana. O Projeto Nova Luz, na cidade de São Paulo, embora em escalas bastante reduzidas em relação ao Porto Maravilha, seria um megaprojeto que não chegou a ser implementado. Considerando a descontinuidade da política de revitalização da região central de São Paulo e que o Rio de Janeiro vem apresentando projetos de revitalização da área central e portuária desde pelo menos os anos 1980 e que também não foram implementados, torna-se ainda mais relevante a questão: quais as condições da formulação da política que levaram o Projeto Porto Maravilha a sair do papel?

Procuro somar à produção da ciência política que, ao olhar para as questões urbanas, tem avançado em identificar as variações existentes nos processos políticos e institucionais, considerando o contexto local e nacional onde são implementados os grandes projetos. Existe, portanto, na ciência política, ou mais especificamente na ciência política brasileira, espaço para estudos pautados por uma análise empírica dos processos políticos e do arcabouço institucional no qual estão inseridas sua formulação e sua implementação. Ou seja, um deslocamento da análise para a política enquanto ação, a partir de processos locais e nacionais, mas sem desconsiderar o contexto global, em especial no que diz respeito à difusão de ideias.

Para compreender esses aspectos do Projeto Porto Maravilha, faço na seção seguinte um breve apanhado histórico da região, para, em seguida, abordar os impactos do projeto implementado sobre a governança da cidade.

2. Histórico da política

A revitalização da zona portuária vem sendo alvo de projetos e debates desde pelo menos os anos 1980, quando a Associação Comercial do Rio de Janeiro (ACRJ) apresentou um projeto para a região. Ao longo das décadas de 1990 e 2000, diversos episódios marcam a delineação da política de revitalização, até a aprovação, em outubro de 2009, dos principais marcos regulatórios que caracterizam o atual projeto de requalificação da área, que passa a ser chamada de Porto Maravilha. Com o intuito de recuperar os principais marcos institucionais e históricos que influenciaram a formatação do projeto, esta seção apresentará uma retomada do período, evidenciando atores e arenas decisórias. Posteriormente, compreenderemos como esses diferentes atores e arenas impactaram o modelo vigente, finalmente implementado. Para tanto, adoto uma separação do período em quatro fases, sendo a última a mais recente.[1] O Quadro 1 abaixo resume o período:

Quadro 1 – Fases de elaboração da política e mandatos da prefeitura do Rio

Fase 1: 1982 a 1996 Origens da revitalização		**Fase 2: 2001 a 2005** Prefeitura à frente		**Fase 3: 2006 a 2008** Governo Federal e Setor Privado à frente		**Fase 4 – 2009 e atual** O Porto Maravilha	
1982	Projeto Reciclagem Urbanística - ACRJ	**2001**	GT Executivo Municipal Plano Porto do Rio	**2006**	GE Interministerial e Acordo de Cooperação Técnica	**2009**	Proposta da cidade para sediar os Jogos Olímpicos 2016 é aprovada
1992	Relatório Final GT Municipal AEIU (1)	**2002**	Propostas iniciais: FII e Empresa Municipal mista e tripartite	**2007**	Jogos Panamericanos no Rio de Janeiro	**2009**	Criação da AIEU (3), da OUC, e da CDURP
1993	Aprovação da Lei de Modernização dos Portos	**2004**	Criação do GT Interministerial	**2007**	AEIU (2) e MIP Setor Privado	**2010**	PPP Porto Rio
1995	Seminário Nacional de Revitalização das Áreas Portuárias – Rio de Janeiro	**2004**	Segunda proposta frustrada para sediar Jogos Olímpicos 2012	**2008**	GT Executivo Municipal com participação do setor privado	**2011**	Criação dos fundos: FIIRP e FIIPM
1996	Primeira proposta de candidatura da cidade aos Jogos Olímpicos 2004	**2005**	Guggenheim e encerramento do projeto Porto do Rio			**2012**	PPP VLT Rio

1993 – 1996	1997 – 2001	2002 – 2004	2005 – 2006	2007 – 2009
Cesar Maia	**Luiz Paulo Conde**	**Cesar Maia**	**Cesar Maia**	**Eduardo Paes**

Fonte: Elaboração própria.

1 Revisão histórica apresentada por mim em Sarue (2016).

Fase 1 – 1982 a 1996

Na década de 1980, as principais iniciativas na região portuária são a criação do Projeto Sagas, que visava a preservação dos bairros da zona portuária de Gamboa, Santo Cristo e Saúde, e a primeira proposta de requalificação apresentada pela ACRJ em 1982, o Projeto Reciclagem Urbanística, que tinha como objetivo transformar a região portuária para criação de um polo exportador (Brasil, 2005).

Já os anos 1990 são marcados pela organização de um grupo de trabalho formado em 1991 no interior do Poder Executivo municipal, que levou à formulação da primeira delimitação de uma Área Especial de Interesse Urbanístico (Aeiu) da Zona Portuária, por decreto da prefeitura, em 1992.[2] Nesse mesmo ano são realizados os Jogos Olímpicos de Barcelona, que começam a influenciar o modelo carioca com a chegada ao Rio de Janeiro de um grupo de consultores catalães para participar da realização do plano estratégico da cidade, por solicitação do então prefeito Cesar Maia (PMDB/PFL, 1993-1996). É a chegada ao Rio de Janeiro de uma ideia: revitalizar sua área portuária a partir da realização dos Jogos Olímpicos. Além dos catalães, uma série de seminários internacionais apresenta casos de projetos de revitalização de regiões portuárias ao redor do mundo, contribuindo com o *mood* da revitalização e conformando uma comunidade de especialistas com referências de projetos internacionais.

Paralelamente, em 1993, é aprovada a Lei Federal nº 8630, conhecida como Lei de Modernização dos Portos, que introduz o arrendamento de instalações portuárias, ampliando o interesse da Companhia de Docas e de outros órgãos federais proprietários de terrenos na região em revitalizar a área portuária. Surgem os primeiros esforços de articulação por parte de entes federais no planejamento da requalificação do local, inclusive a partir de modelos financiados pelo BNDES.[3] Nesse período, a participação

---

2 Apresentado no Relatório Básico da Área de Especial Interesse Urbanístico da Zona Portuária do Rio de Janeiro, produzido pela Superintendência de Planos Locais da Secretaria Municipal de Urbanismo.

3 O Projeto Bonde no Centro consistiu em um estudo apoiado pelo BNDES prevendo a criação de um sistema de veículos sobre trilhos na região central, que será posteriormente recuperado com o VLT da região portuária. Em 1995, o Ministério dos Transportes e a Companhia Docas do Rio de Janeiro realizam o Seminário Nacional de Revitalização de Áreas

do setor privado já era prevista pela formação de um consórcio, Rioporto, responsável por coordenar a implementação de um programa de revitalização urbana (Brasil, 2005).

Fase 2 – 2001 a 2005

Essa fase combina com a segunda gestão do governo Cesar Maia (PTB, 2001-2004) e o primeiro ano de seu terceiro mandato (2005-2008), após um pleito que tem a região portuária como um dos temas centrais de campanha em uma coalizão com o então candidato e depois secretário de Urbanismo e diretor do Instituto Pereira Passos, Alfredo Sirkis (PV). É marcada pela criação do Plano de Recuperação e Revitalização da Região Portuária – Porto do Rio. Com a reeleição de Maia em 2005, o projeto incorpora o plano de construção de uma filial do Museu Guggenheim como ícone da revitalização e marca do seu segundo mandato. É no interior desse plano que começam a ser gestados dois pilares importantes que serão recuperados no Projeto Porto Maravilha, não sem importantes modificações: (i) a criação de um Fundo de Investimentos Imobiliários (FII) para a região portuária;[4] (ii) a criação de uma empresa mista responsável pela coordenação do projeto, que nesse momento previa a participação da prefeitura, da União e de um consórcio privado.[5] A empresa

---

Portuárias – Projeto Rio de Janeiro, que criou um Fórum de Debates sobre o projeto de revitalização da zona portuária a partir do arrendamento do Píer Mauá, e do Revap – Programa Nacional de Revitalização de Áreas Portuárias –, desenvolvido pelo Ministério dos Transportes. O seminário também foi marcado pela declaração de interesse em financiar projetos de revitalização na zona portuária do Rio de Janeiro pelo BNDES e pela Associação Brasileira de Entidades Fechadas de Previdência Privada (Abrapp).

4 Ainda em 2002, a Secretaria Municipal de Urbanismo solicita a realização de um estudo que apresente os "marcos de referência para a viabilização de implementação de um Fundo de Investimento Imobiliário como mecanismo de estruturação do programa de revitalização da área portuária do Rio de Janeiro" (Rio de Janeiro, 2003), que centralizaria os ativos imobiliários dos diferentes proprietários e, a partir da requalificação do território, os ofereceria ao setor privado para reciclagem ou reaproveitamento, nos moldes de permuta no Valor Geral de Vendas (VGV) ou renda gerada. O FII teria como vantagens, conforme o estudo apresentado, a subordinação dos ativos a um único planejamento, a simplificação das operações de valores imobiliários e mobiliários, a simplificação dos entraves previstos na Lei de Licitações (nº 8.666), bem como uma solução aos ativos de empresas estatais proprietárias de terrenos no local, que teriam garantidas frações de imóveis e cotas do FII.

5 A Secretaria Municipal de Urbanismo elabora um projeto de lei com o objetivo de criar a Empresa Municipal de Reestruturação Portuária da Cidade do Rio de Janeiro, a exemplo da

teria como objetivos principais: (i) atração de investimentos para a realização de empreendimentos geradores de renda; (ii) criação de fundos imobiliários, quando necessário, para a viabilização de empreendimentos de maior vulto, como hotéis, centros comerciais, conjuntos de edificações residenciais ou comerciais etc.; (iii) implantação de redes de infraestrutura e execução de obras de reurbanização; (iv) concessão do direito de superfície de seus imóveis; (v) implantação de empreendimentos imobiliários residenciais, com possibilidade de financiamento pela Caixa Econômica Federal (CEF); (vi) outras ações que tenham como objetivo a dinamização econômica da região portuária.

A ideia, desde o início, era, portanto, desenvolver a área e atrair investimentos privados, uma vez que haveria a necessidade de aumentar a arrecadação da prefeitura. Os terrenos concedidos pela União à Sociedade de Propósito Específico (SPE) seriam vendidos ao setor privado após realizada a infraestrutura no local, acumulando valor agregado, para o seu desenvolvimento dentro do Plano Diretor da cidade (ou seja, venda após a valorização). A ideia era que a incorporação da mais-valia produzida pela urbanização e pelas receitas de venda dos imóveis seria partilhada entre os três sócios de acordo com o valor integralizado. Havia, no entanto, um problema de caixa inicial, já que o modelo previa a arrecadação após a valorização fundiária, que dependia de investimento da prefeitura em infraestrutura.

Apesar das inciativas apresentadas pela Secretaria Municipal de Urbanismo, ainda estavam em aberto pontos que, como veremos adiante, mostraram-se centrais no arranjo atual, entre eles: i) a questão de como se daria a transferência dos terrenos de diversos órgãos federais, considerada

---

Corporación Antiguo Puerto Madero, de Buenos Aires, que, segundo o próprio secretário, era uma empresa pública, mas com dinâmica de funcionamento privado, e que recebeu do governo central argentino os terrenos do antigo porto, promoveu a venda dos terrenos em leilão e aplicou os recursos em infraestrutura, além de ser responsável pela gestão do uso. A Empresa de Urbanização do Porto do Rio seria uma Sociedade de Propósito Específico (SPE) inspirada nesse modelo, composta pela União, que integralizaria seu capital com terrenos; pelo município do Rio de Janeiro, que contribuiria com as dívidas de terrenos da União, os terrenos do município, isenções de crédito, recursos para desapropriações e isenção de ISS de obras e serviços na região; e pela empresa ou pelo consórcio de empresas privadas que realizaria projetos, obras e comercialização dos imóveis após a reurbanização.

até então como um entrave ao projeto; ii) o convencimento de empresários da construção civil e incorporadores imobiliários para investimento no projeto; iii) a fonte de recursos iniciais para obras de infraestrutura; iv) os termos para constituição da SPE.

Há também nesse período um importante avanço na articulação de um projeto de revitalização no interior do governo federal com a criação do Grupo Interministerial Área Portuária do Rio de Janeiro e a prospecção de novos modelos de financiamento junto à CEF e ao BNDES, no interior do Programa Nacional de Áreas Urbanas no interior do Programa Nacional de Áreas Urbanas Centrais, que previa a disponibilização de terras públicas para executar empreendimentos atendendo demandas de várias faixas de renda.

Ainda nesse período, o presidente Lula (PT, 2002-2009) inicia o seu mandato sinalizando uma dedicação do Ministério do Esporte à candidatura do Rio de Janeiro como sede dos Jogos Olímpicos, e a cidade é selecionada para sediar os Jogos Pan-Americanos de 2007, com forte participação do governo federal na defesa da realização do evento (Silvestre, 2012).

Fase 3 – 2006 a 2008

Após o arquivamento do projeto municipal em 2005, a terceira fase é marcada pela indução do governo federal na elaboração de um arranjo institucional que levaria, por fim, à implementação do projeto. Com a reeleição do presidente Lula (PT, 2006-2009), o governo federal anuncia em 2006 uma nova candidatura da cidade do Rio de Janeiro para sediar os Jogos Olímpicos de 2016, agora com um orçamento mais robusto e apoio decisivo do próprio presidente Lula nas negociações (Silvestre, 2012). Há, portanto, uma confluência entre o projeto político do governo federal, que envolvia a atração de megaeventos ao país, e a realização do projeto de revitalização da região portuária do Rio de Janeiro. Em 2007, o Brasil recebe o direito de sediar a Copa do Mundo da Fifa de 2014, e o Rio de Janeiro é escalado para ser o palco da partida final. Nas eleições municipais de 2008, o governo federal apoia a candidatura do prefeito Eduardo Paes (PMDB, 2009-2012), alinhado à base partidária do governo e ao seu projeto para o país e para a cidade.

No início de 2006, a prefeitura do Rio e o governo federal assinam um Acordo de Cooperação Técnica para reabilitação da região portuária, por intermédio do Ministério das Cidades, do Ministério da Cultura, do Ministério do Planejamento, Orçamento e Gestão e do Ministério dos Transportes, com a interveniência da Companhia das Docas do Rio de Janeiro e a participação do BNDES e da CEF.

O Acordo de Cooperação é resultado das reuniões do GT Interministerial entre 2004 e 2006, que se transformou em um Grupo Executivo (GE) fixo e se desdobrou em subgrupos com órgãos coordenadores do governo federal, responsáveis por debater e apresentar propostas para cada um dos "temas críticos" do projeto: "Habitação", coordenado pela Secretaria Nacional de Habitação do Ministério das Cidades; "Urbanismo", coordenado pela Secretaria Nacional de Programas Urbanos; "Transporte", coordenado pela Secretaria Nacional de Mobilidade Urbana; "Projetos especiais", coordenado pela Secretaria Executiva do Ministério de Planejamento, Orçamento e Gestão; e "Arranjos institucionais", coordenado pela CEF. Esse GE será responsável por retomar o projeto no ano de 2006, logo após ele ter sido arquivado pelo governo municipal.

As principais propostas resultantes do GE são: (i) a criação de uma nova Aeiu com a redefinição do perímetro da revitalização; (ii) a disponibilização de terrenos da União; (iii) a criação de uma SPE para coordenar o projeto; (iv) estudos sobre a viabilidade financeira e o envolvimento do setor privado; (v) a criação de um modelo de mobilidade envolvendo o VLT; (vi) a utilização de instrumentos de parceria previstos no Estatuto da Cidade, como urbanização consorciada, consórcios imobiliários e operações interligadas; (vii) a criação de FIIs.

É também nesse período que o setor privado passa a participar formalmente das definições estruturais do projeto, a partir de uma chamada pública (MIP)[6] anunciada pela prefeitura do Rio, que visa receber propostas e estudos de modelagem necessários para viabilização de uma concessão ou parceria público-privada no intuito de implementar a intervenção.

Um grupo de trabalho municipal foi responsável por analisar a única proposta recebida pelo setor privado via MIP, apresentada pelo Consórcio

6 Rio de Janeiro, Decreto nº 26.886 de 9/8/2006.

Rio Vila e Mar, formado inicialmente pelas empresas Odebrecht, OAS, Carioca Engenharia e Andrade Gutierrez, sendo que esta última deixou de integrá-lo logo após a sua formação. Ao longo do processo, representantes das próprias empresas participavam das reuniões e da elaboração do arranjo que será proposto pelo relatório final do GT publicado no *Diário Oficial* do município em outubro de 2007. Com isso, consolida-se uma proposta fruto de intermediações entre órgãos federais (a partir de GE Interministerial), municipais e atores privados.

O arranjo financeiro proposto, apoiado por uma série de estudos econômico-financeiros apresentados pelo consórcio, prevê a alteração dos padrões edilícios e a criação de uma OUC, com a comercialização de Cepacs (serão abordados com mais detalhes adiante) por meio da restrição do potencial construtivo da região, a ser aprovado em legislação específica, para pagamento dos investimentos em infraestrutura e serviços urbanos. A operação prevê também a constituição de uma SPE, similar à prevista no projeto de 2001, formada nesse caso pela prefeitura do Rio e pelo governo do estado, como sociedade anônima de economia mista, garantida sua autonomia financeira e institucional. A SPE seria integralizada com Cepacs, bem como por ativos imobiliários dados pela compra de terrenos da União, Docas e RFFSA e criaria um fundo de investimento a ser gerido por uma instituição financeira ou administradora de fundos imobiliários, responsável pela contratação dos demais projetos.

Fase 4 – 2009 ao período atual

A quarta e última fase da formulação do projeto começa com a posse do novo prefeito eleito, Eduardo Paes (PMDB), que logo no início de sua gestão reúne os estudos na SMU para elaboração dos projetos de lei que dão forma ao Projeto Porto Maravilha: de criação da OUC da região portuária, a partir da delimitação de um novo formato de Aeiu para a região; e de criação da empresa mista designada para coordenar o projeto, a Companhia de Desenvolvimento Urbano da Região Portuária (CDURP). Os projetos de lei são encaminhados à Câmara Municipal em junho de 2009 e aprovados em outubro – com menos de quatro meses de tramitação, dado o pedido de urgência apresentado pela base do governo com justificativa atrelada à realização dos Jogos Olímpicos e inclusão do projeto no plano de legado da cidade.

Ainda em junho, junto à apresentação dos projetos de lei à Câmara Municipal, o prefeito Eduardo Paes, o governador Sergio Cabral e o presidente da República Luiz Inácio Lula da Silva assinam um protocolo de cooperação federativa, comprometendo-se com a atuação conjunta para execução das obras e ações em torno do projeto. No ano seguinte, o Rio recebe o direito de sediar os Jogos Olímpicos de 2016, e tem início o debate sobre a possibilidade de se transferir à região portuária uma parte dos investimentos para as Olimpíadas, prevista inicialmente para a Barra da Tijuca. Essa questão foi protagonizada pela prefeitura do Rio, por membros da comunidade de engenheiros e arquitetos e por representantes do setor imobiliário, em especial a Associação de Dirigentes de Empresas do Mercado Imobiliário (Ademi). Por fim, nesse período ainda se dá a articulação com a Caixa Econômica Federal, que passa a ter um papel central no financiamento da política com os Fundos de Investimento Imobiliário, como veremos na seção seguinte.

Atores e arenas

Há, portanto, ao longo do processo de formulação da política diferentes níveis de centralidade da articulação local, da participação ou da indução do governo federal, e da articulação junto ao setor privado. A fase inicial do projeto é fortemente marcada por iniciativas da prefeitura do Rio de Janeiro, em parte reativas a proposições de atores privados locais quanto à requalificação da área, como é o caso do projeto encaminhado pela ACRJ, em parte inspiradas pela difusão de projetos estrangeiros e pelo interesse do então prefeito em inserir o Rio de Janeiro em um circuito internacional de cidades marcadas pelos processos de renovação urbana.

Já na segunda etapa do processo, a prefeitura, ainda sob gestão do prefeito Cesar Maia, com a participação do secretário Alfredo Sirkis, articula um projeto de revitalização da região portuária mais robusto, fruto de um processo de formulação interno com o Instituto Pereira Passos. Há uma desvinculação em relação ao governo federal que explica os principais entraves do plano, sobretudo quanto ao mecanismo de transferência dos terrenos de diversos órgãos federais para a prefeitura e à fonte de recursos iniciais para obras de infraestrutura.

Com o encerramento desse projeto, embora ainda restassem dois anos até o fim da gestão, a prefeitura abandona a sua liderança na formulação da política de revitalização e passa a executar ações pontuais, sob recomendação do governo federal, como é o caso do decreto de 2006 que convoca a parceria junto ao setor privado. É apenas com a troca de gestão em 2009 que a prefeitura do Rio volta a assumir uma liderança em relação ao processo, dessa vez em consonância com o governo federal, seu aliado político. Passa a haver, portanto, uma confluência de interesses e de projetos relacionados a uma política desenvolvimentista, que encontra no Rio de Janeiro oportunidades de desenvolvimento do país e da cidade, com a exploração de petróleo nas plataformas do pré-sal e a atração de investimentos a partir da realização dos Jogos Olímpicos de 2016. É nesse sentido que o alinhamento entre esferas federativas, incluindo também o governo estadual, é amplamente abordado como uma "oportunidade única" do Rio de Janeiro.

Por parte do governo federal, como vimos, interessa a aprovação da Lei de Modernização dos Portos em 1993, quando têm início articulações entre ministérios, autarquias e bancos federais, devido à possibilidade de valorização fundiária de suas propriedades, e é central a intensificação de esforços para a candidatura da cidade para os Jogos Olímpicos, durante o governo Lula. É ainda no interior do governo federal, por meio da ação interministerial, que são formuladas as principais definições quanto ao arranjo institucional e financeiro do projeto e à adoção de instrumentos de política urbana previstos no Estatuto da Cidade, que depois serão recomendados à prefeitura do Rio. Esse projeto delimita um papel estratégico da CEF e do BNDES na promoção de desenvolvimento econômico a partir de infraestrutura urbana. O envolvimento do governo federal pode, portanto, ser atribuído a um projeto de governo, que contempla inovações inclusive no que tange à política urbana. Cabe, por fim, ressaltar a participação do setor privado no processo de formulação da política, a partir da Manifestação de Interesse Público, com atuação direta na proposição de estudos e modelos para viabilizar o projeto. Uma última análise, porém não menos importante, que deve ser feita, é em relação ao caráter relativamente fechado do processo. Embora o setor privado empresarial tenha tido espaço na formulação da política, a consulta à sociedade e aos moradores por meio de mecanismos de participação social é bastante baixa, e as decisões se dão em espaços internos tanto da prefeitura quanto do governo federal, nos quais são notadamente ausentes processos de consulta. Embora o projeto tenha sido criado mediante aprovação de legislação específica na Câmara Municipal do Rio de Janeiro, a sua tramitação em caráter de urgência se deu também com pouca participação, tendo sido realizada apenas uma audiência pública antes da criação do pacote de leis que o institui. Essa característica será reforçada pelo insulamento das burocracias envolvidas na implementação do projeto e pela baixa participação da sociedade e de grupos atingidos pela política, como veremos adiante.

3. O modelo atual e suas implicações para a governança urbana

Arranjo

O modelo do Porto Maravilha, no Rio de Janeiro, é analisado por mim em Sarue (2016) e se estrutura em torno de uma OUC, com inovações significativas em relação à experiência paulistana, analisada por mim e por Pagin no capítulo 11. A OUC permite que, com a criação de legislação específica para o local, a prefeitura arrecade recursos para o projeto a partir da comercializados no mercado do direito de construir acima do padrão permitido para as edificações na região. Veremos mais adiante quais são as inovações da OUC Porto Maravilha.

A OUC carioca é combinada a uma PPP com valor inicial global de R$ 7,609 bilhões e duração de quinze anos, renováveis por mais quinze. A PPP envolve a prestação de serviços urbanos em concessão administrativa (saneamento, coleta de lixo, iluminação, gestão do tráfego, entre outros) e a realização de grandes obras viárias (tais como construção de túneis, requalificação de vias e demolição da avenida perimetral), de infraestrutura (como redes de esgoto e abastecimento de água), implantação de mobiliário urbano e a construção de um museu.

Outras duas instituições são fundamentais para compreender esse arranjo, que criam uma empresa mista, insulada da prefeitura, responsável por coordenar e executar o projeto – a CDURP e a CEF.

Diferente das OUCs realizadas em São Paulo e analisadas no capítulo anterior, no caso do Porto Maravilha o total de Cepacs foi disponibilizado em um único leilão, e arrematado pela CEF com o investimento de recursos do FGTS.[7] Com essa operação, foram criados dois fundos de investimento imobiliário (FIIs), um da CEF e outro da CDURP, como forma de transferência de recursos entre as instituições. A CEF, por meio de seu FII, passou a ser detentora do total de Cepacs e a negociá-los diretamente com o mercado, sem a necessidade de leilões e sem a separação de lotes residenciais ou comerciais, como se dá nas OUCs em São Paulo. Com isso, a CEF passa a ter controle do processo de especulação sobre os terrenos e usos.[8] Ao mesmo tempo, adquiriu o direito prioritário de compra dos terrenos correspondentes ao uso de 60% dos Cepacs por intermédio de uma operação denominada Prêmio por Opção de Compra.[9]

O recurso do leilão é então transferido ao FII da CDURP, responsável pelo pagamento da PPP de obras e serviços da região. Com essa operação, o investimento do FGTS permitiu o levantamento dos recursos iniciais para as obras de infraestrutura local, necessárias à *produção de localização*, para a produção de valorização imobiliária junto a outros investimentos na região, como a modernização da matriz de mobilidade, os equipamentos culturais, em especial o Museu de Arte do Rio e o Museu do Amanhã, o Projeto Morar Carioca e um pacote de incentivos fiscais e tributários.

7 A Caixa Econômica Federal é o agente operador do FGTS, responsável pelos recolhimentos e pela gestão administrativa e operacional dos processos. O fundo é gerido por um conselho curador, composto por entidades de trabalhadores, empregadores e governo federal – não há, portanto, representação das unidades subnacionais. Segundo Arretche e Rodden (2004), essa ausência representa um fator importante, uma vez que aumenta a autonomia do governo federal para definir os empréstimos federais.

8 Ver a análise apresentada por mim e por Pagin no capítulo 11 a esse respeito.

9 O Prêmio por Opção de Compra (POC) é o mecanismo que estabelece a prioridade na aquisição dos terrenos prioritários (correspondentes a 60% do uso de Cepac que serão negociados entre as autarquias da União e a prefeitura do Rio, compensando a diferença entre o valor do Cepac no leilão (R$ 545) e o valor que o Fundo de Investimento Imobiliário do Porto Maravilha (FIIPM) pagou efetivamente. Trata-se de um instrumento fundamental para compreender a relação criada para a participação do financiador federal na operação.

Ou seja, se retornarmos ao processo histórico de formulação da política, veremos que esse mecanismo responde ao desafio do projeto estruturado na segunda etapa, no qual se previa o adiantamento dos investimentos a fim de que a venda de terrenos da União ao mercado fosse posterior ao processo de valorização, de forma que o Estado capturasse para si a mais-valia fundiária produzida. Nesse caso, a captura se daria através do investimento do FGTS e da negociação direta da CEF de Cepacs e terrenos. Cabe ressaltar, no entanto, que a CEF, que arrematou o total de Cepacs por cerca de R$ 3,5 milhões, se comprometeu, nessa operação, a financiar, ao longo de quinze anos, o valor total da PPP – cerca de R$ 8 milhões. Portanto, para que o FGTS possa recuperar o recurso investido e lucrar com a operação, é necessário que o fundo de investimento consiga rentabilizar suas operações a partir da valorização dos terrenos e dos Cepacs para pagar a PPP e então arrecadar para o FGTS.

Por outro lado, a operação tem um fator de redução de riscos aos investimentos privados de incorporadoras e agentes imobiliários, uma vez que garante a execução das intervenções urbanísticas e da infraestruturais na região, determinante ao processo de valorização fundiária e à expectativa de retorno desses investimentos. Ou seja, trata-se de uma operação na qual o financiador público e os investidores privados têm o objetivo comum de promover a valorização fundiária dos terrenos. Em muitos casos, quando são negociadas permutas, a CEF e as empreiteiras se tornam de fato sócias, em um negócio no qual ambas as partes ganham com a valorização fundiária.

A entrada da CEF no projeto permite, por fim, que o ciclo de arrecadação da CDURP seja encurtado em relação às demais OUCs, já que o pagamento é adiantado ao FII. Dessa forma, os investimentos na região se dão em duas etapas: inicialmente com obras de infraestrutura, com prazo de cinco anos, compatíveis com a realização dos Jogos Olímpicos; em seguida, à medida que o FII arrecada com a valorização fundiária, são pagos ao longo de quinze anos os valores relativos às contraprestações da concessão administrativa de serviços urbanos, estabelecendo uma governança específica para essa área da cidade. Embora não seja objetivo deste capítulo abordar a implementação do arranjo, é necessário destacar que existe nessa operação um problema evidente de fluxo de caixa associado ao *timing* de valorização dos terrenos e que se tornou um problema real quando, em julho de 2017, a concessionária Porto Novo suspende os serviços na zona portuária do Rio devido à falta de pagamento, uma vez que o Fundo de Investimento Imobiliário não teve rentabilidade suficiente para transferir os recursos à CDURP para pagamento da PPP. Ou seja, apenas um ano depois dos Jogos Olímpicos, fica evidente um importante gargalo do modelo, que transfere serviços básicos de infraestrutura urbana – tradicionalmente pagos pelo Tesouro municipal – a um processo de arrecadação que tem fluxo flutuante, e é dependente da conjuntura econômica da cidade e do país e de seus impactos sobre o mercado imobiliário carioca.

Figura 1 – Arranjo institucional

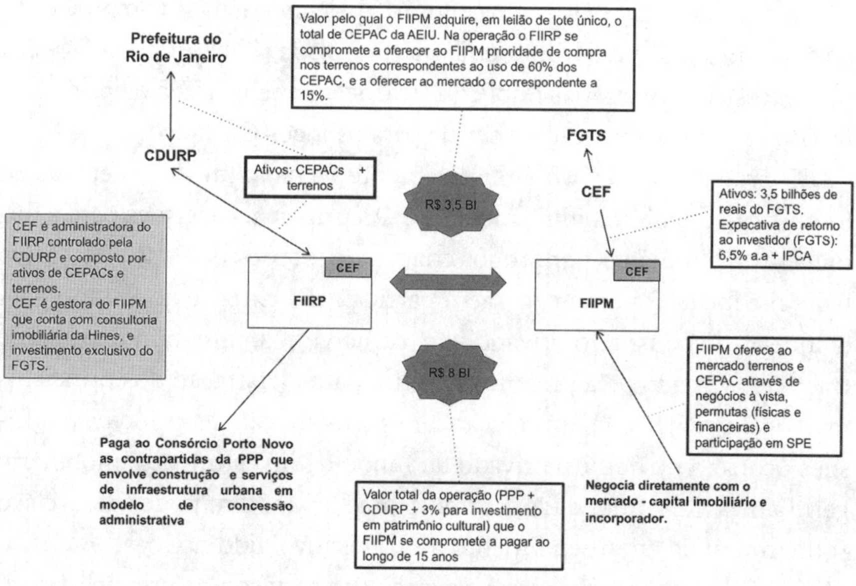

CEF: Caixa Econômica Federal
FIIRP: Fundo de Investimento Imobiliário da Região Portuária, controlado pela CDURP e administrado pela CEF
FIIPM: Fundo de Investimento Imobiliário do Porto Maravilha, controlado e administrado pela CEF
CDURP: Companhia de Desenvolvimento da Região Portuária
CEPAC: Certificado de Potencial Adicional de Construção
AEIU: Área Especial de Interesse Urbanístico – corresponde à área total da Operação Urbana Consorciada
Fonte: Sarue, 2015.

Governança

O arranjo descrito acima responde aos diversos desafios identificados no processo histórico e tem implicações importantes para a análise da governança urbana. Tentaremos resumir alguns pontos a seguir.

São especialmente relevantes para a implementação da política o Poder Executivo local (PCRJ), a empresa de desenvolvimento criada para a região (CDURP), o financiador externo federal (CEF), o Executivo federal (via Grupo Executivo Interministerial), o consórcio privado (Porto Novo), responsável pela execução das obras e serviços na região, e as associações locais e movimentos sociais de resistência ao projeto que devem ser destacados aqui, embora não tenham sido foco da análise neste capítulo. Cabe ressaltar que o processo produziu a criação de uma nova institucionalidade na figura de uma empresa mista responsável pela coordenação do projeto de forma insulada da prefeitura – embora controlada pela Secretaria Especial de Concessões e Parcerias Público-Privadas, também criada na prefeitura no contexto de preparação da cidade para os Jogos Olímpicos.

O processo decisório é relativamente fechado tanto nas etapas de formulação quanto na implementação. As principais decisões para a formulação são tomadas por grupos criados no interior do Poder Executivo federal e local. Há uma exceção à participação externa ao Estado para empresas do consórcio privado que, como vimos, integram o grupo de trabalho formado pela prefeitura do Rio para elaboração dos principais marcos do projeto. Já em relação à implementação, as principais decisões ocorrem no âmbito privado do fundo de investimento imobiliário gerido pela CEF, que, dado o arranjo produzido, tem poder de decisão sobre o tipo de empreendimento a ser desenvolvido no local. Em relação à infraestrutura urbana e à provisão dos serviços, as principais decisões são tomadas no âmbito da PPP entre a CDURP e o Consórcio Porto Novo, portanto, são deslocadas da prefeitura para uma empresa mista e um consórcio privado. É marcante a ausência de um processo estruturado de planejamento urbano que responda a demandas locais em relação aos serviços urbanos ou a políticas de habitação.

Nesse sentido, destaca-se o grau de insulamento do projeto, com pouca ou nenhuma participação de organizações civis. O contrato de

PPP impede a reinvindicação de participação da sociedade nas decisões sobre alocação de recursos arrecadados pela OUC.[10] Ainda que o instrumento da OUC preveja a criação de um conselho gestor, a sua atribuição na OUC Porto Maravilha é analisar e aprovar os relatórios trimestrais da CDURP quanto à execução dos investimentos previstos. Aqui, cabe, no entanto, o debate a respeito da avaliação de instituições participativas para além do indicador binário de existência ou não (Andrews; Vries, 2007), uma vez que o conselho gestor é convocado e presidido pela própria CDURP, que os membros da sociedade civil são indicados pelos representantes do poder público, a saber, CDURP e duas representações da prefeitura do Rio, e que o mesmo não tem poder de decisão sobre os investimentos na região. É ilustrativo destacar que, entre os três membros do conselho representantes da sociedade civil, está a Associação de Dirigentes do Mercado Imobiliário do Rio de Janeiro.

Com a privatização por meio da concessão administrativa do conjunto de serviços urbanos da região (com exceção da segurança pública), a população deixa de recorrer ao Poder Executivo local para demandas relacionadas a serviços urbanos básicos, como saneamento, coleta de lixo e iluminação pública. Ou seja, a interface com a sociedade é repassada a atores privados ou autônomos, e se restringe ao recebimento de queixas ou à veiculação de campanhas de conscientização sobre destinação de lixo, entre outras. Por exemplo, uma moradora que vive na região portuária do Rio de Janeiro e encontra problemas com a coleta de lixo em sua rua não poderá procurar a prefeitura para manifestar a sua reclamação, e deverá encontrar os canais de contato direto com o consórcio privado. Se ainda nesse exemplo o consórcio privado não responder à sua reclamação e a cidadã optar por prestar queixas ao órgão regulador, de novo não deverá recorrer à prefeitura do Rio, mas à CDURP. Por sua vez, a CDURP além de reguladora dos serviços, é sócia do consórcio privado, fazendo com que seu papel de controle seja prejudicado por interesses de crescimento econômico da sociedade.

10 No caso da Operação Urbana Água Branca, em São Paulo, cabe ao conselho participativo deliberar quanto à priorização de investimentos na área a partir da arrecadação obtida.

Quando o poder público local do Rio de Janeiro concede um conjunto de funções da política urbana a um consórcio privado que atua em parceria com uma empresa mista e independente da prefeitura, o faz com a justificativa de que o setor privado será mais eficiente na entrega da política, e que o setor público terá que regular os serviços. Esse tipo de prática embora seja novidade no Brasil, está sendo implementado em outras cidades, impactando diretamente na governança urbana.[11] Para a análise sobre o impacto dessas parcerias, cabe retomar aqui os argumentos de Levi-Faur (2005) e de Raco (2014) a respeito da concessão de políticas e serviços públicos a agentes não eleitos e, portanto, mais insulados em relação aos receptores das políticas e serviços. Trata-se do que Levi-Faur define como a nova divisão de trabalho entre *steering* (condução, e, nesse caso, regulação) e *rowing* (execução), e que Raco (2014) analisa para o caso londrino.

O arranjo que vimos mostra, no entanto, que há em diversos momentos uma redução do controle público sobre o resultado final da política, seja porque as decisões passam a ser insuladas da própria prefeitura, seja pelo estabelecimento de relações nas quais as empresas passam a ser sócias de seus entes reguladores – como é o caso da CDURP em relação ao consórcio executor da PPP e da Caixa Econômica Federal em relação às empresas privadas que investem nos empreendimentos imobiliários da região.

Ainda no que tange à parceria da CDURP com o consórcio privado, ao implementar paralelamente obras de infraestrutura e a prestação dos serviços contratuais, o consórcio passa a ter acesso ao terreno, o que possibilita a instalação de novos serviços assessórios, oferecidos de maneira privada, como por exemplo cabeamento ótico, vendido às empresas de telecomunicação, ou mobiliário urbano comercializado para anúncios privados. Essa operação se dá de maneira a reforçar a parceria entre o consórcio e a CDURP, na medida em que os lucros obtidos são divididos igualmente entre as empresas.

---

11 Lowndes e Skelcher (1998) apontam que esse tipo de parceria criada para realizar intervenções de políticas públicas vem crescendo recentemente no Reino Unido no nível dos governos locais, motivado pela dependência de recursos para serviços públicos, mas também por oferecer uma forma de direcionamento e coordenação da política em meio à crescente quantidade de agências ligadas ao poder público local responsáveis pela entrega de políticas e serviços.

Em relação ao orçamento, os recursos iniciais são oriundos do FGTS e da valorização imobiliária capturada pelos fundos de investimento imobiliário. O pagamento dos mesmos serviços urbanos básicos citados acima deixa de ser oriundo do caixa da prefeitura e passa a ser pago com potencial de valorização imobiliária, por meio dos fundos de investimento imobiliário. É a primeira vez, portanto, que serviços urbanos básicos deixam de ser financiados com orçamento municipal e passam a depender da valorização da terra. À prefeitura do Rio, o projeto representa ainda a realização de grandes obras, que há pelo menos duas décadas vêm sendo debatidas na cidade, marcando a sua implementação na gestão do atual prefeito, e atreladas a um discurso de realização sem recursos públicos. É necessário considerar, no entanto, a existência de um fluxo de recursos entre a PCRJ e a CDURP, uma vez que todo o aporte inicial para a criação do Fiirp é oriundo da PCRJ, por intermédio do repasse de Cepac, e terrenos ao fundo, sendo estes comprados da União com recursos do Tesouro municipal. Há ainda a transferência de recursos para o pagamento do aditivo de contrato da PPP, que prevê a extensão do túnel até a Praça Mauá, localizada fora do perímetro da OUC. Portanto, a CDURP recebe 5% do valor total da PPP para gestão do contrato e o restante é aporte de capital da PCRJ à empresa.

O projeto representa, por fim, uma expectativa de aumento substantivo na arrecadação de IPTU e ISS em médio prazo, com a previsão dos novos usos no território. Embora existam diversos mecanismos de isenção fiscal em vigor, com vistas a incentivar o investimento na região, tais incentivos são em maior parte centrados na arrecadação de ISS e têm prazo de vencimento atrelado ao andamento dos empreendimentos. A expectativa apresentada pela própria prefeitura é de um incremento de R$ 150 milhões a R$ 200 milhões de arrecadação de receita de impostos (IPTU e ISS). A articulação do Executivo municipal junto ao Executivo federal permite que esses ganhos sejam capitalizados pela prefeitura, embora grande parte dos custos e riscos seja coberta pela União, com a venda de terrenos ou o investimento do FGTS no FIIPM que garante os recursos necessários para a realização do megaprojeto. Por outro lado, a prefeitura abre mão da arrecadação pela valorização dos Cepacs, ao vendê-los em lote único à CEF antes de iniciado o processo de valorização imobiliária na região.

Mapa 1 – Áreas prioritárias

Fonte: CDURP.

A propriedade do solo é majoritariamente do governo federal, sendo esse um aspecto determinante para a implementação do arranjo. O tamanho dos lotes é também fundamental para o arranjo financeiro do projeto, por permitir que o FII negocie menos empreendimentos que consomem mais Cepacs em vez de negociar muitos pequenos empreendimentos com diversos investidores. Dessa forma, a arrecadação do FII torna-se mais rápida e, portanto, facilita o fluxo de caixa do projeto para o pagamento das despesas. A esse respeito, é ilustrativa a imagem com os sete grandes lotes, denominados "terrenos prioritários" e que equivalem ao uso de 60% dos Cepacs disponíveis. Esses são os terrenos cuja venda é priorizada à CEF, e que foram avaliados com um potencial de receita de R$ 25 bilhões (VGV), conforme o Mapa 1.

A quantidade de Cepacs disponibilizada na OUC Porto Maravilha é bastante superior se comparada às OUCs de São Paulo, o que, na prática, aumenta o potencial de arrecadação.

Tabela 1 – Brasil, Operações Urbanas que utilizam Cepacs

Emissor	Cepacs	Valor de emissão (R$)	OUC
Prefeitura de SP	650.000,00	1.100,00	Faria Lima
Prefeitura de SP	3.750.000,00	300,00	Água Espraiada
Município do RJ	6.436.722,00	545,00	Região do Porto

Fonte: CDURP.

Como vimos, o papel do governo federal é decisivo para a política. Embora não tenha entrado diretamente em uma sociedade de propósito específico, como previsto nos arranjos anteriores, o mecanismo de transferência de terrenos federais operado pela CEF e coordenado pelo Ministério do Planejamento, via Superintendência do Patrimônio da União, é central para a sua implementação. Além disso, a criação de um grupo interministerial foi determinante para a formulação da política, e a atuação direta do Ministério do Esporte e do então presidente Lula para a conquista da cidade do Rio de Janeiro do direito de sediar os Jogos Olímpicos de 2016, como vimos, foi importante para a aprovação do arranjo.

Considerações finais

Este capítulo se dedicou à análise do que considera como o primeiro grande projeto urbano realizado no Brasil. Ainda que a literatura associe a realização de grandes projetos urbanos a um contexto macroeconômico global, buscamos aqui compreender quais são os componentes institucionais e políticos que explicam a sua realização no contexto específico da cidade.

O Projeto Porto Maravilha está estruturado em uma operação que reduz riscos e distribui benefícios entre os principais atores envolvidos, sendo realizado em meio a um contexto de preparação da cidade aos Jogos Olímpicos de 2016, de alinhamento político entre os governos local e federal e com atratividade ao setor privado que participou diretamente da formulação da política. Com isso, o modelo consolidado no Porto Maravilha apresenta uma combinação entre o instrumento da operação urbana consorciada, a participação-chave do governo federal na garantia tanto da terra pública quanto do financiamento – por meio do banco público federal – para as obras de infraestrutura, e, por fim, uma PPP que inclui a concessão administrativa dos serviços urbanos. Esse arranjo estabelece um mecanismo que busca recapturar para o Estado (na figura do FGTS) a rentabilidade produzida pela mudança de uso dessas grandes porções de solo urbano, ao mesmo tempo se revelando uma operação de investimento de alto risco, atrelada às flutuações do mercado imobiliário. A estrutura prevê ainda a criação de uma empresa mista municipal e isolada da administração direta, produzindo insulamento burocrático e capacidade de coordenação de atores, e reduzindo com isso os riscos aos investidores privados e a responsabilização da PCRJ em relação às pressões contrárias ao projeto e aos canais de participação social. Os Fundos de Investimento Imobiliário, por sua vez, também ajudam no processo de insulamento e permitem a negociação direta com mercado. A PPP de infraestrutura e concessão administrativa de serviços urbanos contribui com a produção de valorização imobiliária que é central para a própria ampliação do projeto em termos de escopo e de orçamento.

Portanto, um longo processo de aprendizado e formulação da política, com diferentes arenas decisórias, atores municipais e federais, amadureceu um arranjo institucional e um mecanismo financeiro que, no contexto de 2009, teve uma oportunidade de implementação.

Diversos aspectos desse arranjo podem ser analisados, mas em especial buscamos evidenciar os diferentes níveis de controle do Estado sobre a iniciativa privada e a produção de salvaguardas em relação aos principais riscos identificados por esses atores. Há, com isso, o desenvolvimento de um modelo institucional no qual o financiador federal assume, por meio de uma instituição externa à cidade, um caráter de agente promotor da valorização fundiária, criando constrangimentos à implementação articulada com políticas de habitação social.

O Projeto Porto Maravilha marca, assim, uma política de regeneração urbana com um arranjo institucional inovador, que deve ser estudado à luz do modelo de governança urbana que estabelece. Buscamos mostrar um marco analítico para compreender a realização do projeto no Rio de Janeiro que pode ser útil para a análise de outros empreendimentos em outras cidades, uma vez que transfere para o nível institucional e político local o olhar sobre as oportunidades e os riscos gerados aos principais atores envolvidos, de forma a configurar uma coalizão de interesses que leve à implementação da política.

Referências bibliográficas

ALLEN, John; COCHRANE, Allan. The Urban Unbound: London's Politics and the 2012 Olympic Games. *International Journal of Urban and Regional Research*, v.38, n.5, p.1609-1624, set. 2014.

ALTSHULER, Alan A.; LUBEROFF, David. Mega-Projects: the Changing Politics of Urban Public Investment. Washington/Cambridge: Brookings Institution Press/Lincoln Institute of Land Policy, 2003.

ANDREWS, Christina W.; DE VRIES, Michiel S. High expectations, varying outcomes: decentralization and participation in Brazil, Japan, Russia and Sweden. *International Review of Administrative Sciences*, v.73, 2007, p.424.

ARANTES, Otília. Uma estratégia fatal: a cultura das novas gestões urbanas. In: ARANTES, Otília; VAINER, Carlos; MARICATO, Ermínia (eds.). *A cidade do pensamento único*: desmanchando consensos. Petrópolis: Vozes, 2002.

ARRETCHE, Marta. Federalismo e políticas sociais no Brasil: problemas de coordenação e autonomia. *São Paulo em Perspectiva*, São Paulo, v.18, n.2, p.17-26, 2004.

ARRETCHE, Marta; RODDEN, Jonathan. Política distributiva na Federação: estratégias eleitorais, barganhas legislativas e coalizões de governo. *Dados*, Rio de Janeiro, v.47, n.3, 2004.

BENTES, Júlio. Análise dos planos urbanísticos recentes para a região portuária do Rio de Janeiro. In: ENANPARQ (Encontro Nacional da Associação Nacional de Pesquisa e Pós-Graduação em Arquitetura e Urbanismo), 1, 2010, Rio de Janeiro. Disponível em: <http://matutacoes.org/2012/10/31/porto-maravilha--estetica-burguesa-perspectiva-ganhos-minoria/#9>. Acesso em: 14 fev. 2014.

BRASIL. Ministério das Cidades. Secretaria Nacional de Programas Urbanos. *Reabilitação de centros urbanos*. Coordenação geral de Raquel Rolnik e Renato Balbim. Brasília, dez. 2005.

CARDOSO, Isabel Cristina da Costa. O papel da Operação Urbana Consorciada do Porto do Rio de Janeiro na estruturação do espaço urbano: uma "máquina de crescimento urbano"? *O Social em Questão*, Rio de Janeiro, ano 16, n.29, jan./jun. 2013. Disponível em: <http://osocialemquestao.ser.puc-rio.br/media/4artigo29.pdf>.

COMPANS, Rose. *Empreendedorismo urbano*: entre o discurso e a prática. São Paulo: Editora Unesp, 2005.

FAINSTEIN, Susan. Mega-Projects in New York, London and Amsterdam. *International Journal of Urban Regional Research*, v.32, n.4, dez. 2008.

FARIA, Carlos Aurélio Pimenta de. Ideias, conhecimento e políticas públicas: um inventário sucinto das principais vertentes analíticas recentes. *Revista Brasileira de Ciências Sociais* [online], São Paulo, v.18, n.51, 2003.

FERREIRA, João Sette Whitaker. *São Paulo: o mito da cidade global*. São Paulo (Tese de Doutoramento) – FAUUSP, 2003.

FIX, Mariana. Nuevas fronteras imobiliarias. El caso de la operación urbana Faria Lima. In: CUENYA, Beatriz; NOVAIS, Pedro; VAINER, Carlos (comps.). *Grandes proyectos urbanos*: miradas críticas sobre la experiencia argentina y brasileña. Buenos Aires: Café de las Ciudades, 2012.

HARDING, Alan. Urban Regimes in a Europe of the Cities? *European Urban and Regional Studies*, v.4, n.4, p.291-314, out. 1997.

JOHN, Peter. Why Study Urban Politics? In: DAVIES, Jonathan; IMBROSCIO, David (eds.). *Theories of Urban Politics*. Londres: Sage, 2009.

LE GALÈS, Patrick. Private Sector Interests and Urban Governance. In: BARGNASCO, Arnaldo; LE GALÈS, Patrick (eds.). *Cities in Contemporary Europe*. Cambridge: Cambridge University Press, 2000.

LEVI-FAUR, David. The Global Diffusion of Regulatory Capitalism. *The Annals of the American Academy of Political and Social Science*, v.598, p.12-32, mar. 2005.

LOWNDES, Vivien; SKELCHER, Chris. The Dynamics of Multi-organizational Partnerships: an Analysis of Changing Modes of Governance. *Public Administration*, v.76, 1998, p.313-333.

LUNGO, Mario. Grandes proyectos urbanos: una visión general. In: *Grandes Proyectos Urbanos*. Ed. Lungo, Mario. San Salvador: UCA Editores, 2004.

MARQUES, Eduardo. *Governing São Paulo*: Urban Policies and Segregation in a Highly Unequal Metropolis. III World Forum of Sociology, 2012.

_____. Government, Political Actors and Governance in Urban Policies in Brazil and São Paulo: Concepts for a Future Research Agenda. *Brazilian Political Science Review*, São Paulo, v.7, n.3, 2013. Disponível em: <http://www.fflch.usp.br/centrodametropole/upload/aaa/226-marques_governance%20club%20-%20rotterdam_2013.pdf>.

MOLOTCH, Harvey. The City as a Growth Machine: Toward a Political Economy of Place. *American Journal of Sociology*, Chicago, v.82, n.2, set. 1976.

NOVAIS, Pedro. *Uma estratégia chamada "planejamento estratégico"*: deslocamentos espaciais e a atribuição de sentidos na teoria do planejamento urbano. Rio de Janeiro: 7 Letras, 2010.

ONG, Aihwa. Worlding Cities, or the Art of Being Global. In: ROY, Ananya; ONG, Aihwa (eds.). *Worlding Cities*: Asian Experiments and the Art of Being Global. Hoboken: Wiley-Blackwell, 2011.

PIERRE, Jon. *The Politics of Urban Governance*. Basingstoke: Palgrave Macmillan, 2011.

RABHA, Nina. Bairros portuários: aspectos sociais e culturais. In: SCHWEIZER, Peter José; CESARIO, Sebastiana (orgs.). *Revitalização de centros urbanos em áreas portuárias*: entre a renovação e a preservação do patrimônio histórico. As regiões portuárias de Hamburgo, Belém e Rio de Janeiro. Rio de Janeiro: 7 Letras, 2004.

RACO, Mike. Delivering Flagship Projects in an Era of Regulatory Capitalism: State-Led Privatization and London Olympics 2012. *International Journal of Urban and Regional Research*, v.38, n.1, jan. 2014.

RELATÓRIO sobre as visitas técnicas realizadas nas comunidades do Morro da Providência e da Pedra Lisa nos dias 23/8 e 7/9/2011 e Parecer Técnico sobre os motivos alegados pela prefeitura do Rio de Janeiro para a remoção de 832 famílias nessas duas comunidades. *Blog do Fórum Comunitário do Porto*, Rio de Janeiro, 31 out. 2011. Disponível em: <https://forumcomunitariodoporto.files.wordpress.com/2011/12/relatc3b3rio-morro-da-providc3aancia_final-1.pdf>. Acesso em: 27 abr. 2015.

RIO DE JANEIRO (Município). SMF (Secretaria Municipal de Fazenda)/PGM/IPP/Prefeitura da cidade do Rio de Janeiro. Aproveitamento imobiliário da região do Porto do Rio. *Coleção Estudos Cariocas*, n.20030102, jan. 2003.

SÁNCHEZ, Fernanda. *A reinvenção das cidades para um mercado mundial*. Chapecó: Argos, 2003.

SÁNCHEZ, Fernanda; BIENESTEIN, Glauco; GUTERMAN, Bruna da Cunha. Juegos Panamericanos Rio 2007: un balance multidimensional. In: CUENYA, Beatriz; NOVAIS, Pedro; VAINER, Carlos (comps.). *Grandes proyectos urbanos*:

miradas críticas sobre la experiencia argentina y brasileña. Buenos Aires: Café de las Ciudades, 2012.

SARUE, Betina. *Grandes projetos urbanos e a governança das cidades*: o caso do Porto Maravilha. (Dissertação de Mestrado) – São Paulo: DCP/USP, 2015.

SARUE, Betina. Os capitais urbanos do Porto Maravilha. *Novos Estudos Cebrap*, São Paulo, v.35, n.2, p.78-97, 2016.

SCOTT, Alan; LE GALÈS, Patrick. A British Bureaucratic Revolution? Autonomy Without Control, or "Freer Markets, More Rules". *Revue Française de Sociologie*, Paris, v.51, jan. 2010.

SILVESTRE, Gabriel. *An Olympic City in the Making*: Rio de Janeiro Mega-Event Strategy 1993-2016. Lausane, 2012. Relatório de pesquisa (Postgraduate Research Grant Programme) – IOC Olympic Studies Centre. Disponível em: <https://doc.rero.ch/record/32218/files/2013.An_Olympic_City_in_the_Making.Silvestre_-_Final_version.pdf>.

SIRKIS, Alfredo. A revitalização do centro da cidade do Rio de Janeiro e da zona portuária. In: SCHWEIZER, Peter José; CESARIO, Sebastiana (orgs.). *Revitalização de centros urbanos em áreas portuárias*: entre a renovação e a preservação do patrimônio histórico. As regiões portuárias de Hamburgo, Belém e Rio de Janeiro. Rio de Janeiro: 7 Letras, 2004.

SMOLKA, Martim. Presentacion. In: LUNGO, Mario (comp.). *Grandes Proyectos Urbanos*. San Salvador: UCA Editores, 2004.

STONE, Clarence N. Urban Regimes and the Capacity to Govern: a Political Economy Approach. *Journal of Urban Affairs*, v.15, n.1, 1993.

STONE, Diane L. Transfer and Translation of Policy. *Policy Studies*, v.33, n.6, 2012.

VAINER, Carlos. Pátria, empresa e mercadoria: notas sobre a estratégia discursiva do Planejamento Estratégico Urbano. In: ARANTES, Otília; VAINER, Carlos; MARICATO, Ermínia (eds.). *A cidade do pensamento único*: desmanchando consensos. Petrópolis: Vozes, 2002.

_____. Grandes proyectos urbanos ¿Qué son y cómo evaluarlos? In: CUENYA, Beatriz; NOVAIS, Pedro; VAINER, Carlos (comps.). *Grandes proyectos urbanos*: miradas críticas sobre la experiencia argentina y brasileña. Buenos Aires: Café de las Ciudades, 2012.

Comparando políticas do urbano na São Paulo recente

Eduardo Marques

Após a análise detalhada de tantas dinâmicas, o que podemos dizer de forma sumarizada sobre as políticas do urbano em São Paulo desde a redemocratização? Como vimos, definimos as políticas do urbano como as ações do Estado envolvidas com a produção, a manutenção e a gestão da cidade em si e da vida urbana. Defendemos que essas políticas (assim como a política a elas associada) guardam especificidades pela relação que estabelecem com o espaço urbano (espacialidades, propinquidades e percepções espaciais), pela existência de atores e processos próprios (como os capitais do urbano, os políticos de base territorial e as burocracias locais) e pelas peculiaridades de seus processos de produção de políticas (com ciclos mais interpenetrados, mais próximos da implementação final e dos usuários e fortemente *path dependent* em termos espaciais). Isso não significa desconsiderar a importância de processos oriundos de outras escalas, com destaque para o federalismo, mas, inversamente, articular tais elementos com as dinâmicas próprias do urbano. Não se propõe que esses argumentos sejam válidos para todas as cidades, mas decerto se fazem presentes em metrópoles e cidades de médio e grande portes, tanto no Brasil quanto no exterior. A escala me parece o elemento definidor da capacidade de generalização dos argumentos deste livro por induzir grande complexidade nos problemas urbanos, nas estruturas estatais construídas para fazer frente a eles e no próprio tecido social e espacial das cidades.

Quanto aos conteúdos das políticas, as análises dos vários capítulos sugerem que, em sua maioria, as políticas se tornaram mais amplas e diversificadas no período, embora sempre tenham sido inferiores às demandas acumuladas em volume e abrangência e enfrentado apenas lateralmente as elevadas desigualdades sócio-espaciais vigentes na metrópole. As agências encarregadas das políticas se tornaram em geral mais capacitadas em termos de produção direta, de regulação e da construção de instituições e instrumentos de políticas, embora em arranjos também diversificados, com presença privada cada vez maior em diversos momentos da sua produção. Os conteúdos das políticas variaram entre gestões em termos de ênfase redistributiva e mesmo de projetos de cidade, reafirmando a importância da esfera da política. Entretanto, foi também possível observar claras linhas de continuidade (mesmo nos deslocamentos ocorridos), apontando para processos de aprendizagem de políticas e para o papel das burocracias e comunidades técnicas, ainda que em sua grande maioria operando em ambientes de baixa participação e debate público.

Neste último capítulo, recupero comparativamente os principais elementos presentes nas políticas, de maneira a construir um quadro amplo do que ocorreu na cidade, ao mesmo tempo que revisito os elementos analíticos destacados no primeiro capítulo, em diálogo com os debates existentes. Os capítulos mostraram tendências e processos bastante distantes e muito mais heterogêneos do que seria de se esperar a partir dos modelos mobilizados usualmente. Via de regra, predomina na literatura a impressão de que contextos mais gerais de natureza econômica (ciclos econômicos e de financiamento), institucional (federalismo) e política (regimes políticos ou ciclos políticos federais) seriam determinantes, restando pouco a explicar localmente sobre as políticas do urbano. Além disso, considera-se por vezes a existência de único regime, coalizão ou ator que hegemoniza os processos amplamente, mesmo frente à forte heterogeneidade nas trajetórias e nos resultados das políticas. Mesmo quando as políticas locais são consideradas, parte-se da premissa de que essas seriam marcadas por inação, ineficiência e muito baixa inovação, provocadas por capacidades estatais reduzidas, alta burocratização e permeabilidade a interesses privados. Em termos decisórios, as visões existentes divergem, abundando críticas à baixa participação, mas também louvores ao controle e à mobilização social na produção de políticas locais. Acredita-se, por fim, que a maior parte das políticas conservaria quase automaticamente ou até mesmo aumentaria os elevados padrões de desigualdades vigentes no município, além de promover atendimento de péssima qualidade.

Os resultados dos vários capítulos colocam em xeque ou matizam tais interpretações, indicando a coexistência de diversos arranjos de governança com atores diversos e características distintas entre áreas de política, havendo inclusive contradições entre eles. As transformações observadas foram produzidas por conjuntos articulados de atores, cercados por certas instituições e atravessados pela própria dinâmica política urbana. O restante dessa conclusão está organizado em torno desses elementos.

Contextos políticos, institucionais e econômicos

Uma parte da literatura sustenta, mesmo que implicitamente, que dinâmicas gerais, econômicas ou políticas seriam sobredeteminantes, tornando o estudo da política do urbano irrelevante. Isso seria ainda mais verdadeiro pelos efeitos crescentes do federalismo no Brasil. Entram nessa categoria contextos econômicos (a globalização, os grandes ciclos econômicos e do financiamento público etc.), políticos (os regimes políticos, os alinhamentos partidários nacionais, quem controla o Executivo federal etc.) ou de políticas (os legados das políticas nacionais, o federalismo etc.). Como nas políticas aqui relatadas o país, a cidade e a dinâmica política geral são constantes, uma forte predominância causal do contexto e de suas transformações levaria a resultados invariantes entre políticas, algo completamente impreciso e que não condiz com o que vimos nos capítulos precedentes. Por outro lado, os capítulos anteriores não deixam dúvida quanto à importância do contexto, como desenvolverei a seguir no que diz respeito ao federalismo. A maneira como este impacta as políticas do urbano, entretanto, depende dos processos e atores locais, assim como varia substancialmente entre políticas. Na verdade, os contextos gerais se relacionam com as políticas mediados exatamente por elementos específicos de cada política pública (seus legados, prioridade nas agendas governamentais, suas configurações de atores e instituições etc.) em várias escalas simultâneas.

A forma mais produtiva de enquadrar concomitantemente as relações de uma grande parte dessas dimensões multiescalares com políticas locais diz respeito ao federalismo. A importância do federalismo para várias políticas no Brasil, especialmente na área social, é algo já muito bem estabelecido (Arretche, 2012). Isso vem acontecendo com a transformação dos arranjos herdados do período militar a partir da criação de sistemas federativos com divisões de tarefas entre os níveis de governo, que combina centralização e descentralização ao longo das várias fases de produção de agenda, processo decisório e implementação.

Para as políticas do urbano, a influência não está tão bem estabelecida, considerando o legado histórico de descentralização de competências e o fato de que, independentemente de algumas tentativas (como o Sistema Nacional de Habitação de Interesse Social [SNHIS] na habitação), as reformas recentes não criaram sistemas federais comparáveis com os das políticas sociais para qualquer política do urbano. No caso do urbano, portanto, um olhar distanciado sugeriria que o papel do federalismo seria pequeno e os processos políticos locais, predominantes. Efetivamente, a maior parte dos capítulos anteriores mostrou que os rumos das políticas, seu caráter mais ou menos distributivo e os desenhos organizacionais para a sua operacionalização foram em grande parte produto de dinâmicas locais, denotando a importância do estudo das políticas do urbano em si.

As exceções ficaram por conta de políticas que necessitam de investimentos muito elevados, nas quais o lugar do governo federal ou de entidades financiadoras sempre foi muito relevante. Esse é classicamente o caso das políticas metroviárias, influenciadas pela conjuntura econômica nacional, por políticas federais e pelas ações de entidades financiadoras multilaterais. No caso dessa política, se nos primeiros momentos de implantação do sistema recursos federais permitiram um papel estatal mais forte, as dificuldades de financiamento recentes levaram a uma elevação significativa da presença privada e de organizações estrangeiras (Costanzo, capítulo 10). Contudo, isso também se verifica em projetos locais muito grandes e custosos que havia muito tentavam se viabilizar localmente sem sucesso, como no que se refere ao Porto Maravilha no Rio de Janeiro (Sarue, capítulo 12). Nesse caso, o projeto se viabilizou com a entrada do governo federal em um arranjo peculiar que, entretanto, conta com intensa participação local, tanto no desenho quanto na implementação. Na verdade, nas últimas linhas do metrô de São Paulo e também no Porto Maravilha no Rio de Janeiro, a viabilização dos projetos passou por uma combinação entre novos formatos de contratação e participação privada (PPPs), zoneamentos especiais definidos espacialmente (OUC) e fortes presenças federais em termos de aportes de recursos.

Todavia, as demais políticas em São Paulo indicam que, mesmo no caso das políticas do urbano, as ações do governo federal são fundamentais. A influência federal recente vem aumentando por pelo menos três motivos. Primeiro, indiretamente, a transferência de recursos federais para as políticas sociais libera recursos potenciais para as políticas do urbano, tornando o argumento clássico das máquinas de crescimento difícil de ser traduzido como tal para o caso brasileiro. Ademais, crescentes provisões e regulações de planos federais e leis produziram enquadramentos nos quais as políticas do urbano podem ou devem ser desenvolvidas pelos governos locais.

Nessa direção, é impossível não ressaltar os planos nacionais de habitação, saneamento, resíduos sólidos e mobilidade urbana, assim como legislações sobre regularização fundiária, todos produzidos nos últimos quinze anos, além do Estatuto da Cidade, que veio regulamentar dispositivos da Constituição de 1988, em particular a função social da propriedade, com importantes consequências sobre as políticas públicas de uso do solo. A formação do SNHIS seria obviamente a mais importante iniciativa nesse sentido, criando para a habitação um sistema similar aos existentes nas políticas de educação, saúde e assistência. A criação do sistema, porém, foi abortada, em um primeiro momento pela inexistência de recursos financeiros a serem usados como incentivos à adesão dos governos locais e, mais tarde, pelo desenho e pelo volume de recursos do Programa Minha Casa Minha Vida (MCMV). O futuro do sistema é incerto no momento, mas é clara a influência das regulamentações federais sobre as políticas locais.

Em terceiro lugar, ações, programas e investimentos federais induzem ou constrangem a agenda de políticas locais. Isso aconteceu em alguns casos, expandindo as agendas ou contribuindo para a sua consolidação, como na urbanização de favelas (PAC Urbanização) e na regularização fundiária (Marques, Pulhez e Pagin, capítulo 5). Em outros, os programas federais inibiram as agendas locais e a sua diversidade pela capacidade de indução de seus volumes de financiamento, em especial com o Minha Casa Minha Vida por todo o país. Diferentemente do SNHIS, que pretendia influenciar as políticas do urbano fomentando o planejamento, o combate à precariedade e a regulação da terra, a adesão dos governos locais ao MCMV significou um retorno à agenda habitacional tradicional, embora com grande volume.

Portanto, apesar de as dinâmicas políticas locais terem grande importância em si, sempre devem ser analisadas tendo em conta dimensões, processos e ações ocorridos em outras escalas, sendo o federalismo uma chave importante para integrar ações oriundas dessas várias escalas simultaneamente. Qualquer ideia de sobredeterminação, seja do econômico, do federal ou do internacional, entretanto, está fadada a ocultar em vez de iluminar as situações sob análise.

Redistribuição e desigualdades

Em geral, o conteúdo da maior parte das políticas do urbano observadas foi incipientemente redistributivo. Para isso concorreram várias dimensões, a começar pela lógica do orçamento municipal. Vimos como o orçamento é uma peça técnica, mas com profundas dimensões políticas ligadas à sua centralidade na definição de quem ganha o que na política municipal, com consequências redistributivas. Isso é ainda mais importante considerando que a maior parcela do orçamento é rígida, sendo pequena a parcela aberta à negociação entre um grande conjunto de interesses (Peres, capítulo 4).

Por outro lado, os governos municipais apresentaram evidentes diferenciações em seus perfis distributivo/redistributivo, na direção esperada ideologicamente, sugerindo que decisões políticas locais fazem toda a diferença. Governos de esquerda introduziram e tentaram executar políticas redistributivas em termos de regulação (Zeis nas gestões Marta e Haddad), taxação (progressividade do IPTU nos governos Erundina, Marta e Haddad) e tarifações (tarifa zero nos ônibus e taxa progressiva sobre a limpeza urbana, respectivamente nas administrações Erundina e Marta), ao mesmo tempo que produziam políticas de investimentos e provisão de serviços mais claramente concentradas em áreas periféricas. Governos de direita, inversamente, tenderam a concentrar suas ações nas áreas mais ricas da cidade, em especial no chamado setor sudoeste, no caso de políticas de infraestrutura viária e grandes projetos (Marques, 2003; Sarue e Pagin, capítulo 11).

Entretanto, vale destacar que ocorreu um deslocamento geral do campo das políticas desde o início do período. Se no final dos anos 1980 a esquerda e a direita divergiam sobre a realização de investimentos nas periferias de forma a reduzir as desigualdades sociais urbanas, ao menos no nível do discurso político e da formulação caminhou-se gradativamente para um amplo reconhecimento sobre a necessidade de políticas que reduzissem as desigualdades e elevassem os patamares de serviços nas periferias, talvez pelo efeito da competição política e da repetição das eleições. Dessa forma, embora governos de esquerda tenham claramente objetivos mais redistributivos, a distância deles para os de centro-direita e de direita se reduziu no que tange a investimentos em infraestrutura e serviços desde a redemocratização. Por outro lado, embora alguns governos de centro-direita tenham tido o equilíbrio econômico-financeiro como meta (sobretudo Serra e Kassab), outros de esquerda fizeram o mesmo (Marta, sobretudo, mas também Haddad), ao mesmo tempo que outros de direita elevaram fortemente o endividamento e pioraram a situação das contas públicas municipais (Maluf e Pitta). A execução de políticas de austeridade, portanto, depende aparentemente mais do contexto econômico, das finanças municipais herdadas pela gestão e de decisões estratégicas do que de inclinação ideológica do prefeito.

Em termos de programa, o que permanece como grande divergência político-ideológica é o destino a ser dado à área central da cidade. O que fazer com ela e de que forma desenvolvê-la estão entre os principais objetos de luta política na metrópole nos dias de hoje. Isso se expressa na presença diferenciada de iniciativas de promoção de habitação de interesse social na área central em governos de esquerda (os de Marta e Haddad, por exemplo), viabilizadas por programas de locação social ou por certas combinações de instrumentos como a associação de Operações Urbanas com a existência de Zeis. Também praticamente apenas em administrações de esquerda ocorreu a utilização do planejamento e da regulação do uso do solo como formas de combate à segregação (Erundina, Marta e Haddad). Em governos de centro-direita e direita, por sua vez, as políticas de habitação no centro se mostraram quase completamente inexistentes e as políticas de uso do solo foram pensadas sobretudo como forma de incentivar a atividade imobiliária privada.

A convergência em torno de certos temas e soluções de políticas, portanto, não significa a irrelevância da dimensão político-partidária, mas a construção paulatina de consensos públicos mais redistributivos em certos temas, enquanto outros continuam apresentando divergências. Esse deslocamento "marshaliano" em direção ao reconhecimento de patamares mais elevados de direitos básicos certamente tem como pano de fundo o retorno à democracia, e como processos causais diretos a competição eleitoral e as ações de atores específicos, como movimentos sociais e burocracias reformistas, de forma similar à dinâmica nacional do período (Arretche, 2018).

Dinâmica eleitoral, formação de governo e processo decisório

É obvio que essas decisões relativas aos conteúdos redistributivos das políticas se associam diretamente aos resultados das eleições, à formação dos governos e aos processos decisórios no período. Não quero dizer de forma alguma que as dinâmicas eleitorais sobredeterminem os demais processos destacados, apenas que atravessam a produção de políticas, influenciando as escolhas de soluções e empoderando ou desempoderando atores. O cenário das eleições majoritárias locais desde a redemocratização viveu uma polarização entre o PT e seu polo político contrário, sendo este a direita até 2000 e a centro-direita depois disso. Porém, a distribuição das preferências no eleitorado mostrou uma clara predominância à direita, sendo as vitórias da esquerda pontuais e explicadas por conjunturas específicas. Essa predominância se fez sentir de forma ainda mais clara na composição da Câmara de Vereadores, em que partidos de direita e de centro-direita sempre foram predominantes (Marques e Hoyler, capítulo 2).

Os resultados dessas eleições, contudo, não explicam diretamente as diferentes relações construídas pelas gestões com o Legislativo. Em todos os casos, inclusive de governos de direita, a construção de uma coalizão de apoio passou pela negociação intensa com partidos da base, levando indicações da base para a própria estrutura do governo, sobretudo nas administrações regionais e depois nas subprefeituras, assim como na alteração dos conteúdos das legislações. Isso porque, mesmo na ausência de distritos uninominais na legislação eleitoral brasileira, a representação política local funciona muito fortemente pela identificação espacial de eleitores, representantes e políticas do urbano (Marques, capítulo 1). O outro lado dessa moeda é a dependência dos prefeitos e gestores locais dos políticos de base territorial (incluindo com destaque certos tipos de vereadores) para mobilizar os territórios da cidade e seus moradores, tanto em período eleitoral quanto no decorrer dos mandatos, para a promoção de coordenação política e para a construção de legitimidade e autoridade política dos governos e suas políticas. Essa parece ser uma característica dos Legislativos locais em cidades de grande complexidade territorial, envolvidos na operação política (*politics*) das políticas (*policies*) nos territórios, algo distante do caso nacional.

No caso de São Paulo, o interesse principal dos vereadores desde meados dos anos 1980 está no controle de subprefeituras responsáveis por zeladoria, regulação de pequenos comércios e obras públicas de pequeno porte. Essas negociações ocorreram mesmo quando havia alinhamento ideológico do prefeito com sua base (governos Jânio e Pitta, por exemplo), mas evidentemente os custos das negociações tenderam a ser mais elevados em gestões com maior distância ideológica. Além disso, nesses casos, as legislações aprovadas tenderam a sofrer alterações mais substanciais (Marques e Hoyler, capítulo 2).

Vale dizer que o processo decisório das políticas do urbano é fortemente centrado no Executivo e a participação do Legislativo local é reduzida e periférica. Este parece operar apenas por reação a demandas do Executivo na proposição legislativa, mesmo quando é necessário o estabelecimento de legislação específica. Esse é o caso da criação de planos diretores, leis de uso do solo ou Operações Urbanas Consorciadas, quando deve ser produzida alguma legislação local e, portanto, com intensa participação de vereadores. Contudo, os estudos de caso sugerem que a maioria dos vereadores não se interessa pela discussão de legislações de cunho mais geral e tenta apenas controlar partes do governo local capazes de entregar benefícios clientelísticos para seus eleitorados. É verdade que a maioria dos vereadores constrói importantes aparatos territoriais de mobilização política que, para serem mobilizáveis durante as eleições, devem ser mantidos em operação durante todo o mandato. A influência precisa desses aparatos sobre o conteúdo e o funcionamento das políticas do urbano ainda são objeto a ser investigado, mas como é o Executivo que comanda essas políticas, as negociações em torno delas servem para controlar o Legislativo.

É claro que se esse controle se efetiva ou não depende da maneira como diferentes governos tratam a Câmara. As estratégias políticas adotadas pelos Executivos locais variaram muito, desde o enfrentamento político direto na gestão Erundina, passando pela composição pontual na administração Haddad até a negociação de pactos estáveis de governabilidade com a cessão sistemática de áreas do governo a vereadores nas gestões de direita e de centro-direita, assim como na administração Marta Suplicy. Apenas o governo Erundina (que esperava mobilizar os movimentos sociais para aprovação legislativa) optou por seguir em minoria na Câmara, tendo por isso a grande maioria de seus projetos reprovada. Apesar disso, essa administração lançou boa parte das inovações de políticas que seriam desenvolvidas nas décadas seguintes.

Outra questão importante se refere às formas institucionalizadas de participação social em políticas públicas. Como já amplamente discutido, um elemento central das reformas das políticas públicas herdadas do período militar no Brasil foi a constituição de novas arenas de participação social em políticas. Isso envolveu centralmente as cidades, pela expansão das experiências municipais de orçamento participativo e conselhos ao longo dos anos 1990. Nas políticas sociais, a participação social foi institucionalizada e já analisada por extensa literatura, mas nas políticas do urbano os efeitos das novas esferas participativas foram pequenos. Além disso, declinaram fortemente desde o início dos anos 2000, sendo o processo decisório na maior parte das vezes fechado nas agências e burocracias por elas responsáveis.

Na verdade, seria mais preciso afirmar a existência de diversas formas de permeabilidade seletiva, pois, a depender da política, participam das decisões e da implementação políticos e capitais do urbano, como nas políticas de infraestrutura viária (Marques, 2003) ou na aprovação de projetos privados de habitação (Hoyler, capítulo 6), mas não os cidadãos em geral ou organizações da sociedade civil ligadas a potenciais beneficiários ou atingidos. Em alguns casos, audiências públicas são obrigatórias e, apesar de não representarem um momento decisório, abrem uma importante janela que pode servir como ponto de veto. Nesses momentos, atores como o Ministério Público e o Judiciário também podem exercer importância pontual. Isso tudo tem sido aproveitado por atores mobilizados contra certas políticas, como no caso das OUCs e, mais especificamente, no Projeto Nova Luz (Sarue e Pagin, capítulo 11). Entretanto, na grande maioria das políticas do urbano, os processos são altamente exclusivos e insulados no interior do topo das estruturas das agências responsáveis pelas políticas. Esse insulamento é ainda maior quando as políticas estão a cargo de empresas públicas tecnicamente capacitadas, como no caso do trânsito (Requena, capítulo 8).

O fechamento dos processos decisórios e de implementação produz, consequentemente, uma baixa influência de movimentos sociais e de atores da sociedade civil no conteúdo das políticas do urbano. Exceto por políticas públicas nas quais algum tipo de arena participativa é obrigatória (o que tende a ser raro) e por governos abertos à participação, organizações da sociedade civil têm uma presença muito baixa. Movimentos, por outro lado, ganham por vezes grande expressão pública, e em casos muito mais raros conseguem influenciar conteúdos de políticas. O setor da política pública no qual esses movimentos ainda têm uma presença expressiva é a habitação, especialmente nas questões associadas a ocupações na região central da cidade e a movimentos de sem-teto.

Vale dizer que esse argumento se sustenta mesmo frente às significativas mobilizações sociais em áreas urbanas ocorridas durante as chamadas Jornadas de Junho de 2013. Independentemente da visibilidade dos protestos na área de transporte público, sendo o Movimento Passe Livre a sua representação mais evidente, as mudanças implementadas depois nas políticas de mobilidade já se faziam presentes no programa eleitoral do prefeito e já estavam em andamento, mesmo que de forma mais tímida, desde 2012. O principal efeito concreto dos movimentos de junho sobre as políticas de mobilidade em São Paulo disse respeito ao aumento da transparência, com a publicação regular de dados sobre custos e operação. Nesse caso, não é exagero especular que as mobilizações foram mesmo incentivadas pela entrada dessas políticas na agenda, tendo "as políticas públicas produzido política", como afirmado há um bom tempo pelo neoinstitucionalismo, e não o oposto. Contudo, dado o caráter politicamente conflitivo das medidas de reforço ao transporte público – visto que envolviam uma inversão na prioridade tradicional ao transporte individual e uma redistribuição do espaço viário (Requena, capítulo 8) –, é razoável sustentar que as mobilizações reduziram os custos políticos da implementação da política de mobilidade pelo governo local. A participação subsequente desses movimentos em decisões e na implementação da agenda dos transportes continuou a ser pequena nos anos seguintes, assim como foi irrelevante na reversão parcial dessa agenda na eleição de 2016 e na nova gestão que assumiu em 2017.

Portanto, embora importante nas políticas sociais, a participação social, institucionalizada ou não, é bastante reduzida nas políticas do urbano. Estas são decididas em processos bastante fechados e insulados, embora seletivamente permeáveis a atores posicionados do lado da produção da política – elites políticas, burocracias e capitais do urbano, como discutido mais adiante.

Diversificação de soluções e políticas

Inversamente ao tom predominante das análises (e ao senso comum), as últimas décadas representaram um momento especial de entrada de novas alternativas nas agendas governamental e decisória e de mudança em várias políticas em São Paulo. Em um sentido mais tradicional, se seguíssemos os modelos pluralistas, políticas mudariam pelas transformações de agenda provocadas pela alternância dos grupos e partidos políticos que controlam os governos. Frutíferas frentes de pesquisa recente com baixa penetração nos estudos urbanos têm mostrado que políticas também mudam pela ação de empreendedores, pela circulação de soluções e por processos de aprendizado.

Em São Paulo, isso envolveu por vezes mudanças de políticas que levaram à construção de novos paradigmas de políticas, como no caso do trânsito. Depois da longa hegemonia de um paradigma centrado no automóvel e orientado para gerar fluidez de automóveis individuais, passou-se a considerar no governo Haddad o transporte público como o centro da gestão do trânsito (Requena, capítulo 8).

Também foi possível observar a entrada de novos temas nas agendas pública e decisória municipal, mesmo sem deslocamento de paradigma. Algumas novas políticas entraram com força, foram implantadas e se mantiveram, mesmo com várias trocas de governo, embora evidentemente com diferentes ênfases e prioridades. Esse é o caso da urbanização de favelas e da regularização de loteamentos, introduzidos na gestão Erundina, reduzidos mas não extintos no governo Maluf, e depois retomados a partir das administrações Pitta, com loteamentos, e Marta, com urbanização de favelas (Marques, Pulhez e Pagin, capítulo 5). Políticas como a construção de ciclovias, ciclofaixas e outras infraestruturas para bicicletas, ou de faixas exclusivas ou corredores de ônibus, também entraram fortemente na agenda de certos governos, para ocupar a periferia em outros, mas sem desaparecer (Requena, capítulo 8, e Campos, capítulo 9). Outras alternativas entraram com força muito menor apenas em alguns governos, para permanecer periféricas em quase todas as administrações sem nunca caminhar para o centro da agenda, como a reciclagem de resíduos (Ralize, capítulo 7). Por fim, certas alternativas de políticas foram adotadas apenas por alguns governos com inclinação ideológica específica, como a promoção de habitação na área central, o controle mais claro do uso do solo e a articulação das várias políticas do urbano via planejamento, praticamente só implementadas em governos de esquerda (Marques, Pulhez e Pagin, capítulo 5, e Hoyler, capítulo 6).

Novas alternativas de políticas que apresentem viabilidade, factibilidade e aceitação por interesses mobilizados, portanto, parecem experimentar uma forma de latência durante determinados períodos (em especial de alternância político-eleitoral), mas retornam algum tempo depois (quando o pêndulo político-partidário oscilar novamente). Refiro-me à latência pois as ideias associadas a certas políticas permanecem ativas pela migração para municípios vizinhos e pela disseminação no mundo acadêmico e profissional, sempre associadas às redes das comunidades de políticas respectivas. Em momento posterior, são mobilizadas por novos incumbentes, sendo "ativadas" mais uma vez. Isso vale mesmo para certos conteúdos específicos de políticas que aparentemente se estabeleceram na agenda de forma definitiva, como a urbanização de favelas, mas que ganham em certas gestões contornos meramente midiáticos, como no governo Maluf, para depois retornar substantivamente.

As alterações em políticas verificadas em São Paulo foram causadas por combinações entre dois conjuntos de elementos – alternâncias no ciclo político-eleitoral que geraram decisões de mudança; e deslocamentos internos aos respectivos campos de políticas envolvendo os atores da comunidade e os fluxos de novas ideias. O caso mais extremo de mudanças por efeitos eleitorais se refere à política de infraestrutura viária estudada em Marques (2003), cujas alterações de conteúdo de políticas – entre grandes obras concentradas na região de melhor infraestrutura e pequenas obras dispersas nas periferias – foram produto quase que exclusivo das preferências dos governos, oscilando amplamente. O desenvolvimento de políticas de habitação na área central e o controle de uso do solo em governos de esquerda também se associam a essa dimensão, variando entre centralidade na agenda em certos governos e latência durante outros.

Por outro lado, verificou-se uma trajetória de longo prazo de disseminação e consolidação de programas não tradicionais na habitação – urbanização de favelas e regularização de loteamentos em especial –, embora a sua adoção mais intensa tenha ocorrido combinada novamente com governos de esquerda (Marques, Pulhez e Pagin, capítulo 5). Nos casos da limpeza urbana, do trânsito e dos transportes (respectivamente Ralize, Requena e Campos, capítulos 7, 8 e 9), observaram-se predominâncias dos processos de aprendizado de longo prazo internos ao campo das políticas apontando para certas transformações, mas que outra vez só se viabilizaram em mudanças de governo. O caso extremo de desenvolvimento endógeno e incremental da mudança é talvez o transporte público (Campos, capítulo 9), primeiro com a implementação dos validadores eletrônicos (a princípio pensados para redução de pessoal e corte de custos no governo Maluf), depois o Bilhete Único (integração gratuita e mais barata entre ônibus e metrô nas administrações Marta e Serra, respectivamente) e, em tempos mais recentes, com as faixas exclusivas de ônibus e de bicicletas (no governo Haddad). Nesse mesmo setor se localizam as transformações mais difíceis de enxergar para o cidadão, ligadas ao novo paradigma da fluidez, de passageiros em vez de veículos (Requena, capítulo 8). No caso das alterações na regulamentação do licenciamento de empreendimentos imobiliários privados, a transformação na política aconteceu após mudança político-eleitoral, motivada por pressão das empresas reguladas (Hoyler, capítulo 6). No Rio de Janeiro, em diversos momentos se tentou trazer à luz o que seria o grande Projeto Porto Maravilha, mas os programas não implementados foram mudando endogenamente de formato até encaixar com uma nova agenda federal, alterada pelo resultado das eleições (Sarue, capítulo 12).

É importante dizer que nenhum desses casos de mudança se enquadra no que usualmente se denomina *best practices*, ou soluções técnicas produzidas em outro contexto e transplantadas para certos setores de política em São Paulo. Mesmo que a construção de novas alternativas de políticas se associe com a circulação de experiências e inovações, estas se transformam e internalizam em denso diálogo com os atores, os legados e as instituições locais, transmutando-se em outra coisa, ao final do processo. A implantação intermitente (e incompleta) de experiências de locação social (Marques, Pulhez e Pagin, capítulo 5) e a lenta construção do grande Projeto Porto Maravilha (Sarue, capítulo 12) cabem certamente nessa descrição.

Um teste importante para esse argumento relativo à introdução de novas políticas diz respeito às mudanças de direção (e orientação) nos governos municipal e federal em 2016, comprovando o caráter mais efêmero ou mais duradouro das mudanças ocorridas. Apesar da redução de ritmo associada à crise econômica e política de 2016/2018, a agenda federal de políticas de combate à precariedade e de produção de unidades novas vem tendo continuidade, ao menos no discurso político, provavelmente pela intensidade dos interesses por elas mobilizados. Em nível municipal, embora não haja clara definição, as políticas de mobilidade não parecem sofrer inflexão, também no discurso. Embora a troca de gestão tenha enunciado mudanças importantes com relação à política para bicicletas (ciclovias, ciclofaixas, fechamento de ruas), por exemplo, elas foram posteriormente abandonadas pela resistência da opinião pública, sugerindo que tais políticas alcançaram de forma efetiva a agenda pública, criando (ou acordando) interesses organizados que podem operar politicamente para a sua continuidade. Como sabemos, entretanto, é possivel que mudanças de políticas ocorram pela criação de outras iniciativas ou apenas por abandono e não priorização das políticas anteriores.

Só para evitar a impressão de que tudo mudou, é importante mencionar que alternativas importantes não foram implementadas, como por exemplo a incorporação das cooperativas de catadores de lixo nas políticas de reciclagem, presentes previamente nos desenhos das políticas, mas só adotadas de forma residual, se tanto. Nesse caso, o problema parece ter sido a ausência de uma coalização de apoio capaz de suplantar as resistências, em particular dos capitais da coleta de lixo (Ralize, capítulo 7). A regulação dos concessionários de ônibus corre um forte risco de cair nessa categoria, visto que as capacidades técnicas foram desenvolvidas, mas não se transformaram em efetivo controle sobre os serviços, ao menos até o momento (Campos, capítulo 9).

Esses exemplos nos lembram que a produção de inovações em políticas se deu com frequência altamente conflituosa, enfrentando a resistência de grupos específicos, ou sendo bastante custosa em termos políticos para as administrações responsáveis pela sua implementação (como nos casos das faixas exclusivas de ônibus e bicicletas). Tendo em vista que a produção de políticas públicas é intrinsecamente política, todas essas mudanças podem ser revertidas ou reduzidas, pois os processos políticos são sempre abertos e contingentes, embora novas agendas e produtos de políticas possam produzir inércia se deslocar a percepção pública ou constituir e organizar beneficiários. As políticas e soluções que realmente entram na agenda pública podem ser reduzidas (e mesmo descontinuadas) em governos específicos, mas tendem a permanecer latentes e adormecidas, para ser recuperadas mais tarde por outros governos (e agências) em patamares mais altos de consolidação institucional e capacidades operacionais.

Aumento das capacidades de burocracias e instituições

A baixa capacitação das burocracias locais no Brasil é notória, embora venha aumentando em período recente (Arretche et al., 2012). Talvez por isso a literatura de estudos urbanos brasileira dê tão pouca importância aos atores estatais na produção das políticas do urbano. Essa baixa ênfase é também reforçada pelos modelos teóricos existentes, pois, como vimos no capítulo 1, as instituições estavam ausentes dos modelos pluralistas, elitistas e das máquinas de crescimento e apareceram apenas nos regimes urbanos, mas com caráter amplamente secundário. Contudo, burocracias e organizações estatais estão obrigatoriamente na cadeia de produção das políticas públicas, detêm importantes recursos de poder e são portadoras de interesses e preferências de políticas próprios. Os processos de produção de políticas do urbano, por outro lado, tendem a ser menores, mais próximos do nível de rua e com fases ainda mais penetradas do que em outros tipos de políticas. Como já destacado por autores como Lowndes (2001) e Lucas (2017), os estudos urbanos ganhariam muito com uma incorporação mais intensa do neoinstitucionalismo histórico, já amplamente discutido desde os anos 1980, mas ainda pouco presente no urbano. Se a consideração desses elementos é periférica internacionalmente, não é exagero dizer que, no Brasil, esses elementos quase inexistem nos modelos teóricos do urbano, sendo as instituições políticas acrescentadas empiricamente de forma ad hoc, por fora dos quadros conceituais utilizados. Não se trata de sugerir nenhuma predominância da dimensão institucional, apenas defender a importância da articulação de elementos desse campo a atores e processos destacados por outras perspectivas e já incorporados em nossos debates.

Os casos analisados em São Paulo são quase unânimes em ressaltar a importância de atores estatais, embora por vezes de forma pouco insulada e capacitada. Em muitas políticas públicas, esse período testemunhou também a criação de mais regras, procedimentos e burocracias. Na realidade, esse tópico envolve dois elementos distintos, mas associados: instituições em si e novos instrumentos de políticas públicas, ou microinstituições que operacionalizam as políticas.

As novas instituições das políticas do urbano recentes de São Paulo foram criadas de forma autóctone e objetivavam responder a três desafios/motivações: implementação de agendas específicas, redução de custos e aumento das capacidades de regulação. Em termos concretos, elas incluem, por exemplo: a organização do controle do trânsito com base no paradigma da fluidez de passageiros (Requena, capítulo 8); o processamento e a aprovação de projetos de incorporação com maior rapidez, incluindo a criação de uma nova secretaria, a SEL (Hoyler, capítulo 6); melhores capacidades para monitoramento e planejamento do uso do solo e criação de novas formas de participação privada na provisão de serviços com parcerias público-privadas (PPP), contratos e concessões – metrô, ônibus, limpeza urbana e grandes projetos. No último caso, o governo municipal de São Paulo concedeu os serviços de coleta de lixo ao mesmo tempo que criou uma agência reguladora – Amlurb (Ralize, capítulo 7), assim como organizou novas licitações para a concessão dos serviços de ônibus (Campos, capítulo 9).

Em termos mais gerais, o município criou também uma nova agência para supervisão e melhor controle de contratos com empresas privadas e parceiros (Controladoria), embora ela tenha tido seu poder muito reduzido após 2016. Simultaneamente, o estado de São Paulo realizou PPPs para a operação de linha do metrô e agora para a construção e a operação de uma nova linha, estabelecendo tarifas contratuais que permitem uma maior remuneração por viagem para os parceiros privados em relação à Companhia do Metrô e aos operadores dos ônibus (Costanzo, capítulo 10). Paralelamente, o município do Rio de Janeiro criava a maior concessão da história do país para um grande projeto de renovação urbana no Porto Maravilha (Sarue, capítulo 12).

De forma concomitante e associada, verificaram-se esforços de construção e capacitação das burocracias técnicas responsáveis pelas políticas, embora com resultados mais contraditórios e incompletos dependendo das áreas de política. Em alguns casos, como nas políticas de trânsito, foram claros os resultados de aumento de capacidades operacionais associados à consolidação paulatina no tempo de corpos técnicos com identidade própria, insulamento e acesso a recursos, sobretudo para implementação da política. Em outras áreas de política, como licenciamento e limpeza urbana, as burocracias não foram sensivelmente reforçadas, apesar da construção de novas organizações – SEL e Amlurb (Hoyler, capítulo 6, e Ralize, capítulo 7). Por outro lado, em políticas como habitação e metrô, não se verificaram aumentos de capacitação nas agências e burocracias. Esses setores continuam se caracterizando por baixas capacidades operacionais e sérias fragilidades nas burocracias responsáveis pelas políticas, em especial pela ausência de políticas de valorização e capacitação do seu pessoal. Nesses casos, a estratégia para produção e expansão das políticas foi a contratação de serviços privados de consultoria e gestão (Pulhez, 2016; Marques, Pulhez e Pagin, capítulo 5; Costanzo, capítulo 10).

É importante chamar atenção também para a relevância das dinâmicas intraburocráticas, usualmente pouco consideradas pela literatura sobre o urbano. A produção de políticas não depende apenas do estabelecimento das decisões dos altos escalões e do desenvolvimento de novas instituições, mas também da adesão ao longo dos processos de produção de políticas de grupos expressivos de funcionários, sobretudo na implementação. Embora essa dimensão esteja sempre presente, um dos objetivos das estratégias de contratação privada de capacidades é exatamente reduzir o efeito e o peso dessas burocracias.

Outra frente de construção institucional disse respeito a atividades de planejamento. A Constituição de 1988 tornou os planos diretores obrigatórios para cidades médias e grandes, mas foi o Estatuto da Cidade de 2001 que os fez potencialmente importantes para administrações propensas ao planejamento, ao detalhar e especificar os instrumentos de controle da terra urbana. Dentro desses planos, zoneamentos especiais foram criados com objetivos sociais, ambientais, de desenvolvimento territorial ou de regulação da terra. Entre eles, as Zonas Especiais de Interesse Social (Zeis) se revelaram especialmente importantes para a abertura de oportunidades para as habitações de interesse social em locais com boa localização (Marques, Pulhez e Pagin, capítulo 5). No caso de São Paulo, esses instrumentos foram incluídos no Plano Diretor de 2003, assim como no de 2014, com maior eficácia (aprovados nas gestões Marta e Haddad, respectivamente). Essas instituições estão associadas a formas de participação social, que também têm contribuído para reduzir o ritmo da renovação urbana em partes da cidade (Sarue e Pagin, capítulo 11).

Ainda sobre o zoneamento, mas operando na direção oposta, políticas públicas locais em São Paulo desenvolveram ferramentas para tornar os projetos de renovação urbana sólidos em termos legais, viáveis financeiramente e com maior insulamento frente a pressões políticas desde baixo (dado que os de cima são constitutivas desses projetos). Dentre eles, devem ser citadas em especial as OUCs, produto de um longo aprendizado institucional que teve origem na Lei do Desfavelamento da gestão Jânio Quadros e passou pelas Operações Interligadas (Sarue e Pagin, capítulo 11). Trata-se de um zoneamento especial aprovado no Legislativo local que prevê a venda de potencial construtivo adicional no interior de perímetro delimitado. Até um certo momento, o potencial construtivo das operações era transacionado no interior dos projetos, associado a localizações específicas, mas depois de 2003, com a Operação Água Espraiada, em São Paulo, esse modelo ganhou grande agilidade com a comercialização dos Certificados de Potencial Adicional de Construção (Cepacs), títulos transferíveis de capacidade construtiva adicional, passíveis de compra e venda no mercado diretamente e negociados na Bolsa de Valores (Sarue e Pagin, capítulo 11).

O caso de criação institucional mais intenso mobilizando esse aparato é o Projeto Porto Maravilha no Rio de Janeiro (Sarue, capítulo 12). Nesse caso, foi criada uma companhia de propósito específico, que organiza e regula uma concessão para a construção e a operação de todos os serviços urbanos em uma grande parte da região central do Rio de Janeiro (pela primeira vez no país), definida em uma lei de zoneamento especial (OUC). Essa arquitetura institucional insulou o projeto do resto do governo, assim como de pressões políticas em torno dele. Seu financiamento se origina basicamente da venda de títulos de potencial construtivo via Cepacs, sendo que uma parte significativa dos terrenos da região pertence ao governo federal, que os repassou a fundo imobiliário específico (que também receberá os recursos arrecadados com os Cepacs). A viabilidade do projeto ocorreu, contudo, pela compra de todos os títulos pela Caixa Econômica Federal, fato que o tornou ao mesmo tempo o principal investidor e o quase monopolista da produção do solo na região (Sarue, capítulo 12).

Uma segunda linha associada de criação institucional envolveu elementos mais operacionais, no que tem sido chamado de instrumentos de políticas públicas (Lascoumes; Le Galès, 2005). Em muitos casos, é tênue a fronteira entre instituições, num sentido mais amplo, e instrumentos. Como as demais instituições, os instrumentos têm a potencialidade de alterar resultados, enquadrar a política e mudar as preferências de atores, diretamente ou com a constituição de incentivos. Entretanto, os instrumentos apresentam dimensão mais operacional, variando desde o desenho de políticas até ferramentas de execução propriamente técnica das políticas. Um elemento central dos instrumentos é o seu caráter automático, e uma vez instituídos produzem efeitos autônomos de natureza financeira, operacional ou de controle sobre prestadores e burocracias, em especial implementadoras. Portanto, embora instrumentos expressem visões sobre política e sejam produtos de escolhas políticas muitas vezes conflitivas, despolitizam o tema quando instituídos. É claro que, a partir da situação organizada pelo instrumento, se recolocam conflitos políticos e disputas de vários tipos, mas não mais a respeito das soluções automatizadas pelos instrumentos.

No caso de São Paulo, alguns desses instrumentos têm natureza legal e já foram citados na discussão anterior sobre instituições, mas há outros de natureza infralegal e diretamente ligados à execução. O primeiro grupo inclui instrumentos jurídicos como planos diretores, leis de uso do solo, Zeis e as regras das OUCs e PPPs. O segundo agrega dispositivos técnicos ou ferramentas como sistemas de georreferenciamento (alguns disponibilizando dados para o público pela primeira vez), plataformas web (HabiSP e o GeoSampa, para a programação e a gestão de políticas públicas; mas também Plantas Online para a submissão de projetos de incorporação), além dos cartões eletrônicos para o transporte público e os GPSs nos ônibus e caminhões de lixo (respectivamente Campos e Ralize, capítulos 9 e 7). Em todos os casos, os instrumentos e ferramentas têm ampliado as capacidades de produção de políticas públicas e de gerenciamento e regulação dos atores privados envolvidos, embora seu uso e eficácia dependam, é óbvio, das preferências políticas e decisões dos governos. De forma similar, instrumentos diminuem potencialmente a discricionariedade de burocracias implementadoras pois, uma vez instituídos, produzem efeito independente de suas ações, como com os fiscais de linha e os cobradores a partir da instalação de GPSs e cartões eletrônicos nos ônibus (Campos, capítulo 9).

Entretanto, certas áreas de políticas continuam a ser caracterizadas por baixas capacidades técnicas, baixo insulamento e um lento e duradouro processo de redução de capacidades nas mãos diretas do Estado. Essas políticas têm burocracias que foram depreciadas após um período de glória, como no caso do metrô (Costanzo, capítulo 10), ou então que atuam em agências tradicionais, mas com carreiras pouco valorizadas, nunca renovadas e muito pouco insuladas de pressões políticas, como nas políticas de habitação e infraestrutura (Marques, Pulhez e Pagin, capítulo 5; Marques, 2003). Quando essas políticas entram com força na agenda governamental, dependem da aquisição de capacidades técnicas e operacionais providas pelo setor privado, em especial pelos capitais associados a consultorias e gerenciamento de políticas públicas (Pulhez, 2016), cada vez mais presentes. Isso é interessante, pois demonstra que capacidades estatais podem ser produzidas por diferentes combinações de burocracias e ferramentas de gestão pública com conhecimentos e pessoal do setor privado contratado. A utilização intensa de empresas privadas para a gestão de políticas traz evidentemente desafios com relação ao processo decisório das políticas, ao controle dos contratados (no sentido das teorias de agente-principal) e à continuidade das ações e políticas no tempo. Todavia, esta representa uma estratégia usada crescentemente para mudar políticas em um curto período de tempo, mesmo por governos que se colocam ideologicamente contra a contratação de capacidades privadas, como os de esquerda.

Por fim, as áreas de políticas do urbano continuam a ser caracterizadas por baixíssima coordenação horizontal entre si em termos organizacionais. O caso mais dramático de ausência de integração envolve os setores de trânsito e transportes públicos, separados tradicionalmente em duas institucionalidades distintas que nunca cooperaram entre si. A integração entre essas duas políticas na construção de uma lógica de mobilidade urbana ocorreu apenas quando o comando das duas agências foi fundido (Requena, capítulo 8). Em geral, a coordenação deveria ser produzida pelo gabinete do prefeito e pelo secretariado, mas a coordenação operacional existente advém, na prática, da rede de vínculos de gestores e técnicos, conectada por meio de diferentes tipos de vínculos, alguns deles de natureza pessoal e outros profissionais e políticos.

Uma importante camada dessa rede que em trabalho anterior denominei tecido relacional do Estado (Marques, 2003; 2012) é constituída pelos vínculos entre agências criados pelas migrações de indivíduos entre posições institucionais de comando nas várias administrações. Os vínculos entre agências são formados pela ocupação de cargos pelo mesmo indivíduo em mais de uma agência e mais de um governo (Marques, capítulo 3). Os dados analisados sugerem que essa rede conecta agências e governos com uma densidade variável entre áreas de política pública, internamente a elas e entre governos, produzindo coordenação potencial entre agências e áreas temáticas, assim como continuidade entre governos, inclusive (mas não somente) entre gestões com conteúdos ideológicos similares. O campo da direita apareceu como o mais interconectado por esse tecido, mas a esquerda também se apresenta associada internamente. O efeito de coordenação dessa rede deve ser explorado em análises por políticas, mas a estrutura da rede destaca o papel de secretarias como de Governo e Gabinete, mas também de Planejamento, na costura de um tecido relacional contínuo e relativamente coeso. A centralidade do planejamento foi interpretada como expressando a centralidade do controle do uso do solo na articulação de uma parte importante dos interesses das políticas do urbano. As secretarias da área social são intensamente sintonizadas entre si e internamente a cada área de política, mas ocupam posições muito periféricas e pouco conectadas ao conjunto da rede.

Diversificação dos formatos de entrega, capitais do urbano e sua regulação

Para uma parte importante dos debates (e do senso comum), as empresas privadas mandam nas políticas, seja por elementos de captura marxista, seja pela proximidade com a classe política em narrativas mais influenciadas pelo pluralismo. A análise das políticas em São Paulo mostrou a alta presença de atores privados, mas de diversos tipos, ciclos de valorização e modelos de organização coletiva, formando um campo bem heterogêneo. Além disso, a importância desses capitais variou substancialmente considerando a relevância e a mobilização de demais atores e os processos ocorridos em cada política – políticos, burocratas e, em alguns casos, organizações da sociedade civil, com resultados em grande parte contingentes.

Os estudos sugerem que os interesses privados realmente mobilizados são os que têm na produção da cidade a sua principal fonte de lucratividade. Nós os conceituamos como capitais do urbano, (Marques, 2016), para enfatizar a importância de suas economias políticas, assim como a natureza social de suas estratégias e ciclos de valorização, mas afastando qualquer premissa de captura estrutural da política *a priori*. Os estudos de caso sugerem a relevância de pelo menos quatro tipos de capitais, considerando seus mercados e suas relações com o Estado e com o espaço urbano: o capital incorporador (na promoção imobiliária e nos grandes projetos), os capitais dos serviços urbanos (nos ônibus e na limpeza urbana), a construção civil (na habitação, na infraestrutura viária e nos grandes projetos) e os capitais envolvidos com consultorias e gerenciamento de políticas públicas (na habitação, na infraestrutura viária e nos grandes projetos). Somente o capital incorporador foi intensamente investigado pela literatura de estudos urbanos, o que influencia negativamente os debates existentes, tendo em vista as especificidades de cada tipo (Marques, capítulo 1). Enquanto a remuneração das atividades de incorporação imobiliária tem sua valorização associada a transformações do uso da terra, vende para o mercado e é somente regulada pelo Estado, os outros três possuem seu lucro advindo do Estado, por meio da realização de contratos obtidos em licitações públicas. O espaço urbano, entendido como localizações, contiguidades e distâncias, influencia o primeiro em especial, mas também o segundo, e tende a ser indiferente no caso dos dois últimos. As ações políticas e estratégias dos quatro tipos de capitais raramente acontecem por representação institucional e ação corporativa, mas com frequência por meio do tecido relacional do Estado (Marques, capítulo 1; 2016; 2012; 2003).

As formas de participação desses capitais em políticas têm se expandido e se diversificado, de forma similar ao verificado com políticas do urbano internacionalmente (Marques, 2016). São inúmeros os tipos de arranjos, variando desde a tradicional construção de serviços pontuais (habitação e infraestrutura) até concessões urbanísticas de pedaços da cidade por longos períodos (como no Porto Maravilha), passando por Operações Urbanas (como a Faria Lima e a Água Branca), PPPs (no metrô, na iluminação pública e na operação de terminais), contratos de serviços (ônibus), concessões de serviços (limpeza urbana depois de 2004), presença cada vez maior de empresas de consultoria e gerenciamento (em todas as políticas, mas em especial na habitação, na infraestrutura e nos grandes projetos). Detalhamos algumas dessas dinâmicas e arranjos em publicação recente (Marques, 2016), mas essa agenda de pesquisa está apenas começando e uma grande quantidade de estudos ainda será necessária para o seu melhor entendimento.

Além disso, o senso comum e uma boa parte da literatura existente sugerem que a questão principal está ligada à terra urbana e à sua valorização. Os resultados dos capítulos indicam que isso não é verdade, sendo o cenário variado e, dependendo dos capitais, bastante diverso em interesses e estratégias. Para a maior parte deles, porém, o ponto central é o acesso ao fundo público com a realização de contratos e a venda de produtos e serviços. O mercado de terras e seus preços são determinantes, pois alocam grupos e atividades e, em grande parte, constroem a estrutura da cidade. Mas seu papel como fonte de remuneração (e, portanto, de estratégia dos capitais do urbano) é menor do que se considera usualmente. Uma agenda de pesquisa focada nas formas de contratação e de acesso ao fundo público é premente para melhor entendermos a variabilidade dos processos aí envolvidos.

Por fim, também há a percepção de que os governos locais não têm capacidade de regular esses capitais, em especial pela sua notória baixa capacidade técnica e gerencial. Apesar da fragilidade existente, os estudos sobre São Paulo indicam que o período recente trouxe mais regulação ou, ao menos, maiores capacidades potenciais para isso. As políticas locais contam com conjuntos mais amplos e complexos de instituições e mais instrumentos, ao mesmo tempo que observamos uma presença e uma diversidade de atores privados nunca antes verificadas. A maior parte dessas mudanças foi produzida para aprimorar a entrega de políticas, para reduzir o custo em políticas onerosas e gastos incompressíveis (especialmente transporte por ônibus e coleta de lixo) ou para aumentar as capacidades regulatórias nas mãos de governos municipais. O uso dessas capacidades e instrumentos (e a própria existência de estratégias para construí-los) é, novamente, uma questão de escolha política e foi influenciada pelas preferências, estratégias e decisões de cada governo. De forma geral, administrações de esquerda foram mais propensas à ampliação das capacidades regulatórias do que as de direita. Uma vez postos em prática, entretanto, esses instrumentos tenderam a produzir elevação da regulação sobre as atividades privadas e provisão de serviços independentemente dos governos, em um tipo de mecanismo de rotação de catraca já descrito por Tilly (2001). Na administração local de São Paulo, isso ocorreu na aprovação de projetos de incorporação, na regulação dos transportes por ônibus e na coleta de lixo (Campos e Ralize, respectivamente capítulos 9 e 7), assim como de forma mais geral no combate à corrupção com a Controladoria.

O caso deste órgão é interessante, pois exemplifica como preferências políticas dos governos importam e como o funcionamento das instituições pode ser alterado de maneira significativa sem grandes transformações formais, para aumentar ou para reduzir a sua capacidade. Após a troca de gestão de 2016/2017, o novo governo manteve as atribuições formais da Controladoria, mas retirou o status de secretaria, o que é passível de alterar a sua efetividade, visto que o controlador pode ser levado a processar indivíduos posicionados (agora) em nível superior a ele. Além disso, o órgão passou a ser subordinado à Secretaria de Negócios Jurídicos, substituindo um enfoque de mecanismos de monitoramento e controle por um viés na punição de desvios de conduta.

Pode parecer haver uma contradição entre a crescente presença de capitais e a tendência a maiores capacidades regulatórias nas mãos do governo local. Na realidade, isso é absolutamente compatível com a expansão do que tem sido chamado capitalismo regulatório (Levi-Faur, 2005) e sua crescente presença em várias políticas. E, da mesma forma, com os legados brasileiros de políticas públicas, nos quais o Estado concentrou recursos e esteve presente em quase todas as áreas de políticas, mas sempre dependendo do setor privado para a produção e a implementação de suas ações. No Brasil, a fraqueza e a força estiveram ambas presentes no Estado e no setor privado historicamente (Marques, capítulo 1; 2016). A dinâmica recente apenas reconfigurou os patamares e as regras de funcionamento dessa simbiose nas cidades.

***

Sumarizando os principais aprendizados analíticos trazidos pelo caso paulistano, podemos dizer que as intensas transformações do período são explicadas por um conjunto articulado de elementos e processos, cuja hierarquia vale a pena comentar. Um primeiro conjunto de processos e atores mostrou relevância em episódios e momentos específicos, mas permaneceu como pano de fundo das dinâmicas observadas. Entre eles podemos incluir o regime político, o federalismo, os ciclos econômicos, assim como os movimentos sociais urbanos, a mobilidade de políticas e soluções e a consolidação paulatina de patamares de direitos.

Outros atores e processos se colocaram como mais centrais em termos explicativos. Atores e processos internos ao Estado aparecem com destaque na promoção das políticas, assim como nas suas mudanças. Afirmar isso não significa sustentar a irrelevância de atores societais. Tanto capitais quanto membros da classe apresentam grande importância, mas em associação e relação com burocratas técnico-políticos e agências estatais, e em interação com instituições e instrumentos de políticas. Conhecemos relativamente pouco sobre as especificidades dos políticos locais, mas a investigação das dimensões espaciais de seus interesses e práticas parece analiticamente promissor. Os capitais do urbano, por outro lado, são mais heterogêneos do que usualmente considerado, inclusive nas suas relações com a terra urbana. As capacidades potenciais para regulação desses capitais têm crescido de forma paralela à diversificação dos arranjos de produção de políticas e prestação de serviços.

Por fim, instituições, entendidas como regras, formatos organizacionais e instrumentos de políticas, exerceram grande influência nas políticas do urbano. Não se trata de defender nenhuma proeminência institucional, mas, inversamente, de articulá-la aos atores e processos diversos (sobretudo societais) considerados com frequência em nossos estudos sobre cidades. A especificidade das instituições do urbano ainda precisa ser muito mais bem explorada, mas os ciclos de produção de políticas são mais curtos, mais próximos do nível de rua e ainda mais interpenetrados em suas fases.

Assim, ocupando por assim dizer o proscênio das transformações observadas, devemos destacar atores como burocratas, políticos locais e capitais do urbano, cercados por instituições específicas (também em transformação) e atravessados pelas dinâmicas políticas de mobilizações sociais, eleições, competição partidária e disputas internas ao Estado. Entender as especificidades da articulação de tais elementos é uma agenda em desenvolvimento.

Referências bibliográficas

ARRETCHE, Marta. *Democracia, federalismo e centralização no Brasil*. Rio de Janeiro: Fiocruz/FGV, 2012.

ARRETCHE, Marta et al. *Capacidades administrativas dos municípios brasileiros para a política habitacional*. Brasília: Ministério das Cidades/CEM, 2012.

LASCOUMES, Pierre; LE GALÈS, Patrick. *Gouverner par les instruments*. Paris: Sciences Po, 2005.

LEVI-FAUR, David. The Global Diffusion of Regulatory Capitalism. *The Annals of the American Academy of Political and Social Science*, n.598, p.12, mar. 2005.

LOWNDES, Vivianne. Rescuing aunt Sally: taking institutional theory seriously in urban politics. *Urban Studies*, v.38 (11), 2001, p.1593-1971.

LUCAS, Jack. Urban Governance and the American Political Development Approach. *Urban Affairs Review*, v.53 (2), 2017, p.338-361.

MARQUES, Eduardo. *Redes sociais, instituições e atores políticos no governo da cidade de São Paulo*. São Paulo: Annablume/Fapesp, 2003.

______. Public policies, power and social networks in Brazilian urban policies. *Latin American Research Review*, v.47 (2), 2012, p.17-50.

______. Apresentação: os capitais do urbano no Brasil. *Novos Estudos Cebrap*, São Paulo, v.35, n.2, jul. 2016.

PULHEZ, Magaly. A gestão da política habitacional em São Paulo: notas sobre as interações entre Estado e empresas privadas. *Novos Estudos Cebrap*, São Paulo, v.35, n.2, jul. 2016.

TILLY, Charles. Mechanisms in Political Processes. *Annual Review of Political Science*, Palo Alto, v.4, p.21-41, jun. 2001.

Sobre os autores

Betina Sarue – Bacharel em Ciências Sociais (FFLCH/USP), mestre e doutoranda em Ciência Política (DCP/USP) e pesquisadora júnior do Centro de Estudos da Metrópole (CEM).

Carolina Requena Pereira – Bacharel em Ciências Sociais (USP), mestre e doutoranda em Ciência Política (DCP/USP) e pesquisadora júnior do Centro de Estudos da Metrópole (CEM).

Daniela Costanzo – Bacharel em Ciências Sociais (FFLCH/USP), mestre e doutoranda em Ciência Política (DCP/USP).

Eduardo Cesar Leão Marques – Mestre em Planejamento Urbano e Regional (Ippur/UFRJ) e doutor em Ciências Sociais (IFCH/Unicamp). É professor titular do Departamento de Ciência Política (DCP/USP) e pesquisador do Centro de Estudos da Metrópole (CEM).

Magaly Pulhez Marques – Bacharel em Arquitetura e Urbanismo (PucCamp), mestre e doutora em Teoria e História da Arquitetura e do Urbanismo (IAU/USP), professora do Instituto das Cidades/Unifesp e pesquisadora associada ao Centro de Estudos da Metrópole (CEM).

Marcos Lopes Campos – Bacharel em Ciências Sociais (FFLCH/USP), mestre em Ciência Política DCP/USP) e doutorando em Sociologia (Iesp/Uerj).

Samuel Ralize de Godoy – Bacharel em Ciências Sociais (FFLCH/USP) e mestre em Ciência Política (DCP/USP).

Stefano Pagin – Bacharel em Ciências Sociais (FFLCH/USP) e mestre em Ciência Política CDCP/USP).

Telma Hoyler – Bacharel em Administração Pública (FGV/SP), mestre e doutoranda em Ciência Política (DCP/USP) e pesquisadora júnior do Centro de Estudos da Metrópole (CEM).

Ursula Dias Peres – Bacharel em Administração Pública (FGV) e mestre e doutora em Economia (FGV), professora da Each/USP e pesquisadora associada ao Centro de Estudos da Metrópole (CEM).

SOBRE O LIVRO

Formato: 16 x 23 cm
Mancha: 27,6 x 44 paicas
Tipologia: Iowan Old Style 10,5/15
Papel: Offset 75 g/m² (miolo)
Cartão Supremo 250 g/m² (capa)
1ª edição Editora Unesp: 2018

EQUIPE DE REALIZAÇÃO

Capa
Negrito Editorial

Edição de texto
Jorge Pereira Filho (Copidesque)
Fábio Fujita (Revisão)

Editoração Eletrônica
Sergio Gzeschnik

Assistência Editorial
Alberto Bononi
Richard Sanches

Impresso por :

Graphium
gráfica e editora

Tel.:11 2769-9056